우송
정태혁 전집

공자 사상과 현대사회
유교적 전통과 현대 한국

부용
김태길 전집

공자 사상과 현대사회
유교적 전통과 현대 한국

철학과 현실사

1970년대 후반 사당동 자택 서재에서

1970년대 후반 정신문화연구원 부원장 시절, 가족들과 함께

차례

공자 사상과 현대사회

1장 공자의 근본 사상 — 17
2장 공자의 인간관과 현대의 문제 상황 — 51
3장 군자의 인간형과 현대사회 — 89
4장 효 사상의 철학적 탐구 — 117

유교적 전통과 현대 한국

서장 해방과 조국의 근대화 — 157
1장 그리스 철학자들의 인간관과 원시 유가들의 인간관 — 171
2장 한국인: 그들의 기질과 가치 의식 — 199
3장 무엇을 버리고 무엇을 살릴 것인가 — 223
4장 전통 사회의 가족제도와 가족 윤리 — 255
5장 현대사회에서 바람직한 가족제도와 가족 윤리 — 297
6장 조선시대의 선비와 오늘의 한국 — 331
7장 한국 윤리 재정립의 과제 — 377

공자 사상과 현대사회

머리말

한국철학회가 명경의료재단의 후원으로 세계의 저명한 철학자들을 초빙하여, 매년 〈다산기념 철학강좌〉를 개설한다는 소식을 기쁜 마음으로 들은 것은 1996년 봄이나 여름쯤이었을 것이다. 그러나 그 강좌가 나와 직접적 관련이 있으리라는 연상은 떠오르지 않았다.

1997년으로 해가 바뀔 무렵에, 저 기념 강좌의 운영 책임을 맡은 이삼열 교수로부터 제1차 연도의 강좌를 나에게 위촉하기로 의견을 모았다는 이야기를 공식적으로 들었다. 구체적 언급은 없었지만, 국가적 체면을 고려하여 한국인 철학자 가운데서 고령(高齡)에 속하는 나에게 그 첫 주자(走者)의 임무를 맡기고자 한 것으로 짐작하였다.

나는 그 임무가 만만치 않다는 것을 즉석에서 느꼈다. 까딱 잘못하면, 나 개인의 망신은 고사하고, 한국 철학계 전체에 누를 끼칠 염려가 있다는 생각도 함께 떠올랐다. 그러나 나는 그 제안을 사양하지 않았다. 노욕이 발동한 것이다.

내가 그동안 50년 가까이 공부하고 발표도 한 것을 다시 요령 있게 정리해서 발표함으로써 내가 맡은 임무의 짐을 벗어난다는 시나리오는 마음에 들지 않았다. 동학들로부터 "또 그 소리냐." 하는 빈축을 당하는 것이 싫어서이기보다는, 이 기회를 살려서 내 딴에는 새로운 일을 하고 싶어서였다.

'공자 사상과 현대사회'라는 주제가 떠올랐다. 공자 사상에 대한 관심이 간헐적으로 뇌리를 스치기 시작한 것은 내 나이 70 전후부터였을 것이다. 그러나 하기 쉬운 일부터 손을 대게 되는 것이 사람의 심리여서, 그 관심은 그저 스쳐가는 관심일 뿐이었다.

운영위원회 측에서는 〈다산기념 철학강좌〉라는 명칭에 구애받지 말라고 했지만, 한국의 철학자인 나로서는 동양의 사상을 주제로 삼는 것이 적절하리라는 생각이 들었다. 동시에 그저 가끔 스쳐만 가던 공자 사상에 대한 관심에 무게가 실리기 시작했다. 결국 모험을 하기로 마음을 굳혔다.

어린 시절에 서당에 다니며 『소학(小學)』을 배웠고, 일본에서 고등학교에 다닐 때 한문 선생이 『논어(論語)』를 1년 동안 교과서로 사용했으며, 1960년 중반에 '한국 대학생의 가치관'이라는 연구 과제를 수행하는 과정에서 『논어』를 다시 들여다보았다. 이것이 내가 공자 사상에 대해서 가진 배경의 전부였다. 내 결심을 '모험'이라고 말한 까닭이다.

『논어』를 위시한 공자 사상의 고전에 대한 해설은 우리나라에도 이미 여러 가지 나돌고 있다. 비슷한 것을 또 하나 '논문' 또는 '강좌'랍시고 내놓는 것은 별로 의미가 없을 것이었다. 뭔가 새로운 것을 보태는 바가 있어야 명분이 선다. 그 '새로운 것'을 위해서 두 가지를 시도하기로 하였다. 첫째는 공자 사상을 현대사회 속에서 숨쉬는 철학자의 시각에서 조명하는 일이요, 둘째는 자칫 모호한 말로 어물어물 얼버무리기 쉬운 동양의 철학을 되도록 명료한 표현으로 다루는 일이다. 그러나 나에게 허락된 시간은 9개월 정도밖에 없었고, 늙은이가 하는 일이 그리 뜻대로 진행되기에는 어려움이 많았다. 그저 최선을 다하는 것으로 만족하자고 스스로에게 타일렀다.

4회에 걸쳐서 강연을 하기 위한 원고로서 네 편의 논문을 쓰기로 약속이 되었다. 첫 번째 강연을 위해서는 공자 사상 전체의 바탕이 되는 개념들을 연결시켜서 그 근본정신에 접근하기를 꾀하였다. 두 번째 강연을 위해서는 인(仁)의 개념을 중심으로 공자의 인간관을 현대의 문제 상황과 관련시켜서 천착하기로 하였다. 세 번째 강연을 위해서는 공자의 군자(君子) 개념을 현대사회에 비추어서 정리하기로 하였다. 그리고 네 번째 강연에서는 공자의 효(孝) 사상을 긍정적 시각에서 재조명하기로 하였다.

　나는 네 번의 강연이 내면적으로 깊은 연관성을 갖게 되기를 원하였다. 그리고 이 소망은 자연스럽게 이루어졌다. 내가 선택한 공자의 세 개념, 즉 '인'과 '군자'와 '효'가 본래 내면적으로 깊은 연관성을 가지고 있기 때문이다. 그 깊은 내면적 관계를 내가 그전부터 미리 알고 있었던 것은 아니다. 그 관계를 파악하게 된 것은 이번 공부에서의 가장 큰 수확이다.

　또 하나의 소득은 유교의 '효' 사상을 긍정적으로 받아들이게 되었다는 사실이다. 나는 효 사상을 기성세대의 이기심과 깊은 관계가 있는 것으로 보는 편견을 가지고 있었다. 젊은 세대가 효도를 강조한다면 대단한 미담이 될 수 있을 것이나, 부모 세대나 조부모 세대가 그것을 강조하는 것은 '옆구리 찔러 절 받기'의 표본에 불과하다고 생각했다. 그러나 '효'와 '인'을 같은 정신의 산물로 이해하면서 '효'를 '인'의 시초로 생각하게 되었고, 나아가서 효자와 군자 사이에도 밀접한 관계가 있음을 보았다. 동시에 효 사상의 근본을 부모에 대한 자녀의 일방적 의무 개념으로서 파악하지 않고, 그것을 부모와 자녀 간의 **서로사랑**으로서 파악하게 되었다. '효'의 핵심을 '부자유친(父子有親)'에서 찾아본 것이다.

　나는 〈다산기념 철학강좌〉를 위한 나의 원고 네 편이 한 권의 책으로 묶여서 나오게 된 것을 자못 기쁘게 생각한다. 나의 변변치 못한 연구가 하나의 시초가 되어 앞으로 누군가에 의하여 다시 발전되는 데 자극제가 될 수도 있다는 희망 때문이다. 동시에 나는 〈다산기념 철학강좌〉 운영위원회가 나에게 공자 사상을 다시 되돌아보게 하는 기회와 용기를 준 일에 대하여 깊은 감사를 느낀다. 그리고 장차 〈다산기념 철학강좌〉가 철학에 관심을 가진 사람들의 적극적 호응을 받아서 그 본래의 취지에 걸맞은 성과를 거두게 되기를 진심으로 염원한다.

1998년 11월 중순
불곡산(佛谷山) 기슭에서
김 태 길

차례

머리말 ― 11

1장 공자의 근본 사상 ― 17
   1. 공자의 정치사상 ― 19
   2. 덕(德)과 도(道) 그리고 인(仁) ― 25
   3. 의(義)와 효(孝) ― 33
   4. 군자(君子) ― 40
   ■ 질의 응답 ― 47

2장 공자의 인간관과 현대의 문제 상황 ― 51
   1. 인간: 그 존재와 당위 ― 53
   2. 공자의 인간관 ― 59
   3. 서양 세계의 개인주의 인간상 ― 66
   4. 개인주의의 한계와 다시 돌아본 공자의 인간관 ― 73
   ■ 질의 응답 ― 82

3장 군자의 인간형과 현대사회 ― 89
   1. '군자'의 개념으로부터 현대인이 배워야 할 것 ― 91
   2. 가족주의적 인간관의 한계와 열린 마음의 군자 ― 98
   3. 덕치(德治)의 이념과 현대 한국 ― 104
   ■ 질의 응답 ― 113

4장 효 사상의 철학적 탐구 ― 117

1. 효도의 부활에 관한 대립된 견해 ― 119
2. 인(仁)의 시초로서의 효(孝) ― 124
3. 현대사회와 효 ― 133
■ 질의 응답 ― 142

1장
공자의 근본 사상

1. 공자의 정치사상
2. 덕(德)과 도(道) 그리고 인(仁)
3. 의(義)와 효(孝)
4. 군자(君子)
■ 질의 응답

1장 공자의 근본 사상

1. 공자의 정치사상

공자(孔子)는 서주(西周)를 바람직한 국가상(國家像)의 귀감으로 삼았다. 그러나 그가 서주 지배계급의 복권(復權)을 염두에 두었던 것으로는 보이지 않는다. 주나라의 봉건제도가 형성된 지 6백여 년이 흐르는 동안에, 주나라 왕실의 권력이 크게 떨어졌고, 지배층과 피지배층 사이에 이루어졌던 계층 간의 위계질서도 전반적으로 무너졌다. 경제적 여건의 변화에 따라서 새로운 세력을 얻은 사람들이 나타나게 되었고, 아래로부터 올라온 이 신진 세력은 기존의 지배 세력에 도전하는 양상을 보였다. 이 도전을 받은 기존의 세습 귀족들은 당연히 저항을 시도하게 되었으며, 결과적으로 사회 전체가 큰 혼란에 빠졌다. 난세(亂世)가 온 것이다.

공자의 견지에서 볼 때, 난세는 악순환의 논리를 따르기 마련이므로, 그것은 기존의 지배 세력을 위협하는 불행일 뿐 아니라, 결국은 오늘의 신진 세력까지 포함하는 모든 계층의 안녕을 위협하는 문제 상황이었다. 여기서 공자는 이 난세의 극복을 위하여 생애를 바쳐야 하겠다는 사명감을 느끼게 되었고, 이 사명감의 달성을 위한 한 지표(指標)로서 서주의 옛 질서를 귀중한 거울로 삼은 것이다. 공자가 역점을 두고 찬양한 것은 주나라의 봉건 제도 그 자체가 아니라, 서주시대가 이룩한 안녕과 질서였다고 보아야 할 것이다.

사회의 혼란을 막고 질서를 회복 내지 유지하는 방법에는 크게 두 가지 길이 있다. 그 하나는 힘과 법으로 악(惡)의 세력을 누르는 길이요, 또 하나는 통치자의 덕(德)과 사랑(仁)으로써 백성의 자발적 협력을 얻어 내는 길이다. 이 두 가지 길 가운데서 공자는 단연 덕치(德治)의 길을 택하였다. 덕으로써 세상을 다스려야 한다는 생각은 중국에서 오랜 전통을 가진 것으로서 전설적 통치자 요(堯)와 순(舜)에 관한 기록에도 이미 나타나 있고, 공자가 존경해 마지않은 주공(周公)도 그 길을 밟은 것으로 알려졌다. '술이부작(述而不作)'과 '온고이지신(溫故而知新)'을 강조한 공자로서 저 덕치의 길을 택한 것은 당연한 일이라 하겠다.

공자가 힘과 사법에 의한 통치의 길을 물리치고 덕과 사랑에 의한 통치의 길을 택해야 한다는 태도를 밝힌 언행(言行)은 『논어(論語)』 가운데 여러 곳에 나타나 있거니와, 이 점이 가장 극명하게 나타난 것은 「안연(顏淵)」편 19장에서이다.

계강자(季康子)가 공자에게 정치에 관해서 물으며 말했다. "만약에 무도한 자를 죽여 없애고 유도(有道)의 길로 나아가게 한다면 어떻겠습니까?" 이에 공자가 대답하였다. "정치를 하고자 하는 대부(大夫)께서 어찌 살인의 방법을 쓰려 하십니까? 대부께서 착한 길을 가고자 하면, 백성들도 따라서 착하게 될 것입니다. 군자의 덕은 바람과 같고 소인의 덕은 풀과 같아서, 풀은 그 위에 바람이 불면 반드시 바람을 따라서 눕기 마련입니다."[1]

공자가 힘의 정치를 물리치고 덕치의 길을 제시한 더 가까운 이유로서는 그가 살았던 당시의 노(魯)나라의 실정을 생각할 수 있을 것이다. 노나라는 춘추시대 초기만 하더라도 비교적 국세가 탄탄했으나, 그 뒤에 현군(賢君)이 나타나지 않아서 공실(公室)의 힘이 점차 쇠약해졌고, 삼환씨(三桓氏)로 불리는 세 대부 집안의 세력이 커졌다. 이들 대부는 마침내 군권(軍權)까지 장악하여 나라 정치를 마음대로 요리하였다. 급기야 민심도 동요하여 나라 전체가 혼란에 빠지게 되거니와, 이와 같은 불행의 근본 원인은 지배 계층의 도덕적 타락에 있다고 공자는 보았을 것이다. 이에 공자는 위정자의 도덕성을 강조하지 않을 수 없었을 것이고, 위정자의 도덕성 강조는 곧장 덕치주의 정치사상으로 이어졌을 것이다.

앞에서도 공자가 군자의 덕을 바람(風) 같다 하고 소인의 덕을 풀(草) 같다고 말한 「안연」 19장을 언급한 바 있거니와, 공자는 상류에 위치한 위정자의 실천이 하류에 위치한 백성들의 모방을 유도한다는 사실을 굳게 믿고 있었다. 공자의 이러한 믿음은 『논어』 여기저기에 기록으로 남아 있다. 예컨대, 「안연」 편에서 "정치란 정(正)을 뜻하는 것이니, 대부께서 정(正)으로써 이끄신다면 누가 감히 부정(不正)을 행할 수 있겠습니까?"라고 한 말이 기록되어 있으며,[2] 「자로(子路)」 편에는 "위정자 자신이 바르면 명령하지 않아도 행해지고, 위정자가 바르지 않으면 비록 명령을 한다 해도 따르지 않는다."는 말이 있다.[3]

공자는 힘의 정치와 형벌에 의한 치안의 한계를 잘 알고 있었다. 타율(他

---

1 『論語』, 「顔淵」 19. 季康子問政於孔子曰, "如殺無道, 以就有道, 何如?" 孔子對曰, "子爲政, 焉用殺? 子欲善而民善矣. 君子之德風, 小人之德草. 草上之風, 必偃."
2 『論語』, 「顔淵」 17. 季康子問政於孔子, 孔子對曰, "政者, 正也. 子帥以正, 孰敢不正?"
3 『論語』, 「子路」 6. 子曰, "其身正, 不令而行. 其身不正, 雖令不從."

律)에 의존한 치안과 질서는 일시적 대증요법(對症療法)과 같은 것이며, 오직 국민의 덕성(德性)에서 우러난 자율적 협력만이 참되고 지속적인 안녕과 질서를 가져올 수 있다고 공자는 믿었다. 우리는 『논어』「위정(爲政)」편에서 다음과 같은 구절을 읽는다.

> 공자가 말씀하였다. "법으로써 인도하고 형벌로써 다스리면, 백성은 형벌을 면하기에만 급급하고 수치를 모른다. 덕으로써 인도하고 예(禮)로써 다스리면, 백성들은 염치를 알게 되고 또 바르게 된다."[4]

권세와 형벌로써 악(惡)의 세력을 근절한다는 것은 불가능한 일이다. 권세와 형벌이 두려워서 질서유지에 협력하는 사람들은 권력과 형벌의 외압(外壓)만 약화되면 언제나 반발과 파괴로써 악의 세력으로 다시 돌아간다. 상층에 위치한 사람들의 덕성과 교화로써 백성을 유덕(有德)한 사람으로 만드는 것만이 진실로 도(道)가 지배하는 나라를 건설하는 길이다. 대체로 이러한 생각이 공자로 하여금 패도(覇道)의 정치를 물리치고 덕치(德治)의 정치를 역설하게 한 것으로 생각된다.

맹자(孟子)가 성선설(性善說)을 주장한 이래로 유교에서는 인간성을 선량한 것으로 보아 온 경향이 있거니와, 공자의 경우에도 이미 같은 생각이 작용한 것이 아닐까 한다. 춘추시대에 이르러서 인심이 거칠어진 것은 사실이나, 『시경(詩經)』과 『서경(書經)』에 대하여 각별한 애착을 가졌던 공자는 고대로부터 전래한 순박한 시와 요순(堯舜)의 전설 속에 담긴 선량한 인심이 인간성 본연의 모습이라고 보았을 가능성이 높다. 소박한 농경 사회를 배경

---

4 『論語』, 「爲政」. 子曰, "道之以政, 齊之以刑, 民免而無恥. 道之以德, 齊之以禮, 有恥且格."

으로 삼은 이러한 인간관은 공자로 하여금 성군(聖君) 또는 현군(賢君)의 솔선수범만 있으면 도덕성이 높은 태평성대를 건설할 수 있으리라는 확신을 갖도록 하는 데 큰 도움이 되었을 것이다.

그러나 공자가 내면적 덕성(德性)의 강조 하나만으로 안녕과 질서가 지배하는 태평성세를 건설할 수 있다고 믿은 것은 아니다. 공자는 "덕으로써 인도하고 예로써 다스린다(道之以德, 齊之以禮)."고 말한 바 있듯이, 덕과 더불어 예(禮)를 매우 존중했거니와, 공자가 중요시한 예는 제도와 관습으로서의 성격이 강한 규범으로서 법(法)에 준하는 힘을 가지고 있었다. 법이 형벌을 수반하는 무서운 규범이라면 예는 형벌의 위협은 없으나 관습적으로 따르게 되는 부드러운 규범이다. 간단히 말해서 공자는 덕치가 가진 취약점을 예의 숭상으로써 보완할 수 있다고 믿었던 것이다.

'예'라는 것은 일차적으로는 외형적인 것이다. 그러나 그것은 단순히 외형(外形)을 위하여 외형을 갖추는 것이 아니라, 귀중한 내용물을 오래 간직하기에 필요한 그릇과도 같은 것이다. 그릇이 없이 음식물만을 오래 간직하기 어렵듯이, 형식인 예를 무시하면 인간의 아름다운 정신을 가꾸고 간직하기가 어렵다. 공자가 예를 숭상한 것은 내용을 살리기 위해서는 외형의 도움이 절실하다는 사실을 누구보다도 잘 알았기 때문이다. 『논어』 「팔일(八佾)」 편에 다음과 같은 구절이 있다.

자공(子貢)이 고삭제(告朔祭)에서 산 양을 희생으로 바치던 제례(祭禮)를 없애고자 했을 때, 공자가 말씀하였다. "사(賜)야, 너는 그 양을 아끼고자 하나, 나는 차라리 그 예(禮)를 아끼고자 한다."[5]

---

5 『論語』, 「八佾」 17. 子貢欲去告朔之餼羊, 子曰, "賜也! 爾愛其羊, 我愛其禮."

'고삭(告朔)'이라 함은 옛날에 천자가 매년 초겨울에 다음 해 달력을 제후에게 나누어 주고, 제후들은 그것을 종묘에 간직해 두었다가 매월 초하루가 되면, 나랏일을 보기에 앞서서 살아 있는 양(羊)을 제물로 바치던 제례(祭禮)를 말한다. 세월이 흐르는 가운데 천자가 제후에게 달력을 나누어 주는 일도 흐지부지하게 되어 고삭제가 그 내용을 잃게 되었다. 이에 노나라의 관직에 있던 자공이 유명무실한 고삭제를 위하여 공연히 산 양만 희생시킬 필요가 없다고 주장한 바 있었다. 이 말을 듣고 공자는, 비록 형식만의 고삭제라도 남겨 두어야 천자가 달력을 나누어 주었던 옛날의 관행이 되살아날 수 있다는 이유로, 그 제례의 폐지에 반대했던 것이다. 공자가 예를 숭상한 까닭이 외형에 있지 아니함을 밝혀 주는 대목이다.

공자가 예를 그토록 중요시한 것은 그가 말한 예가 봉건 제도를 배경으로 삼고 형성된 주나라의 예였기 때문이다. 주나라의 예에 따르면, 위로는 천자에서 아래로는 서민에 이르기까지 각기 그 신분에 따라서, 사람들이 취해야 할 생활양식과 행동거지에 엄격한 차별이 있었다. 따라서, 공자가 말하는 예를 지키는 것은 봉건 제도 아래서 형성된 위계질서에 순종함을 의미하는 것이니, 예의 준수가 봉건적 위계질서의 유지와 직결됨은 스스로 명백하다.

인간의 평등을 윤리의 기본 전제로 삼고 있는 현대의 관점에서 본다면, 공자가 예의 숭상을 강조한 대목은 그의 사상이 지극히 비민주적임을 밝혀 주는 대목으로서 비판의 대상이 될 수도 있을 것이다. 그러나 공자의 사상을 현대의 시각에서 평가하는 작업은 잠시 보류하고, 지금은 공자의 시대에 시점(視點)을 고정시키는 자세를 유지하며 그의 사상을 간추려 보는 일에만 전념하기로 하자.

공자 정치사상의 일환으로서 그의 정명론(正名論)도 이 자리에서 언급해 두는 것이 좋을 듯하다. '정명'이란 명분(名分)을 바로 세운다는 뜻으로서 예

(禮)와도 밀접한 관계를 가졌기 때문이다. 사람에게는 각각 그의 신분과 처지를 일컫는 명칭이 있으며, 각기 자신에게 주어진 명칭에 적합하도록 처신하는 것이 명분을 바로 세움에 해당한다. 제(齊)나라의 경공(景公)이 정치의 요체를 물었을 때, 공자는 이렇게 대답하였다. "임금은 임금다워야 하고 신하는 신하다워야 하며, 아버지는 아버지다워야 하고 아들은 아들다워야 합니다."[6]

각자의 신분과 처지에 적합하도록 처신하라 함은 "네 분수를 지켜라."라는 말과도 같은 뜻이니, '정명'과 '예의 숭상'이 같은 범주의 규범임이 명백하다. "그 직위에 있지 않으면, 그 정사(政事)를 논의하지 않는다."는 공자의 말씀도 같은 맥락에서 이해할 수 있을 것이다.[7]

2. 덕(德)과 도(道) 그리고 인(仁)

덕(德)으로써 세상을 다스려야 한다고 역설한 공자의 사상을 더욱 구체적으로 이해하기 위해서는 그가 주장한 덕의 개념이 밝혀져야 한다. 그러나 공자가 덕을 체계적으로 설명한 기록은 없다. 다만 여러 구체적 상황에서 여러 가지 표현으로 덕에 대해 언급했을 뿐이다. 그러므로 우리는 대화 속에서 공자가 말한 덕의 단편들을 종합함으로써 그의 덕론(德論)을 추리할 수밖에 없다. 덕을 숭상하는 사상이 공자에서 비롯된 것은 물론 아니며, 고래로 여러 문화 전통 속에 여러 가지 덕 사상이 나타났다. 여기서 우리가 알고자 하는 것은 공자가 덕에 관하여 가졌던 사상의 남다른 점이다.

---

6 『論語』, 「顏淵」 11. 君君, 臣臣, 父父, 子子.
7 『論語』, 「泰伯」 14. 不在其位, 不謀其政. 공자의 이 말은 「憲問」 편에도 다시 나온다.

덕을 숭상한 공자의 사상 바탕에는 인간이면 누구나 따라야 할 '도(道)'가 있다는 굳은 믿음이 깔려 있다. "아침에 도에 관하여 들어서 알게 된다면, 저녁에 죽어도 여한이 없을 것이다."[8]라고 말했을 정도로 공자는 도의 존재를 믿고 그것을 중요시하였다. 그러므로 덕(德行)에 대한 공자의 사상을 이해하기 위해서는 먼저 도에 대한 그의 견해를 살펴볼 필요가 있다.

『논어』여러 곳에 도에 관한 언급이 있다. 그러나 도가 무엇이라는 것을 명확하게 밝힌 대목은 발견하기 어렵고, 더러는 '도'라는 말을 서로 다른 뜻으로 쓴 것이 아닌가 하는 의문을 갖게 하는 대목도 보인다. 예컨대, 『논어』「공야장(公冶長)」편에 정(鄭)나라의 대부 자산(子産)을 칭찬하며 "그에게는 군자의 도가 네 가지 있다."라고 한 공자의 말이 있으며,[9] 「헌문(憲問)」편에는 "군자의 도에 세 가지가 있는데, 나는 그것을 이루지 못하고 있다."라는 말이 보인다.[10] 이 경우에 공자가 말한 '도'는 '덕'에 가까운 뜻으로 쓴 듯하며, "아침에 도에 관하여 들어서 알게 되면, 저녁에 죽어도 여한이 없을 것이다."라고 말했을 때의 '도'와는 그 뜻이 다른 것으로 보인다.

『논어』「위령공(衛靈公)」편에 "사람은 도를 크게 할 수 있으나, 도는 사람을 크게 할 수 없다."라는 공자의 말씀이 보인다. 그러나 이 말의 뜻이 무엇인지 분명치 않기에, 주자(朱子)의 『논어집주(論語集註)』를 들추어 보았다. 주자는 주(註)에서 말하기를 "사람 밖에 도가 없고, 도 밖에 사람이 없다. 그러나 인심(人心)은 유각(有覺)하고 도체(道體)는 무위(無爲)하다. 그러므로 사람은 도를 크게 할 수 있고, 도는 사람을 크게 할 수 없다."고 하였다.[11] 주

---

8 『論語』,「里仁」8. 朝聞道, 夕死可矣.
9 『論語』,「公冶長」16. 子謂子産, "有君子之道四焉, 其行己也恭, 其事上也敬, 其養民也惠, 其使民也義."
10 『論語』,「憲問」29. 子曰, "君子道者三, 我無能焉. 仁者不憂, 知者不惑, 勇者不懼."

자의 주에 따르면, 사람이 있는 곳에는 도가 있고 도가 있는 곳에는 사람이 있다. 다만 사람의 마음은 능동적으로 작용함으로써 도를 닦아서 체득할 수 있으나, 도에는 의식(意識)이 없으므로 도가 능동적으로 인간에게 작용하지는 않는다. 이러한 분석이 옳다면, 공자가 말한 도는 인간의 도, 즉 인간이 마땅히 따라야 할 도리(道理)를 가리킨 것으로 볼 수 있을 것이다. 그 인간의 도리가 우주 만물을 지배하는 자연의 이법(理法)과 어떤 관계에 있는가를 여기서 당장 따질 필요는 없을 듯하다.

『논어』에는 "나라에 도가 있다(邦有道)." 또는 "나라에 도가 없다(邦無道)." 하는 말이 여러 곳에 보인다. 공자는 나라에 도가 있을 때는 나아가서 벼슬을 하여 적극적으로 활동하는 것을 정도로 생각하고, 나라에 도가 없을 때는 초야에 묻혀서 어리석은 듯이 사는 것을 권장하였다.[12] 추측건대, 공자는 인간의 도리가 살아 있는 나라를 도가 있는 나라라 하고 인간의 도리가 유린되는 나라를 무도(無道)의 나라라고 본 듯하다.

인간에게는 인간으로서 지켜야 할 도리가 있다는 생각은 중국에서도 아득한 옛날부터 있었을 것이다. 그 인간의 도리를 '도(道)'라는 말로 표현하였으며, 공자도 그 말을 일상적인 의미로 사용하였고, 그 말이 갖는 철학적 의미의 천착은 후학들이 할 일로 남겨 둔 것으로 보인다. 어쨌든 공자는 도의 존재를 믿었고, 개인의 삶이나 집단의 삶이 모두 도에 어긋남이 없어야 한다고 믿었음에 틀림이 없다.

도에 어긋남이 없도록 살아가기 위해서는 도를 따를 수 있는 능력을 갖추

---

11 『論語集註』, 卷之八, 「衛靈公」, 第十五. 人外無道, 道外無人, 然人心有覺, 而道體無爲. 故人能大其道, 道不能大其人.
12 『論語』, 「公冶長」 21. 子曰, "甯武子, 邦有道, 則知. 邦無道, 則愚. 其知可及也, 其愚不可及也."

어야 한다. 삶의 현장에는 여러 가지 경우가 있으므로, 여러 가지 경우의 도를 지키기 위해서는 여러 가지 종류의 덕을 갖추어야 한다. 여러 가지 경우에 항상 바르게 행동할 수 있는 모든 덕을 갖춘 사람이 있다면, 그는 도에 통달한 사람이라고 말할 수 있을 것이다.

사람들 특히 덕치(德治)의 임무를 맡아야 할 위정자(爲政者) 계층의 사람들이 갖추어야 할 여러 덕목(德目)이 있거니와, 그 가운데서 공자가 가장 중요시한 것은 인(仁)이었다. 공자의 사상을 가장 진솔하게 전하는 고전으로 평가되는 『논어』 가운데 인의 중요성을 강조한 대목이 많다는 것은 널리 알려진 상식이다. 특히 공자는 바람직한 인간형(人間型)으로서 '군자(君子)'를 제시했거니와, 군자가 되기 위해서는 잠시도 인을 떠나지 말아야 한다고 다음과 같이 역설하였다.

부(富)와 귀(貴)는 사람들이 탐내는 바이나, 도를 따라서 얻은 것이 아니면 누리지 말아야 한다. 빈(貧)과 천(賤)은 사람들이 싫어하는 바이나, 도를 어기면서까지 그것을 면하려고 해서는 안 된다. 군자가 인(仁)을 떠난다면 어찌 군자로서 이름을 이룩할 수 있겠는가? 군자는 밥을 먹는 시간에도 인을 어기지 않으며, 다급한 순간에도 반드시 이를 지키고, 넘어지는 순간에도 반드시 이를 지킨다.[13]

위의 인용을 통하여 우리가 알 수 있는 것은 공자의 사상 가운데서 매우 중요한 비중을 차지하는 세 가지 개념, 즉 '도(道)'와 '인(仁)'과 '군자' 사이

---

13 『論語』, 「里仁」 5. 富與貴, 是人之所欲也. 不以其道得之, 不處也. 貧與賤, 是人之所惡也. 不以其道得之, 不去也. 君子去仁, 惡乎成名? 君子無終食之間違仁, 造次必於是, 顛沛必於是.

의 관계가 대단히 긴밀하다는 사실이다. 도를 이야기한 바로 뒤를 이어서 인을 말하고 또 군자를 언급했다는 것은 공자의 머릿속에서 저 세 가지 개념이 항상 불가분의 관계를 가지고 어우러져 있었음을 짐작하게 한다. 공자의 사상 바탕에는 **도**를 터득한 사람의 가장 기본적인 덕이 바로 **인**이고, **인**의 덕을 가까이 하면 그것으로써 이미 **군자**로서의 바탕을 이룩했다고 보는 생각이 깔려 있다고 볼 수 있을 것이다.

공자는 여러 가지 경우에 여러 가지 표현으로 인을 말하고 있으나 인의 뜻을 직접적이고 명확한 언어로써 밝힌 기록은 보이지 않는다. 다만 그는 인의 중요성, 인자(仁者)의 생활 태도와 그 심경, 인에 도달하는 방안 등을 말함으로써, 인의 뜻을 간접적으로 이해하도록 인도한다.

제자들로부터 인에 대한 질문을 받았을 때 공자는 여러 가지 다른 표현으로 대답했거니와, 그 가운데서 인의 뜻을 이해하기에 비교적 직접적인 도움이 되는 것은, 인은 곧 "사람을 사랑함"이라고 대답한 경우다.[14] 중국에서는 옛날에 어질 인(仁) 자와 사람 인(人) 자를 같은 뜻으로 쓴 경우가 많았다고 하거니와, '仁'이라는 한자가 인간의 관계를 나타낸다는 것은 통설(通說)에 가까운 상식이다. 인간의 관계에서 가장 소중한 것이 '사랑'이라는 것은 동서고금에 공통된 생각이라는 점으로 미루어서, 인을 "사람을 사랑함(愛人)"이라고 말한 공자의 뜻을 짐작할 수 있을 것이다. '사람에 대한 사랑'이 인의 바탕이요, 인을 체득(體得)함으로써 인간이 인간답게 된다고 본 것이 공자의 생각이 아닐까 한다. 주자가 『논어집주』에서 인을 "사랑의 원리(愛之理)요, 마음의 덕(心之德)"이라고 주해한 것도 같은 맥락으로 이해할 수 있을 것이다.[15]

---

14 『論語』,「顏淵」 22. 樊遲問仁. 子曰, "愛人…."

인의 바탕으로서의 사랑은 어디까지나 인간적인 사랑이라는 점에서 불교의 사랑이나 기독교의 사랑과는 다르다. 종교에서 말하는 사랑은 인간 이외에 절대자(絶對者)를 매개로 삼는 까닭에, 그것은 차별이 없는 절대적 사랑이다. 그러나 인의 바탕으로서의 사랑은 사람과 사람의 관계에서 자연적으로 생기는 인정(人情)에 기초하는 까닭에, 인간관계의 친소(親疏)를 따라서 차별상(差別相)을 나타내는 것이 당연하다고 공자는 생각한 것 같다. 『중용(中庸)』 가운데 보이는 "인(仁)은 사람다움(人)이니, 어버이를 친근하게 모시는 일이 가장 중요하다(仁者人也, 親親爲大)."라는 해석은 널리 알려진 바이며, 『논어』 가운데서도 같은 해석을 뒷받침하는 구절을 찾아볼 수 있다. "효제(孝悌)는 인을 이룩하는 근본이다.", "군자가 부모에게 독실하면, 백성들에게 인의 기풍이 일어난다.", "자기를 극복하고 예(禮)로 돌아가는 것이 인이다." 등이 그것이다.[16]

부모에 대한 효(孝)와 형제간의 우애(悌)는 나에게 가장 가까운 혈연에 대한 자연의 정(情)을 발휘하는 덕목이다. 그러므로 효제(孝悌)가 인의 근본이라 함은 인간관계의 친소와 인 사이에 불가분의 관계가 있다는 뜻을 내포한다. "군자가 어버이에게 독실하면 백성들에게 인자한 기풍이 일어나고…" 운운하는 「태백(泰伯)」 편의 구절에도 비슷한 함축이 있다. 여기서 '篤於親'을 "친족에게 후덕하게 한다."고 해석하여도 전체의 함축에는 크게 다를 바가 없다. "자기를 극복하고 예로 돌아가는 것이 인이다."라는 말 가운데도 인간관계의 친소를 중요시하는 뜻이 함축되어 있다. 예라는 것이 본래 신분

---

15 『論語集註』,「學而」, 第三章의 註 참조.
16 『論語』,「學而」 2. 孝悌也者, 其爲仁之本與;「泰伯」 2. 君子篤於親, 則民與於仁;「顔淵」 1. 顔淵問仁. 子曰, "克己復禮 爲仁."

과 친소에 따라서 사람들이 취해야 할 태도가 다르다는 생각에 기초한 규범이기 때문이다.

친근한 사람들을 비롯해서 여러 사람들을 사랑하는 것만으로 인에 도달할 수 있는 것은 아니다. '인'은 '박애', '정직', '용기' 등과 같이 비교적 단순한 덕이 아니라, 여러 가지 덕의 종합과도 같은 복합적인 개념이다. 『논어』에는 인이 여러 가지 덕의 종합임을 알리는 말들이 여기저기 보인다. 다음에 그 일부를 인용한다.

> 인(仁)한 사람은 어려운 일을 할 때는 남보다 앞에 서고, 이득에 관해서는 남보다 뒤에 선다.[17]

> 중궁(仲弓)이 인에 대하여 물었을 때, 공자가 말씀하였다. "집 문을 나서면 큰 손님을 대하듯이 공경스럽게 행동하고, 백성에게 일을 시킬 때는 큰 제사를 받들듯이 신중을 기할 것이며, 자기가 원치 않는 바를 타인에게 행하지 말아야 한다."[18]

> 인(仁)한 사람은 말을 신중하게 한다.[19]

> 굳세고, 꿋꿋하고, 질박하고, 입이 무거우면 인에 가깝다.[20]

---

17 『論語』, 「雍也」 22. 仁者先難而後獲.
18 『論語』, 「顏淵」 2. 仲弓問仁. 子曰, "出門如見大賓, 使民如承大祭, 己所不欲, 勿施於人."
19 『論語』, 「顏淵」 3. 司馬牛問仁. 子曰, "仁者, 其言也訒." 曰, "其言也訒, 斯謂之仁己乎?" 子曰, "爲之難, 言之得無訒乎."
20 『論語』, 「子路」 27. 子曰, "剛, 毅, 木, 訥, 近仁."

자장(子張)이 공자에게 인에 대하여 물었을 때, 공자가 말씀하였다. "천하에서 다섯 가지를 행할 수 있으면, 인하다 하겠다." "다섯 가지란 무엇입니까?" "공손함과 관대함, 신의와 민첩함 그리고 은혜로움이다…."[21]

말을 듣기 좋게 꾸미고, 얼굴 표정을 보기 좋게 꾸미는 사람 가운데는 인(仁)한 이가 드물다.[22]

이상의 인용만으로 미루어 보더라도 공자의 '인' 가운데는 '희생정신', '공경', '신중', '공평', '소박', '성실', '관대', '신의', '민첩', '은혜로움', '정직' 등의 덕이 포함되어 있음을 알 수 있다. 따라서 인은 단순한 개념이 아니며, 인자(仁者)의 경지에 도달한다는 것은 결코 쉬운 일이 아닐 것이라는 생각도 든다. 공자에게는 고명한 제자들도 많이 있었으나, 『논어』 전편을 훑어보아도 공자로부터 인자라는 평가를 받은 사람은 찾아보기가 어렵다.

공자의 여러 제자들 가운데서 그로부터 인자의 경지에 도달했다는 평가를 받은 사람은 아마 안연(顔淵) 한 사람뿐이었을 것이다.[23] 노나라의 대부 맹부백(孟武伯)이 자로(子路)와 염구(冉求)와 자화(子華)를 인자라고 말할 수 있느냐고 물었을 때, 공자는 그들이 모두 유능한 사람이라고 평가했으나, '인하다'고까지는 말하기 어렵다고 하였다.[24] 자공(子貢)이 "내가 원하지 않는 바를 남에게 행하지 말라."는 공자의 가르침을 실천에 옮기겠다고 말했

---

21 『論語』, 「陽貨」 6. 子張問仁於孔子. 孔子曰, "能行五者於天下, 爲仁矣." "請問之." 曰: "恭, 寬, 信, 敏, 惠…."
22 『論語』, 「學而」 3. 巧言令色, 鮮矣仁.
23 공자는 『論語』, 「雍也」편 5장에서 "안회는 그의 마음이 석 달 동안 인을 어기지 않는다. 다른 사람들은 하루나 한 달에 한 번 잠시 인에 이른다."고 말한 바 있다.
24 『論語』, 「公冶長」 8 참조.

을 때도, 공자는 "네가 잘할 수 있는 일이 아니다."라고 말했을 정도다.[25]

그러나 공자는 인하게 되기 위해서는 특별히 탁월한 소질이나 초인적 능력을 가져야 한다고는 생각하지 않았다. 공자는 누구나 결심만 단단히 하고 노력만 꾸준히 하면 인자에 접근할 수 있다고 믿었다. 그는 『논어』 「술이(述而)」 편에서 "인은 멀리 있는 것일까. 내가 마음만 먹으면 인에 도달할 수 있다."고 말하였고,[26] 「안연」 편에서는 "인하게 되는 것은 내게 달려 있는 것이니, 어찌 남에게 달렸다 하겠는가."라고 말씀하였다.[27] 세상에 인자가 적은 가장 큰 원인은 사람들에게 인을 좋아하는 마음이 부족하기 때문이라고 공자는 믿었다. 『논어』 「이인(里仁)」 편에, "나는 아직 인을 좋아하는 사람과 인하지 않음을 싫어하는 사람을 보지 못했다."는 그의 말이 보인다.[28] 사람들에게 인을 행할 힘이 없는 것이 아니라, 그 힘을 발휘하고자 하는 의지가 부족하다는 것이다. "하루라도 인을 위하여 그의 힘을 쓰는 사람이 있는가? 나는 힘이 부족한 사람은 아직 보지 못했다."[29]

3. 의(義)와 효(孝)

인(仁)을 넓은 뜻으로 이해할 때는 유교에서 숭상하는 모든 덕목이 그 안에 포함된다고 말할 수 있다. 그러나 유가에서는 인을 좁은 의미로 사용할 경우도 많으며, 좁은 의미로 사용할 경우에는 인을 의(義), 예(禮), 지(知), 신

---

25 『論語』, 「公冶長」 12 참조.
26 『論語』, 「述而」 30. 子曰, "仁遠乎哉? 我欲仁, 斯仁至矣."
27 『論語』, 「顔淵」 1. 子曰, "…爲仁由己, 而由人乎哉."
28 『論語』, 「里仁」 6. 子曰, "我未見好仁者, 惡不仁者."
29 『論語』, 「里仁」 6. 有能一日用其力於仁矣乎? 我未見力不足者.

(信) 등과 병립(並立)하여 오상(五常)의 하나로 꼽는다. 오상 가운데서 '인'
다음으로 큰 비중을 차지하는 것은 '의'와 '예'가 아닐까 한다. 다만 예는 엄
밀한 의미의 덕목이라기보다는 외형적 규범으로서의 성격이 강하므로 다른
기회에 따로 고찰하기로 하고, 여기서는 '의'에 대하여 간단하게 살펴보기
로 한다.

『논어』 여러 곳에서 우리는 '의'에 대한 언급을 찾아볼 수 있다. 그 언급의
맥락으로 미루어서 '의'라는 것이 우리가 지켜야 할 행동의 규범임에는 의심
의 여지가 없으나, 그 개념의 정확한 의미를 찾아보기는 어렵다. 추측건대,
공자를 위시한 초기의 유가들은 세상에는 인간이 지켜야 할 도리(道理)가 있
다고 믿었으며, 그 도리에 어긋남이 없는 것을 '의'라고 생각한 듯하다. 서양
윤리학의 목적론자들이 우리가 추구해야 할 목적을 먼저 상정하고, 그 목적
에 적합하도록 행동함을 '옳다(right)'고 본 것과는 다른 발상으로 보인다.
그러나 서양의 법칙론자들처럼 인간이 지켜야 할 행위의 법칙을 **구체적으로**
밝히고 그것을 따르는 것이 올바른 삶의 태도라고 본 것과 일치한다고 말하
기도 어렵다. 공자가 강조한 '의'는 그 의미를 분석적으로 밝히기 어려운 두
루뭉술한 개념이라고 보는 것이 옳을 듯하다.

『논어』 「이인」 편에 "부귀는 사람들이 탐내는 바이나, 도(道)로써 얻은 것
이 아니면 누리지 말아야 한다."는 공자의 말씀이 있고,[30] 「술이」 편에는
"의(義)가 아니고서 부귀한 것은 나에 있어서 뜬구름과 같다."는 말이 있
다.[31] 이것으로써 우리는 공자의 '의'와 '도' 사이에 불가분의 관계가 있음

---

30 『論語』, 「里仁」 5. 子曰, "富與貴, 是人之所欲也. 不以其道得之, 不處也."
31 『論語』, 「述而」 16. 子曰, "飯疏食飲水, 曲肱而枕之, 樂亦在其中矣. 不義而富且貴, 於我如
浮雲."

을 알 수 있다. 곧 '도'를 따르는 것이 바로 '의'에 해당한다고 공자는 본 것이다. 다만 원시 유교의 단계에서는 '도'에 대한 명백한 정의(定義)가 없으므로, '의'의 개념도 어렴풋할 수밖에 없다.

　그러나 한 가지 분명한 점이 있다. 유가에서는 '의(義)'를 '이(利)'와 대립시켜서 생각했다는 사실이다. 『논어』 「이인」 편에 "군자는 의(義)에 밝고, 소인은 이익(利)에 밝다."는 말이 보이고,[32] 맹자와 양혜왕(梁惠王)과의 대화에서 이(利)와 의(義)의 대립이 부각된 바 있음은 널리 알려진 사실이다. 여기서 우리는 "의(義)가 아니고서 부귀한 것은 나에 있어서 뜬구름과 같다."고 한 「술이」 편의 말을 다시 상기하게 되며, 부(富)와 귀(貴)가 이(利)의 대표적인 것임을 알 수 있다. 유가들은 불가(佛家)나 도가(道家)처럼 세속적 욕구의 대상인 이(利)를 부정적 시각에서 물리치지는 않으나, 이보다는 의를 더욱 숭상해 왔다. 의(義)의 도(道)를 벗어나지 않는 범위 안에서 세속적 욕구를 충족시키라고 가르쳤던 것이다.

　유교에서 말하는 오상(五常)이 사회생활 전체를 위한 규범이라면, 오륜(五倫)은 주로 가정생활의 규범을 밝힌 것이라고 말할 수 있다. 오륜 가운데서 가장 큰 비중을 차지하는 것은 효(孝)의 덕목이다. 중국은 일찍부터 농경을 생업으로 삼고 발전한 나라이며, '국가(國家)'라는 말이 암시하듯이 가족을 기본으로 삼는 사회로서의 전통이 오래되었다. 농경 사회와 가족제도를 바탕으로 삼고 형성된 유교 사상이 가족 윤리를 중요시한 것은 당연한 일이며, 가족 윤리의 으뜸가는 원리로서 효의 덕목을 강조했던 것이다.

　유가들은 국가를 가족의 연장 또는 확대 선상에서 파악하였다. 따라서 가족의 질서가 잡히면 국가도 편안하게 된다고 믿었으며, 그 가족 질서의 근본

---

32 『論語』, 「里仁」 15. 子曰, "君子喩於義, 小人喩於利."

원리로서 효를 숭상했던 것이다. 『논어』 「학이(學而)」 편에 보이는 유자(有子)의 말이 이 점을 단적으로 밝혀 준다.

유자가 말하였다. "그 사람됨이 효성스럽고 공순(恭順)하면서 윗사람을 범하기 좋아하는 사람은 흔하지 않다. 윗사람 범하기를 좋아하지 않으면서 난(亂)을 일으키기 좋아하는 사람 또한 찾아보기 어렵다. 군자는 근본에 힘쓰기 마련이며, 근본이 서면 도(道)가 살아난다. 효성스럽고 공순함은 인(仁)을 이룩하는 근본이다."[33]

유교에서는 전통적으로 글공부를 크게 중요시하였다. 『논어』를 열면 제일 먼저 만나게 되는 문장이 "배우고 때때로 익히는 것은 매우 기쁜 일이다."라는 공자의 말씀이라는 사실에는 상징적 의미가 있다고 생각된다.[34] 공자가 말년에 자신의 인간적 성장 과정을 회고했을 때, "나는 열다섯 살에 학문에 뜻을 두었다."는 말로 시작한 것은,[35] 그의 인간적 성장의 기초가 학문에 있었음을 말해 준다. 그러나 공자는 학문보다도 사람됨을 더욱 중요시하였고, 사람됨의 근본이 효제(孝悌)에 있다고 보았다. 『논어』 「학이」 편 6장이 이 점을 분명하게 밝혀 준다.

공자가 말씀하였다. "젊은이들은 집에 들어와서는 효도를 다하고 밖에 나가서는 윗사람에게 공순해야 하며, 근신하고 신의를 지키며 널리 사람들을

---

33 『論語』, 「學而」 2. 有子曰, "其爲人也孝弟, 而好犯上者鮮矣. 不好犯上, 而好作亂者, 未之有也. 君子務本, 本立而道生. 孝弟也者, 其爲仁之本與!"
34 『論語』, 「學而」 1. 子曰, "學而時習之, 不亦說乎?"
35 『論語』, 「爲政」 4. 子曰, "吾十有五而志于學, 三十而立…."

사랑하고 인자(仁者)를 가까이 해야 한다. 그런 연후에 남는 힘이 있으면 곧 글공부를 한다."[36]

다른 문제에 관해서도 그런 경우가 많듯이, 공자는 왜 효도가 그토록 중요한가에 대하여 그 이유를 설명하려고 시도하지는 않았다. 아마 그것은 자명한 도리 또는 성인(聖人)의 도(道)인 까닭에, 굳이 이유를 따질 필요가 없다고 생각했거나, 그런 것을 따지는 것이 윤리 문제를 다루는 중국인의 사고방식이 아니었기 때문일 것이다. 어쨌든 효도의 이유에 대한 논의는 없이, 효도의 실천적 방안을 제시하거나 효도의 정신을 밝히는 일에 치중하고 있다. 현대인의 관점에서 볼 때 공자가 제시한 효도의 구체적 방안이 과연 설득력을 갖느냐 하는 문제는 잠시 접어 두고, 『논어』에 나타난 효도의 내용을 간추려 보기로 한다.

공자가 말씀하였다. "아버지가 생존했을 때는 그분의 뜻을 잘 살피고, 아버지가 돌아가신 뒤에는 그분의 행적을 잘 살펴야 한다. 돌아가신 뒤에 3년 동안 아버지의 길을 고치지 않는다면, 가히 효성스럽다고 말할 수 있다."[37]

공자가 말씀하였다. "요즈음의 효도는 봉양(奉養) 잘하는 것을 말한다. 개와 말도 잘 먹이는 경우가 있다. 공경하는 마음이 없으면 무엇으로 구별하겠는가?"[38]

---

36 『論語』, 「學而」 6. 子曰, "弟子, 入則孝, 出則悌, 謹而信, 汎愛衆, 而親仁. 行有餘力, 則以學文."
37 『論語』, 「學而」 11. 子曰, "父在, 觀其志. 父沒, 觀其行. 三年無改於父之道, 可謂孝矣."

공자가 말씀하였다. "부모가 살아 계실 때는 예로써 섬기고, 돌아가시면 예로써 장사 지내고, 예로써 제사를 모셔야 한다."[39]

공자가 말씀하였다. "부모를 섬김에 있어서 부모에게 잘못이 있을 때는 완곡하게 간해야 하며, 부모가 간언(諫言)을 받아들이지 않을 뜻을 보이면 더욱 공경하는 태도로써 그분들의 뜻을 존중해야 하며, 괴롭더라도 원망은 하지 말아야 한다."[40]

맹무백(孟武伯)이 효도를 물었을 때, 공자가 말씀하였다. "부모는 오직 자식의 질병만을 걱정하도록 해야 한다."[41]

공자가 말씀하셨다. "부모가 계시면 먼 곳에 가지 말아야 하며, 부득이 멀리 떠날 경우에는 반드시 그 행방을 알려야 한다."[42]

『논어』에 보이는 이상과 같은 구절을 종합하여 우리는 다음과 같이 정리할 수 있을 것이다.

(1) 효도의 근본은 부모의 뜻을 존중하고 따르는 공경(恭敬)의 정신이다. 부모의 뜻과 행동에 대하여 공감을 느끼지 못하더라도 자식된 도리로서는 부모의 길을 따라야 하며, 부모가 돌아가신 뒤에도 3년 정도는 그분들의 길

---

38 『論語』, 「爲政」 7. 曰, "今之孝者, 是謂能養, 至於犬馬, 皆能有養. 不敬, 何以別乎?"
39 『論語』, 「爲政」 5. 子曰, "生, 事之以禮. 死, 葬之以禮, 祭之以禮."
40 『論語』, 「里仁」 18. 子曰 "事父母幾諫, 見志不從, 又敬不違, 勞而不怨."
41 『論語』, 「爲政」 6. 孟武伯問孝. 子曰, "父母唯其疾之憂."
42 『論語』, 「里仁」 19. 子曰, "父母在, 不遠遊, 遊必有方."

을 지키는 것이 효도에 해당한다.

(2) 부모가 크게 잘못을 저질렀거나 그릇된 길로 들어서려고 할 경우에는 자식이 그 잘못됨을 간언(諫言)으로써 일깨우고 고치도록 유도하는 것은 바람직한 일이다. 다만 간언하는 태도는 매우 부드럽고 완곡해야 하며, 부모가 끝까지 간언을 받아들이지 않을 경우에는 자식된 도리로서 물러설 수밖에 없다. 어떤 경우에도 부모를 원망해서는 안 된다.

(3) 노후의 부모가 육체적 불편을 느끼지 않도록 잘 봉양하는 것은 자식된 도리의 기본이다. 그러나 물질적 봉양을 잘하는 것만으로 효도가 되는 것은 아니며, 공경으로써 마음을 편안하게 하는 것이 효도의 필수 조건이다. 특히 자식은 부모에게 걱정을 끼치는 일이 없도록 최선을 다해야 한다. 인간의 힘으로 막을 수 없는 불가항력적인 불행으로 부모에게 걱정을 끼치는 것은 어쩔 수 없다 하더라도, 자식의 불찰로 인해서 부모에게 근심을 끼치는 것은 효도에 어긋나는 짓이다. 자식이 부모의 곁을 멀리 떠나가면 자연히 부모에게 걱정거리가 되기 쉬우니, 되도록 부모의 곁에서 멀리 떨어지지 않는 것도 효도의 한 방안이다.

(4) 부모의 생존 시에만 잘 모시는 것으로는 효도로서 충분할 수 없다. 돌아가셨을 때는 예를 다하여 장례를 치르고, 장례가 끝난 뒤에도 오랫동안 제례(祭禮)를 정성껏 모셔야 한다. 유가의 사상 가운데는 개인의 죽음을 생명의 끝으로 보지 않고 가계(家系)의 계승을 통하여 생명이 연장된다는 믿음이 깔려 있으며, 조상의 영혼을 예로써 모시는 것은 자손의 당연한 도리라는 관념이 강하다.

『논어』에는 효도가 단순히 가족 윤리를 위한 덕목에 그치는 것이 아니라, 효의 정신은 사회 전체를 후덕하게 만드는 원리이며, 효도의 정신이 확산되면 나라 전체의 정치 문제도 잘 풀린다는 뜻의 말도 보인다. 「학이」 편에 보이는 "부모의 장례를 신중히 치르고 조상의 제사를 정성껏 모시면, 백성의 덕이 돈후하게 된다."고 한 증자(曾子)의 말이 그것이고,[43] 누가 공자에게 왜 정치를 하지 않느냐고 물었을 때, "효도하라, 오직 효도하고 형제에게 우애를 다함으로써 그것을 정치에 반영하라."고 한 『서경』의 말을 인용하여 효도 안에 정치의 길이 들어 있음을 말한 것도 그것이다.[44]

가정마다 효성이 지극한 자녀들로 가득 차고, 형제간의 우애가 돈독하면, 나라 전체가 질서와 평화를 유지하게 될 것이라고 유가들은 믿었다. 그러나 이 믿음이 효도를 행해야 하는 이유로서 전제되었다고는 생각되지 않는다. 공자와 그 제자들은 다만 효가 인간이 마땅히 지켜야 할 도리이므로 사람인 이상 이 길을 밟아야 한다고 생각했을 것이며, 효도를 권장하고 숭상하는 과정에서 가족 윤리의 원리로서의 효가 사회윤리의 원리도 될 수 있다고 강조했을 것이다.

4. 군자(君子)

유교에서는 인격 완성의 경지에 도달한 이상적 인품은 '성인(聖人)'의 칭호로 존경을 받는다. 공자 자신도 말년에 이르러 이 성인의 수준에 이른 사람으로 평가되고 있으나, 그는 『논어』 「술이」 편에서, "나는 성인을 만나 보지 못했다. 군자라도 만날 수 있다면 그것으로 만족하겠다."고 말하였다.[45] 성인은 이상적 인간상이나 우리가 현실적으로 도달하기는 어려운 목표이며, 공자가 현실적 노력의 목표로서 제시한 것은 군자다. 공자의 가르침은

---

43 『論語』, 「學而」 9. 曾子曰, "愼終, 追遠, 民德歸厚矣."
44 『論語』, 「爲政」 21. 或謂孔子曰, "子奚不爲政?" 子曰, "『書』云: '孝乎 惟孝, 友于兄弟, 施於有政.' 是亦爲政, 奚其爲爲政?"
45 『論語』, 「述而」 26. 子曰, "聖人, 吾不得而見之矣. 得見君子者, 斯可矣."

결국 "군자가 되도록 노력하라."는 한마디로 요약할 수 있다 하여도 크게 잘못은 아닐 것이다.

'군자'는 본래 '소인(小人)'과 대(對)를 이루는 말로서 서주시대에는 세습적 지배층의 인물을 가리켰다. 지배자의 위치에 있는 사람들은 덕(德)으로써 백성, 즉 소인 계층을 다스려야 한다는 것이 고대로부터의 중국 정치사상이었고, 따라서 군자는 당연히 덕을 쌓아야 할 사람으로서 생각되었으며, 여기서 군자는 덕성이 높은 인격자라는 또 하나의 의미를 갖게 되었다.[46] 사회 계층의 변화가 옴에 따라서 후일에는 사회적 지위를 나타내는 의미는 점차 약화되고, 학덕을 갖춘 인격자라는 뜻이 전면에 나타나게 되었다. 필자가 '군자'라는 개념에 대하여 갖는 관심은 인품(人品)을 나타내는 말로서의 쓰임에 집중된다.

군자가 갖추어야 할 조건을 명확하게 밝힌 대목을 『논어』 안에서 찾아내기는 어렵다. 위정자로서 덕치(德治)의 소임을 다하기에 부족함이 없을 정도의 학덕을 갖춘 사람이면 군자라고 할 수 있을 것이라는 주장을 일단 할 수 있을 것이며, 오상(五常)과 오륜(五倫)의 개념에 의존하여 군자의 조건을 추론할 수도 있을 것이다. 그러나 더욱 구체적인 이해를 위하여, 『논어』 안에서 '군자'라는 말이 나오는 대목을 훑어보기로 한다.

『논어』의 「학이」 편 14장은 군자의 면모를 비교적 폭넓게 말해 준다. 우선 그 뜻을 직역(直譯)으로 옮겨 보자.

---

46 『孟子』, 滕文公章句 上에 세상에는 대인이 할 일과 소인이 할 일이 따로 있음을 말하고, 마음을 수고롭게 하여 사람을 다스리는 일은 대인이 맡아서 하고 근육노동을 하여 생산에 종사하는 일은 소인이 맡는 것이 천하에 공통된 이치라는 주장을 전개한 대목이 있다. 맹자가 말한 '대인'과 같은 뜻으로 고대 중국에서는 '군자'라는 말이 사용되었다. 성백효, 『맹자집주』, 전통문화연구회, 1991, p.159 참조.

공자가 말씀하였다. "군자는 식생활에서 배부르기를 추구하지 않고, 사는 데는 편안함을 추구하지 않는다. 일에는 민첩하고 말에는 신중하여, 유도지인(有道之人)을 따라서 바르게 하기를 힘쓴다면, 가히 호학(好學)이라고 말할 수 있을 것이다."[47]

우선 군자는 일신의 안락만을 추구해서는 안 되며, 말은 신중하게 해야 하고, 실천에는 민첩해야 한다. 그리고 항상 도리를 따라서 바르게 행동하도록 노력해야 한다. 따라서 공동체를 염두에 두지 않고 일신의 이익을 추구하거나 말만 앞서고 실천이 따르지 않는 사람은 군자라고 할 수 없다. 그리고 또 하나 중요한 것은 정도(正道)를 따라서 살고자 하는 굳은 의지다.

「학이」편 15장에서는 안빈낙도(安貧樂道)를 가르치고 있다. "가난하면서도 아첨하지 않고 부유하면서도 교만하지 않으면 어떻겠습니까?" 하고 물은 자공(子貢)에 대하여, 공자는 "가난하면서 낙도(樂道)하고 부유하면서도 예를 존중하는" 경지를 제시했던 것이다. 이 경지가 바로 공자가 생각한 군자의 경지가 아닐까 한다.[48] 「이인」편 5장에서도 부귀와 빈천에 대해서 군자가 가져야 할 마음가짐을 말하고 있으며, 특히 이 대목에서는 부귀를 얻음에 있어서나 빈천을 면함에 있어서나 정도(正道)를 따라야 한다는 것과 군자는 항시 인(仁)을 염두에 두어야 함을 강조하고 있다.

『논어』의 「학이」편 1장에는 "사람들이 나를 알아주지 않는다 하더라도 화를 내지 않는다면 매우 군자답지 않겠는가."라는 말이 있고, 「학이」편 16장

---

47 『論語』, 「學而」 14. 子曰, "君子食無求飽, 居無求安, 敏於事而愼於言, 就有道而正焉, 可謂好學也已."
48 『論語』, 「學而」 15. 子貢曰, "貧而無諂, 富而無驕, 何如?" 子曰, "可也. 未若貧而樂, 富而好禮者也."

에는 "남이 나를 알아주지 않을 것을 걱정하지 않고, 내가 남을 알지 못할 것을 걱정한다."는 말이 있다.[49] 요즈음 흔히 볼 수 있듯이, 인기를 끌어 유명하게 되고자 자기선전에 골몰한 사람이나, 한자리 얻으려고 동분서주하는 사람은 군자로부터 먼 거리에 있다고 보아야 할 것이다.

「이인」편 10장에는 "군자는 천하의 일에 대하여 절대로 그래야 한다거나 절대로 안 된다고 미리 단정하지 않고, 다만 의로움을 좇는다."는 말이 있고, 「자한(子罕)」편에는 공자가 하지 않은 일 네 가지로서 "자의적(恣意的) 태도와 기필코 하고 말겠다는 태도와 고집스러움과 자신만을 생각하는 태도"를 들고 있다.[50] 이 두 곳의 말을 통하여 알 수 있는 것은, 군자는 흑백논리를 따라서 외곬으로 빠지지 않는다는 사실이다. 다만 군자가 무원칙하게 적당히 산다는 뜻은 아니며, 사리(事理)에 따른다는 기본적 원칙을 지켜 가며, 상황에 따라서 융통성 있게 사는 것이 바람직하다는 주장을 포함하고 있다는 점에 유의해야 할 것이다. 우리는 『논어』 「위정」편에 보이는 "군자는 그릇이 아니다(君子不器)."라는 말도 같은 맥락에서 이해할 수 있을 것이다. 요즈음의 표현을 빌린다면, 군자는 닫힌 성격의 소유자가 아니라, 열린 성격의 인품이라고 말할 수 있을 것이다.

군자는 열린 성격의 인품인 까닭에 두루 화친(和親)하고 편당적이 아니다. 이와는 반대로 소인은 편당적이어서 두루 화친하지 않는다.[51] 『논어』 「자로」편에 보이는 "군자는 화합하되 뇌동(雷同)은 하지 않으며, 소인은 뇌동

---

49 『論語』, 「學而」 1. 子曰, "學而時習之, 不亦說乎? 有朋自遠方來, 不亦樂乎? 人不知而不慍, 不亦君子乎?"; 「學而」 16. 子曰, "不患人之不己知, 患不知人也."
50 『論語』, 「里仁」 10. 子曰, "君子之於天下也, 無適也, 無莫也, 義之與比."; 「子罕」 4. 子絶四. 毋意, 毋必, 毋固, 毋我.
51 『論語』, 「爲政」 14. 子曰, "君子周而不比, 小人比而不周."

하되 화합하지 않는다."는 공자의 말씀도 같은 맥락에서 이해할 수 있을 것이다. 그 밖에도 「술이」 편에는 '군자부당(君子不黨)'이라는 말이 공자 생존 당시에 일반적으로 쓰이던 문자임을 암시하는 대목이 있으며,[52] 「위령공」 편에도 "군자는 긍지는 지니나 다투지 아니하며, 여럿이 함께 어울리기는 하나 편당적으로 굴지 않는다."는 공자의 말씀이 보인다.[53] 군자는 다투지 않는다. 다만 다툼을 피할 수 없는 예외의 경우가 있으니, 활쏘기가 그 하나다. 활쏘기에서는 다투기는 하나 예(禮)를 다하는 것을 조건으로 삼으니, 다른 다툼과는 사정이 다르다. 그러기에 공자는 활쏘기에서의 다툼을 군자다운 다툼이라고 말하였다.[54] 오늘의 운동경기에서 강조하는 '정정당당한 경기'의 정신을 연상케 한다

공자는 "중용(中庸)의 덕성(德性)은 지극하다."고 말했을 정도로 중용의 덕을 찬양하였다.[55] 그가 내세운 바람직한 인간상으로서의 군자도 이 중용의 덕을 떠나서 이루어질 수 없다. 공자는 여러 경우에 중용의 중요성을 강조하였다. 자장(子張)과 자하(子夏)의 인품에 관하여 자공으로부터 질문을 받았을 때, 공자가 한 말은 그 대표적인 것이다. 저 두 제자 가운데서 누가 더 현명하냐고 자공이 물었을 때, 공자는 자장은 지나치고 자하는 모자란다고 대답했으며, 그렇다면 자장이 더 현명하냐고 자공이 다시 물었고, 이에 공자는 "지나침은 모자람과 같다."고 말씀했던 것이다.[56]

---

52 『論語』, 「述而」 30. 陳司敗問, 昭公知禮乎, 孔子曰, "知禮." 孔子退, 揖巫馬期而進之, 曰, "吾聞君子不黨, 君子亦黨乎? 君取於吳, 爲同姓, 謂之吳孟子. 君而知禮, 孰不知禮?"
53 『論語』, 「衛靈公」 21. 子曰, "君子矜而不爭, 羣而不黨."
54 『論語』, 「八佾」 7. 子曰, "君子無所爭, 必也射乎! 揖讓而升, 下而飮. 其爭也君子."
55 『論語』, 「雍也」 27. 子曰, "中庸之爲德也, 其至矣乎! 民鮮久矣."
56 『論語』, 「先進」 15. 子貢問, "師與商也孰賢?" 子曰, "師也過, 商也不及." 曰, "然則師愈與?" 子曰, "過猶不及."

'중용'과 '조화' 사이에는 불가분의 관계가 있다. 중용이 깨지면 조화도 깨지고, 조화가 무너지면 중용도 무너진다. 『논어』「옹야(雍也)」편 16장에서, 공자는 "바탕이 문채(文彩)보다 두드러지면 야하게 되고, 문채가 바탕보다 두드러지면 형식적이 된다. 바탕과 문채의 조화가 잘 이루어져야 비로소 군자라 할 수 있다."고 말하고 있거니와, 이 말씀의 뜻은 조화의 중요성을 역설한 것으로 볼 수도 있고, 중용의 중요성을 강조한 것으로 볼 수도 있다.[57]

『논어』「술이」편에 공자의 인품을 표현하여 "온화하면서 엄숙하고, 위엄이 있으면서 사납지 않으며, 공경스러우면서 편안하다."고 말한 것도 중용의 덕을 찬양한 것이다.[58] 『시경』 첫머리에 보이는 시 「관저(關雎)」를 평하여 공자가 "즐기면서도 정도를 지나치지 않고, 슬퍼하면서도 마음 상하게 하지는 않는다."는 것도 중용의 덕을 찬양한 말이다.[59]

『논어』「양화(陽貨)」편에 공자가 자로에게 '육언육폐(六言六蔽)'에 대하여 가르치는 대목이 있다. 일반적으로 미덕(美德)이라고 일컬어지는 여섯 가지 것에도 폐단이 따른다는 가르침이다. 다시 말하면, 인(仁)과 지(知)와 신(信)과 직(直)과 용(勇)과 강(剛)은 모두 미덕을 일컫는 말이나, 그 본질에 대한 이해 없이 그저 좋아만 한다면, 중용을 잃게 되어 폐단이 따른다는 것이다. 공자의 표현을 옮겨 보기로 하자.

인(仁)을 좋아하되 배우기를 좋아하지 않으면, 그 폐단은 어리석음으로 나

---

57 『論語』,「雍也」16. 子曰, "質勝文則野, 文勝質則史, 文質彬彬, 然後君子."
58 『論語』,「述而」37. 子溫而厲, 威而不猛, 恭而安.
59 『論語』,「八佾」20. 子曰, "「關雎」, 樂而不淫, 哀而不傷."

타난다. 앎을 좋아하되 배우기를 좋아하지 않으면, 그 폐단은 방자함으로 나타난다. 신의를 좋아하되 배우기를 좋아하지 않으면, 남을 해치는 폐단이 따른다. 정직함을 좋아하되 배우기를 좋아하지 않으면, 그 폐단은 박절함으로 나타난다. 용기를 좋아하되 배우기를 좋아하지 않으면, 그 폐단은 난폭함으로 나타난다. 굳센 것을 좋아하되 배우기를 좋아하지 않으면, 그 폐단은 과격함으로 나타난다.[60]

요컨대, 정직과 용기 등은 그 자체로 볼 때 미덕임에 틀림이 없으나, 외곬으로 그것만을 숭상하고 상황을 전체적으로 판단하는 지혜로움이 없다면, 정도를 지나쳐서 도리어 폐단을 부르게 된다는 교훈이다. 이 폐단을 없애기 위해서는 중용의 덕을 바탕에 깔아야 하며, 중용의 덕을 체득하기 위해서는 배움을 게을리하지 말아야 한다는 것이 공자의 가르침의 요점이다.

---

60 『論語』, 「陽貨」 8. 子曰, "…好仁不好學, 其蔽也愚. 好知不好學, 其蔽也蕩. 好信不好學, 其蔽也賊. 好直不好學, 其蔽也絞. 好勇不好學, 其蔽也亂. 好剛不好學, 其蔽也狂."

질의 응답

김경현(일반 방청자) : 공자의 사상을 세계화 추세와 연관시켜 이해해야 한다. 이런 점에서 공자 사상을 세계화하기 위해서는 나와 남의 관계라는 특성에 주목하여 공자 사상을 이해해야 한다. 특히 공자는 노자나 석가에 비해 매우 현실적인 윤리를 제시하고자 했다. 그런 점에서 우리는 공자의 사상을 더욱 현실적인 견지에서 바라보아야 한다. 특히 언어의 문제에 주목해 볼 때 현재 우리가 사용하는 언어에 나타나고 있는 심각한 혼란을 극복하는 방안을 깊이 연구해야 한다. 이런 점에서 한글 전용은 매우 중요한 의미를 갖는다.

이삼열 : 위의 문제를 다산 철학 강좌에 대한 부탁으로 이해하겠다. 김태길 선생님의 강연에 대해 질문을 여쭙겠다. 일반적으로 공자의 사상이 종교나 신앙으로 대우를 받지는 못하고 있다. 김 선생님께서 보실 때, 공자 사상은 종교의 범주에 들어갈 수 있는가? 아니면 단순한 학술 이론일 뿐인가?

김태길 : 먼저 종교라는 말의 의미에 대해 살펴보아야 한다. 종교라는 말이 여러 가지로 매우 다양하게 사용되고 있으나, 넓은 의미로 본다면 공자 사상

에 종교적 의미가 있다는 점을 부정하기 어렵다. 이런 점에서는 공자의 사상에 종교적 측면이 있다고 할 수 있을 것이다. 그러나 공자 자신은 천(天)이나 귀신에 대한 언급을 삼가고 있다. 아마도 공자 사상, 특히 유교로 체계화된 공자 사상에서 종교적인 면들은 상당 부분 후대인들이 발전시킨 것으로 보아야 할 것이다. 이런 점에서 본다면 학술 이론으로서의 유학이나 종교적 의미가 강한 유교는 모두 그 나름의 종교적 의미를 담고 있다.

황필호 : 김 선생님께서는 인자(仁者)가 되기 어렵다고 하셨다. 그러나 공자 자신은 우리가 바라기만 하면 인자가 될 수 있다고 한 것으로 기억된다. 이 두 주장은 상반되는 것으로 보이는데 겉으로 드러난 것 말고 다른 어떤 깊은 뜻이 있는가?

김태길 : 인자(仁者)가 되기 어렵다고 한 말은 내가 한 말이지 공자가 한 말이 아니다. 공자 스스로의 표현에 주목한다면, 안연 한 사람만이 인자에 가깝다고 했다. 공자는 많은 사람들에 대해 평하기를 "그 사람은 유능하지만 인(仁)은 못 된다."고 했다. 그러면서도 공자는 또 한편으로는 마음만 먹으면 인이 우리 가까이에 있다고 한다. 내가 볼 때 공자 자신은 인의 경지에 도달한 분으로 보인다.

길희성 : 공자를 이해하는 태도에 있어서 동양인들은 감(感)으로 이해하려 드는 데 비해 서양인들은 『논어』의 배후에 무언가 (전제가) 깔려 있는 것이 아닌가 하는 태도를 취한다. 김 선생님께서 보실 때 서양인들이 수용하기 힘든, 혹은 다르게 표현한다면 보편화되기 힘든 어떤 전제가 있다고 생각하는가?

김태길 : 공자 단계에서는 뭔가 형이상학적인 배후가 있다는 생각은 별로

들지 않는다. 물론 도(道)의 개념에 어떤 형이상학적 의미가 있을 수도 있을 것이다. 그러나 이것이 후대에 이기(理氣) 논쟁 등으로 논의가 훨씬 진전된 이후에는 서양인들에게 이해되기 힘든 면들이 있을지도 모르겠다. 그러나 공자 당대의 공자의 가르침의 경우는 그것에 대한 번역만 충실히 이루어진다면 서양인들이 이해하는 데 큰 문제는 없을 것이다.

이동준 : 솔직히 이야기하자면, 인(仁)을 따라 생활하는 것이 참으로 힘든 일이 아니겠는가? 군자는 인을 행한다고 하지만, 평인(平人)은 인을 분간도 하지 못하지 않는가?

김태길 : 그렇지 않다. 인을 행하기란 그토록 어려운 일이 아니다. 아버지가 자녀를 사랑하는 것도 인이 아니겠는가? 다만 어리석지 않게, 슬기롭게 부모가 자식을 사랑하고, 자식은 부모를 공경하고, 나아가 이것이 이웃을 사랑하는 일로 확장된다면 이런 일이 모두 인을 행하는 시초가 아니겠는가? 또한 "기소불욕 물시어인(己所不欲 勿施於人)"이라 하였다. 이것은 마음만 먹으면 할 수 있는 일이 아닌가? 자동차를 몰 때 마구 몰지 않는다든지, 담배 연기를 싫어하는 사람 쪽으로 마구 뿜지 않는 것 등. 물론 모든 일에서 인에 따라 완벽하게 살기란 힘들 것이다. 그러나 일상생활에서 인을 행할 수 있는 기회는 많이 있다.

공자는 인간의 심리를 꿰뚫어 본 사람으로 생각된다. 가까운 사람에서 먼 사람으로 확대해 나가는 것으로 인을 말하는 것을 보면 더욱 그런 생각이 든다. 낯선 사람에게 길을 가르쳐 주는 것, 자리를 양보하는 것 등등, 이 모든 것이 인을 행하는 첫걸음이다.

2장

공자의 인간관과 현대의 문제 상황

1. 인간: 그 존재와 당위
2. 공자의 인간관
3. 서양 세계의 개인주의 인간상
4. 개인주의의 한계와 다시 돌아본 공자의 인간관
■ 질의 응답

2장 공자의 인간관과 현대의 문제 상황

1. 인간: 그 존재와 당위

인간으로서 살아가는 모든 장소와 모든 시간에 우리가 항상 부딪치는 문제가 있다. "어떻게 하는 것이 옳은가?" 또는 "어떠한 삶이 올바른 삶인가?" 이러한 물음을 우리가 언제나 의식적으로 제기하는 것은 아니다. 다만 우리들의 마음 바탕에는 항상 저 물음이 깔려 있고, 우리들의 의식적 행동은 저 물음에 대한 실천적 응답으로서의 성격을 가졌다. 바둑을 두는 사람이, 생각하고 말고 할 필요도 없이 즉각적으로 한 점에 돌을 놓는 경우가 간혹 있다 하더라도, 기사(棋士)의 마음 바탕에는 "다음에는 어느 점에 두는 것이 가장 유리할까?" 하는 물음이 항상 깔려 있는 것과 비슷한 사정이다.

"어떻게 해야 할 것인가?" 하는 물음을 염두에 두고 우리가 언제나 고민스러운 생각에 잠기지는 않는다. 이런 경우에는 이렇게 하고 저런 경우에는 저렇게 하면 된다는 답이 대개는 이미 나와 있어서, 우리는 그 상식적 답에 따라 일상생활에서 부딪치는 문제를 해결한다. 그 상식적인 답의 근거는 몸소 겪은 개인적 체험일 수도 있고, 그 사회의 관례(慣例)일 수도 있으며, 개인이 신봉하는 종교나 철학의 가르침일 수도 있다.

상식적인 답에 따라서 한 행동이 삶의 문제에 대한 해결을 가져다주지 않을 경우가 있다. 개인적 체험이나 사회적 관례 또는 친숙한 종교나 철학의 가르침의 한계를 넘어서는 새로운 문제에 부딪쳤을 때 흔히 그런 경우가 생긴다. 시대 또는 사회의 변동이 너무나 크고 급격했을 때, 과거의 상식이나 과거의 철학만으로는 해결하기 어려운 새로운 문제에 봉착하는 것은 능히 있을 수 있는 일이며, 현대의 어지러운 상황은 바로 그러한 문제가 생기기 쉬운 어려운 상황이다.

"어떻게 살아야 하는가?" 이것은 실천철학의 문제와 대결한 고금의 사상가들이 줄곧 제기해 온 끝없는 물음이다. 이 너무나 평범하고 너무나 어려운 물음을 앞에 놓고 수많은 철학자들이 여러 가지 해답을 제시하였다. 그 여러 가지 해답을 유형별로 묶으면, 대충 다음과 같이 정리할 수 있을 것이다.

(1) 도(道)를 따라서 살아라.

(2) 자연(自然)을 따라서 살아라.

(3) 신(神)의 뜻을 따라서 살아라.

(4) 너의 자아(自我)를 실현하도록 살아라.

(5) 만인(萬人)의 행복을 목표로 삼아라.

여기에 "각자의 행복을 위해서 살아라." 하는 또 하나의 원칙을 추가할 수도 있을 것이다. 누가 그러한 원칙을 제시했다고 어느 개인의 이름을 말하기는 어려우나, 현실적으로 이 여섯 번째 원칙을 따라서 사는 사람들이 우리 주변에 허다함을 감안할 때, 이것도 하나의 '삶의 원칙'으로서 간주해야 할 것으로 보인다.

"도를 따라서 살아라." 하는 원칙이 말하는 '도(道)'가 무엇인지는 분명하지 않다. 다만 그것이 인간과 깊은 관계를 가진 어떤 원리일 것임에는 의심의 여지가 없다. 새나 짐승에게도 삶의 문제는 있다고 볼 수 있거니와, 새와

짐승에 대하여, 설령 그것들이 말귀를 알아듣는다 하더라도, "도를 따라서 살아라."라는 말은 무의미한 말이다. 그 말은 인간에 대해서만 의미를 가졌으며, 이 말이 인간에 대해서만 의미를 갖는다는 것은 '도'와 '인간' 사이에 불가분의 관계가 있음을 시사한다. 즉, 우리가 지켜야 할 도는 **인간의 도**일 수밖에 없으며, 만약 그것이 인간의 도가 아니라면, 우리가 그것을 따라야 할 까닭이 없다.

"자연을 따라서 살아라."라는 원칙은, '자연'이라는 말이 지시하는 바가 너무 광대한 까닭에, 그 메시지가 명백하지 않다. 다만 이 경우의 '자연'이 '인간'과 대립하는 개념이 아님은 의심의 여지가 없다. 인간과 대립하는 자연이라면, 인간인 우리가 그것을 따라야 할 까닭이 없으며, "자연을 따라서 살아라." 하는 원칙은 "인간 너 자신의 본성에 충실하도록 하라."는 뜻으로 받아들여야 할 것이다.

"신의 뜻을 따라서 살아라." 하는 원칙의 경우는 '신'을 어떻게 이해하느냐가 핵심적 문제로서 떠오른다. 신의 존재가 의심의 여지 없는 사실이라는 믿음을 전제로 삼고 출발한다 하더라도, 신의 뜻이 무엇인지를 구체적으로 파악하는 일이 어려운 과제로서 남는다. 인간인 우리가 신의 뜻을 직접적으로 인지할 수는 없을 것이며, **인간을 거울로 삼고** 신의 뜻을 미루어 짐작할 수밖에 없을 것이다. '신의 뜻'이라는 말 자체가 신도 인간과 같이 의지(意志)를 가졌다는 것을 전제로 삼고 신의 모습을 그려 본 결과다. 어쨌든 우리가 신의 뜻을 헤아리기 위해서는 우선 인간 자신의 마음속을 깊이 들여다보아야 할 것이다.

"너의 자아를 실현하도록 살아라."라는 네 번째 원칙의 경우는 "인간이란 무엇인가?"라는 문제가 더욱 선명하게 표면으로 떠오른다. '자아실현'이라는 말은 인간이 잠재적으로 가지고 있는 가능성을 높이 상정(想定)하고, 그 가능성을 현실로 나타나도록 함이 바람직하다는 발상에 근원을 두었다. 그러므로 이 네 번째 원칙을 실천하기 위해서는 먼저 "나는 누구인가?"라는 물음에 대답해야 하며, 이 물음에 대답하기 위해서는 "인간이란 무엇인가?" 하는 물음과 대결해야 한다.

"만인의 행복을 목표로 삼아라." 하는 다섯 번째 원칙에서는 '행복'이라는 말에 핵심이 있다. 행복이라는 목표에 도달하기 위해서는 우선 행복이 무엇인지 정확하게 알아야 하며, 인간의 행복이 무엇인지 알기 위해서는 인간의 본성에 대한 깊은 이해가 있어야 한다. 이 경우에도 결국 '인간'의 문제와 부딪치게 되는 것이다. "각자의 행복을 위해서 살아라." 하는 여섯 번째 원칙의 경우에도 '행복'이라는 말에 핵심이 있기는 마찬가지며, 결국 '인간'의 문제와 맞부딪치게 되는 것도 다를 바가 없다.

"인간은 현실적으로 어떠한 존재(存在)로서 실재하는가?" 하는 사실(fact)의 문제와 "인간은 장차 어떠한 존재가 되는 것이 바람직한가?" 하는 당위(當爲) 또는 가치(value)의 문제는 엄격히 구별해야 할 별개의 문제라는 점을 강조한 철학자들이 있었다. 무어(G. E. Moore)는 인간성에 대한 사실판단을 근거로 삼고 인품 또는 행위에 대한 가치판단을 추론할 경우에는 '자연론적 오류'라는 논리적 오류를 범하게 된다는 주장을 전개함으로써 윤리학의 새로운 장을 열었다고 평가되기도 하였다.

메타 윤리학의 대두와도 밀접한 관계를 가진 저 주장에 대하여 필자도 한때 전폭적 찬동을 한 적이 있었다. 그러나 요즈음은 인간의 존재와 당위의 문제를 단순 논리로써 다루어서는 안 된다는 쪽으로 생각이 바뀌고 있다. 인간을 어떠한 존재로 보느냐 하는 관점의 선택에는 인간을 바라보는 사람의 가치판단이 반드시 들어가기 마련이며, 순수한 사실판단의 체계로서의 인간관(人間觀)이라는 것은 있을 수 없다는 것이 요즈음 인간의 문제를 대하는 필자의 기본적인 생각이다.

인간관과 역사 사이에는 중요한 유사점이 있다. '역사(歷史)'라는 것은 과

거의 사실에 대한 객관적 기술(記述)이라고 생각하는 사람들이 많으나, 엄밀하게 따지기로 말하면, 사가(史家)의 주관적 견해, 즉 사관(史觀)에 의하여 물들지 않은 역사라는 것은 현실적으로 존재하지 않는다. 한 시대와 한 국가 안에서 일어난 모든 사실을 망라해서 기록에 남긴다는 것은 불가능한 일이며, 설령 가능하다 하더라도 그러한 기술의 집합이 '역사'가 될 수는 없다. 일정한 사관을 따라서 사료(史料)를 취사선택하고, '엄정한' 사관을 따라서 정사(正邪)를 분간해 가며 편찬한 것이 우리가 알고 있는 '역사'라는 기록이다. 물론 우리는 그 사관이 공정하고 객관적이기를 희망하지만, 주관을 완전히 배제한 사관이라는 것은 원칙적으로 있을 수 없다.

"인간이란 어떠한 존재인가?" 하는 물음을 염두에 두고 인성론(人性論) 또는 인간관을 시도하는 학자도 '인성' 또는 '인간'에 관한 모든 사실을 망라해서 평면적으로 서술하지는 않는다. 그도 불가불 하나의 관점 또는 시각을 택하고 그 관점 내지 시각을 통하여 인간을 탐구하고 인성을 판단하게 된다. 가장 바람직한 것은 하나의 관점 또는 하나의 시각만을 고집하지 않고 여러 시각에서 바라본 인간의 모습을 종합적으로 파악하는 일일 것이다. 그러나 이러한 종합적 태도조차도 하나의 선택임에는 다를 바가 없으며, 선택이 있는 곳에는 반드시 선택한 사람의 주관이 개입하기 마련이다.

인간의 심성(心性)은 매우 복잡하고 미묘한 구조를 가지고 있으며, 서로 다른 여러 가지 측면을 가지고 있다. 사람들은 누구나, 비록 정도의 차이는 있으나, 개인적 독립성을 지향하는 측면과 집단적 공동성을 지향하는 측면을 가지고 있다. 사람들은 누구나 성선설(性善說)의 주장을 뒷받침하기에 적합한 소질과 성악설(性惡說)의 주장을 뒷받침하기에 적합한 소질을 아울러 가지고 있다. 쉽게 말하면, 사람들은 누구나 주어진 여건에 따라서 개인주의자가 될 수 있는 가능성과 집단주의자가 될 수 있는 가능성을 다소간 아울러 가지고 있으며, 사람들은 누구나 주어진 여건에 따라서 흔히 말하는

'선인(善人)'이 될 수 있는 소질과 흔히 말하는 '악인(惡人)'이 될 수 있는 소질을 다소간 아울러 가지고 있다.

시대와 사회의 제반 사정의 영향을 받고, 집단주의 인간형의 가능성이 현실로서 부각되기도 하고 개인주의 인간형의 가능성이 현실로서 부각되기도 한다. 집단주의 인간형의 가능성이 우세하게 현실로 나타날 경우에는 인간을 집단적 존재로서 파악하는 인간관이 우세하게 되기 쉽다. 그러나 같은 시대와 같은 사회에서 사는 모든 사람들이 동일한 인간관을 갖는 것은 아니다. 같은 시대와 같은 사회를 함께 산 사람들 가운데도 서로 다른 인간관을 가진 사상가들이 나타날 수 있다. 그 사상가의 개인적 생활사(生活史)의 차이와 개인적 기질의 차이가 시각(視覺)의 차이를 수반하고, 그 시각의 차이가 같은 인간세계를 다르게 보도록 만들기 때문일 것이다.

부모로부터 물려받은 유전적 인자와 생후에 경험한 사회 환경 여하에 따라서, 이른바 '선인'으로 평가되기 쉬운 소질이 현실로 드러나는 사람도 있고 이른바 '악인'으로 평가되기 쉬운 소질이 현실로 드러나는 사람도 있다. '선인'으로 평가되는 사람들이 사회의 기풍을 좌우하는 환경 속에서 생활한 사람들은 '성선설'에 공감을 느끼기 쉽고, '악인'으로 평가되는 사람들이 사회의 기풍을 좌우하는 환경 속에서 생활한 사람들은 '성악설'에 공감을 느끼기 쉽다. 그러나 동일한 사회 환경 속에서 생활한 모든 사람들이 동일한 인성론에 공감을 느끼는 것은 아니다. 같은 사회 안에서 같은 사회적 기풍을 체험한 사람들 가운데서도 서로 다른 인성론에 공감을 느끼는 사상가들이 나타날 수 있다. 그 사상가의 개인적 생활사의 차이와 개인적 기질의 차이가 시각의 차이를 수반하고, 그 시각의 차이가 같은 인간상(人間像)을 다르게 보도록 만들기 때문일 것이다.

모든 인간관 또는 인성론에 다소간 주관이 개입하기 마련이라는 사실을 근거로 삼고 모든 인간관 또는 인성론의 타당성 내지 가치를 의심하거나 부인해야 한다고는 생각하지 않는다. 도리어 주관의 개입으로 인하여 그 인간 관 또는 인성론에 생명이 깃들고, "인생을 어떻게 살아야 하는가?"라는 물음에 대한 지혜의 싹을 그 안에 잉태할 수도 있다. 아무런 의미 부여도 없이 단순한 과거지사의 나열에 불과한 기술(記述)의 집합보다도 사가(史家)의 사관과 혼이 담긴 산 역사가 더욱더 큰 의미와 가치를 가질 수 있다는 사실이 우리의 주장을 뒷받침한다.

주관의 지나친 개입으로 인하여, 인간의 객관적 사실을 떠나서 그 모습을 제멋대로 그린 인간관이나, 객관적 사실을 떠나서 제멋대로 지어낸 인성론은 사람들을 오도(誤導)할 염려가 크다. 그러나 넓은 시야와 깊은 통찰력으로 인간존재의 중요한 측면을 선택적으로 파악한 인간관 내지 인성론은 우리들에게 삶의 길을 밝혀 주는 귀중한 교훈을 그 안에 가지고 있을 수 있다. 선인(先人)들이 남겨 놓은 옛날의 인간관 또는 인성론으로부터 오늘을 사는 우리가 어떠한 교훈을 읽을 수 있느냐 하는 것은 우리들 자신의 문제이며, 이 문제를 푸는 일도 우리들 자신의 몫이다.

2. 공자의 인간관

"인간이란 어떠한 존재인가?" 또는 "인간의 본성은 무엇인가?" 이러한 문제를 놓고 공자가 어떤 논(論)이나 설(說)을 직접 주장한 바는 없다. 그러므로 우리가 공자의 인간관을 알아보기 위해서는 어떤 추리(推理)를 통한 간접적 방법을 취할 수밖에 없다. 그렇게 해서라도 우리가 공자의 인간관을 문제 삼고자 하는 것은 '인간관'이라는 이름을 붙일 수 있는 그의 사상으로부터 현대인이 많은 것을 배울 수 있다고 믿기 때문이다.

대가족이 집단으로 농경에 종사하며 살았던 고대의 동북아시아 사람들에게 일찍부터 의식된 자아(自我)는 독립과 자유를 열망하는 개인으로서의

'나'가 아니라, 혈연과 협동을 유대로 삼고 하나가 된 가족 집단으로서의 '우리'였을 것이다. 기계화된 오늘의 농사와는 달라서, 고대의 농업은 한 개인의 힘으로는 감당하기 어려웠고, 가족 이상의 집단 노동이 불가피하였을 것이다. 농지도 개인의 소유가 아니었으며, 가족 전체가 그 소유권 또는 경작권을 가지고 있었으므로, 개인이 단독의 힘으로 살아갈 길은 거의 없었을 것이다. 생존을 위해서는 어떤 가족의 일원으로서 한자리를 차지할 필요가 있었으며, 동일한 가족에 속하는 모든 식구들은 생사와 고락을 같이할 수밖에 없었을 것이다. 벌통을 이탈한 일벌이 단독의 힘으로는 살아가기 어렵듯이, 사람도 가족을 떠나서 단독의 힘으로는 살기 어려웠을 것이며, 가족이라는 집단이 인간 사회의 기본적 생활 단위를 이루었을 것이다.

우리들의 의식구조는 생활 조건의 결정적 영향을 받아 가며 형성된다. 특히 자아의식은 생활 조건의 영향을 크게 받는다. '자아'라는 것이 본래 육체로써 그 범위가 결정되는 물질의 체계가 아니라 상황에 따라서 신축(伸縮)하는 의식의 체계이기 때문이다. 가족이라는 집단과 생사와 고락을 같이하기 마련인 생활 조건 속에서, 고대의 동북아시아 사람들은 그들이 속해 있던 가족에 대하여 강한 '우리'를 의식했을 것이며, 그 '우리 의식'은 바로 '자아의식'의 기본으로서 자리잡았을 것이다. 쉽게 말해서, 자신과 가족을 동일시하는 의식구조가 형성되었을 것이다.

가족이라는 집단이 인간 사회의 기본적 생활 단위를 이루고, 가족을 '우리', 즉 '자아'로 느끼는 의식이 형성되었다는 것은, 사람들이 인간을 암암리에 집단적 존재로서 파악했으리라는 것을 강력하게 시사한다. 고대의 사람들도 자신을 인간의 한 표본으로서 의식했을 것이며, 자신이 가족이라는 집단을 떠나서는 살 수 없는 존재임을 직관했다면, 그들은 자신을 포함한 인간을 집단적 존재로서 직관했을 것임에 틀림이 없다. 고대의 중국인이 인간을 집단적 존재로서 파악했으리라는 우리의 추측을 우리는 중국인이 만들어

낸 '인간(人間)'이라는 한자어에 의하여 뒷받침할 수 있을 것이다. '사람 인(人)' 자와 '사이 간(間)' 자를 붙여서 만든 '인간'이라는 말은, 사람을 단독적 개별의 존재로서 보지 않고 관계를 이루고 연결되어 있는 집단적 존재로서 본 사람들에 의하여 만들어진 말일 것임이 분명하다 '사람 인(人)' 하나만 떼어서 보더라도 사람은 단독으로는 살 수 없으며 서로 의지해야 존립할 수 있음을 나타낸 상형문자라는 것은 널리 알려진 상식이다.

공자는 가족을 자아로서 의식하는 사람들이 살았던 고대 중국에서 태어났다. 그도 같은 자아의식을 가지고 성장했을 것이며, 주위 사람들도 모두 가족을 자아로서 의식하며 사는 것을 보았을 것이다. 이러한 상황에서 그가 인간을 개별적 존재로서 파악하기보다는 집단적 존재로서 파악했을 것이라고 보는 것이 사실에 가까울 것이다. 공자 자신이 인간을 '집단적 존재'라고 직접 언명한 구절을 예시하기는 어려우나, 그가 그렇게 생각했다는 것을 간접적으로 암시하는 대목을 찾아보기는 어렵지 않을 것이다.

『맹자(孟子)』진심장구(盡心章句)에 "인(仁)이라 함은 사람다움(人)을 말한다."는 구절이 있고,[1] 『중용』 20장에도 "인(仁)이라 함은 사람다움(人)이니, 친족을 친히 여기는 것이 그 가운데서도 중요하다."라는 말이 있다.[2] 『논어』의 '정유인언(井有仁焉)'이라는 말의 예로 알 수 있듯이, 어질 인(仁) 자와 사람 인(人) 자를 같은 뜻으로 통용하기도 했다는 사실과 아울러, 위의 두 구절은 공자의 인간관을 짐작하기에 중요한 단서가 될 수 있다. 왜냐하면, "인이란 사람다움이다."라는 말은 "사람을 사람답게 하는 것은 인이다."라는 뜻을 함축한다고 볼 수 있으므로, 공자가 그토록 중요시한 '인'의 덕목이 의미

---

1 『孟子』, 盡心章句 下, 16. 孟子曰, 仁也者 人也, 合而言之 道也.
2 『中庸』, 20. 仁者人也, 親親爲大.

하는 바를 고찰함으로써 사람다운 사람의 조건을 부각시킬 수 있을 것이며, 그렇게 함으로써 공자가 머릿속에 그린 인간 본연의 모습을 알아낼 수 있을 것이기 때문이다.

안연이 공자에게 '인'에 대하여 물었을 때, 공자는 "나를 이기고 예로 돌아감(克己復禮)"이라는 말로 대답한 바 있다. 여기서 '나를 이긴다', 즉 '극기'라 함은 **개인적 자아로서의 나(己)**를 넘어선다는 뜻이며, '예로 돌아간다', 즉 '복례'라 함은 **집단적 자아로서의 우리**로 돌아간다는 뜻을 함축한다. 여기서 '극기'의 기(己)를 '개인적 자아'의 뜻으로 푸는 것은 몸 기(己) 자의 본래 뜻이 육체적 자아를 가리키기 때문이며, '복례'의 예(禮)가 '집단적 자아'의 뜻을 함축한다 함은 예라는 말의 본래 뜻이 사회, 즉 집단적 자아를 상징하기 때문이다.

공자는 예(禮)를 크게 중요시했거니와, 그가 중요시한 예는, 여러 사람들이 함께 참여함으로써 하나의 '우리'가 되도록 하는 화합의 몸짓과 거룩한 의식(儀式)으로서, 사회적 규범으로서의 힘을 가졌다. 예는 강권을 발동한 제재를 통하여 개인의 자의(恣意) 또는 방종을 막는 법(法)과는 달리, 사람들이 자율적으로 기꺼이 참여하고 따르는 관습적 규범이다. 그러므로 공자에 있어서 '예를 따른다' 함은 개인이 고립된 '나'의 껍질을 벗어나서 하나의 '우리' 속으로 융화한다는 뜻을 가졌다. 바꾸어 말하면, 예는 개별적인 '나'들이 그것을 통하여 하나의 '우리', 즉 집단적 자아가 되게 하는 삶의 방식이다.

공자는 나(己)를 벗어나서 예(禮)로 돌아가는 것이 인(仁)이라고 하였다. 여기서 '예를 지킨다' 하지 않고 '예로 돌아간다'고 한 것은 예를 따르는 것이 인간 본연의 모습이라는 믿음을 나타낸 표현이라고 분석된다. 요컨대, 공자는 사람을 사람답게 하는 것은 '인'의 덕이요, '인'에 도달하기 위해서는 작은 나(己)의 껍질을 벗어나서 큰 '우리', 즉 집단적 자아로 되돌아가야 한다고 주장한 것이다. 그리고 '예'는 작은 '나'가 큰 '우리'로 나아가는 길목에서 반드시 통과해야 할 귀중한 관문 내지 규범이다.

'극기복례(克己復禮)'가 사람다움(仁)의 조건이라고 말한 「안연」 편의 한 구절만으로도, 공자가 염두에 둔 인간상이 집단주의적 인간이었음은 어느 정도 밝혀졌다고 볼 수 있다. 그러나 그가 집단적 자아의 인간상을 인간 본연의 모습으로 본 까닭은 아직 밝혀지지 않았으며, 그가 염두에 둔 '집단적 자아'의 구체적 심상(心象)도 아직 분명하지 않다. 이러한 의문을 밝히는 데 도움이 될 만한 구절이 있는지 좀 더 탐구해 보기로 한다.

번지(樊遲)가 인(仁)에 대하여 물었을 때, 공자가 "사람을 사랑하는 것이다(愛人)."라고 대답한 구절이 『논어』 「안연」 편에 있다. 그리고 앞에서 언급한 『중용』 20장의 "인이라 함은 사람다움이니, 친족을 친히 여기는 것이 그 가운데서도 중요하다."라고 한 구절 바로 뒤에 "의(義)라 함은 마땅함(宜)이니, 어진 사람들을 존중하는 것이 그 가운데서도 중요하다."라는 말이 있고, 이어서 "친족을 친히 여김에 있어서의 강등(降等)과 어진 사람들을 존중함에 있어서의 차등(差等)이 예(禮)를 낳게 하는 까닭이다."라는 구절이 보인다.[3]

위에 인용한 두 구절을 연결함으로써 매우 중요한 결론 하나를 끄집어낼 수 있을 것이다. 즉, 사람다움(仁)의 근본은 사람들을 사랑함에 있되, 그 사랑은 모든 사람들을 똑같이 위하는 무차별의 사랑이 아니라, 사람에 따라서 더 아끼고 덜 아끼는 차등을 두는 차별의 사랑이라는 결론이다. 그리고 누구를 더 아끼고 누구를 덜 아끼는 그 차별의 기준은 상대와 나의 친소(親疏)에 있으며, 그 가까움과 멂을 분간하는 가장 중요한 척도는 혈연(血緣)의 촌수

---

3 『中庸』, 20. 仁者人也, 親親爲大. 義者宜也, 尊賢爲大. 親親之殺, 尊賢之等, 禮所生也.

(寸數)다. 그리고 친친(親親)의 강등과 존현(尊賢)의 차등을 따르는 가운데서 예(禮)가 생긴다고 하였으니, 예가 사람을 사람답게 하는 외형적 장치라는 관념이 유교 사상 바탕에 일관되게 깔려 있음을 다시 한 번 확인하게 된다.

사람다움(仁)의 근본이 사람을 사랑함에 있되, 사람다운 사랑은 만인을 균등하게 위함이 아니라, 친소에 따라서 차등을 두는 차별의 사랑이라는 유교의 가르침은, 윤리가 사회의 질서를 보장하는 실천의 원리로서 작용하기 위해서는 사람이 가진 자연의 정(自然之情)을 중요시해야 한다는 생각에서 유래할 것이다. 사람다움의 덕으로서의 인(仁)은 신 또는 그 밖의 어떤 절대자를 매개로 삼는 종교적 사랑이 아니라 속세에 사는 인간이 주고받는 윤리적 사랑이다. 인은 자연적 존재로서의 인간이 주고받는 사랑인 까닭에, 인간이 가지고 있는 자연의 정에 의존할 수밖에 없다. 자연의 정을 떠나서 오로지 추상적 당위의 논리에만 의존하여 도출한 "모든 사람을 차별 없이 사랑하라."는 가르침은, 어떤 종교적 신앙의 도움 없이는 실천에 옮기기 어렵다. 공자는 인간의 심리에 대한 깊은 통찰을 가진 현실주의적 사상가였던 까닭에, 자연의 정에 따르는 차별애(差別愛)를 주장했던 것이다.

자연의 정이 가장 두터운 것은 혈육(血肉)의 정이요, 그 가운데서도 으뜸가는 것이 부모와 자식 사이의 정 그리고 형과 아우 사이의 정이다. 그러기에 유가들은 효(孝)와 제(悌)를 인의 핵심으로서 강조하였다. 그러나 유가들은 효제(孝悌)만으로 인이 이루어진다고 생각한 것은 아니다. 효제는 인의 출발점일 따름이며, 이것을 출발점으로 삼고 점차 먼 곳 사람들에게까지 사랑의 범위를 넓혀 감으로써 인으로 접근하게 된다고 그들은 믿었다. 『맹자』 양혜왕장구(梁惠王章句)에 보이는 다음 구절은 이 점을 매우 분명하게 밝혀 준다.

내 부형을 공경하여 그 마음을 남의 부형에게까지 미치도록 하고, 내 어린이를 사랑하여 그 마음을 남의 어린이에게까지 미치도록 한다면, 천하는 손바닥 위에서 움직일 수 있습니다. 『시경』에 이르기를, "내 아내를 올바로 대하고, 형제에게까지 그렇게 하여, 집안과 나라를 다스리도다."라고 하였으니, 가족 다스리는 이 마음을 넓혀서, 저 백성들에게 쓸 따름임을 말한 것입니다.[4]

이것은 맹자가 제(齊)나라 선왕(宣王)에게 나라 다스리는 일과 집안 다스리는 일의 근본이 같다는 것을 말한 대목이다. 내 집 사람들을 사랑하는 마음을 키워서 남의 집 사람들에게까지 미치도록 하고 같은 마음으로 사람을 대하는 범위를 점점 넓혀 가면, 마침내 온 세상이 사랑의 혜택을 입고, 편안하게 된다는 것이다. 수신(修身)에서 출발하여, 제가(齊家)와 치국(治國)을 거쳐서, 평천하(平天下)에 이른다는 것이 유가들의 일관된 생각이다.

이상의 고찰로써 우리는 공자와 그 제자들이 염두에 둔 집단적 자아의 인간상을 대략 짐작할 수 있다. 그들의 자아는 나(己)를 중심으로 삼되, 그 자아는 사랑을 통하여 그 범위를 나선형 모양으로 점점 넓혀 간다. 사랑이 클수록 인(仁)으로 가까워 가며, 인으로 가까워 감에 따라서 각자의 자아도 커진다. 여러 개인들의 자아는 그 나선형 파장(波長)의 크기에 따라서 서로 융화하게 되고, 사랑과 예(禮)를 유대로 삼고 크게 어우러진 유기적 화합의 인간상, 즉 사회가 형성된다.

집단적 자아의식을 가진 개인들의 나선형적 의식(意識)의 파장이 어우러진 유기적 화합의 인간상을 인간 본연의 모습으로 보게 된 까닭에 대한 직접

---

4 『孟子』, 梁惠王章句 上, 7. 老吾老 以及人之老, 幼吾幼 以及人之幼, 天下可運於掌. 詩云, 刑 于寡妻 至于兄弟 以御于家邦, 言擧斯心 加諸彼而已.

적 언명은 아직 발견하지 못했다. 다만 하나의 추측은 가능하다. 농경시대를 살았던 공자와 그 제자들은 가족을 단위로 하나의 '우리'가 되어 뭉쳐서 사는 인간의 현실을 체험하였고, 사람들이 가족적 이기주의의 단계를 넘어서서 더 큰 자아로 성장함으로써 태평성세를 이룩할 수 있으리라는 낙관이 겹쳐서, 유기적 화합의 인간상을 인간 본연의 모습으로 보았으리라는 추측이다.

3. 서양 세계의 개인주의 인간상

인간을 집단적 존재로서 파악한 것은 유가들에게만 국한된 인간관은 아니었다. 그것은 인간과 하늘과 땅 그리고 만물을 하나라고 생각한 동아시아 전체에 공통된 인간관이었을 것이다. 대자연의 힘에 의존하여 농사를 지으며 가족주의의 전통을 가졌다는 공통점을 가진 동아시아의 여러 나라들은 자연히 인간을 보는 관점도 대동소이했으리라고 생각된다. 우리나라의 경우도 개인주의적 사고가 우세하게 된 것은 서구의 문명이 들어온 뒤의 일이며, 그 이전에는 가족 또는 민족을 '자아'로 느끼며 산 것이 우리나라의 전통이었다. 우리 조상들은 처음 만나서 인사를 나눌 때는 우선 족보(族譜)부터 따지는 것이 상식이고 예절이었다. 역적 모의에 가담했다는 혐의를 받으면 그 형벌이 삼족(三族)에까지 미치는 것을 당연시한 것도 같은 맥락의 형상이다. 가문(家門)이 삶의 기본단위였으며, 가문을 떠난 개인은 무력하기 짝이 없는 존재였다. 모두가 족보에 매달려야 했고, '성을 간다'는 말은 극단의 욕설이었다.

서양 세계에도 주로 농경에 의존하여 생활한 국가들이 있었고 가족제도도 있었다. 그곳에서도 인간을 집단적 존재로서 인식한 인간관이 우세한 시대가 있었을 것이다. 그러나 언제부터였다고 정확하게 밝혀서 말하기는 어려우나, 서양 세계에는 상당히 오랜 옛날부터 개인주의적 사상의 싹이 트기 시작하였고, 근세 이후에는 이 사상이 점차 우세한 위치를 점령하는 추세를 보였다. 오늘날은 '민주주의' 또는 '자유주의'라는 이름의 개인주의를 의문의 여지 없는 진리로서 신봉하는 사람들이 다수를 차지하는 실정이다.

서양에도 여러 나라들이 있고 여러 가지 문화 전통이 서로 영향을 주고받으면서 오늘에 이르렀다. 그러나 그 가운데서 가장 큰 흐름을 이루고 오늘의 서양 사상의 근간이 된 것은 그리스의 철학 사상과 유대인의 나라에서 일어난 기독교 사상이라고 볼 수 있을 것이다. 서로 영향을 주고받은 이 두 흐름의 사상은 일찍부터 개인주의의 싹을 틔웠고, 공자가 살았던 기원전 5세기경에는 중국 사람들과는 현저하게 다른 눈으로 인간세계를 바라본 것으로 생각된다.

그리스의 여러 도시국가 가운데서 가장 중요한 위치에 있던 아테네에 일찍부터 민주주의 제도가 수립되었다는 것은 널리 알려진 사실이다. 아테네의 민주주의가 개인주의에 입각한 것이었음은 저 유명한 페리클레스가 기원전 431년에 행한 추도(追悼) 연설에도 뚜렷이 나타나 있다.

> 우리 국가 제도는 민주 제도라고 일컫는데, 이는 정권이 다수의 손에 쥐어져 있고 소수의 손에 쥐어져 있지 않기 때문이다. 그러나 법률상의 사사로운 다툼에서는 **모든 사람에게 평등한 권리가 마련되어 있는** 한편, 인재에 대해서는 각기 신망이 있는 대로, 그 신분이 아니라 그 능력에 따라서 공사(公事)에 나서도록 받들거니와, 나라에 이바지할 수 있는 사람은 그 신분이 천할지라도 가난하기 때문에 길이 막히지는 않는다.[5]

이 연설은 모든 사람들에게 평등한 권리가 있음을 천명하였고, 능력만 있으면 누구나 국가의 요직을 맡을 수 있다고 언명하였다. 낮은 계층에 있는 선각자가 억압과 차별 대우에 항거해서 그런 말을 한 것이 아니라, 나라의 최고 실력자인 페리클레스가 공식석상에서 그렇게 말했던 것이다. 근세 이후의 개인주의적 인권 사상과 별로 다르지 않은 발언이다.

그리스 사회에서 일반적으로 중요시되었고 플라톤도 그의 『국가론』에서 상당한 비중을 두고 언급한 네 가지 주덕(主德)이 있다. 지혜와 절제와 용기, 그리고 공정(公正)이 그것이다. 이 네 가지 덕을 유교에서 숭상한 인(仁)과 효제(孝悌) 그리고 충서(忠恕) 등과 비교할 때, 우리는 그 사이에 큰 차이가 있음을 본다. 유교에서 숭상한 덕은 주로 정서에 바탕을 둔 것이며 인간의 사회적 유대에 주안점을 둔 것임에 비하여, 그리스인이 숭상한 덕목은 주로 지성에 바탕을 둔 것이며 개인의 행복과 개인 상호간의 원만한 관계를 위한 마음가짐으로서의 성격이 강하다. 그리스의 4주덕 가운데 '용기'까지도 지성에 바탕을 두었다고 보는 것은 그리스에서 숭상된 용기(ardreia)는, 아리스토텔레스가 밝혔듯이, 이성(理性)에 의하여 통제된 원기(元氣)를 의미했기 때문이다.

유교 사상에 주정주의(主情主義)의 색채가 강한 데 비하여 그리스 철학에는 주지주의(主知主義)의 경향이 현저하다. 일률적으로 단정하기는 어려우나, 지성이 강한 사람들은 대체로 맺고 끊는 심성이 강하여 개인주의로 기울기 쉽다. 우리가 그리스 철학을 주지주의적이라고 자신 있게 말할 수 있듯이, 그리스의 대표적 철학자들을 몰밀어서 개인주의적이라고 말할 수 있을지는 의문의 여지가 없지 않다. 그러나 유교의 스승들에 비하여, 소크라테스나 소피스트들에게, 에피쿠로스 학파와 스토아 학파에게, 개인주의의 인

---

5 C. Brinton, et. al., *A History of Civilization*, 양병우 외 옮김, 『세계문화사』, 을유문화사, 1963, 상권, p.90.

생관이 현저했다는 것은 부인하기 어려울 것이다.

그리스에 일찍부터 민주주의 제도가 수립되고 개인주의 사상이 대두하게 된 연유를 밝히기는 쉽지 않을 것이다. 다만 역사에 대한 문외한으로서 추측을 말하는 것이 허용된다면, 그리스라는 나라의 땅이 척박하고 강우량이 적어서 농사만으로는 살아가기 어려웠던 반면에, 해운(海運)의 요충지에 위치했던 까닭에 일찍부터 무역과 상업이 발달하고 도시화가 빨랐다는 사실을 지적할 수는 있을 것이다. 상업이 발달하고 여러 도시가 생기면 사람들은 자연히 이해와 득실을 계산하게 되고, 계산에 익숙한 도시 생활은 사람들을 개인주의의 방향으로 흐르게 하기 쉽다. 그리고 권리 의식을 수반하는 개인주의와 여러 시민의 의사를 존중하는 민주주의 사이에는 밀접한 상관관계가 있다.

우리가 그리스 철학에 대해서 말한 바와 같은 주장을 기독교 사상에 대해서도 강조하기는 어려울 것이다. 사랑과 믿음을 생명으로 여기는 기독교의 종교 사상을 주지주의적이라고는 결코 말할 수 없으며, 교황을 정점으로 삼고 거대한 조직을 형성하여 일사불란하게 움직이는 가톨릭 교회의 거대한 체계를 생각할 때, '개인주의적' 운운하는 것도 억지스러운 발언이다. 그러나 유대교의 율법(律法)으로부터 개인의 영혼을 해방하고 구제하고자 한 예수 그리스도의 가르침 바탕에 개인주의적 요소가 있다는 견해를 무조건 부정하기는 어려울 것이며, 그리스도의 정신 바탕에 깔렸던 개인주의적 요소는 루터(M. Luther)의 종교개혁을 계기로 표면으로 부상한다.

실은 기독교 사상에는 개인주의적 정신과 비이기적 몰아(沒我)의 정신이 아울러 있다고 보아야 할 것이다. 개개인의 영혼의 구원을 희구하는 점에서 기독교에는 분명 개인주의적 측면이 있다. 기독교도는 가장 숭고한 순간에 신(神)과 단둘이서 마주하게 되며, 오직 신에 대해서만 책임을 진다. 기독교의 근본정신으로 볼 때, 국가나 가족 등 지상의 인연들은 모두 넘어서야 할 기반(羈絆)에 불과한 것이다. 예수 자신의 말씀에도 이 점을 분명히 밝힌 대목이 있다.

> 예수님이 아직 군중에게 말씀하고 계실 때, 예수님의 어머니와 형제들이 예수님께 드릴 말씀이 있다고 찾아왔다. 그래서 어떤 사람이 예수님께 "선생님, 어머니와 형제분들이 선생님을 만나려고 밖에서 기다립니다." 하였다. 그러나 예수님은 그에게 "내 어머니와 형제가 누구냐?" 하시고 제자들을 가리키며, "보아라, 이들이 내 어머니와 형제들이다. 누구든지 하늘에 계신 아버지의 뜻을 따라 사는 사람이 바로 내 형제와 자매이며 어머니다." 하고 말씀하셨다.[6]

개인주의가 가족주의나 민족주의와 손을 잡기는 어려우나 사해동포주의와 손을 잡기는 비교적 쉬운 일이다. 그리스 철학의 스토아 학파가 개인주의에 입각하면서 사해동포주의로 나아간 것은 그 좋은 실례의 하나다. 온 인류의 구원을 표방하는 세계종교인 기독교가 개인주의적 측면을 가졌다는 사실에 논리적 모순이 있다고 볼 이유는 없다.

기원전 4세기에 그리스는 알렉산더 대왕에 의하여 정복을 당했다. 기원전 323년에 알렉산더의 죽음으로 인하여 마케도니아의 세력은 일단 물러갔으나, 그리스의 옛 황금기는 다시 돌아오지 않았다. 동방(東方)의 물결이 크게 밀려들어 왔고, 그리스 고유의 민주주의 이상은 전체주의적 정치 이념에 밀리게 되었다. 따라서 그리스 철학에 담겼던 개인주의 사상도 크게 발전하지 못한 상태에서 자유보다는 통제에 역점을 둔 로마 제국의 시대를 맞이하게

---

6 「마태복음」, 12장 46-50절.

되었다. 그리고 가톨릭 교회가 정신세계를 지배한 중세기의 긴 세월이 이어졌다.

원시 기독교 사상 가운데 들어 있던 개인주의적 요소도 순조롭게 성장하기에 앞서서 많은 시련을 겪어야 했다. 예수 그리스도가 십자가에 못 박힌 뒤에도 이교도와 로마 관헌의 압박은 계속되었고, 이 거대한 적대 세력과 맞서기 위해서는 기독교도들의 단결이 개인적 영혼의 해방보다도 현실적 급선무로 다가왔다. 그리고 주로 가난하고 배우지 못한 서민층 출신이 많은 교도 개개인이 하느님과 직접 대화를 하고 구원을 받는다는 것도 쉬운 일이 아니었다. 그러므로 하느님과 일반 교도 사이에서 교량 노릇을 할 사제(司祭)도 있어야 했다. 그 사제들을 중심으로 교회가 조직되었고, 여러 교회들이 다시 크게 뭉쳐서 교황(敎皇)을 정상으로 받드는 가톨릭 교회가 성립하였다. 그것은 '보편적' 또는 '전반적'이라는 뜻을 가진 '가톨릭(catholic)'이 상징하듯이 기독교 세계 전체를 포괄하는 거대한 조직이고, 그 위계질서가 엄격하였다. 대규모의 엄격한 조직 생활 속에서 개인주의가 고개를 들기는 어려운 일이다.

그러나 13세기 말 또는 14세기 초부터 시작되었다고 볼 수 있는 르네상스를 계기로, 그리스 철학과 원시 기독교 사상 속에 싹트고 있던 개인주의 인간관은 긴 잠에서 깨어나게 된다. '부활'이라는 뜻을 가진 '르네상스'의 사상가들은 고대 그리스 철학에 대하여 깊은 관심을 가졌으며, 역사의 주역은 '신'이 아니라 '인간'이라고 선언하였다. '휴머니스트'로 불린 그들은 인간이 자율적으로 각자의 목적을 추구할 특권을 가진 이성적 존재임을 역설하였다. 램프레히트(S. P. Lamprecht)에 따르면, "르네상스의 영향을 받아 개인에 대한 존경은 늘어 가고, 권위에 대한 굴종은 타파되었으며, … 인간 이성의 비판력에 대한 신뢰감이 배양되었다."[7]

루터의 주도하에 16세기에 감행된 종교개혁은 르네상스의 개인주의를 더욱 조장하였다. 루터는 각 개인이 자신의 종교적 문제들을 각자의 양심에 비추어 해결할 권리와 의무를 가졌다고 역설하였다. 심지어 모든 신자가 다 같이 성직자라는 주장까지 하였다. 이 종교개혁론자들은 르네상스의 휴머니스트들보다도 더욱 철저하게 개인주의적이었다고 말해도 과언이 아닐 것이다.

근세 이후의 과학과 기술의 눈부신 발달은 정치와 경제 그리고 사회 전반에 획기적 변화를 가져왔고, 이 현실 세계의 획기적 변화는 개인주의 사상의 발전을 위한 더욱 강력한 토양 구실을 하였다. 과학과 기술의 발달은 새로운 지리학적 탐험을 가능하게 하였고, 무역의 범위를 크게 확대하는 결과를 초래하였다. 새로운 자본주의와 함께 상공 계급이 대두하여 정치 참여의 권리를 요청하였다. 이러한 일련의 변화는 구시대 신분 사회의 권위주의를 부정하는 의미를 함축하는 동시에 개인의 인권과 자유를 조장하는 조건으로서 작용하였다.

근세 이후에 날로 성장한 개인주의는 민주주의의 정치 이념과 결합함으로써 더욱 확고한 세력을 얻게 되었다. 서양 국가들은 물론이요 그 영향 아래 있는 동양의 여러 나라에서도 개인주의는 사람들의 정서 속에 '진리'로서의 자리를 차지하게 되었다. 공산주의 내지 사회주의의 도전을 받고 한때 주춤하기도 했으나, 소련과 동유럽의 몰락을 계기로, 근래는 '자유민주주의'라는 이름의 개인주의를, 대안을 생각할 여지조차 없는 올바른 삶의 길이라고 믿는 사람들이 대다수의 자리를 차지하고 있다.

---

7 S. P. Lamprecht, *Our Philosophical Traditions*, 1955, 김태길 외 옮김, 『서양철학사』(개정판), 을유문화사, 1992, p.295.

4. 개인주의의 한계와 다시 돌아본 공자의 인간관

1945년에 제2차 세계대전이 끝나고 우리나라가 일본 제국주의의 굴레를 벗어나게 되었을 때, 38선 이남은 미국의 영향권 아래로 들어갔다. 우리는 미국식 교육제도를 받아들이게 되었고, 미국을 본받아서 자유민주주의 헌법을 제정하였다. 그 뒤로 50여 년의 세월을 보내는 가운데 우리는 여러 측면에서 미국 문화의 영향을 받았다. 미국 문화 수용에 부분적 저항이 없었던 것은 아니나, 대세는 미국의 문물을 모방하는 방향으로 기울었다.

자유주의니 민주주의니 하는 것은 우리나라의 전통과는 거리가 먼 사상이었으나, 가부장적 권위주의와 일본 제국주의의 탄압에 대한 경험이 저 서양의 새로운 사조를 맹목적으로 환영하기에 적합한 심리 상태를 준비했다는 또 하나의 요인도 작용하였다. 결국 우리는 '자유민주주의의 나라'임을 표방하였고, 제반 제도와 일상적 생활양식이 그 이름을 따라서 변화하였다. 그동안에 우리가 자유민주주의의 근본정신을 제대로 체득했다고 말하기는 어려울 것이다. 다만 확실한 것은 우리들의 의식구조 바탕에 개인주의적 인생관이 확고한 자리를 차지하게 되었다는 사실이다.

산업화 과정을 통한 경제적 구조의 변화는 개인주의적 인생관을 구축하는 데 더욱 직접적인 요인으로서 작용하였다. 상공업의 발달과 도시화는 젊은이들에게 농사라는 가업(家業)을 떠나서 직업을 가질 수 있는 기회를 대량으로 제공하였고, 그 기회를 잡은 젊은이들은 가족에 대한 충성보다는 차라리 개인의 자유를 선택할 수 있게 되었다. 젊은 세대로 갈수록 '우리'를 위한 '우리'의 삶보다도 '나'를 위한 '나'의 삶이 더욱 소중하다는 생각을 당연한 것으로 받아들이는 기풍이 강하게 일어났다. '나'에 대한 자아의식이 '우리'에 대한 자아의식을 압도하는 세태가 된 것이다.

참된 자유민주주의의 기초가 되는 개인주의는, 개인의 권익과 자유를 수단이 아닌 목적으로서 존중하되, 나의 권익과 남의 권익을 차별 없이 존중하고 나의 자유와 남의 자유를 평등하게 존중하는 이성적 개인주의다. 그러나 우리나라를 풍미하고 있는 것은 그토록 높은 수준의 개인주의가 아니라, 실은 '이기주의'라는 말이 더 적합한 낮은 수준의 '개인주의'에 불과하다. 필자는 우리나라를 풍미하고 있는 낮은 수준의 개인주의를 편의상 '이기적 개인주의'라고 부르기로 한다.

무릇 이기주의는 나에 대한 사랑에서부터 출발한다. '나에 대한 사랑', 즉 자애(自愛)는 그 자체로 볼 때 매우 귀중한 심성이다. 자기 자신조차 사랑하지 않는 사람은 자기 자신의 보호를 소홀히 하므로 생존을 지속하는 일에도 어려움을 겪는다. 자포자기하고 막가는 사람은 자신의 삶을 지탱하기가 어려우며, 다른 사람이 그의 삶을 도와주기도 매우 어렵다. 생존에 필요한 최소한의 노력조차도 거부하는 사람은 불법을 범해서라도 생존을 계속하고자 하는 악당보다도 더욱 처치가 곤란하다. '나에 대한 사랑'은 삶을 위해서 필요한 가장 기본적인 심성이라는 뜻에서 지극히 소중하다.

자애심(自愛心)이 강한 사람일수록 자신을 위해서 바라는 바가 있을 것이다. 그가 바라는 바가 무엇이냐에 따라서 그가 걷는 삶의 길은 윤리적 의미를 달리하는 여러 갈래로 나누어지기 마련이다. 예컨대 그가 바라는 바가 절에 들어가서 수도함으로써 조용한 세월을 보내는 것이라면, 그의 자애심은 타인과 공동체에 대해서 크게 공헌하는 바는 없겠지만, 반대로 큰 피해를 입히는 일도 별로 없을 것이다. 만약 그의 야망이 세계적인 화가가 되는 것이고 또 그에게 그림에 대한 천재적 소질이 있다면, 그가 오로지 자신의 명성과 돈벌이를 위하여 그림 공부와 창작 활동을 한다 하더라도, 그가 명성을 얻고 돈을 벌기 위하여 굳이 비열한 방법만 쓰지 않는다면, 그 화가의 이기주의는 사회에 대하여 큰 피해를 주지는 않을 것이다. 그가 비록 이기적 동기에서일지라도 세계적 화가가 된다면, 설령 그에게 우리 국위를 선양하겠다는 생각이 전혀 없어도, 결과적으로 우리나라의 예술을 빛내고 세계의 화단(畵壇)에 큰 공헌을 남기는 결과를 가져오게 될 것이다. 오로지 이기적 동기에서 자신의 명성을 추구한 예술가 또는 학자가 높은 업적을 남김으로써 결과적으로 국가와 사회에 크게 기여하는 것은 충분히 있을 수 있는 일이다. 이기적 개인주의자라 할지라도 남에게 피해를 주지 않고 도리어 국가 사회에 이바지할 경우도 있다는 사실을 말하고자 함이다.

이기적 개인주의자가 타인과 사회에 대하여 피해를 입히지 않는 것은 그의 자애심이 타인과의 경쟁 상황을 만들어 내지 않을 경우에 국한된다. 바꾸어 말하면, 어떤 이기주의적 개인주의자의 자애심이 바라는 바가 타인에게 좌절을 안겨 주지 않고도 달성할 수 있는 목표일 경우에만 그의 이기주의는 타인에게 직접적 피해를 입히지 않는다. 그러나 우리의 현실은 무수한 이기적 개인주의자들이 동일한 목표의 달성을 위해 지나친 경쟁을 벌이는 가운데, 피차가 모두 피해를 입고 좌절하는 경우가 많은 형국이다.

현재 우리나라의 이기적 개인주의자들의 대다수가 추구하는 목표는 돈과 재물, 권력과 지위, 관능적 쾌락 등 외면적 가치에 속하는 것들이다. 이 외면적 가치에 속하는 것들은 대체로 그 총량에 한계가 있고, 그것들을 탐내는 사람들의 욕심에는 거의 한정이 없다. 따라서 이들 외면적 가치의 대상들을 서로 많이 차지하기 위하여 매우 치열한 경쟁 상황이 전개되는 동시에, '만인(萬人)은 만인의 적'이라는 홉스적 불행을 초래한다. 결과적으로 소수의 승리자와 다수의 패배자가 나타나게 되거니와, 소수의 승리자는 다수의 도전과 시기 속에서 마음이 불편하고, 다수의 패배자들은 그 패배의 책임을 사회의 구조적 모순으로 돌리고 불만과 분노를 느끼며 산다. 결국 모두가 피해를 입는 셈이다.

이기적 개인주의의 폐단은, 우리나라의 경우, 지나친 사회 경쟁과 빈부 격차의 문제에만 국한되지 않는다. 한국인의 대다수는 타인과 공동체에 대한 배려가 심히 미약한 편이어서 사회질서의 문제도 매우 심각하다. 교통의 혼잡과 빈번한 교통사고, 도처에 쌓인 쓰레기와 빈번히 일어나는 산불만 보더라도, 우리나라의 사회질서가 얼마나 혼란한가를 짐작할 수 있다.

자유민주주의의 선진국으로 알려진 서양의 여러 나라들의 경우는 사람들의 개인주의가 타인의 자유와 권익을 존중함에 있어서 우리나라보다 상당히 앞서 있을 것이다. 그러나 그들의 경우도 이기심의 굴레를 벗어나서 투철한 이성적(理性的) 개인주의에 도달한 사람들은 비교적 소수에 불과할 것이다. 정도의 차이는 있으나, 그들의 사회에서도 이기심으로 인하여 서로가 피해를 입는 사례가 적지 않은 것으로 안다.

서구의 선진국에서는 냉철한 개인주의로 인하여 삶의 고독(孤獨)이 우리나라의 경우보다도 더욱 심한 편이다. 우리 한국인의 경우는 대체로 지성(知性)보다 정열이 우세한 기질을 가졌으므로, 아직까지는 인정이 많은 사회를 유지하고 있다. 따라서 정(情)을 나누며 서로 어울리는 경우가 비교적 많은 편이다. 그러나 서구의 선진국 사람들은 대체로 냉철한 기질이 우세하므로 개개인이 각각 떨어져서 각자의 울타리를 고수하는 경향이 우리보다 강하다. 각자의 울타리 고수는 개인의 독립성과 자유를 위하여 도움이 되기는 하나, 궁극적으로는 모두가 외로운 인생을 산다는 결과를 가져온다.

타인과의 끈끈한 유대를 거부하고 각자가 자기의 방식으로 사는 것을 젊은이들은 대체로 환영한다. 이러한 추세는 근자에 우리나라 젊은이들에게도 급속도로 번져 가고 있다. "나는 내가 원하는 삶을 내 방식대로 살겠다." 이것은 우리나라 젊은이들에게 매혹적이고 당연한 말로 다가오기 쉬우며, 상업주의에 젖어 있는 대중매체는 은근히 젊은이들의 개인주의적 성향을 부추긴다.

"인간이라는 것이 각자의 취향에 따라서 제멋대로 살 수 있는 존재인가?" 하는 원칙의 문제는 여기서 제기하지 않겠다. 다시 말해서, 사회의 안녕과 질서, 국가의 유지와 발전 따위의 거창한 문제들은 일단 접어 두고, 개인적 차원에서 볼 때 그것이 과연 바람직한 길이냐 하는 문제만을 생각해 보고자 한다. 무릇 구속을 원하지 않는 것은 본능과도 같은 인간 심리이고, 특히 부모들의 지나친 간섭에 대한 반동 심리에서 젊은이들이 각자의 길을 주장하는 심정은 이해할 수 있는 일이다. 그리고 젊음이 영원히 지속될 수 있는 사람에게는 그 길이 유리할지도 모른다는 생각도 해본다.

그러나 젊음은 그리 오래가지 않으며, 요절(夭折)의 불행을 당하지 않는 한, 모든 사람은 늙기 마련이다. 요즈음의 추세로 보면, 한 개인의 생애 중 늙은이로서 사는 날이 젊은이로서 사는 날보다 길 가능성도 충분히 있다. 늙은 뒤에는 남의 보살핌을 필요로 하는 것이 인생의 현실이며, 늙은 뒤에도 '나 홀로 내 길을' 즐길 수 있는 사람은 극히 소수다. 젊은이에게는 고독이 즐거울 수도 있을지 모르나, 늙은이에게는 그것은 견디기 힘든 고통이다. 서양 속담에 "끝이 좋아야 모두가 좋다."는 말이 있거니와, 노후가 비참하면 인생 전체가 비참하다 해도 과언이 아닐 것이다.

우리는 '자유민주주의'를 구가하고 동경하며 50여 년 동안 살아온 셈이다. 그리고 그 이념의 실현을 위하여 우리 나름의 노력도 하였다. 한때 공산주의 이념과의 갈등을 겪기도 했으나, 소련과 그 위성 국가들의 몰락을 계기로, 이제는 자유민주주의의 정당성이 입증되었다고 믿는 사람들의 세력이 압도적이다. 그러나 대항 세력이었던 공산주의에 심각한 문제가 있다는 사실이 자유민주주의의 완벽성을 입증하는 것은 아니다. 동서양을 막론하고 인류는 아직도 많은 문제를 안고 있으며, 그 문제들이 점차 해결되어 가는 추세에 있다고 낙관하기는 어렵다.

여기서 우리는 자유민주주의의 바탕을 이루고 있는 개인주의적 인간관의 타당성에 대하여 의문을 제기하게 된다. 새롭게 문제를 제기한다기보다는 이미 오래전부터 제기되어 온 문제가 다시금 심각하게 다가온다고 말하는 편이 정확할 것이다. 이 오래된 문제를 다시금 의식하면서 필자는 공자의 인간관으로부터 무엇인가 얻을 수 있지 않을까 하는 생각을 하였다.

필자는 여기서 서구의 개인주의적 인간관과 공자 및 그 제자들의 집단적 인간관 가운데서 하나는 옳고 하나는 그르다는 전제를 출발점으로 삼고자 하는 것이 아님을 우선 밝혀 두고자 한다. 인간에게는 개인주의적 측면도 있고 집단주의적 측면도 있으며, 때로는 이 측면이 우세하게 표면화하기도 하고 때로는 저 측면이 우세하게 표면화하기도 한다고 필자는 믿는다. 어느 한쪽만 강조하고 다른 한쪽을 도외시할 때 편견의 폐단이 생기기 마련이며, 두 측면을 균형 있게 중요시하는 것이 바람직하다. 여기서 어떻게 하는 것이 균형 있게 중요시하는 것이냐 하는 문제가 생기게 되며, 이 문제에 대하여 그 균형의 중용점(中庸點)은 각 시대와 사회의 상황에 따라서 다르다고 우선 말할 수 있을 것이다. 우리가 당면한 문제는 우리 시대와 우리 사회의 경우는 어떤 점이 균형을 위한 중용점에 해당하는가를 고찰하는 일이다.

'두 가지 대립하는 인간관의 균형을 위한 중용점'이라는 말의 모호함을 벗어나기 위해서는 그 중용점 발견을 위한 기준을 마련해야 할 것이다. 우리는 지금 두 가지 대립되는 인간관을 지양(止揚)하여 제3의 인간관을 모색하자는 것이며, 두 인간관의 산술적 중간이 아닌 가치론적 중용을 찾고자 하는 것이다. 산술적 중간이라면 대립된 두 인간관을 비교 분석하는 것만으로 찾아볼 수 있을 것이나, 가치론적 중용을 찾기 위해서는 두 인간관을 비교 평가하기 위한 기준을 저 두 인간관 밖에서 구해야 할 것이다.

지금 우리는 바람직한 인간관의 문제를 다루고 있다. 그러므로 바람직한 인간관의 기준이 서면, 그것이 대립된 저 두 인간관을 평가하는 척도가 되는 동시에, 우리가 문제 삼고 있는 두 인간관을 지양한 제3의 인간관을 위한 척도의 구실도 할 것이다. 결국 우리에게 긴요한 것은 바람직한 인간관의 기준을 찾아내는 일이다. 그리고 바람직한 삶의 실현이라는 우리들의 공동 목표가 바로 그 기준에 해당한다고 필자는 믿는다.

여기는 "어떠한 삶이 바람직한 삶인가?" 하는 거창한 물음을 두고 깊게 고찰할 자리가 아니다. 필자의 평소 생각을 간략하게 정리하는 것으로 대신하고자 한다. 필자는 모든 사람들이 같은 유형의 삶을 목표로 삼아야 한다고는 생각하지 않는다. 사람들은 각자의 취향에 따라서 살 자유를 어느 정도 가지고 있다고 보아야 하므로, 개인에 따라서 바람직한 삶의 그림이 다를 수 있다는 주장이 성립한다. 다만 사회적 존재로서의 인간이 누릴 수 있는 자유에는 한계가 있으며, 그 한계 안에서 각자가 원하는 삶을 가질 수 있기 위해서는 사회 전체가 바람직한 수준을 유지해야 한다. 그러므로 이 자리에서 우리가 묻는 '바람직한 삶'은 개인의 차원보다도 사회적 관점에 치중하게 된다. 따라서 우리는 바람직한 사회의 조건부터 고찰하기로 한다.

바람직한 사회의 첫째 조건은 질서와 평화다. 사회가 질서와 평화를 잃으면 개인들이 각자의 뜻을 이루고 보람찬 삶을 실현하기가 매우 어렵다. 바람직한 사회의 둘째 조건은 사회정의에 입각한 만인(萬人)의 기본 생활 안정이다. 기본 생활이 위협을 받으면 '각자의 취향을 따르는 바람직한 삶'이라는 것이 실현될 바탕을 잃게 된다. 모든 사람들의 기본 생활이 보장된다 하더라도 사회정의가 무너져서 빈부의 차이가 심하면, 인간적 갈등이 격화되어 마음의 평화를 잃게 된다. 바람직한 사회의 셋째 조건은 인화 내지 사랑과 협동이다. 인화와 협동이 부족하면 그 사회 안에 사는 개인들의 삶이 고독과 좌절을 면하기 어렵다. 이상 세 가지 조건들은 서로가 완전히 떨어져 있는 것은 아니며, 상호간에 적지 않은 연관성이 있다.

만약 세상의 모든 사람들이 투철하게 지상적인 개인주의자가 될 수 있다면, 다시 말해서 모든 사람들이 나와 남의 권익을 차별 없이 존중하도록 철저하게 지성적일 수 있다면, 사회 전체의 질서와 평화에 별다른 문제가 생기지 않을 것이다. 그리고 사회정의와 만인의 기본 생활의 안정도 달성될 수 있을 것이다. 그러나 모든 사람이 예외 없이 철저하게 지성적이 된다는 것은 현실적으로 기대하기 어렵다. 자기중심적이요 이기적인 사람들이 어디엔가 나타날 것이고, 비록 소수라도 그러한 사람들이 나타나면 사회의 평화와 질서는 파괴될 것이다. 그리고 설령 자기중심적 이기주의자가 나타나지 않는다 하더라도, 심한 고독을 면하기 어려울 것이다. 특히 노년의 삶을 고독하고 비참하게 만들 것이다.

어느 시대 어느 나라에나 질서를 파괴하고 안녕을 위협하는 사람들은 있기 마련이다. 이들 반사회적 성향의 사람들과 맞서서 안녕과 질서를 지키는 일이 중요하거니와, '나'만을 염두에 두고 공동체에 대한 관심이 희박한 사람들에게 반사회적 세력을 꺾어 주기를 기대하기는 어렵다. 개인적 자아, 즉 '나'의 껍질 안에 갇혀 있는 사람들은 반사회적 행동을 스스로 하지 않을 수는 있으나, 반사회적 세력과 맞서서 싸우기를 원치는 않을 것이다. 그러므로 '나'의 손해를 감수해 가며 '우리'를 위하는 일에 정열을 기울이는 사람들이 다수를 차지해야 한다. 이리하여 우리는 공동체 지향의 인간관이 개인주의적 인간관보다 우세함이 바람직하다는 결론을 얻게 된다.

공자의 집단주의 인간관에 있어서 그 '집단'의 기초가 되는 것은 가족이다. 가족을 기본으로 삼고 집단의 범위를 점차 확대함으로써 마침내 '천하'에 도달한다는 발상이다. 표현을 바꾸면, '우리'의 출발점은 가족이고, 가족에서 출발한 자아의 의식을 점차 넓힘으로써, 천하의 모든 사람들을 '우리'로서 끌어안는다는 것이다. 공자의 이와 같은 집단주의 인간관에는 장점과 단점이 아울러 있는 것으로 보인다.

공자의 인간관은 자연의 정(自然之情)에 뿌리를 두고 있다는 강점을 가지고 있다. 혈연을 유대로 삼고 함께 생활하는 가족이 하나의 '우리'를 의식하며 사는 것은 동물의 세계에 공통된 현상으로서 그 생물학적 근거가 확고하다. 부모가 독립 이전의 자녀를 자아의 일부로 의식하고 독립 이전의 자녀들이 부모를 자아의 일부로 의식하며 의지하는 것은 생물학적 자연현상이다. '마땅히 그렇게 해야 한다'는 당위 의식의 힘을 빌릴 필요도 없이 저절로 그렇게 된다. 일반 동물의 경우는 그렇게 저절로 생긴 가족적 자아의식이 새끼들의 성장을 계기로 소멸한다. 그러나 높은 지성을 가지고 과거를 기억하며 미래를 예상하는 인간의 경우는 그 가족적 자아의식을 오래 보존하고 더욱 확대한다는 것도 충분히 가능한 일이다. 이것은 공자의 인간관이 가진 크나큰 강점이다.

그러나 '자연의 정'에 뿌리를 두었다는 바로 그 점이 약점으로 나타나기도 쉽다. 대체로 '정'이라는 것은 그 미치는 범위가 좁다. 그것은 잔잔한 호수 위에 던져진 조약돌이 일으킨 파문처럼 동심원을 그리며 퍼져 가다가 곧 흔적도 없이 사라진다. 특히 혈연의 정은 폐쇄성이 강해서 가족 밖으로 멀리 뻗어 가지 못하고 가족 이기주의 수준에 머물기 쉽다. 혈연의 정에 갇힌 사람들은 "남의 자식을 밀어내고 무슨 수를 써서라도 내 자식만은 일류 대학에 집어넣어야겠다."는 식의 생각을 벗어나기 어렵다. 가족에 대한 사랑을 이웃 사랑으로 넓히고, 이웃 사랑을 나라 사랑과 인류 사랑으로 점차 확대한다고 하지만, 그것이 과연 현실적으로 가능하냐 하는 의문을 제기하지 않을 수 없다.

자연의 정에 뿌리를 둔 집단주의 인간관 그 자체 안에서 우리 문제 해결의 열쇠를 찾아내기는 어려울 것이다. 가족주의를 벗어나지 못한 닫힌 마음으로는 현대의 문제 상황을 극복하지 못한다. 현대는 열린 마음의 인간상을 요구하거니와, 그 열린 마음의 인간상을 위한 가르침을 공자의 사상 가운데서 찾아볼 수 있는 것일까? 충분하다고 보기는 어려울 것이나, 공자의 '군자' 개념으로부터 많은 것을 배울 수 있을 것으로 보인다. 여기서 우리는 장(章)을 바꾸어 공자의 군자 개념을 다시 되돌아보는 동시에, 그의 '군자'가 현대인을 위하여 어떠한 깨우침을 줄 수 있는가를 살펴보고자 한다.

질의 응답

송영배 : 공자의 사상은 농업 사회를 기반으로 하는 것이다. 인(仁)을 극기복례(克己復禮)라고 말하는 의미도 이런 점에서 보자면, 소아(小我)에서 벗어나 대아(大我)로 나아가고자 하는 것이다. 그런데 오늘날 현대사회를 볼때, 지나친 개인주의에서 무질서라든지 노인 문제 등 여러 가지 도덕 문제가 발생한다고 말할 수 있을 것이다. 또한 개인주의와 집단주의 간의 중용점이 단순히 산술적인 중간점으로 귀결될 수도 없을 것이다. 이렇게 본다면 우리시대에 더욱 맞는 것은 오히려 집단주의로 나아가는 것이 나을 것이다. 여기서 질문을 하겠다. 공자가 인을 강조했다고 해서 집단적 자아만을 강조했는가? 다시 말하면 공자 당시의 사회적 단위는 가족이다. 가족을 그 구성원들간의 내적인 관계에 주목해 본다면, 이해관계를 초월한 집단이며 사랑의 관계로 맺어진 집단이다. 바로 가족의 내부 구성원들 간의 관계, 즉 이해관계를 초월한 사랑의 관계를 확대하는 것이 좋을 것이다. 물론 출발은 자연지정이지만 개인적인 이해관계를 넘어서 도덕을 기초로 한 포괄적인 공동체적 유대를 형성할 수 있는 것이어야 할 것이다. 여기서 그 지향점은 이기적인 것을 넘어서 모든 사람이 평등하게 살 수 있는 것이 될 것이다. 그런데 문제의 맥

락을 조금 수정해 보면, 동양 사회라 해서 농업 사회이고 가족 사회만 있었느냐 하는 의구심이 든다. 도가의 사상을 볼 때 개인주의적 자의식에 기반하고 있는 평등주의 역시 이미 존재하고 있었다.

김태길 : 물론 공자가 지향하는 바는 전 인류를 내 품에 안는 큰 자아다. 이렇게 볼 때 **군자**란 열린 마음의 사람을 일컫는 것으로 이해할 수 있을 것이다. 이 점은 나중에 군자를 논의하면서 더 다루겠다. 그러나 여하튼 그 출발점은 자연의 정이다.

동양에서의 개인주의 문제에 대해 말해 보자. 어느 시대에나 다양한 흐름이 있을 수 있고 또한 있어 왔다. 그러나 전체적인 견지에서 보자면 공자 당시는 가족 중심의 집단주의적 성격을 강하게 보여주고 있다. 또한 사람의 근본을 관계적 존재로 파악한 '인간(人間)'이라는 말을 누구나 사용했을 것이다. 다시 말해 노자(老子) 역시 이 말을 사용했을 것이다. 요컨대 공자 당시의 사회를 집단주의로 특징지은 것은 동양에서 집단주의적 생각이 주류를 이루었다는 뜻이며, 이런 집단주의가 전체를 예외 없이 휩쓸었다는 뜻은 아니다.

김남두(사회) : 송영배 선생의 말은 가족에서 중요한 계기가 자연지정이라기보다는 사랑이기 때문이라는 점을 강조한 것으로 보인다.

김태길 : 자연지정은 사랑의 시발점이다. 그리고 도덕이란 근본적으로 가족 이기주의를 벗어나는 것이다.

허남진 : 김태길 선생님께서 공자에 대해 말씀해 주신 것만으로도 동양철학을 공부하는 저로서는 영광이다. 나아가 공자에 대해 매우 명료하게 말씀해

주셔서 김 선생님을 통해 동양철학이 부활하고 있다고까지 말할 수 있을 것이다. 그런데 김태길 선생님은 동양의 집단주의와 서양의 개인주의를 상호 대립 구도로 파악하고 있는 것으로 보인다. 그런데 공자의 사상을 심지어는 조선시대의 사고와도 연관시키기 곤란할 수도 있다. 가령 조선시대가 공자 사상을 수용해서 그런 사회가 되었는가? 조선시대가 농경 사회라서 그런 시대인가? 아니면 조선시대가 공자 사상을 얼마나 수용해서 그런 모습이 되었는가? 또한 가족 이기주의와 공자 사상 간에는 어떤 연관성이 있는가? 공자의 사상과 전근대적인 사회 관습들을 지나치게 긴밀하게 파악한 것은 아닌가? 즉 김 선생님은 공자의 사상이 우리의 전근대적 사회생활에 많은 영향을 미친 것으로 파악하고 있다. 그러나 그런가? 공자의 인(仁)은 추상적인 개념으로 보인다. 또한 공자는 당대인의 인에 대해 매우 부정적으로 평가하고 있다. 다시 말해 당대인들의 태도가 매우 이기적이라고 비판하면서 이런 이기적인 태도를 뛰어넘는 길을 찾고자 한다.

김태길 : 유교 사상이 우리의 전통 속에 어떻게 스며들었는가? 여기에 대해서는 『한국 윤리의 재정립』에서 한국의 역사 속에 공자와 그 제자들의 사상이 어떻게 반영되었는가를 다루면서 어느 정도 살펴보았다. 물론 공자의 사상이 우리의 전통 윤리에 그대로 살아남아 있다고 보기는 어려울 것이다. 때로는 성현의 가르침으로서 받아들여지기도 하고, 경우에 따라서는 통치의 지침으로서 이용되지 않았겠는가? 공자의 사상은 그 제자들에 의하여 다양하게 발전되고 더러는 변형도 되었다. 조선시대의 우리 조상은 성리학을 위시한 발전된 유학을 다분히 경직한 자세로 받아들였다. 따라서 본래의 공자 사상을 다소 왜곡해서 수용한 면도 있을 것이다. 또한 나는 공자의 사상을 조선시대의 상황에 곧이곧대로 적용할 수 있다고 생각하지도 않는다. 다만 서구 개인주의와 비교해 볼 때, 적어도 개화 이전에는 우리나라에 가족 중심의

집단주의가 우세했던 것은 부인하기 어렵다고 생각한다.

이삼열 : 정치철학 혹은 사회철학도들에게는 현대에서 '인권'이 무엇인가가 매우 중요하다. 물론 서구적인 인권 개념을 동양에 억지로 적용하는 것은 피해야 할 것이다. 또한 지나치게 개인주의화할 경우 오히려 집단에 피해를 줄 수도 있다. 그러나 사회 발전 과정에서 개인주의는 반드시 거쳐야 할 단계가 아닌가? 차별적인 사랑에서 비롯되는 폐단으로 말미암아 사회적인 혼란들이 발생할 수도 있지 않겠는가? 또한 도덕철학의 중심적 개념이라면 인(사랑)과 의(정의)일 터인데 서양에서는 의(justice) 개념이 매우 강조되었다. 즉 무차별적인 사랑이 강조되었다고 볼 수 있다. 대표적으로는 플라톤의 전체주의적 집단주의적 윤리를 볼 수도 있다. 개인의 인권은 불가침의 양도 불가능한 권리라는 관념이 있어야 사회정의가 이루어질 수 있을 터인데, 이런 의미에서 '의'의 사상이 결여된 것으로 공자의 사상을 볼 수도 있는가?

김태길 : 서양의 'justice'와 동양의 '의(義)'는 서로 다르다. 공자에게는 불가침의 인권 개념이 없는 것으로 보인다. 2천 5백년 전의 공자에게 현대적인 인권 개념이 없었다는 것을 문제 삼는 것은 적합하지 않다고 생각한다. 인(仁) 사상은 무궁무진하여 이를 확대한다면 그와 비슷한 개념을 찾아볼 수 없지는 않겠으나 적어도 현대적인 인권 개념은 없었다. 그러나 그 시대에는 그럴 수밖에 없었다고 이해하는 것이 더욱 바람직하지 않겠는가? 현대에서는 우리의 생각으로 우리의 상황에 맞는 것을 찾는 것이 더욱 중요하다.

황경식 : 공자는 당대를 두고 무도(無道)의 시대라고 비판했다. 공자는 이런 무도의 시대를 인(仁)을 통해 구제하고자 했다. 물론 인이 농경 사회적 패러다임이라는 점을 부정할 수는 없다. 그러나 다른 한편 당시에 이미 농경 사회

적 패러다임의 해체가 있었으며, 중심 개념 역시 인(仁)에서 의(義)로 변동하고 있었다. 이 점은 맹자의 경우 더욱 명백해진다. 인은 안택(安宅)의 윤리요 의는 노정(路程)의 윤리이며, 그런 한에서 인은 심정윤리(心情倫理)이며 의는 사회윤리라고 이해할 수 있을 것이다. 그러나 맹자가 볼 때 개념 역시 부족하기는 마찬가지다. 그래서 의보다는 예(禮)를 강조하며, 특히 한비자 같은 경우 이렇게 예만으로도 부족해 법(法)을 강조하고 있다. 이렇게 볼 때 강조된 개념들이, 인→의→예→법으로 변화하고 있었다. 그렇다면 오늘날 우리 사회에 대한 처방전이 인에서 나올 수 있겠는가? 특히 사회윤리의 측면에서 보자면 개인주의를 회피해야 하는 것이 아니라 오히려 정면으로 돌파해야 하는 것이 아니겠는가?

김태길 : 현대의 사회문제 전반에 대한 처방전이 아니라 부분적인 해결책을 모색해 보자는 것이다. 공자 역시 자신의 사상이 수용되지 못해 말년에는 제자를 교육하는 일에 전념하였다. 우리의 문제는 우리의 시각에서 찾아야 한다. 법치를 소홀히 했다는 점은 공자 사상의 문제점임이 분명하다. 또한 한국 사회에서는 무엇보다도 우선 법이 매우 엄해야 한다. 우리가 공자의 가르침을 통해 무엇이든 하나라도 얻을 수 있다면 그것만으로도 만족할 일이 아니겠는가?

이동준 : 공자를 표제로 한 이번 강연은 한국 철학계에 매우 중요한 계기가 될 것이다. 특히 그 주제가 공자 사상과 현대사회라는 점은 시사하는 바가 매우 크다. 생각해 보건대 공자를 원론적으로 부정하고자 하는 것은 분명 아니며 공자를 알고 넘어가자는 의미로 이해된다. 그렇다면 오늘날 공자를 말한다는 점에서, 현대사회란 무엇인가, 즉 현대사회의 고유한 특성은 무엇이며, 이런 현대사회에 대해 공자가 보충해 줄 수 있는 부분은 무엇인가가 구명되

어야만 한다. 이런 점에서 문명적 접근이 있어야만 현대사회에서 공자 사상의 유효성이 확인될 수 있을 것이다.

김태길 : 공자 사상으로 현대사회의 모든 문제를 해결하겠다는 것이 아니라 공자 사상을 현대사회에서 크게 혹은 작게 살릴 수 있으리라는 생각에서 출발한 것이다. 물론 현대사회에 대한 본격적인 탐구는 참으로 중요하며 철학자들에게도 꼭 필요한 일이다.

3장

군자의 인간형과 현대사회

1. '군자'의 개념으로부터 현대인이 배워야 할 것
2. 가족주의적 인간관의 한계와 열린 마음의 군자
3. 덕치(德治)의 이념과 현대 한국
   ■ 질의 응답

3 장 군자의 인간형과 현대사회

1. '군자'의 개념으로부터 현대인이 배워야 할 것

우리가 공자의 군자(君子) 개념에 대하여 각별한 관심을 갖는 것은 주로 두 가지 기대 때문이다. 우리가 갖는 첫째 기대는, 현대를 사는 우리로서 바람직한 인간형(人間型)의 그림을 그리고자 할 때, 공자의 군자 개념으로부터 많은 가르침을 얻을 수 있으리라는 그것이다. 그리고 그 둘째는, 현대를 사는 우리로서, 바람직한 인간관(人間觀)을 모색하는 과정의 일환으로 앞 장에서 고찰한 공자의 집단주의적 인간관에 대하여 그 부족한 면을 보충할 수 있는 지혜를 공자의 군자 개념으로부터 다소간 발견할 수 있으리라는 기대다.[1] 우선 현대의 바람직한 인간형을 위하여 공자의 '군자'로부터 무엇을

---

1 덕성과 가치관을 위시한 사람의 됨됨이를 '인간형(人間型)'이라는 말로 표현하고, 인간을 어떠한 존재로 보는가, 특히 인간의 자아를 무엇으로 보는가 하는 문제에 대한 견해를 '인간관 (人間觀)'이라 부르기로 하였다. 인간관 여하에 따라서 인간형이 크게 달라지므로, 이 두 가지 개념 사이에는 밀접한 관계가 있다.

배울 수 있는가부터 살펴보기로 한다.

공자에 따르면, 군자는 풍요로운 물질생활을 탐내지 않는다(食無求飽, 居無求安). 공자는 부귀를 배척하지 않았으며, 정도(正道)를 밟아서 얻은 부귀라면 오히려 대견한 일이라고 생각했다. 공자 자신이 고관의 자리를 마다하지 않았으며, 고관의 자리에 어울리는 예(禮)를 갖추자면 어느 정도 물질이 필요하다는 사실도 알고 있었다. 다만 그는 사치스럽고 호화로운 생활은 경계하였으며, 차라리 안빈낙도(安貧樂道)하는 것을 군자다운 태도라고 역설하였다.

옛날부터 부귀는 대부분의 사람들이 갈망하는 바이다. 특히 현대는 부(富)에 대한 욕구가 탐욕에 가까울 정도로 팽배한 시대다. 인생을 위하여 가장 중요한 것이 가문(家門)이던 시대는 사라지고, 이제는 부가 인간의 값을 정하는 가장 중요한 조건으로 간주되는 세태가 되었다. 이러한 현실을 고려할 때, 공자가 권장한 군자의 길이 현대인을 위해서도 바람직한 길일까 하는 문제를 우선 고찰해 보고자 한다.

결론부터 말하면, 현대는 과거 어느 때보다도 사치와 낭비를 억제해야 할 시대라고 필자는 생각한다. 자연 자원의 고갈 문제와 자연환경의 오염 문제가 심각하지 않았던 옛날에도 성현들은 검소한 생활을 권장했음에 비추어서 현대에는 더욱 철저히 절약에 힘써야 한다. 옛날에는 부자가 먹다 남긴 음식을 빈자가 먹기도 하고 부자가 입다 버린 옷을 빈자가 얻어 입기도 하였다. 그러나 현대에는 멀쩡한 가구도 쓰레기가 되는 세상이다. 소비가 결코 미덕이 될 수 없는 까닭이다. 옛날에는 가난을 조상의 탓 또는 팔자의 탓으로 돌렸던 까닭에 빈부의 격차에 대한 사회적 불만은 적었다. 그러나 지금은 본인의 무능과 게으름에 연유하는 가난까지도 사회구조의 모순에 책임을 돌린다. 부자들의 사치와 낭비가 사회적 갈등을 조장하는 까닭이다. 그 밖에도 검소한 생활을 권장해야 할 이유는 많이 있다. 사치스러운 생활을 추구하지 않았다는 점에서, 공자의 '군자'는 오늘의 우리를 위해서도 본받을 만한 귀감임에 틀림없다.

유교는, 내세(來世)를 중요시하는 불교나 기독교와는 달리, 현세에서의 삶을 긍정했으며 금욕을 권장하지는 않는다. 공자가 좋아하는 군자도 현세에서의 세속적 즐거움을 회피하지 않는다. 그는 즐길 때는 즐기고 슬플 때는 슬퍼하며 자연스럽게 산다. 다만 그는 지나친 쾌락을 탐내지 않으며, 몸과 마음이 상할 정도로 슬픔에 젖지 않는다(樂而不淫 哀而不傷). 요컨대, 즐겁게 살되 즐거움의 정도가 지나쳐서 향락을 탐닉하지는 않는 것이 군자의 생활 신조다.

많은 현대인이 지나치게 돈을 좋아하는 것은 사치와 낭비를 위해서인 경우가 대부분이며, 사치와 낭비는 지나친 향락으로 연결된다. 즐길 것을 즐기되 지나친 향락은 삼가고, 슬픔을 슬퍼하되 지나치게 슬퍼하기에는 이르지 않는 군자의 중용(中庸)은 현대의 우리로서도 본받을 삶의 지혜라고 생각된다.

『논어』 「학이」 편에 군자는 "일에는 민첩하되 말은 삼간다(敏於事而愼於言)."라는 구절이 있다. 그리고 자공이 군자에 대하여 물었을 때, "말보다 행동을 앞세우고, 실천이 있는 뒤에야 그것에 대하여 말한다."는 말씀으로 공자는 대답하였다.[2] 실천으로써 감당하지 못할 말을 앞세우거나 남이 듣기 좋은 말만 골라서 하는 것은 군자가 취할 태도가 아니다. 말만 앞세우고 행동이 이를 뒷받침하지 못하면 믿음이 없어지고, 믿음 없음이 일반화되면 불신 사회를 초래한다. 불신 사회에서는 서로의 협동이 어려워지고, 협동이 어려워지면 사회는 갈등과 불안이 지배한다.

2 　子貢問君子. 子曰, "先行其言, 而後從之."

현대의 우리 사회는 말만 무성하고 실천은 빈약하다는 문제를 안고 있다. 좋은 말을 잇달아 쏟아 놓는 사람은 많지만, 그 말을 실천에 옮기거나 믿고 뒤따르는 사람은 적다. 이러한 현상은 특히 정치계에 현저하며, 정치에 대한 국민의 불신으로 이어지고 있는 실정이다. 그리고 정치에 대한 불신은 경제와 사회, 교육과 문화 등 여러 분야에 치명적 영향을 미치고 있다. 이러한 실정에 비추어 "일에는 민첩하되 말은 삼간다."는 군자의 태도로부터 오늘의 우리들이 배워야 할 교훈이 적지 않다고 말할 수 있을 것이다.

『논어』「이인」편에 보이는 "군자는 의로움에 밝고, 소인은 이익에 밝다(君子喩於義, 小人喩於利)."는 공자의 말씀도 현대인이 마음에 깊이 새겨야 할 귀중한 교훈을 담고 있다. 현대인은 일반적으로 이익에 대하여 매우 민감한 반면에, 옳고 그름에 대해서는 신경을 쓰지 않는 경향이 있다. 나의 이익을 위해서 불의(不義)에 눈을 감기도 하고, 때로는 스스로 옳지 않은 행위를 감행하기도 한다. 나랏일을 먼저 생각하고 그 다음에 사사로운 이익을 챙겨야 마땅한 터인데, 많은 사람들이 그 반대의 길을 걷고 있다. 결국은 나라 전체가 어려움에 처하게 되고, 그 어려움 속에서 나 자신도 어려움을 당하는 경우가 많다. 소인배의 어리석음을 범하고 있는 것이다.

우리가 현세에서의 삶을 의미 있는 것으로 보는 한, 이해득실을 염두에 두지 말라는 가르침은 현실에 맞지 않는다. 특히 현대와 같이 인심이 각박한 시대에는 자신의 이익을 스스로 지키지 않으면 생활 대열에서 낙오자가 될 염려가 있다. 그러나 부당한 방법으로 사리(私利)를 추구하는 것은 옳음(義)을 배반하는 잘못일 뿐 아니라 긴 안목으로 볼 때는 결국 자신도 손해를 보는 어리석음이기도 하다. 물질적 득실만이 이해관계의 전부가 아님을 생각할 때 우리는 이 점을 더욱 분명하게 알 수 있다. 이(利)보다 의(義)를 더욱 존중히 여기라는 공자의 가르침이 현대에 있어서도 타당성을 잃지 않는다고 보는 까닭이다.

『논어』「위정」편에 보이는 "군자는 두루 화친하되 편당적이지 아니하며, 소인은 편당적이어서 두루 화친하지 않는다(君子周而不比, 小人比而不周)." 는 공자의 말씀도, 공자 생존 당시에 흔히 사용된 것으로 보이는 '군자부당 (君子不黨)'이라는 말과 아울러, 우리에게 시사하는 바가 크다. 오늘날 우리 사회는 '편당적이어서 두루 화친하지 못하는' 소인들의 세상이기 때문이다. 사분오열하여 이리 몰리고 저리 몰리는 정치인들의 꼴을 보거나 지방색과 동창 의식으로 편을 가르는 일반 시민의 경향을 바라볼 때, 이제 이 땅에 많은 군자들이 나타나기를 대망해 마지않는다.

"군자는 화합하되 뇌동하지 않으며(和而不同), 소인은 뇌동하되 화합하지 않는다(同而不和)."고 하였다. 군자들이 화합하는 까닭은 '나'보다 '우리'를 더욱 소중하게 여기기 때문이요, 이(利)보다 의(義)가 소중함을 알기 때문이다. 소인들이 뇌동은 하되 화합은 하지 않는 것은 '나'의 이(利)에 집착한 나머지 '우리' 모두를 위한 의(義)를 망각하기 때문이다. 사람들은 마음이 열리면 '우리'를 위하여 화합하게 되고 마음이 닫히면 '나'의 이(利)를 위하여 뇌동하게 된다. 우리가 군자들의 열린 마음을 본받는다면, 세상을 보는 눈도 크게 열릴 것이다.

우리는 닫힌 마음으로 '나'만을 생각하는 까닭에 남의 사정을 안중에 두지 않는다. 그리고 오늘날 우리가 일상생활에서 경험하는 크고 작은 갈등이 대개는 처지를 바꾸어 놓고 생각하는 마음, 즉 역지사지(易地思之)하는 마음의 부족에서 온다. "내가 원하지 않는 바를 남에게 행하지 않는다(己所不欲 勿施於人)." 이것은 공자의 정신인 동시에 군자의 정신이다. 다행히 군자의 정신을 따르는 사람이 많아진다면, 우리 사회의 분위기는 한결 밝아질 것이다.

요즈음 우리 사회에서는 '집념'이라는 말을 좋은 의미로 사용하는 경우가 많다. "집념이 강하다."는 말을 찬양의 뜻을 담아서 사용하는 사람을 흔히 본다. "내 자식만은 반드시 명문 대학에 넣고 말겠다."든지 "기어코 대통령이 되고 말겠다."는 따위의 고집스러운 태도가 칭찬을 받는 것이다. 어떤 목적을 위하여 강하게 밀고 나가는 노력이 찬양의 대상이 되어 마땅한 것은 당초에 세운 목적이 타당하고 그 목적을 추구하는 방법이 정당할 경우에 국한된다. 그러나 우리 주변에서는 엉뚱한 목적을 위하여 방법을 가리지 않는 태도까지도 긍정적으로 받아들이는 경우를 흔히 본다. 무리(無理)를 무릅쓰고 강행하는 태도에 박수를 보내는 것이다.

그러나 옳음(義)을 떠나서 무리를 해서라도 어떤 일을 기필코 성취하겠다고 밀어붙이는 태도는 군자의 길이 아니다. 기필코 하고 말겠다는 태도와 고집스러운 태도는 공자가 하지 않는 네 가지 행위(絶四)에 들어간다. 옳은 길(義)의 원칙을 지켜 가며 상황에 따라서 융통성 있게 처신하는 것이 공자의 길인 동시에 군자의 길이다. 욕심으로 인한 고집스러운 태도를 배척하는 점에서도 오늘의 우리들이 군자로부터 배울 바가 있다고 믿는다.

공자는 '중용'을 덕의 지극한 것으로서 중요시하였고, 군자가 마땅히 체득해야 할 덕목 가운데 하나로 꼽았다. 그리고 중용과 표리의 관계를 가진 '조화(調和)'도 군자의 덕목으로서 언급한 바 있다. 그런데 요즈음 우리 주변에는 극단으로 달리는 사람들이 흔히 있고, 극단으로 달리는 풍조로 인하여 발생하는 문제도 적지 않다. 사람들은 남의 눈에 뜨이기를 좋아하고, 남의 이목을 끌기 위하여 튀는 언행을 감행한다. 그러나 비록 남의 이목을 끄는 데 성공했다 하더라도, 그것은 슬기로운 태도가 아니다. 사람들은 조만간 그 튀는 언행에 대하여 싫증을 느끼게 될 것이고, 더러는 거부감을 느끼게 될 것이다. 거부감은 갈등을 유발한다.

현대인으로서도 군자의 인간형으로부터 배울 것이 많다는 견해와 관련하여 두 가지 의문을 제기할 수 있을 것이다. 첫째로, 우리는 군자에 가까운 사람이 되는 것이, 사회 전체를 위해서뿐 아니라 본인 개인을 위해서도 바람직하냐 하는 의문을 제기할 수 있을 것이다. 둘째로, 우리는 군자형의 인품을 실현하는 일이 현대의 여러 여건 아래서도 가능하냐 하는 의문을 제기할 수 있을 것이다. 첫째 것은 군자형의 인품을 가진 사람이 현대의 치열한 경쟁 사회에서 잘 적응할 수 있겠느냐 하는 의문이요, 둘째 것은 현대와 같은 각박한 사회에서 군자다운 군자가 나타날 수 있겠느냐 하는 의문이다.

현대는 이(利)에 밝은 영악한 사람들이 활개를 치는 시대요, 우리 사회는 말을 잘해야 출세의 길이 열리는 사회다. 그런데 군자는 이(利)보다 의(義)를 존중한다 하였고, 일에 민첩하되 말을 앞세우지 않는다고 하였다. 또 현대는 도처에 향락의 기회가 널려 있는 시대다. 그러나 군자는 향락에 탐닉함을 삼간다고 하였다. 이러한 점을 고려할 때, 현대사회에서 '군자'의 자세를 지키려면 불리한 경우가 많을 것이니, 결국 군자로서 사는 것이 본인을 위해서 바람직하지 않을 것이라는 반론이 나올 수 있다. 이것이 우리 첫째 의문의 배경이다.

우리가 만약 이(利)를 인(仁)보다 중요시하고 이른바 '출세'를 삶의 보람으로 생각하는 소인의 인생관을 전제로 삼는다면, 군자가 되는 것이 본인을 위해서는 바람직하지 않다는 결론을 얻을 수도 있을 것이다. 우리가 만약 향락의 극대화에 최고의 가치를 인정한다면, 군자가 되는 것은 본인을 위해서 좋지 않다고 말할 수 있을 것이다. 그러나 군자의 인생관은 소인의 인생관과는 크게 다르므로, 그의 인생관으로 본다면 군자로서 사는 것이 도리어 바람직할 것이다. 그리고 향락에 대한 지나친 집착은, 쾌락주의의 역리(逆理)라는 모순에 부딪치기 쉬우므로, 소인을 위해서도 바람직한 생활 태도가 아니다. 더구나 군자의 가치관으로 볼 때 그것은 한갓 어리석음에 지나지 않는다. 일반적으로 말해서 근시안적 계산법에 따르면 군자됨에 불편한 점이 많다는 주장이 성립할 수 있을 것이나, 원대한 안목으로 내다본다면, 이해와 득실을 개선한다 하더라도, 군자됨이 도리어 본인을 위하는 길이라는 결론에 도달할 것이다.

사람들의 인격은 사회 환경의 영향을 크게 받고 형성된다. 기성세대의 지배적 정신 풍토, 가정과 학교에서의 인성 교육, 정치와 경제의 현실 등이 어떠하냐에 따라서, 젊은이들의 인격 형성이 크게 좌우된다. 그런데 오늘날 우리 사회의 전체적 상황은 어느 모로 보나 군자형의 인격을 길러 내기에 적합한 조건을 갖추었다고는 생각되지 않는다. 군자형의 인물이 나타나기에는 정신 풍토가 너무나 각박하다. 이것이 우리 둘째 의문의 배경이다.

그러나 군자형의 인물이 나타나기 어렵다는 것이 그 불가능함을 의미하는 것은 아니다. 어렵지만 불가능하지는 않다고 믿는다. 인간은 주위 환경의 영향을 크게 받지만, 그 영향을 극복하고 새로운 것을 만들어 낼 힘도 가지고 있다. '군자'가 바람직한 인간형임을 확신하고 그 인간형으로 접근하고자 하는 굳은 결심으로 꾸준히 노력하면 그 노력은 헛되지 않을 것이다. 어렵지만 불가능하지 않은 일은 세상에 얼마든지 있다.

공기 좋고 물 좋던 옛날에 비하면, 현대는 건강을 유지하기에 어려움이 많은 시대다. 물과 공기뿐 아니라 식품에도 화학 물질이 함유되어 먹을 것이 마땅치 않다고 아우성이다. 그러나 그렇다고 해서 현대인이 건강체를 단념해야 한다고 말하기는 더욱 어렵다. '군자'라는 인간형의 경우도 마찬가지다. '군자'라는 것은 쉽게 말해서 정신적으로 매우 건전한 인품에 붙인 이름이라고 이해하면 틀림이 없을 것이다.

2. 가족주의적 인간관의 한계와 열린 마음의 군자

앞 장에서 공자의 인간관을 고찰했을 때, 그의 집단주의적 인간관에, 현대의 개인주의적 인간관에서 오는 폐단을 극복할 수 있는 장점과 아울러 약한 고리도 있음을 보았다. 공자의 인간관은 가족주의적 인간관에서 출발하여 그것을 확대한 것이었다. '가족'이라는 자연 집단을 근거로 삼은 까닭에, 공자의 집단주의적 인간관은 '자연의 순리(順理)를 따른다'는 강점을 가졌다. 그러나 가족 집단을 지탱하는 그 자연의 정이 자기중심적이며, 그 정이 미칠 수 있는 거리에 한계가 있는 까닭에, 가족주의에서 출발한 공자의 인간관이 '우리'의 범위를 과연 어디까지 확대할 수 있느냐 하는 물음에 부딪친다. 이 물음은 쉽게 해결되기 어려운 물음인 까닭에, 공자의 인간관에 있어서 약한 고리로서 남을 우려가 있다.

우리는 저 물음을 해결할 수 있는 단서를 공자의 군자 사상에서 찾을 수 있으리라고 기대한다. '군자'의 가장 큰 특색의 하나가 열린 마음의 주인공이라는 사실이 가족주의적 사유의 폐쇄성을 극복하는 단서를 제공할 수 있으리라고 기대하는 것이다.

'열린 마음'이니 '닫힌 마음'이니 하는 말은 뜻이 모호한 표현이므로, 그 뜻을 구체적으로 밝힐 필요가 있다. 앞에서 인용한 바 있는 "군자는 두루 화친하고 편당적이 아니다."라는 「위정」 편의 구절은 군자의 열린 마음을 구체적으로 밝혀 주기에 큰 도움을 준다. 편당적이어서 패거리를 만드는 것은 소인들이 하는 짓이며, 군자는 여러 사람들과 광범위하게 화친하되 편을 가르거나 패거리를 만들지 않는다. 군자의 투철한 불편부당 배후에는 이익보다도 옳음을 숭상하는 정신이 깔려 있거니와, 이러한 맥락에서 볼 때, 이해관계가 일치하는 사람들이 뭉쳐서 다른 집단에 대하여 배타적 태도를 취하는 것은 어떤 경우이든 군자의 정신에 어긋나는 짓이다. 따라서 같은 지방 사람들이 뭉쳐서 다른 지방과 편을 가르거나 같은 동문끼리 뭉쳐서 세력을 형성하는 따위는 군자의 정신에 위배된다. 같은 논리를 한 걸음 더 연장한다면, 민족적 이기주의나 국가적 이기주의도 군자의 길이 아니라고 말할 수 있을 것이다.

우리들의 이러한 해석을 뒷받침하기 위하여 우리는 『논어』에 두 번 보이는 "내가 원하지 않는 바를 남에게 행하지 말라."는 유명한 구절을 다시 끌어낼 수 있을 것이다. 이 구절은 "무엇이든 남에게 대접받고자 하는 대로 너희도 남을 대접하라."고 한 「마태복음」의 황금률과 같은 논리의 가르침을 소극적으로 표현한 것으로 볼 수 있는 것으로서, 세계종교로서의 기독교와 같은 논리를 말하고 있다는 점에서 중요한 의미를 가졌다. 알기 쉽게 말해서, 공자의 '군자' 사상에는 자기중심적 정(情)의 논리를 뛰어넘을 수 있는 계기가 숨어 있다.

여기서 의문을 제기하는 사람이 있을지 모른다. "공자로부터 출발하여 빙빙 돌아서 어렵게 박애(博愛)의 정신에 도달할 것이 아니라, 처음부터 그리스도의 가르침에서 출발하는 편이 낫지 않느냐?" 하는 의문이다. 그러나 우리가 도달하고자 하는 것은 그리스도의 박애 정신이 아니라 인류 전체를 자아로 의식할 수 있는 자아관(自我觀)이다. 우리에게 필요한 것은 타아(他我)로서 온 인류를 사랑하라고 가르치는 박애의 철학이 아니라, 전 인류를 '우리'로서 사랑하라고 가르치는 대자아(大自我)의 철학이다. 박애의 철학보다도 대자아의 철학으로 마음이 끌리는 까닭은 타아를 사랑하기보다는 자아를 사랑하기가 쉽다는 심리학적 사실에 있다.

기독교도 가운데도 소아(小我)를 희생함에 생애를 제공한 테레사 수녀가 있고, 인류를 넘어서서 모든 생명을 사랑한 슈바이처 박사가 있다는 사실을 우리는 알고 있다. 그러나 개인주의에서 출발하여 테레사 수녀나 슈바이처 박사의 큰 사랑에 도달하기는 지극히 어려운 일이다. '나'를 사랑하는 것은 저절로 할 수 있는 쉬운 일이나, '남'을 사랑하는 것은 보통 사람에게는 불가능에 가까운 어려운 일이다. 필자 자신이 '나'를 버리지 못하는 보통 사람임을 아는 까닭에, 그리스도의 박애보다도 공자의 대아(大我)로 마음이 기운다.

비록 자애(自愛)의 정이 가족의 울타리를 넘어서서 먼 곳으로 파급될 수 있다 하더라도, 그 파급이 작은 나를 중심으로 삼는 동심원을 그리고 확대된다는 사실은 여전히 남아 있다. 잔잔한 수면에 던져진 조약돌의 파문이 그렇듯이, 자애에서 출발한 인간애도 가족을 넘어서서 멀리 갈수록 그 사랑의 강도가 약화되어, 어느 지점에 이르면 흔적조차 없어진다. 그런데 그것이 어떻게 전 인류를 끌어안도록 확대될 수 있겠느냐 하는 의문이 이 자리에서 제기될 수 있을 것이다.

우리들의 직관으로 파악할 때, '자연의 정' 하나의 힘만으로 전 인류를 '우리'로서 의식하기에 이르기는 지극히 어려울 것으로 보인다. 자기중심적인 자연의 정이 미칠 수 있는 범위는 곧 한계에 부딪친다. 세계의 끝까지 멀리 도달할 수 있는 것은 자연의 정이 아니라 생각하는 능력, 즉 지성(知性)이다. 우리가 전 인류를 '우리'로서 의식하는 대아(大我)의 경지에 도달하기 위해서는, 나와 내 가까운 곳을 사랑하는 자연의 정과 세계의 끝까지 내다볼 수 있는 지성의 힘을 합쳐야 한다.

가족 단위로 농경에 종사하며 자급자족으로 살았던 우리들의 옛 조상들의 경우는 '자아'의 크기가 가족의 범위 안에 머물러 있어도 큰 지장이 없던 시절이었을 것이다. 그러다가 사람들의 교류 범위가 확대됨에 따라서 '우리'의 범위도 점차 넓어졌을 것이다. 혈연뿐 아니라 지연(地緣)도 '자아'의 확대를 위한 큰 요인으로서 작용했을 것이다. 당내(堂內)의 친족 전체가 하나의 '우리'를 이루기도 하고, 마을 전체가 하나의 '우리'로서 살기도 했을 것이다. 외부의 침략을 받았을 경우에는 '우리'의 범위는 더욱 확대되어 민족 또는 국가 전체에 미치고, 공동체 의식은 더욱 강화되었을 것이다.

우리 민족이 일본의 침략을 받고 그들의 식민지로 전락했을 때 이 나라의 많은 사람들이 '나'와 민족을 동일시하였다. 나라의 주권을 빼앗긴 상태에서는 개인의 삶도 위협을 받는다는 위기의식이 사람들의 자아를 크게 만들었다. 물론 모든 한국인이 공통된 자아를 의식했던 것은 아니며, 더러는 삶의 방도를 친일파의 길에서 찾기도 하였다. 그러나 대부분은 민족적 자아의식을 가지고 산 시간이 많았으며, 특히 일부의 애국지사들은 가정까지도 멀리하고 '민족'이라는 자아를 위해서 일생을 헌납하였다.

여기서 우리는 애국지사의 길을 선택한 사람과 친일파의 길을 택한 사람의 갈림길에서 작용한 힘이 무엇에 연유했을까 하는 문제를 생각하게 된다. 바꾸어 말하면, 사람들이 가진 어떠한 차이가 누구는 애국지사의 길을 걷게 하고, 누구는 친일파의 길을 걷게 했을까 하는 문제를 생각하게 된다. 자연의 정의 차이 또는 지능의 차이가 사람들을 서로 다른 길로 가게 했다고 보기는 어렵다. 친일파들은 자연의 정이 약했다거나 지능이 낮았다는 주장 또는 그 반대의 주장이 성립하기는 어려울 것으로 보인다.

이론의 여지가 전혀 없지는 않을 것이나, 애국지사의 길을 택한 사람들을 공자가 말하는 '군자'의 인간형으로 분류하고, 친일파의 길을 택한 사람들을 '소인'의 인간형으로 분류한다 해도 큰 무리가 없을 것으로 보인다. 그리고 사람들을 군자의 길로 가게 하는 것이 뜨거운 정열과 냉철한 지성이라고 전제한다면, 애국지사로서 '대인'의 길을 걸은 사람들은 뜨거운 정열과 냉철한 지성을 아울러 가진 사람들이었다는 추측이 가능하다. 이러한 추측은 전 인류를 '우리'로서 의식하는 대아의 경지에 도달하는 일이 불가능하지 않다는 결론을 얻고자 하는 우리에게 적지 않은 힘이 된다. 왜냐하면 우리들이 뜨거운 정열과 냉철한 지성을 아울러 갖는다는 것은 충분히 가능한 일이며, 우리들의 지성이 민족과 국경을 넘어서서 전 인류에까지 미치는 것도 가능한 일이기 때문이다.

'자아'는 의식(意識)의 체계다. 자아의식의 체계는 나선형 모양으로 컸다 줄었다 하며 동심원적으로 유동한다. 시시각각 유동하는 가운데도 일상 시에 큰 테두리의 자아의식을 유지하는 사람을 우리는 대아(大我)로서 사는 큰 인물이라고 볼 수 있거니와, 개인의 정열과 지성 이외에도 자아의식의 테두리의 크기를 좌우하는 또 하나의 요인이 있다. 또 하나의 요인이란 그가 사는 시대의 상황이다. 개인의 생존과 종족의 유지를 위하여 큰 테두리의 자아의식이 요구되는 시대일수록 자아의 범위가 넓은 열린 마음의 인물이 나타나기 쉽다.

현대는 과거 어느때보다도 자아의 범위가 넓은 열린 마음의 인물을 요구하는 시대다. 지구 전체가 일일 생활권이라고 하여도 과언이 아닐 정도로 교통과 통신이 발달했고, 전 세계의 인구가 한 부락민처럼 이해관계를 맺어 가며 살고 있다. 날로 더해 가는 환경의 오염과 자원의 고갈은 온 인류가 뜻을 모아서 하나밖에 없는 지구를 지켜 줄 것을 요청한다. 단적으로 말해서, 우리가 후손들에게 오래도록 인간이 살 수 있는 지구를 물려주기 위해서는 우리들의 자아가 과거 어느 때보다도 넓은 범위로 확대되어야 한다. 우리들이 이러한 시대에 살고 있으며, 우리와 우리 후손이 살아남기 위해서 대자아(大自我)의 인간상이 나타날 필요가 있음을 알고 있다는 사실은 현대인으로 하여금 대자아의 인간상으로 접근하게 함에 큰 도움이 될 것이다.

가족주의의 색채가 강한 공자의 집단주의적 인간관과 공자의 '군자' 사상의 힘만으로, 현대의 인류가 봉착한 문제를 해결할 수 있는 새로운 인간관을, 현대의 서구적 개인주의 인간관의 약점을 극복할 수 있는 새로운 인간관을 제시할 수 있다고 믿는 것은 아니다. 다만 현대가 요구하는 새로운 인간관을 모색함에 있어서, 고대의 위대한 동양 사상가인 공자의 가르침으로부터 많은 도움을 얻을 수 있으리라고 믿는 것이다. '술이부작(述而不作)'과 '온고이지신(溫故而知新)'을 강조한 공자가, 선대의 가르침을 답습하는 데 그치지 않고 스스로 많은 사상을 새롭게 피력했듯이, 현대를 사는 오늘의 지성인들도 우리 자신의 머리로 현대의 문제를 해결할 수 있는 길을 찾아보아야 할 것이다. 옛날 공자의 경우나 오늘날 우리의 경우나, 삶의 문제 해결의 지혜를 모색함에 있어서 가장 큰 힘이 되는 것은 우리가 가지고 있는 뜨거운 정열과 차가운 지성이다.

3. 덕치(德治)의 이념과 현대 한국

공자의 군자론은 그의 정치론과 밀접한 관계를 가졌다. 춘추시대의 혼란한 세상을 체험한 공자는 바른 정치를 통하여 흐트러진 인심과 어지러운 질서를 바로잡고자 했고, 그가 생각한 바른 정치는 덕을 갖춘 사람이 덕으로써 나라를 다스리는 것이었다. 그 바른 정치를 하기에 적합한 덕을 갖춘 사람이 군자에 해당하므로, 공자의 군자론과 정치론은 밀접한 관계를 갖게 된다.

군자의 덕은 비단 위정자가 되기에 필요한 능력일 뿐 아니라, 인간이 인간으로서 살아가는 데 긴요한 삶의 지혜요 능력이다. 바꾸어 말하면, 공자는 '군자'의 개념을 통하여 바람직한 위정자의 상(像)을 제시했을 뿐 아니라, 일반적으로 바람직한 인간형을 제시했던 것이다. 현대를 사는 우리가 공자의 '군자' 개념에 대하여 관심을 가진 것은 일차적으로, 그가 제시한 군자가 현대를 위해서도 바람직한 인간형으로서 타당성을 갖느냐 하는 시각에서였으며, 이 물음에 대한 우리들의 고찰은 대체로 긍정적이었다.[3] 이제 우리는 '군자에 의한 정치'를 주장한 공자의 정치론도 현대를 위한 정치론으로서 타당성을 갖느냐 하는 물음을 두고 생각해 보고자 한다.

공자가 덕치를 주장한 것은 봉건 군주의 권위주의 정치를 염두에 두고 봉건 군주가 취할 태도를 말한 것이었다. 그러므로 그의 덕치주의를 주권이 국민에게 있는 오늘의 민주정치에 그대로 옮겨 놓고 그 가부를 논하기는 어려

---

3 군자에 관한 모든 주장이 현대에도 타당성을 갖는다고는 생각하지 않는다. 예컨대 '군자불기(君子不器)'라는 말은 "한 가지 일만을 잘하는 전문가가 되기보다는 여러 가지 일에 두루 능통함이 바람직하다."는 뜻이나, 특수 분야에 대한 전문적 지식이나 기술을 갖지 않으면 낙오자가 되기 쉬운 현대에서 이 말을 글자 그대로 받아들이기는 어렵다. 현대에 적응하기 위해서는 틀에 박힌 사람이 되지 않을 뿐 아니라, 한 가지 특기를 가진 전문가가 될 필요가 있다.

울 것이다. 예컨대, "백성을 부림에 있어서는 때를 가려야 한다(使民以時)." 함은 공자가 말한 덕치의 구체적 가르침의 하나이나, '백성을 부린다'는 것 자체가 민주정치에서는 있을 수 없는 일이므로, 오늘의 위정자를 위한 가르침으로서는 적합하지 않다. 그러나 '때를 가려서 백성을 부린다'는 근본정신이 **국민을 위함**에 있다고 해석할 경우에는 '사민이시(使民以時)'의 정신은 오늘의 위정자에게도 적절한 교훈이 될 것이다.

'덕치주의'는 본래 '법치주의(法治主義)'와 대립하는 개념이다. 『논어』 「위정」 편에 보이는 "정령(政令)으로 인도하고 형벌로써 다스리면 백성들은 형벌은 면하되 염치는 모르게 된다. 덕으로써 인도하고 예(禮)로써 다스리면 백성들은 염치를 알게 되고 또 바르게도 된다."라는 말로 알 수 있듯이,[4] 공자는 덕치만이 정치의 정도(正道)라고 주장한 것으로 알려져 있다. 성선설에 근거를 둔 이 주장은 하나의 이상론이며, 민심이 순박했던 옛날에도 현실에 적합하지 않은 경우가 흔히 있었다. 하물며 현대와 같이 사회의 양상이 복잡하고 범죄 문제가 유례 없이 심각한 시대에, 덕치 하나만에 의존하여 질서와 안녕을 유지하기는 매우 어려울 것이다.

그러나 법치를 배제하고 덕치만을 고집하는 것이 아니라면, 위정자의 도덕성이 중요함을 강조하는 공자의 정치사상에는 현대 국가를 위해서도 소중한 가르침이 적지 않다고 생각된다. 특히 국가 전체의 이익을 도외시하고 개인의 이익과 당리당략만을 위하여 권모술수에 골몰한 현대 한국의 정치풍토를 바라볼 때, 공자의 가르침이 더욱 소중하게 느껴진다.

공자는 위정자의 언행이 백성들에게 미치는 영향이 지대함을 역설하였다. 위정자의 언행은 모방의 대상이 되므로 국민에 대한 솔선수범이 중요함

---

4 『論語』, 「爲政」 3. 子曰, "道之以政, 齊之以刑, 民免而無恥. 道之以德, 齊之以禮, 有恥且格."

을 강조한 것이다. "위정자 자신이 바르면 명령하지 않아도 행해질 것이고, 위정자가 바르지 않으면 비록 명령한다 하더라도 따르지 않는다."고 한 「자로(子路)」편의 말은, 공자가 위정자의 언행이 모방의 대상이 된다는 사실을 강조한 대목이다. 위정자가 바르게 한다고 국민이 모두 그를 본받으리라는 보장은 없을 것이나, 위정자가 바르지 않을 경우에 국민이 그의 명령을 따르지 않는다는 것은 일반적 현상이라고 말할 수 있을 것이다. 위정자의 솔선수범이 국가의 안녕과 질서를 위한 충분조건이라고 보기는 어려우나, 그 필요조건임에는 의심의 여지가 없다.

공자는 국가의 존립을 위해서 필요한 세 가지 조건으로서 식량과 병력과 국민의 신뢰를 꼽았다. 그 가운데서도 가장 중요한 것은 국민의 신뢰요, 다음으로 중요한 것은 식량이라고 주장하였다.[5] 그리고 국민의 신뢰를 얻기 위하여 가장 중요한 것은 위정자의 덕이요, 식량의 확보를 위하여 가장 중요한 것은 적절한 경제정책이다. 공자가 이러한 주장을 하게 된 것은 그가 살았던 시대의 현실에 대한 관찰에 근거를 두었을 것이다.

오늘의 우리 한국의 현실도 민생과 경제의 문제가 심각하고 정치인에 대한 국민의 불신으로 인하여 많은 어려움이 생기고 있다는 점에서 크게 다를 바가 없다. 민생과 경제의 문제에 대해서는 많은 논란이 있고 정부도 그 나름의 대책을 세우고 있으나, 본래 그 문제 자체의 다난함으로 인하여 쾌청한 날을 보기 어렵다. 정치인에 대한 국민의 불신은 이미 만성화하여서 이에 대한 문제의식조차 미약하다.

현대에 있어서도 정치인에게는 막강한 힘이 있는 까닭에 사람들은 그들

---

5 『論語』, 「顔淵」 7. 子貢問政. 子曰, "足食, 足兵, 民信之矣." 子貢曰, "必不得已而去, 於斯三者何先?" 曰, "去兵." 子貢曰: "必不得已而去, 於斯二者何先?" 曰, "去食. 自古皆有死, 民無信不立."

앞에서 자세를 낮춘다. 그러나 돌아서면 비난과 멸시로 정치인을 매도하는 것이 일반적 현상이다. 정치인들이 신뢰를 회복하는 일은, 정치인들은 물론이요 우리 모두를 위해서 매우 중요한 과제다. 정치인들의 신뢰 회복을 위해서 결정적 관건이 되는 것이 그들의 유덕한 인품이라는 것은 우리 모두의 상식이다. 그리고 위정자가 갖추어야 할 덕성을 가진 인품으로서 공자가 염두에 두었던 것이 다름 아닌 '군자'의 인품이었다.

공자의 말씀 가운데 "군자는 의로움에 밝고, 소인은 이로움에 밝다."는 것이 있다.[6] 정치가에게 이로움을 도외시하라면, 그것은 무리한 요구가 될 것이다. 그러나 이로움보다도 의로움을 더욱 소중히 여기기를 바라는 것은 반드시 무리한 요구가 아닐 것이다. 정치가라는 것이 나라의 살림을 맡은 공인(公人)임을 생각할 때, 그가 이로움보다도 의로움을 더욱 중요시하길 바라는 것은 국민으로서 당연하다고 생각한다. 우리들의 생명과 재산을 군자 아닌 소인에게 맡길 수는 없는 일이다.

그러나 우리나라의 정치인들 가운데 이로움보다도 의로움을 더욱 소중히 여기는 군자형의 인물이 얼마나 될까 하고 알려진 이름들을 떠올릴 때, 소수에 불과하지 않을까 하는 회의(懷疑)를 금치 못한다. 필자가 이름을 알 정도의 정치가라면 애국심도 있을 것이고 의로움을 소중히 여기는 마음도 가졌을 것이다. 그러나 그들의 마음을 현실적으로 **지배하는** 것은 많은 경우에 애국심이나 의리가 아니라 이기심이다. 이기심에 압도당하는 까닭에 그들의 애국심이나 의리는 말의 단계에서만 나타나고 행동에까지는 나타나지 않는다. 행동이 언어를 따르지 못하는 것이다.

공자 말씀 가운데 "군자는 그의 말이 그의 행동보다 지나침을 부끄러이 여

---

6 『論語』, 「里仁」 16. 子曰, "君子喻於義, 小人喻於利."

긴다."는 것이 있다. 그리고 "군자는 말은 더듬되 행동은 민첩하기를 바란다."는 말씀도 하였다.[7] 오늘날 우리나라의 정치가들은 대개 말을 매우 잘한다. 그러나 그 말에 대하여 책임을 지지 않으니, 교언(巧言)이 난무하고 식언이 다반사가 된다. 정치가들 가운데서 군자를 찾아보기가 매우 어렵다는 결론을 피하기 어렵다.

여기서 예상되는 반문이 있다. 우리나라의 현실에 비추어 볼 때, 이로움보다 의로움을 좇고 묵묵히 실천을 잘하면서 말은 서투른 사람이 도대체 정치인으로서 살아남을 수 있느냐 하는 물음이다. 당리당략보다도 의로움 또는 옳음을 더욱 중요시하고도 소속당으로부터 환영을 받을 수 있으며, 행동에는 민첩하나 말은 못하는 사람이 선거에서 승리자가 될 수 있느냐 하는 뜻에서 제기하는 의문이다. 더욱 알기 쉽게 말하면, 군자형의 인물이 오늘의 우리 정치 마당에 뛰어들어서 성공할 수 있겠느냐 하는 의문을 제기하는 사람이 있을 수 있을 것이다.

한 걸음 더 나아가서 이렇게 주장하는 사람이 있을지도 모른다. "고대의 신분 사회에서는 문벌 좋은 사람들이 위정자의 자리에 앉기 마련이었고, 그들은 학덕을 연마하여 도달한 높은 인품으로 정치에 임하면 되었다. 그들의 학덕 연마는 과거(科擧)에서 급제하는 데 유리한 조건이 되었을 것이며, 그것이 정치가가 되는 데 지장이 될 까닭은 없었을 것이다. 그러나 현대의 정치 무대에 서기 위해서 결정적으로 중요한 것은 문벌이 아니라 본인의 능력이며, 여기서 요구되는 능력은 도덕적 탁월성이 아니라 권모술수와 언변 또는 아첨 따위의 잔재주다. 그러므로 군자형의 인품은 오늘의 정치 무대에서

---

7 『論語』, 「憲問」 28. 子曰, "君子恥其言而過其行."; 「里仁」 24. 子曰, "君子欲訥於言, 而敏於行."

는 도리어 불리한 조건으로 작용할 가능성이 높다. 이러한 현실을 무시하고 공자의 덕치주의 정치 이념을 고취하는 것은 어리석은 짓이다. 오늘의 우리나라 정치 현실을 직시하고도 공자의 정치사상 또는 군자론으로부터 배울 것이 많다고 말할 수 있는가?"

논자의 이러한 반문에도 일리가 있다. 그러나 오늘의 우리나라 정치 현실을 고칠 수 없는 고질로 단정하는 것은 지나친 비관이다. 정치 풍토라는 것은 사람들의 노력 여하에 따라서 바뀔 수 있는 것이고, 우리나라의 경우도 해방 이후에 여러 변화 과정을 거쳐서 오늘의 양상에 이르렀다. 이 양상은 앞으로도 계속 변화할 것이며, 그 변화의 방향은 사람들의 의식 수준 향상에 따라서 점차 좋은 편으로 기울 것이라고 기대된다.

언변이 좋고 권모술수에 능한 재주꾼들이 우리나라의 정치계를 주도하게 된 오늘의 현실에 대해서는 주권을 가진 국민 모두가 책임을 나누어야 한다. 잔재주가 능한 후보자에게 투표함으로써 그들을 정계의 주역으로 부상하게 만든 것은 결국 주권을 행사한 국민 일반이었다. 의로움을 외면하고 이로움만 좇는 정치가들이 활개를 치게 된 현실에 대해서도 정치가 이외의 많은 사람들에게 책임이 있다. 국가와 국민 전체로 돌아가야 할 이익을 횡령하거나 착복하는 일은 정치가가 아닌 사람들의 공범(共犯)이 없이는 불가능하다.

한국인 일반의 의식 수준을 끌어올리는 일은 우리 모두가 힘을 모아서 해야 할 일이고, 또 그것은 가능한 일이다. 유권자의 국민 수준이 향상되면 정치인들의 태도도 바뀔 수밖에 없을 것이고, 군자형의 인품을 갖는 것이 정치인으로서 성공하기 위한 필수 조건으로서 인식될 날이 올 수도 있을 것이다. 공자는 본래 이상주의자였으며, 그의 이상주의와 우리들의 현실 사이에는 항상 먼 거리가 있기 마련이다. 그러나 그의 이상주의가 우리에게 가야 할 방향을 제시함에 있어서 귀중한 가르침으로서의 힘을 가졌다는 사실에 우리는 주목할 필요가 있다.

적어도 국정 최고의 책임자는 군자형의 인품이 되려는 노력을 꾸준히 해야 한다고 믿는다. 철두철미 완전한 군자에까지는 이르지 못하더라도 어느 정도 그에 가까운 경지에 이른다면, 그 개인을 위해서나 나라를 위해서 매우 다행한 일이 될 것이다. 다행히 정상의 자리에 앉은 사람이 군자와 같은 인품으로서 정치에 임한다면, 주위의 많은 사람들이 그의 영향을 받을 것이다. 『논어』「위정」편에 이런 구절이 보인다. "덕으로써 정치를 하는 것은 북극성은 제자리에 있고 여러 별들이 이를 향하여 떠받드는 것과 같다."[8]

군자에게 요구되는 덕성만 갖추면 최고위의 정치가가 되기에 충분하다고 생각하는 것은 물론 아니다. 경제와 사회, 문화와 교육, 군사와 외교 등 여러 분야에 대한 어느 정도의 식견이 없이는 국정 전체를 통괄하기에 어려움이 있다. 그러나 최고위의 정치가에게 가장 중요한 것은 역시 덕성이다. 한 사람이 여러 분야에 걸쳐서 높은 수준의 전문적 지식을 갖기는 어려운 일이므로, 최고위의 정치가에게 가장 중요한 것은 각 분야의 최고 전문가들을 적소에 배치하는 일이다. 인사(人事)의 중요성을 강조하는 까닭이 여기에 있으며, 인사를 적절하게 하기 위해서는 인물을 알아보는 밝은 눈과 파당을 초월하는 넓은 아량, 그리고 사정(私情)에 흔들리지 않는 공정성 등의 덕성을 갖추어야 한다.

사람을 쓰는 문제에 대해서 공자가 직접 언급한 것으로서는 「자로」편 2장이 있다. 그 뜻을 옮기면 다음과 같다.

> 중궁(仲弓)이 계씨(季氏)의 가재(家宰)가 되어서 정치에 관하여 물었을 때, 공자는 말씀하였다. "먼저 유사(有司)들에게 일을 시키되 사소한 잘못은 용

---

8 『論語』,「爲政」1. 子曰, "爲政以德, 譬如北辰居其所而衆星共之."

서하고, 어진 인재를 등용하여라." "어떻게 좋은 인재를 알아보고 등용합니까?" 하고 물었을 때, "네가 아는 사람부터 등용하여라. 네가 모르는 사람을 남들이 버려 두겠느냐." 하고 공자가 말씀하였다.[9]

이 대화의 요점은 하급자의 사소한 잘못은 너그럽게 용서하라는 말과 좋은 인재를 등용하라는 말에 있을 것이다. 끝머리에 "네가 모르는 인재를 남이 버려 두겠느냐."라는 말은 자기가 직접 모르는 사람들 가운데 좋은 인재가 있을 경우에는 남들이 그를 내버려 두지 않고 천거할 것이라는 말로 이해된다. 그러나 오늘의 대통령과 같이 전국에서 가장 우수한 인재를 망라하여 등용해야 할 경우에는 직접 모르는 사람들 가운데서 주위의 추천에 따라 인재를 발탁하는 사례가 많을 것이다. 이때 측근 가운데서 누구의 추천에 무게를 둘 것이냐 하는 현실적 문제가 생길 것이며, 이 경우에 잘못된 추천에 현혹되지 않기 위해서는 편당적인 사람과 아첨하는 사람을 경계할 필요가 있을 것이다. 결국 높은 자리에 앉은 사람 자신이 불편부당하고 아첨을 싫어하는 인품을 가져야 한다는 결론으로 귀착한다.

공자의 정치사상 가운데 정명론(正名論)이 있었거니와 그의 정명론도 오늘의 우리 정치에 대해서 시사하는 바가 크다. 정명론의 핵심은 "임금은 임금답고 신하는 신하다우며, 아비는 아비답고 자식은 자식다워야 한다."는 말과 "그 직위에 있지 않으면 그 정사(政事)를 논하지 않는다."는 말 가운데 잘 나타나 있다.[10] 쉽게 말해서, 각자가 가지고 있는 이름 또는 각자가 맡고

---

9 『論語』, 「子路」 2. 仲弓爲季氏宰, 問政, 子曰, "先有司, 赦小過, 擧賢才." 曰, "焉知賢才而擧之?" 子曰, "擧爾所知. 爾所不知, 人其舍諸?"
10 『論語』, 「顔淵」 11. 孔子對曰, "君君, 臣臣, 父父, 子子."; 「憲問」 27. 子曰, "不在其位, 不謀其政."

있는 자리에 적합하도록 처신해야 한다는 것이 정명론의 근본정신이다. 각자의 이름에 적합하도록 처신할 때 이름이 바로 서고, 이름이 바로 설 때 정치도 바르게 된다는 것이 공자의 가르침이다.

우리나라의 정치 현실을 바라보건대, 이름이 바로 서지 않는 경우가 많다. 정치가의 이름이 바로 서자면 그 이름이 가리키는 직책에 책임을 져야 하는데, 우리나라의 정치가들 가운데는 책임지기를 싫어하는 사람들이 많다. 윗사람이 아랫사람에게 책임을 떠넘기기도 하고, 내 부서의 책임을 남의 부서로 떠넘기기도 한다. 비슷한 사태는 중앙 부서와 지방단체 사이에서도 일어난다. 나랏일에 관해서 잘못을 하면 누군가가 책임을 져야 같은 불상사의 재발을 막을 수 있다. 그러나 우리나라의 경우에는 아무도 책임을 지지 않으므로 같은 잘못이 되풀이하여 일어난다.

모든 직책에는 업무 규정이 있고, 어떤 직책을 맡을 때는 그 업무 규정을 준수하겠다는 약속을 암묵리에 하고 들어간다. 업무에 관련된 책임을 회피하는 것은 저 약속을 위반하는 것에 해당한다. 공인(公人)이 공식석상에서 하는 말은 약속으로서의 의미를 가졌다. 그러나 직무에 관한 약속을 소홀히 여기는 한국의 공인들은 자신의 말 속에 담긴 약속도 소홀히 여긴다. 자신의 말에 대해서 책임을 지지 않는 것이다. 공인들이 자신의 말에 대하여 책임을 지지 않는 까닭에 일반 국민들은 그들을 믿지 않는다.

거짓말 또는 약속 불이행은 연쇄 반응을 일으키고 번져 간다. 특히 거짓말 또는 약속 불이행이 상류사회에서 일어났을 경우는 그로 인한 불신 풍조는 더욱 빨리 하류사회로 번져 간다. 현재 우리 사회는 불신 풍조로 가득 차 있다. 불신 풍조를 그대로 두고는 나라가 바로 서기 어렵다.

질의 응답

길희성(사회) : 두 명의 선생님을 지정 논평으로 모시겠다. 먼저 조요한 선생님께 좋은 말씀 부탁드린다.

조요한 : 다산기념 철학강좌는 철학계에 역사적으로 남을 것이다. 질문에 앞서 김 교수 강의에 대한 소회부터 밝히고자 한다. 김 교수의 강의는 결코 쉽지 않은 공자의 사상을 매우 쉽게 풀이하고 있을 뿐만 아니라 현학적이지도 않으며, 현실적인 주제들도 명쾌하게 풀이하고 있다. 군자형 인간에 대한 강의를 통해 중간중간 이분이 아니고서는 들을 수 없는 통찰력 있는 지적을 잘 해주셨다. 독단적이지 않으면서도 현대적인 해석을 잘 해주셨다. 그러면 질문으로 들어가 군자와 영국의 'gentleman'은 어떤 차이점이 있고 또 어떤 점에서 서로 같은가? 군자를 원칙적인 인간으로 이해한다면, 현대에도 얼마든지 군자가 있지 않겠는가? 가령 보이지 않는 가운데서도 원칙을 잘 지킨다고 하면 이해하기 쉽다. 그러나 의를 지킨다, 안빈낙도, 청빈 등등을 말하게 되면 이해하기 참 곤란하다. 또한 독일의 'Gelehrte'와는 어떤 관계에 있다고 보아야 하겠는가?

김태길 : 군자의 특색을 말한다면, 인(仁)의 덕을 가장 많이 갖고 있는 사람, 다져진 사랑이 커서 공(公)과 사(私)를 잘 가리는 사람이라고 할 수 있을 것이다. 서양의 'gentleman'은 개인주의적이며, 매사에 냉정한 태도를 취하는 경향이 강하지 않을까 생각된다. 가령 서양의 'gentleman'이 남의 일에 간섭하는 일은 거의 없을 것이다. 그에 비해 군자는 인간 사회의 유대와 사람들의 인연을 중시하면서 사랑으로써 문제를 풀려고 한다. 'gentleman'은 영리한 데 비해 군자는 사회에 뭔가 작용하려고 개입하지 않겠는가?

길희성 : 조요한 선생님의 질문과 김태길 선생님의 대답은 오늘 질의 응답에서 좋은 화두가 될 것이다. 김혜숙 선생에게 질문의 기회를 드리겠다.

김혜숙 : 오늘 이 강연은 매우 시의적절하다고 생각한다. 공자에 대해 워낙 문외한이라 강연을 듣고도 아직 어리둥절하지만 두 가지 정도 질문을 드리겠다. 첫째, 군자가 되고 싶은 마음은 누구나 간절할 것이다. 어떻게 해야 많은 사람들이 군자가 될 수 있겠는가? 둘째, 여성으로서 여군자(女君子)가 되자면 어떻게 해야 하는가?

김태길 : 군자가 되는 데 가장 도움이 되는 것은 아마도 철학을 공부하는 것일 것이다. 철학 공부는 세상을 넓게 보는 데 도움을 준다. 소인과 군자의 가장 큰 차이는 세상을 얼마나 넓게 보느냐에 있다. 그런 의미에서 철학을 공부하는 것이 가장 적절하다. 다른 말로 하면 시야를 넓히는 일이 참으로 중요하다. 현대사회에서는 계산을 하지 않고 살기가 어렵다. 군자도 계산을 하지 않을 수 없는 세상이다. 다만 군자는 장기적 안목으로 계산할 것이다. 예컨대, 10년, 20년 후에 자신이 어떤 평가를 받을 것인가를 생각한다면, 소인에게 어울리는 옹졸하고 이기적인 언행이 크게 줄어들 것이다.

나는 바둑을 못 두지만 신문 기보를 가끔 읽는다. 바둑의 고수가 되기 위해서는 정석을 많이 외우고 집계산을 정확히 하는 것 등도 중요할 것이다. 그러나 가장 중요한 것은 아마 몇 수 앞까지 내다보는가가 아닐까 한다. 바둑판 전체를 동시에 하나로 파악하는 것도 중요할 것이다. 인생 역시 그렇지 않겠는가?

여중군자(女中君子)라는 말이 있다. 그러나 군자가 되는 길에 남자와 여자의 차별이 있을 리 없다고 믿는다.

길희성 : 일반 방청객들의 질문을 받도록 하겠다.

방청객 : 군자가 되고 싶으면 군자 같은 분들하고 놀면 되는가?

길희성 : 김태길 선생님께 드리는 질문이 아니라면 유유상종 정도로 이해하겠다.

방청객 : 유교 사상이 가장 융성했던 시기인 조선시대에 군자가 가장 많이 있었어야 할 터인데, 조선시대에 왜 공자 사상이 세계화되지 못하고 가족중심주의에 머무르고 말았는가?

김태길 : 공자 생존 시에 공자를 사숙하고 따랐던 여러 제자들 가운데서도 군자는 별로 나오지 않았다. 군자는 이상적 인간상이다. 대체로 볼 때 조선시대의 유학은 공자의 선진 원시 유학이라기보다는 후세의 주자학이 많이 담겨서 들어온 것이다. 주자학은 원시 공자 사상과 달리 틀에 박힌 면이 좀 없지 않았다. 그리고 조선왕조가 5백 년 동안 유지된 데에는 선비 사상이 많은 기여를 했을 것이다. 조선시대의 모든 사람들이 유가 혹은 공자 사상을 따랐다

고 말하기는 어렵다. 권력 혹은 왕실 주변에서는 불미스러운 일도 많았다. 다만 재야에는 군자를 지향하는 선비들이 많았던 것으로 전해지고 있다. 또한 조선시대에는 천하(天下)의 개념이 오늘처럼 넓지는 못했을 것이다.

길희성 : 그것은 인(仁)의 사상이 제대로 실천되지 못한 결과로 가족주의에 머무른 것이 아닐까?

김태길 : 오히려 인의 사상에는 가족주의적 성격이 강하게 들어 있다.

방청객 : 나는 복직을 앞둔 공무원이다. 군자의 인간형을 제시하는 것이 집단주의적 인간관과 어떤 관계에 있는가?

김태길 : 혈연에서 출발하는 집단주의보다는 개인주의가 사해동포주의로 나아가기 훨씬 쉽다. 그러나 사랑이 먼 곳까지 퍼져 나가는 데에는 어려움이 있다. 이런 어려움을 극복하는 데 군자가 가진 열린 마음의 계기를 살린다면 가족주의를 벗어날 수 있을 것이다. 공자가 술이부작(述而不作)이라고 했으나, 공자는 매우 독특하고 창조적인 사상가였다고 생각된다. 우리 역시 공자의 군자에서 하나의 단서를 얻어서 현대에 적합한 인간관을 형성하기 위하여 노력함이 바람직하다.

4 장
효 사상의 철학적 탐구

1. 효도의 부활에 관한 대립된 견해
2. 인(仁)의 시초로서의 효(孝)
3. 현대사회와 효
■ 질의 응답

4 장 효 사상의 철학적 탐구

1. 효도의 부활에 관한 대립된 견해

『심청전』이 쓰인 조선시대의 우리나라에서는 '불효 막심한 놈'이라는 말은 '인간도 아니다'라는 말에 가까웠다. 반면에 '효성이 지극하다'는 말은 신랑감 또는 신붓감으로서 적합하다는 것을 의미하는 가장 강력한 추천의 말이었다. 짧게 말해서, 조선시대 우리나라에서는 효심의 유무가 사람을 평가하는 가장 기본적 척도로서 통용되었다. 가족 윤리가 윤리 전체의 핵심 노릇을 했던 것이다.

1964년 판 『대영백과사전』에는 3천 6백만 개의 단어가 수록되어 있으나, '효(孝)'에 해당하는 말은 없다고 들었다. 영어를 사용하는 서양의 나라에는 효 사상의 전통이 미약함을 의미한다. 효에 대한 관념이 미약한 미국의 문화가 해방을 계기로 급속도로 밀려왔다. 그 미국 문화의 영향을 받아 가며 한국의 산업화와 근대화가 이루어졌고, 한국의 산업화 내지 근대화는 한국인의 윤리 의식에도 현저한 변화를 가져왔다. 산업화의 덕택으로 경제 사정이 크게 좋아진 반면에 윤리 의식은 크게 떨어진 것이다.

급기야 윤리적 무정부 상태(ethical anarchism)에 가까운 사태에 이르렀을 때, 도덕의 재건이 시급함을 역설하는 목소리가 높아졌다. 도덕의 재건을 위해서는 유교적 전통 윤리를 오늘에 되살려야 한다는 의견이 일어났고, 전통 윤리를 되살리기 위해서는 우선 효 사상을 고취해야 한다고 역설하는 사람들이 나타났다. 효는 윤리의 근본이니 효 사상만 제대로 보급하면 모든 윤리 문제는 자연히 해결된다는 낙관론을 펴는 사람도 있다.

그러나 효 사상을 중심으로 한 유교 윤리를 되살려야 한다고 믿는 사람들은 기성세대의 일부에 불과하며, 젊은 세대는 대체로 이에 동의하지 않는다. 그리고 효 사상을 고취하자는 사람들은 효가 인륜의 근본이라는 것을 믿고 주장할 뿐이며, 그 주장이 옳다는 것을 설득력 있게 밝힐 만한 이론은 가지고 있지 않다. 결국 효 사상을 신앙처럼 역설하는 사람들과 그들의 주장을 묵살하는 사람들이 활발한 논쟁도 없이 두 진영으로 나누어져 있는 것이 오늘의 실정이다.

효도를 역설하는 사람들이 아들 또는 딸의 위치에 있는 젊은이들이 아니라 부모 또는 조부모의 위치에 있는 늙은 세대라는 사실은, 효 사상의 강조가 효도받기를 원하는 이기주의에 연유하는 것이라는 느낌을 갖게 하며, 이러한 느낌은 곧장 거부감으로 이어진다. 그러나 그러한 거부감을 따라서 효 사상의 고취를 복고주의자들의 시대착오적 태도라고 일축하는 것은 옳지 않을 듯하다. 논자들의 주장을 즉각적으로 부정하기보다는 그들의 주장에도 긍정적 측면이 있을 수 있다는 가정 아래, 유교적 효 사상의 참뜻을 살펴보는 편이 바람직하다는 것이 필자의 생각이다.

공자와 그의 제자들의 윤리설에는, 사람으로서 마땅히 실천해야 할 덕목 또는 도덕률의 제시만 있고, 왜 그것들을 실천해야 하는지에 대한 분석적인 논의는 거의 없다. 다만 그것들은 성인(聖人)의 가르침 또는 인간의 도리이므로 굳이 설명할 필요가 없다고 믿은 듯한 인상을 줄 경우가 많다. 효의 경우에도 마찬가지여서, 효도의 규범 또는 그 실천 방안을 제시했을 뿐, 왜 그 렇게 해야 하는지에 대한 논리적 설명은 별로 없다.

조선시대만 하더라도 "공자와 맹자께서 그렇게 말씀하셨다." 또는 "사서 와 삼경에 그러한 가르침이 있다." 하는 것만으로 어떤 규범을 지켜야 할 근 거로서 충분하였다. 그러나 오늘의 젊은이들에게는 성현이나 경전(經典)의 권위만으로는 납득이 가지 않는다. 그러므로 오늘의 젊은이들에게 효도가 인간의 도리라는 것을 납득시키기 위해서는, 그것이 왜 도리인가를 밝혀 주 는 논의(論議)가 있어야 한다. 완성된 형태의 그 논의를 옛날 경전에서 찾아 내기는 어려운 것으로 보이므로 『논어』에 보이는 공자의 사상을 근거로 삼 고, 현대인의 견지에서 그 논의를 시도해 보고자한다.

'공자의 사상을 근거로 삼는다' 함은 공자의 사상에서 배우고 도움을 받 는다는 뜻이며, 공자의 사상 밖으로는 한 걸음도 나가지 않는다는 뜻은 아니 다. 다시 말하면, 필자는 공자의 사상 가운데 현대인을 납득시킬 수 있는 효 윤리의 싹이 들어 있다고 믿을 뿐 아니라, 그 싹에 거름을 주고 생각을 추가 해서 현대인을 위한 이론 체계로 키울 수 있다면, 그 일을 시도하는 것이 현 대를 사는 후학의 과업이라고 생각한다.

효 사상의 철학적 정립을 시도하기에 앞서서 한 가지 언급해 두고자 하는 바가 있다. 이제까지 우리나라에서 효도를 고취한 선인들 가운데 공자의 효 사상을 피상적으로 이해한 사례가 많다는 사실을 지적하고자 하는 것이다. 무릇 윤리라는 것은 사람들의 관계를 원만하게 하기 위한 규범이며, 모든 윤 리의 근본정신은 서로가 서로를 위하는 상호 존중의 마음을 바탕으로 삼는 다고 말할 수 있다. 그러나 이제까지 우리나라에서 윤리의 기본으로서 효를 앞세운 도덕교육 가운데는 자녀들의 일방적인 의무만을 강조하는 듯한 느 낌을 주는 경우가 가끔 있다. 몇 가지 예를 들어 보기로 하겠다.

필자가 어렸을 때, "어떠한 경우에도 부모의 뜻을 어기지 않는 것이 자식된 도리"라는 훈계를 여러 번 들었고, 그 당시 어린 소견에도 그것은 무리한 요구라는 느낌이 들었다. 이제 돌이켜 보건대, "어떠한 경우에도 부모의 뜻을 어기지 말라."는 가르침은 공자의 효 사상의 본의(本意)가 아닌 것이라는 생각이 든다. 『논어』 「위정」 편 5장에, 맹의자(孟懿子)가 효에 대하여 물었을 때, 공자가 "어기지 말라(無違)."라고 대답한 대목이 있기는 하나, 이것은 "예(禮)를 어기지 말라." 또는 "도리(道理)를 어기지 말라."는 뜻으로 이해해야 하며, 부모의 무리한 뜻에도 맹종하라는 가르침으로 보는 것은 잘못일 것이다.

요즈음은 좀 덜하지만, 예전에는 부모가 원하는 직업을 자식에게 강요하는 사례가 많았다. 이러한 강요의 근거가 되는 듯이 보이기도 하는 대목이 『논어』에 없는 것은 아니다. 「학이」 편에 보이는 "아버지가 살아 계실 때는 그의 뜻을 살피고, 아버지가 돌아가신 뒤에는 그분의 행적을 살펴야 한다. 3년 동안 아버지의 도(道)를 고치지 않는다면, 효성스럽다고 할 수 있을 것이다."라는 구절이 그것이다.[1] 그러나 공자가 말씀한 것은 2천 5백여 년 전의 일이고, 그 시대에는 직업의 종류도 적었고 사회의 변천도 매우 완만했다. 사회가 날로 달라지는 오늘날, 저 구절이 자녀에게 부모의 뜻을 강요하는 근거가 되기는 어렵다.

『심청전』의 주인공은 늙은 아버지의 눈을 뜨게 하기 위하여 젊은 생명을 희생하기로 결심했고, 우리 조상들은 심청의 행위를 지극한 효행으로서 칭송하였다. 한편 심청으로 하여금 공양미 3백 석에 몸을 팔도록 유도한 아버지 심학규를 비난하지는 않았다. 정조(正祖)가 직제학(直提學) 이병모(李秉模) 등에 명하여 편찬한 도덕 교과서 『오륜행실도(五倫行實圖)』에도 유사한

---

1 子曰, "父在, 觀其志. 父沒, 觀其行. 三年無改於父之道, 可謂孝矣."

이야기가 실려 있다.

송나라 남향(南鄕)에 사는 양풍(楊豊)이 산골짜기 밭에 나가서 곡식을 거두고 있었을 때, 갑자기 범이 나타나서 그를 습격하였다. 그 옆에서는 그의 딸 양향(楊香)이 아버지를 따라서 일을 거들고 있었는데, 14세 소녀의 몸으로 범에게 달려가 그 목에 매달렸다. 그 틈에 아버지는 피하여 화를 면했고, 딸은 대신 희생되었다. 이 소문을 들은 태수(太守)는 소녀의 효성을 조정에 알렸고, 조정에서는 후한 상을 내리고 정문(旌門)까지 세워서 길이 표창하였다. 그러나 어린 딸이 대신 죽도록 내버려 두고 달아난 아버지 양풍을 문책하거나 비난했다는 말은 없다.[2]

『오륜행실도』는 본래 도덕 교과서용으로 만들어진 책이었다. 『심청전』도 효도를 숭상하는 많은 사람들의 사랑을 받았고, 자녀 교육을 위해서 자주 언급되었다. 조선시대의 우리 조상들이 자식에 대한 부모의 도리는 제쳐 놓고 부모에 대한 자식의 도리만을 일방적으로 강조하는 경향이 있었다고 말할 수 있는 증거라 하겠다. 그러나 부모와 자식의 윤리에 있어서 자식의 도리만을 일방적으로 강조하는 것이 공자 사상 본래의 정신은 아닐 것이다. 그것을 공자 사상의 본래의 뜻이 아니라고 생각하는 첫째 이유는, 그것이 공자의 '인(仁)' 개념과 조화되기 어렵기 때문이다.

'인'의 근본정신은 사람에 대한 사랑이며, 부모와 자녀 사이의 사랑을 근원으로 삼고 그것을 점차 먼 곳에까지 미치도록 하라는 것이 '인'의 가르침의 핵심이다. 자식의 처지에서 보면 부모의 대한 사랑이 '인'의 시발점이듯이, 부모의 처지에서 보면 자녀에 대한 사랑이 그 시발점이다. 바꾸어 말하면, 자식이 가장 먼저 사랑해야 할 사람은 부모이고, 부모가 가장 먼저 사랑

---

2 『오륜행실도』, 이민수 편역, 을유문화사, 1972, pp.58-59.

해야 할 사람은 자식이다. 자식이 부모를 사랑해야 마땅하듯이, 부모도 자식을 사랑해야 마땅하다. "아비는 아비다워야 하고 자식은 자식다워야 한다(父父 子子)."라는 「안연」편의 말도 같은 맥락에서 이해해야 할 것이다.

자식이 효성스러워야 하는 것과 마찬가지로, 부모는 자애로워야 한다. 다만 부모는 굳이 시키지 않아도 본능적으로 자애롭기 마련이므로, 그 의무를 강조하지 않았을 뿐이다. 그러므로 자식의 젊은 생명을 대가로 치르고 부모가 눈을 뜬다거나 생명을 연장하는 것은 부모의 도리에도 어긋나고 '인'의 정신에도 어긋나는 짓이다.

2. 인(仁)의 시초로서의 효(孝)

모든 동물의 세계가 그렇듯이, 인간의 세계도 자기중심적이기 마련이다. 동물뿐 아니라 식물까지 포함한 모든 생물은 자신의 생명 연장과 종족의 번식을 위하여 살도록 마련되어 있으며, 인간도 예외가 아니다. 인간 이외의 다른 생물 가운데도 자아의식을 가진 것이 있는지 없는지는 모르겠으나, 인간은 누구나 '나'와 '우리'를 위해서 살도록 마련되어 있다. 인간은 누구나 자아를 사랑하며, 자아의 범위 안에 포함되지 않는 것, 즉 '나'와 '우리' 안에 포함되지 않는 것은 일반적으로 사랑하지 않는다.

일찍이 윌리엄 제임스(William James)가 주장했듯이, 자아(self)는 의식(意識)의 체계다. 바꾸어 말하면, 자아의식이 자아의 범위를 결정한다. '나'로서 의식하는 것은 물론이요, '나의 것(mine)'으로 의식하는 것도 자아의 범위에 포함된다. 이때 '나의 것'이라는 말은 넓은 의미로 사용되고 있으며, 나의 작품과 나의 소유물 등뿐만 아니라 나의 부모, 나의 친구 등 내가 사랑하는 사람들까지 포함된다.

대체로 유아(幼兒)의 자아는 그 범위가 매우 좁다. 자아의식 자체가 미약할 뿐 아니라, 자기에게 직접 도움을 주는 엄마나 즐거움을 주는 장난감 정도만 '나의 것'으로 인식할 뿐, 그 밖의 것에 대해서는 무관심하거나 경계심을 갖는다. 점차 성장함에 따라서 자아의 범위가 넓어지거니와, 자기와 접촉이 많고 자기에게 도움을 주는 사람과 물건부터 차례로 자아의 범위 안에 편입시킨다. 일반적으로 한집에 사는 가족이 먼저 자아의 범위 안에 들어오기 마련이며, 자아 속에 들어온 사람들과 '나'는 합하여 하나의 '우리'로서 의식된다. 사람의 인격이 성숙할수록 '우리'의 범위는 커가기 마련이고, 민족 전체 또는 인류 전체를 '우리'로서 의식하는 경지에 이르기도 한다.

'의식'은 일정불변한 것이 아니라 항시 유동한다. 자아의식은 의식하는 '나'와 의식되는 '나의 것'으로 나누어 볼 수 있거니와, 의식하는 '나'를 중심점으로 삼고 '나의 것'들이 동심원 또는 나선형 모양으로 유동하며, 자아의 범위도 때에 따라서 늘었다 줄었다 한다. 예컨대, 유산을 중간에 두고 다투는 형제의 자아는 그 순간에 크게 줄어들며, 국제 경기를 바라보며 우리 편을 응원하는 사람들은 일시적으로 매우 큰 자아를 의식한다. 그러나 의식의 흐름을 따라서 유동하고 신축하는 가운데서도, 평상시에 대체로 자아의 범위가 큰 사람과 그 범위가 대체로 좁은 사람을 구별할 수는 있다. 우리가 보통 소인(小人)이라고 부르는 사람은 평상시에 작은 자아 속에 갇혀 있는 사람을 가리키고, 대인(大人) 또는 군자(君子)로 불리는 사람은 평상시의 자아의 범위가 큰 사람을 가리킨다고 볼 수 있다.

우리는 대체로 나의 몸을 사랑하고 나의 명예를 사랑하며 나의 가족과 나의 친구 그리고 나의 조국을 사랑한다. 그러나 자아의 범위 밖의 것은 사랑할 수가 없다. 무엇을 사랑한다는 것은 그것이 자아의 범위 안으로 포섭되었음을 의미하며, 어떤 의미에서도 '나의 것'이 아닌 것은 사랑하지 않는다. ('나의 것'이라는 말보다는 '우리의 것'이라는 표현이 더 적합할 경우가 흔히 있다. '우리나라' 또는 '우리 지구'의 경우가 그것이다. 그러나 '우리'라는 말은 자아의 다른 이름일 뿐이며, '나'의 논리와 '우리'의 논리는 근본적으로 다를 바가 없다.) 그러므로 어떤 것이 나의 사랑을 받기 위해서는 그것이 나의 '자아' 범위 안으로 포섭되어야 한다.

우리 주위에는 사랑을 받지 않고는 살아남기 어려운 것이 무수하게 많다. 인간 가족은 서로의 사랑이 아니면 조만간 멸망할 것이며, 우리의 자연도 사랑이 아니면 죽음의 길을 밟을 것이다. 사랑은 인간과 자연을 위한 삶의 조건이다. 쉽게 말해서, 인류가 깨끗한 환경 속에서 평화롭게 살 수 있기 위해서 큰 사랑을 품은 사람, 즉 넓은 범위의 자아의식을 가진 사람들이 무수하게 많아야 한다. 공자가 말한 군자의 부류에 속하는 사람들이 많이 나타날수록 인류의 장래는 밝게 열린다.

처음부터 큰 자아를 가지고 태어나는 사람은 없다. 누구나 최초에는 자기밖에 모르는 이기주의자로서 출발한다. 성장해 감에 따라서 '타아(他我)'의 존재를 발견하고 그 '타아'를 '자아' 속에 포함시켜 가며 '우리'를 의식하는 가운데 자아의 폭이 넓어진다. 정상적 가정에서 출생한 어린이가 처음 발견하는 타아는 어머니이며, 곧 이어서 아버지와 그 밖의 가족과 만나게 된다. 어머니가 자기를 위하여 소중한 존재임을 본능적으로 느끼게 되면서 어린이는 어머니를 자기의 '나의 것'으로 의식한다. 어머니가 어린이의 자아의식 속으로 포섭되는 동시에 그 자아의 범위가 커지는 것이다. 이어서 아버지와 그 밖의 가족도 자기에게 도움을 주는 존재임을 알게 되는 동시에, 그들도 '자아' 속으로 편입시킨다.

어머니의 견지에서 볼 때 뱃속의 태아는 명백한 자신의 분신이며, 그것은 바로 '나'의 일부로서 의식된다. 신생아로 태어난 뒤에도 **하나**의 자아로서의 모자 또는 모녀 관계는 지속되며, 어린이가 성장함에 따라서 '타아'로서의 측면의 부각을 보게 되나, 끝까지 '나의 아들' 또는 '나의 딸'로서 자아의 일부로 의식된다. 어머니와 자식은 '하나인 동시에 둘이요 둘인 동시에 하나'

인 관계를 유지하며 가장 긴밀한 '우리'의 패러다임을 형성한다. 아버지와 자식의 경우에도 긴밀한 '우리'를 형성한다는 점에서 크게 다를 바가 없다.

유가에서는 효(孝)를 말할 때 주로 부자(父子)의 관계를 앞세우고 모녀(母女)나 모자(母子) 관계는 한 걸음 뒤로 미루는 경향이 있다. 유교 사상이 부계(父系) 사회를 배경으로 삼고 형성되었다는 사실과 부생모육(父生母育)이라는 말에 나타났듯이 종족의 번식에 있어서 남성의 구실이 여성의 그것보다 크다는 그릇된 생각, 즉 생물학적 무식에 연유한 경향일 것이다. 그러나 실제에 있어서는 생식이나 양육에 있어서 어머니의 역할이 더 크다는 것이 일반적 사실이며, 신생아에게 가장 가까운 사람이 어머니라는 사실에 비추어서, 효의 시발점은 모자 또는 모녀의 관계에서 비롯해야 한다고 믿는다.

'효'의 문제를 다루면서 '자아'의 문제에서 출발한 까닭은 현대사회의 가장 큰 문제가 현대인이 '폐쇄적 자아'의 껍질을 깨지 못한다는 사실에 있다고 보는 동시에, '폐쇄적 자아'의 껍질을 타파하는 전략의 일환으로서 공자의 효 사상을 살릴 필요가 있다고 보았기 때문이다. '폐쇄적 자아'라 함은 흔히 말하는 '소아(小我)'에 해당하는 것이며, 소아의 껍질 안에 갇혀 있을 때 사람들은 이기적으로 행동한다. 인구는 기하급수적으로 늘어 가는데, 그들이 자기밖에 모른다면 인류의 장래는 희망을 상실할 것이다.

지금 필자가 효 사상을 오늘에 되살려야 한다고 보는 생각을 좀 더 정확하게 표현한다면, "부모에 대한 자녀의 사랑과 존경뿐 아니라, 자녀에 대한 부모의 사랑과 존경까지도 그 본연의 모습을 되살려야 한다는 생각"이라고 말해야 할 것이다. 이제까지 효도를 강조한 사람들은 부모에 대한 자식의 도리를 말하는 데 그치고, 자식에 대한 부모의 도리에 대해서는 언급이 적었다. 자식에게는 '자성애(子性愛)'라는 본능적 애정이 없으나, 부모는 모성애 또는 부성애를 가지고 있어서 굳이 말하지 않아도 자식을 지극히 사랑하기 마련이라는 사실을 감안하더라도, 현대의 윤리에서는 자녀에 대한 부모의 도리도 아울러 고찰해야 마땅하다는 것이 필자의 개인적인 생각이다.

공자가 효도의 중요성을 강조했을 때는, 부모와 자식 사이의 윤리가 귀중하다는 것을 일깨우고자 함에 그치지 않고, 그 이상의 어떤 뜻을 가지고 있었다고 필자는 믿는다. 설사 공자의 뜻이 부모와 자식 사이의 윤리를 바로 세우고자 함에 있었을 뿐이라 하더라도, 후학인 우리로서는 그 이상의 뜻을 공자의 효 사상에 부여해야 하고 또 그렇게 할 수 있다고 믿는다. 여기서 '그 이상의 뜻'이라 함은 효 사상이 가족 윤리의 원동력을 밝혀 줌에 그치지 않고, 나아가서는 국가 윤리와 세계 윤리의 원천을 제공할 수 있다는 뜻을 말한다.

집단을 이루고 살도록 마련인 인간은 상호간에 교섭을 갖게 되고, 교섭을 가진 사람들은 서로 도움이 되기도 하고 서로 방해가 되기도 한다. 도움을 주고받는 사람들 사이에는 넓은 의미의 '사랑'이 생기고, 서로 방해가 되는 관계 상황에서는 넓은 의미의 '미움'이 생기는 것이 일반적 현상이다. 다만 항상 도움만 주는 사람이 따로 있고 방해만 되는 사람이 따로 있는 것은 아니며, 평상시에 도움이 되던 사람이 때로는 방해가 되기도 하고, 평상시에 방해가 되던 사람이 때로는 도움을 주기도 하므로, 동일한 사람에 대하여 사랑과 미움을 아울러 느끼는 경우도 흔히 있다.

'나'가 누군가에 대해서 사랑의 감정을 느낄 때, '나'는 그 순간에 있어서 그 사람을 나의 자아 안으로 끌어들인다. '나'가 누군가에 대하여 미움을 느낄 때, '나'는 그 순간에 있어서 그 사람을 나의 자아 밖으로 밀어낸다. 그러므로, 일반적으로 말해서, 사랑의 감정이 많은 사람일수록 자아의 범위가 넓은 반면에 미움의 감정이 많은 사람일수록 자아의 범위가 좁다. 여기서 우리는 개인 한 사람을 위해서나 사회 전체를 위해서나, 사랑의 감정을 되도록 키우고 미움의 감정을 되도록 줄이는 것이 바람직하다는 건전한 상식과 만나게 된다. 그리고 사랑의 감정은 키우고 미움의 감정은 줄이도록 하는 구체적 방안이 무엇일까 하는 현실적 문제에 부딪치게 된다.

사랑의 감정을 키우고 미움의 감정을 줄이는 방법에 여러 가지가 있을 것이다. 그 여러 가지 방법 가운데 모든 사람에게 접근이 가능하고 또 효과가 클 것으로 생각되는 것이 부모와 자식 사이에 자연적으로 싹트는 사랑을 의식적으로 키우고 슬기롭게 관리하는 그것이다. 여기서 우리는 또다시 효의 문제로 돌아오게 되거니와, 효 사상의 실천적 보급의 방법을 구체적으로 탐구하기에 앞서서, 이 대목에서 제기됨직한 두 가지 반론부터 짚고 넘어갈까 한다.

여기서 예상되는 반론의 하나는 많은 사람들을 사랑하는 대아(大我)의 인간상을 실현하기 위해서라면, 굳이 효 사상을 끌어들여서 멀리 돌아갈 것 없이 기독교의 인류애 또는 불교의 자비(慈悲)의 가르침으로 직행하는 편이 빠르지 않겠느냐는 주장이다. 널리 알려진 바와 같이, 기독교에서는 전 인류를 형제 또는 자매로서 사랑하라고 가르쳐 왔으며, 불교에서는 인간뿐 아니라 미물(微物)까지도 사랑하는 대자대비를 가르쳐 왔다.

그런데 유교에서는 먼저 내 부모 내 형제부터 사랑하고 그 사랑을 남의 부모와 남의 형제에게까지 점차 넓혀서 마침내 온 천하에 이르도록 하라고 가르친다. 그뿐만 아니라, 공자의 인(仁)은 내 부모와 내 형제를 남의 부모와 남의 형제보다 더 많이 사랑함을 당연시하는 차별이 있는 사랑이므로, 모든 부모와 모든 형제를 한결같이 사랑할 것을 가르치는 기독교나 불교의 사랑에 비하여 보편성이 약하다. 이러한 관점에서, 큰 사랑을 가진 대인의 인간상 실현을 위하여 효 사상에서 출발할 까닭이 없다는 주장을 내세우는 사람이 있을 수 있을 것이다.

만약에 기독교 또는 불교의 가르침으로 직행함으로써 전 인류 내지 온갖 중생을 사랑하는 경지에 이르기가 용이하다면, 그 길을 택하는 것이 마땅할 것이다. 그러나 머리로 "전 인류를 사랑해야 한다." 또는 "온갖 중생을 사랑하자."고 생각하기는 쉬우나 가슴으로 그 생각을 실현하기는 어렵다. "전 인류를 사랑하는 큰 마음을 갖도록 인도해 주소서." 또는 "온갖 중생을 사랑하도록 이끌어 주소서." 하고 기도하기는 쉬우나 그 소망이 성취되기는 어렵다. 간혹 그러한 경지에 도달하는 사람이 나타나는 수도 있으나 그것은 예외적 현상이며, 보통 사람들의 경우는 가슴이 머리를 따라가지 못하며, 행동이 언어를 따라가지 못한다.

정확한 통계자료를 가지고 있지는 않으나, 일반적으로 말해서, 신앙을 갖지 않은 사람들보다는 신앙을 가진 사람들이 남에 대한 사랑을 더 많이 가지고 있을 개연성이 높으리라고 생각된다. 그러나 신앙인의 언어와 실천 사이에 요원한 거리가 있다는 사실도 부인하기 어렵다. 역사상에는 종교로 인한 경쟁이 수없이 기록되었고, 현대에도 종교와 관계가 깊은 싸움이 도처에서 일어나고 있다. 이러한 현상은 종교적 신앙을 통하여 '대아(大我)'에 도달하는 길도 그리 순탄하지 않음을 말해 준다. 그 길이 순탄하지 않은 까닭에 때로는 위선(僞善)의 길로 빠지는 경우도 있거니와, 그 까닭은 인간이 현재 서 있는 자리와 앞으로 도달하고자 하는 목표 사이의 요원한 거리를 감당하기에 적합한 현실적 방안이 미약하기 때문이 아닐까 한다. 기도와 묵념 또는 참선 등의 방법이 전통적으로 사용되어 왔으나, 진실로 도통한 대인(大人)의 경지에 이른 사람은 그리 많지 않을 것이다.

유교에는 신비주의적 매력은 없으나, 인간존재의 소박한 현실에서 출발하고 있다는 강점을 가졌다. 한민족(漢民族)에게는 고대로부터 만물을 생성하고 만물을 지배하는 근원으로서의 '천(天)'에 대한 신앙이 있었고, 공자도 '천'에 대한 신앙을 가지고는 있었으나, 그의 윤리 사상이 천에 대한 신앙으로부터 풀려 나온 것으로는 보이지 않는다. 공자의 윤리 사상이 이상으로 삼은 '인(仁)'에 도달하기 위한 시발점이 된 것은 부모와 자식 사이에서 일상적으로 발견되는 자연의 정(情)이다.

자식을 갖게 되면 부모는 본능적으로 그들에게 애정을 느끼게 되고, 자식 편에서도 적어도 부모의 보호가 절실하게 필요한 동안은 부모에 대하여 본능적으로 애정을 느끼게 된다. 부모와 자식 사이에 생기는 이 애정은 모든 사람들이 느끼기 마련인 자연의 정이며, 누구나 마음속에 가꿀 수 있는 애정의 싹이다. 자녀의 마음속에 저절로 일어난 애정을 가꾸고 키우는 단계에서 결정적 구실을 할 수 있는 것이 다름 아닌 효 사상이다.

　어린 것의 마음속에 일어난 부모에 대한 애정은 그 어린 것이 자라 감에 따라서 점점 약화되고 마침내는 없어지는 것이 동물 세계의 일반적 현상이다. 자신의 생존을 위하여 부모의 보살핌이 필요한 동안은 자신의 부모에 대하여 뜨거운 애착과 애정을 느끼지만, 어린 것이 자라서 독립할 수 있는 단계에 이르면 부모에 대한 애착이나 애정은 자연히 소멸되는 것이 동물계의 일반적 현상이다. 그대로 방치하면 자연히 소멸하기 마련인 부모에 대한 사랑을 계속 유지할 뿐 아니라 더욱 성장하도록 하자는 것이 효 사상의 주장이다.

　가정은 사랑의 싹을 키우기에 적합한 온상이다. 생사와 고락을 같이하는 가운데, 부모와 자녀 사이의 사랑을 키우고 형제와 자매 사이의 사랑을 키워서 가족을 사랑의 집단으로 만들고, 가정이라는 온상에서 기른 사랑의 묘목을 이웃으로 내보내고, 이웃 사이의 사랑을 다시 국가와 사회 전체로 내보내자는 것이 공자의 ‘인’ 개념이다. 정치의 길을 묻는 제선왕(齊宣王)에게 대답한 맹자의 말은 이 점을 명백한 표현으로 밝혀 준다.

　　내 부모를 섬기는 마음을 남의 부모에게까지 미치며, 내 어린이를 사랑하는 마음을 남의 어린이에게까지 미친다면, 천하를 손바닥 위에 놓고 다스릴 수 있습니다. 『시경』에 이르기를 “내 아내에게 모범이 되어서 형제의 이름으로 집과 나라를 다스린다.” 하였으니, 이 마음을 들어서 저기에 가(加)할 뿐임

을 말한 것입니다.[3]

유교의 효 사상만으로 세계의 질서를 바로잡을 수 있다고는 생각하지 않는다. 다만 '사랑해야 한다'는 당위 의식이나 '사랑하고 싶다'는 소망만으로는 사랑을 실천하기 어려우며, 사랑에 대한 당위 의식이나 소망에 앞서서 사랑의 정열이 가슴을 채워야 한다는 경험적 사실을 강조한 유가들의 현실 감각에 주목하고자 하는 것이다. 이 현실 감각이 가득 실려 있는 것이 공자의 효 사상이며, 인의 개념이라고 믿는 까닭에, '효'와 '인' 두 개념 속에 삶의 지혜가 들어 있다고 보는 것이다. 다른 한편, '효'와 '인' 두 개념에는 현대인의 견지에서 볼 때, 뚜렷한 한계가 있다는 점도 부인하지 않는다. 우리는 이 한계를 극복하기 위하여 보편적 종교의 믿음 또는 보편성의 원리로서의 합리성 내지 이성의 철학으로부터도 많은 것을 배워야 할 것이다.

이 자리에서 예상되는 반론의 또 하나는, 과거지향의 효 사상보다는 미래지향의 '내리사랑'에 무게를 싣는 편이 더욱 현실적이 아니냐는 주장이다. 동물 세계의 근본 목표를 생존과 종족의 번식이라고 본다면, 늙은 세대보다는 젊은 세대에게 무게를 두는 편이 합리적이라는 주장이 성립한다. 그리고 인간 이외의 모든 동물들은 늙은 세대를 위하여 힘을 낭비하는 일이 없다. 유교에서 주장하는 효도라는 것은 결국 늙은 세대가 자구책으로 내놓은 사상이 아니냐고 주장하고 싶은 사람이 있을지도 모른다.

옛날 가부장적 가족제도 아래서 효도를 앞세워 젊은 세대의 자유와 권익을 지나치게 억압한 때가 있었던 것은 사실이다. 그러나 공자 사상의 근본정

---

3 『孟子』, 梁惠王章句 上, 7. 老吾老 以及人之老, 幼吾幼 以及人之幼, 天下可運於掌. 詩云, 刑于寡妻 至于兄弟 以御于家邦, 言擧斯心 加諸彼而已.

신은 늙은 세대를 일방적으로 위하라는 것이 아니라, 가족은 서로 사랑하라는 것이었다고 보아야 한다. 다만 '내리사랑'은 본능과도 같은 것이어서 내버려 두어도 실천하기 마련이라고 보았던 까닭에 굳이 강조하지 않았을 뿐이다. 더욱 중요한 것은 공자의 효 사상이 일반적으로 실천되었을 때 도움을 받는 것은 늙은 세대에 국한되지 않는다는 사실이다.

근래 자녀 세대의 효 사상이 현저하게 약화됨에 따라서 부모 세대의 태도에도 현저한 변화가 생겼다. 자신들의 노후를 자녀들이 보살펴 주리라는 기대가 없어지자, 부모들도 자녀에 대하여 거리를 두기 시작한 것이다. 죽는 날까지 경제력을 장악하고 있어야 한다는 위기감에서, 자식을 위해서라면 모든 것을 주어도 아깝지 않다던 옛날의 태도를 버리게 되었고, 가족간의 사랑이 크게 약화되었다. 가족간의 사랑의 약화는 젊은 세대를 위해서도 결코 바람직한 일이 아니다. 젊은이도 조만간 늙기 마련이고, 그들의 노후가 불행하게 되는 것은 오늘의 젊은이들도 결코 원하지 않을 것이다.

3. 현대사회와 효

사라져 가는 효 사상을 오늘에 되살린다면, 건전한 가족제도의 재건을 위해서뿐 아니라 사회 전체의 질서 회복을 위해서도 크게 도움이 될 것이다. 다만 농경 사회와 대가족제도를 배경으로 삼고 구체화된 옛날의 효도 사상을 상황이 크게 달라진 현대사회에 그대로 살릴 수는 없을 것이며, 그대로 살려서도 안 될 것이다. 예컨대, 『심청전』에 나타난 바와 같이 자녀의 지나친 희생을 요구하는 효도를 오늘의 젊은이들에게 가르치고자 시도하는 것은 옳지 않다.

무릇 윤리의 본질은 자율(自律)에 있으므로, 효도의 윤리도 자율에 바탕을 두어야 한다. 쉽게 말하면 늙은 세대의 요구를 떠나서, 젊은 세대 스스로 그 길이 옳다고 믿는 효도라야 실천윤리로서의 구실을 할 수 있다. 다만 오늘의 여러 가지 상황을 고려할 때, 젊은 세대가 자발적으로 효도의 길을 터득하게 될 가능성은 매우 희박하므로, 효 사상의 회생을 위한 기성세대의 교육적 행위가 필수적이다. 효 사상 교육은 인성 교육의 일환으로서 베풀어야 하며, 그 첫 번째 임무는 응당 부모의 몫이다.

효 사상 교육의 중요성을 느끼더라도 부모는 자식 앞에서 '효'를 입 밖에 내지 말아야 한다. 부모가 자식을 앞에 놓고 '효도'를 운운하면, 자식은 그것을 자식에 대한 불평쯤으로 들을 것이며, 불평 섞인 잔소리를 하는 부모에 대해서 자식은 연민을 느낄지는 모르나 존경심을 갖지는 않을 것이다. 자식으로부터 존경을 받지 못하는 부모가 자식에 대한 인성 교육에서 성공하기는 매우 어려운 일이다.

공자 사상의 궁극목표는 사람들로 하여금 '인'의 경지에 접근하도록 인도함에 있었다. 그리고 그는 '인'으로 접근하는 첫걸음을 부모에 대한 사랑에서 출발함이 가장 현실적이라고 판단하였다. '인'이란 결국 '사람에 대한 넓고 깊은 사랑'을 의미하므로, 어린이가 그 길로 들어서는 첫걸음은 부모에 대한 사랑에서 출발함이 마땅하다고 공자는 생각했던 것이다. 그러므로 '인'은 '효'의 근본에 해당하며 '인'의 정신을 가르치면 '효'에 대한 가르침은 자연히 그 안에 포함되기 마련이다.

그러나 유학자가 아닌 보통 부모들이 자녀에게 '인'의 정신을 가르친다는 것이 가능한 일인가? '인'이라는 말을 쓰기 시작하면 문제가 어려울 것이며, '인'의 사상을 완벽하게 가르치고자 하면 문제는 더욱 어려워질 것이다. 그러나 '인'이라는 말에 구애받지 않고, '인'의 정신의 초보를 가르치는 일은 보통 부모에게도 충분히 가능하다. '인'이란 '사람에 대한 사랑'을 말하는 것이며, '사람을 사랑한다' 함은 자기밖에 모르는 이기주의자가 되지 않는다는 뜻이다. 바꾸어 말하면, 작은 '나'만을 생각하는 태도를 벗어나서 '우리'

모두를 생각하는 열린 마음을 가진 사람으로 성장하는 것이 다름 아닌 '사람을 사랑함'에 해당하고 '인'으로 접근하는 과정을 밟는 셈이 된다.

학교교육의 경우에는 교사가 '효'라는 말을 사용해 가며 효도를 직접 가르치는 것도 무방할 것이다. 다만 여기서 유의해야 할 점은, 가정교육의 경우에서나 학교교육의 경우에서나, "사람을 사랑하라." 또는 "자기만을 생각하는 이기주의는 올바른 삶의 태도가 아니다."라는 따위의 말을 아무리 자주 해도 그것만으로는 교육 효과가 별로 나지 않는다는 사실이다. 무릇 인성 교육에서는 말보다 행동이 중요하며, 부모나 교사가 행동으로써 모범을 보이는 것이 효과적이다. 부모나 교사가 솔선수범으로 그들의 말을 뒷받침할 때, 비로소 그들의 말이 힘을 발휘한다.

우리가 '효'라는 말을 사용하든 안 하든 간에, 효 사상을 오늘에 되살리고자 하는 우리들의 목표는 다음과 같이 요약할 수 있을 것이다. ① 우리나라의 젊은이들로 하여금 부모를 사랑하고 부모의 은덕에 감사하는 태도를 갖게 한다. ② 우리나라의 젊은이들로 하여금 이웃을 사랑하고 기성세대를 존경하도록 유도한다. ③ 우리나라의 젊은이들로 하여금 널리 사랑하고 널리 감사하는 생활 태도를 갖게 한다. 이 세 가지 목표를 차례로 달성하도록 노력해야 할 것이며, 이 노력이 성과를 거두기 위해서는 교육자의 임무를 지게 되는 기성세대가 말보다도 실천으로써 인생의 선배다움을 보여주어야 할 것이다.

자녀들을 대하는 부모들의 태도에 근본적 변화가 있어야 할 것이다. 이제까지는 대다수의 부모들이 자녀의 인성 교육을 등한시하였다. 대다수의 부모들은 어린 자녀를 잘 먹이고 잘 입히는 일에 정성을 쏟았고, 좀 자라면 공부 잘해서 명문 대학에 들어가도록 닦달과 뒷바라지하는 일에 열중하였다. 부모들의 이러한 태도는 자녀들로 하여금 은혜를 모르는 자기중심적 성격자로 성장하도록 함에 크게 작용하였다. 어릴 때부터 부모의 과보호 속에 자란 사람은 삶에서 만나는 어려움과 고마움을 모르기 쉬우며, 남과의 경쟁에서 이길 것만을 목표로 삼고 자란 사람은 '나'만을 아는 이기주의자가 되기 쉽다. 결국 이제까지 우리는 부모로부터 받는 사랑은 당연한 것으로 알고 이를 감사히 여기며 보답할 생각은 하지 않는 젊은이들을 무수히 길러 냈다 하여도 크게 틀린 말은 아닐 것이다. 우리는 유교의 효 사상과는 정반대의 길을 걸어온 셈이다.

부모는 자녀에게 감사하는 태도부터 가르치는 것이 바람직하다. 말로 가르치는 것보다도 실천으로 가르치는 편이 빠르다. 우리들의 일상생활에는 감사하게 생각해야 마땅한 일들이 전후와 좌우에 무수히 널려 있다. 매일 굶지 않고 먹을 수 있다는 것부터가 지극히 고마운 일이다. 대자연에 감사할 일이고 농부들에게도 감사할 일이다. 우리는 항상 공기와 물의 혜택을 받고 있으며, 과학과 기술의 혜택을 받고 있다. 너무나 익숙해서 고마움을 잊고 있을 뿐이다.

미래의 강복(降福)을 비는 기도보다는 과거와 현재의 은덕에 감사하는 기도가 자녀들을 위한 교육에 도움이 클 것이다. 젊은 부모가 그들의 부모인 할아버지와 할머니에 대하여 보여주는 감사의 언행은 어린 자녀들에게 효도를 가르치는 좋은 본보기가 될 것이다. 자연에 감사하고 물자를 아끼는 부모들의 일상생활도 자녀들의 교육을 위하여 도움이 될 것이다. 감사의 감정은 곧 사랑의 감정으로 이어진다.

'효'의 근본은 사랑(仁)이라고 하였다. 효 사상의 교육을 위해서는 넓은 의미의 '사랑하는 마음'을 젊은이들에게 길러 주는 것이 긴요하다. 유아기의 어린이들은 엄마와 아빠를 대상으로 삼고 넓은 의미의 사랑을 경험하기 시작하거니와, 이렇게 시작된 사랑의 마음을 키워 가도록 하라는 것이 공자의 가르침이다. 그런데 오늘의 부모들은 어린 자녀를 과보호함으로써 모처럼 싹트기 시작한 사랑의 마음을 말라죽게 하는 경우가 많다. 과보호는 어린이를 자기중심적 성격자로 성장하도록 함으로써 그의 자아를 축소시키는 결과를 가져온다.

부모를 대상으로 삼고 싹트기 시작한 사랑하는 마음을 키운다 함은, 사랑의 대상을 '나'와 엄마 아빠 밖으로 넓힌다는 뜻이다. 그 확장의 가장 적합한 첫 번째 대상은 형제 또는 자매다. 그러기에 공자와 그 제자들은 효(孝)와 아울러 제(悌), 즉 우애를 강조하였다. 그런데 현대의 젊은 부모는 아들이나 딸 하나만을 낳고 단산하는 경우가 많으므로, 동기간의 우애를 모르고 자라는 어린이들도 있다. 형제나 자매가 없는 어린이들을 위해서는 그 자리를 대신할 사람을 발견하도록 배려할 필요가 있을 것이다. 조부모가 그 자리를 메울 수도 있고, 이웃집 또래나 어린이 놀이방의 친구가 그 자리를 메울 수도 있을 것이다.

우리나라의 사회 환경은 전반적으로 어린이나 청소년들의 정서 교육을 위해서 부적합하다. 폭력과 관련된 장난감이나 만화 또는 비디오테이프가 범람하고 있어서 젊은 세대의 정서를 황폐하게 만들고 있다. 장난감과 만화 등을 만들고 파는 사람들이 어린이와 청소년의 정서 교육 내지 인성 교육을 염두에 두고 자제하는 것을 기대하기는 상인들의 현재의 의식 수준이 바뀌지 않는 한 어려울 것이다. 공권력으로 그들을 어느 정도 제지하는 것이 가능할 것이나, 공권력만으로는 그들을 완전히 막기는 어려울 것이다. 가장 중요한 것은 부모와 자녀가 좋은 친구가 됨으로써 좋지 않은 장난감이나 만화 등을 사지 않는 방향으로 의견을 모으는 일이다.

우리가 사라져 가는 효 사상을 오늘에 되살리는 문제를 거론하는 근본 동기는 오늘의 철저한 개인주의 사회가 인간의 바람직한 참모습이 아니라는 통찰에서 출발하고 있다. 헤르만 헤세(H. Hesse)가 그의 시 「안개 속에서」를 통하여 말했듯이, 현대인 모두가 외톨이로 살고 있다.[4] 모두가 '나'는 '나'고 '너'는 '너'다. 아무도 옆사람을 보지도 못하고 알지도 못한다. 마치

누에고치 속의 번데기가 각자의 성(城) 속에 갇혀서 서로 떨어져 살듯이, 현대의 인간은 모두가 각각 '나'라는 껍질 속에 틀어박혀서 고독한 자유를 감당 못하며 차가운 삶을 영위한다. 필자가 보기에 이것은 결코 인간의 인간다운 모습이 아니며 보기 좋은 모습은 더욱 아니다.

인간은 아득한 옛날부터 집단을 이루고 살아왔다. 집단에는 자연히 통솔자 또는 지도자가 생기기 마련이고, 그들은 집단을 돌보는 보호자의 구실만을 하는 것이 아니라, 집단 성원들에 대한 지배자로서 군림하였다. 지배자 또는 지배 계층이 개인의 자유와 인권을 유린하는 사례가 많았으니, 그 폐단이 자못 심한 지경에 이르렀다. 지배자 또는 지배 계층이 개인을 억압할 때는 으레 집단 우위의 원칙을 앞세웠다. 그러므로 저 지나친 억압에 대한 반발은 자연히 개인주의의 철학을 낳게 하였고, 개인주의 논리를 철저하게 밀고 나감으로써 우리가 얻은 것이 헤세가 노래한 바와 같은 고독한 인간상이다.

'개인주의'에도 여러 가지 종류가 있을 수 있으며, 개인주의자들 가운데도 외롭지 않게 사는 사람들이 많을 것이다. 그러나 현재 우리가 살고 있는 개인주의 시대의 모습은 헤세의 관찰에서 크게 벗어나지 않을 것으로 보인다. 한마디로 말해서, 오늘날 인간 사회의 모습을 조감할 때, 사람과 사람의 유대가 몹시 미약하다는 인상을 크게 받는다. 대체로 개개인의 자아의 폭이 매우 협소하므로 '나'와 '너'가 중복되는 부분의 폭도 따라서 좁은 편이다. 이를테면 이 시대의 개인주의는 소인(小人)들의 개인주의다.

필자는 개인주의를 버리고 집단주의로 돌아가야 한다고는 생각하지 않는다. 다만 소아적(小我的) 개인주의를 대아적(大我的) 개인주의로 바꿀 수 있

---

4 Hermann Hesse, "Im Nebel."

는 가능성에 대하여 차분히 생각해 보고자 할 따름이다. 만약 공자가 말한 군자처럼 대인의 경지에 이른 사람들이 하나의 사회를 구성한다면, 비록 그들이 개인주의의 길을 택한다 하더라도, 그들의 사회는 결코 삭막하거나 냉랭하지 않을 것이다.

공자가 바람직한 인간형으로서 제시한 '군자'는 '인'의 덕을 어느 정도 몸에 익힌 사람을 의미한다고 볼 수 있다. 그리고 '효'는 인으로 접근하는 첫걸음으로서의 중요한 의의를 가졌다 하였다. 그러나 우리가 상식적으로 말하는 효자 또는 효녀를 군자라고 보기는 어렵다. 우리나라에서는 매년 효행을 표창하는 문화 행사를 보거니와, 이 행사에서 대상을 받은 사람들도 군자와는 대체로 거리가 멀다는 인상이 깊다. 아무리 효성이 지극한 사람이라도 그의 효심이 가족의 울타리 안에서만 발휘된다면, 그는 아직 군자의 대열에서는 먼 거리에 있다고 보아야 한다. 인간과 자연에 대한 사랑이 가족의 울타리를 넘어서 먼 곳에까지 미칠 때 비로소 '인'의 길로 깊이 진입하게 되는 동시에 '군자'의 인품으로 접근하게 된다.

단란한 가족은 인정이 풍부한 인간 사회를 위한 기본 공동체다. 가족 윤리가 무너지면 사회 전체의 윤리가 위협을 받는다. 우리가 '효'의 덕목을 중요시하는 까닭도 그것이 가족 윤리의 핵심에 가깝다고 보기 때문이다. 다만 가족제도 내지 가족 윤리의 강조가 가족적 이기주의를 조장하는 결과로 이어져서는 안 되므로, 우리는 '효'가 좁은 의미의 '효'에 그치지 않고 더욱 넓은 인간세계로 뻗어 나가는 '인'의 경지로 이어져야 한다고 보는 것이다.

우리나라에서 효 사상이 왕성했던 것은 농경시대에 있었던 일이고, 농경시대의 우리나라 가족 윤리는 수직적 질서로서의 특색을 가지고 있었다. 수직적 질서는 상하의 위계질서를 강조하는 것이므로, 현대에서 상식화된 민주주의와는 조화되기 어렵다. 이제 우리가 효 사상을 오늘에 되살리기를 꾀함에 즈음하여 이 점을 고려하지 않을 수 없다. 즉 효 사상의 강조가 가족의 민주화에 역행하는 일이 없도록 배려해야 할 것이다. 여기서 우리는 민주적 가족에 적합한 효도는 어떠한 것일까 하는 문제와 부딪친다.

『논어』에 보이는 '효'에 대한 가르침에서는 자식의 도리를 강조한 구절은 많으나 부모의 도리를 말한 대목은 적다. 형제의 우애에 해당하는 '제(悌)'의 덕에 관해서도 형의 도리보다는 주로 아우의 도리를 강조하고 있다. 이러한 대목이 전통적 가족 윤리를 비민주적으로 형성하는 원인으로 작용하였다고 생각된다. 현대의 가족 윤리에서는 부모와 자식 또는 형과 아우가 서로 상대편을 아끼고 위하는 방향으로 원칙을 조정해야 할 것이다. 가족 상호간에 서로가 서로의 뜻을 존중하고 그 뜻이 이루어지도록 서로 돕는 것을 기본 원칙으로 삼아야 한다. 다만 나이가 어린 사람은 세상에 대한 경험이 부족하므로 혈기에 밀려서 그릇된 판단을 내리게 될 가능성이 많으므로, 경험이 풍부한 윗사람의 조언을 필요로 할 경우가 많다. 여기서 중요한 것이 믿음을 바탕으로 삼는 허심탄회한 대화다. 이 대화의 성공을 위해서는 항상 대화하는 습관을 길러야 할 것이며, 윗사람은 그의 말이 설득력을 가질 수 있도록 식견을 갖추어야 할 것이다.

공자의 효 사상은 단순히 자식으로 하여금 부모를 위하도록 가르치는 것만이 아니라 군자를 닮은 훌륭한 사람이 되라고 가르친다. 여기서 말하는 '훌륭한 사람'의 첫째 요건은 '사랑의 정'이요, 그 둘째 요건은 '열린 마음'이다. '사랑의 정'이란 친화(親和)의 심성을 말함이요, '열린 마음'이란 자아의 폭이 넓음을 가리킨다. 따라서 저 하나만을 아는 소인은 효도에서 가장 먼 거리에 있다는 주장도 여기에 포함된다. 친화의 정이 두터우면 우선 제 부모와 제 동기를 아끼게 될 것이며, 마음이 열려 있어서 자아의 폭이 넓으면 가족의 울타리를 넘어서 먼 곳의 사람들까지도 아끼게 될 것이다.

효 사상과 가족의 화목을 강조하면서 우리가 특히 경계해야 할 것은 가족적 이기주의의 폐단이다. 가족적 이기주의는 우리나라 전통 사회의 나쁜 유산으로서 아직도 남아 있거니와, 가족제도의 중요성과 효 사상의 고취가 저 나쁜 유산을 더욱 강화하는 결과를 불러와서는 곤란하다. 우리가 '효'를 말하면서 '인'과 '군자'도 함께 이야기하는 까닭이 바로 이 점에 있다.

'인'과 '효' 그리고 '군자'와 '덕치' 등의 개념이 큰 비중을 차지하는 공자의 사상에는 주정주의(主情主義)의 색채가 농후하다. 주정주의의 색채가 강한 그의 사상만으로 현대의 복잡한 문제들을 해결하기에는 어려움이 따를 것이다. 유교 사상을 현대에 적합하도록 다시 해석하고 보완하는 일은 앞으로의 과제로서 남아 있다. 이 재해석과 보완의 과정에서 유교의 주정주의와 서구의 주지주의(主知主義)를 접목시킬 수 있느냐 하는 문제가 진지하게 제기될 수 있으리라고 생각된다.

질의 응답

황경식(사회) : 오늘 김태길 선생님께서 일찍 끝내 주셔서 토론과 질의를 할 수 있는 많은 시간을 허락해 주신 것에 대해 먼저 감사드린다. 오늘 질의와 토론은 효 사상에 국한됨이 없이 해주셔서도 무방하겠다. 전체 주제가 공자 사상과 현대사회인 만큼 다양하게 질의해 주시기를 부탁드린다.

최영진 : 효 사상을 통해 폐쇄적인 개인주의를 극복하고자 하면서 서양의 'family'와 우리의 '가족'의 차이에 대해 설명한 선생님의 말씀에 매우 깊은 감명을 받았다. 그런데 먼저, 선생님은 인(仁)을 인간과의 연관성하에서 성립하는 것으로 이해하고 있다. 그런데 사물 세계에서조차 이런 관계를 세우고자 하는 것은 무리가 아니겠는가? 유가는 인문주의적 성격이 강하므로 유가에서는 그렇게 여길 수도 있겠으나, 바로 그 점 때문에 인간을 중심으로 생각하는 유가주의적 사고는 극복되어야 하는 것이 아닌가? 공자는 물(物)의 세계까지 인을 확대하고자 한다. 즉 인지방(仁之方)이라 하여 자는 새는 쏘지 않는 것이라든지, 왕이 사냥을 갈 때면 한쪽 길을 열어 두는 것 등, 인은 이처럼 자연 친화적인 것으로 해석되었으며, 송대에 와서는 더욱 확대 해석되었다.

둘째로, 효는 친애적(親愛的)이고 주정주의적(主情主義的)이어서, 보편주의를 결여하고 있기 때문에 주지주의로 보완되어야 한다는 점에는 어느 정도 동의가 있는 것으로 보인다. 그러나 다른 한편으로는 이를 확대해 보려는 시도를 끊임없이 볼 수 있다. 그러나 감정의 보편성이 어떻게 확보될 수 있겠는가? 아니면 정의 보편성은 도저히 확보될 수 없는 무리한 요구인가?

김태길 : 인은 사람과 관계가 있다는 점부터 지적해 두고자 한다. 인(仁)을 인(人)과 같이 보는 것을 볼 수 있다. 물론 소유물이나 재산을 사랑할 수도 있다. 그러나 그 자체를 목적으로 사랑하는 것은 인에 가깝겠지만, 소유로서 사랑하는 것은 인의 경지가 아니다. 동물도 생명이라는 점에서 사랑한다면 인이라 할 수 있으나, 단순히 소유물로서 사랑하는 것이라면 그 사랑은 인이 아니다. 자연에 대한 사랑이 인이 될 수 있다는 점에는 동의한다.

두 번째 질문과 관련해 정(情)은 사정거리가 매우 짧다. 큰 사랑을 가진 사람도 있으나 보통의 경우 정이 다다를 수 있는 거리는 짧고 그 거리가 멀수록 약화된다. 주정주의는 이성이나 박애와 비교할 때 멀리 가는 힘이 약하다는 것은 사실이다. 자연의 정이 이지(理智)의 도움을 받아야 할 것이다. 공자의 인은 막힘 없이 평천하까지 이르는 것을 이상으로 삼으며, 따라서 군자가 되거나 평천하의 경지에 이르기 위해서는 서구적인 이지의 힘을 빌리는 것이 오히려 빠르지 않겠는가?

길희성 : 작년에 미국 철학자 로티(R. Rorty)가 발표한 논문 "Justice as Larger Loyalty"는 매우 충격적이었다. 왜냐하면 일반적으로 충성은 종족, 부족, 가족 등에 대한 것으로 이해되기 때문이다. 이런 두 개념을 연결시키는 것이 매우 충격적이었다. 나는 그때 정의는 공정함(fairness)이나 합리성(rationality)의 문제라고 반발했다. 오늘 선생님의 논문에서도 로티 식의 접

근 방식이 공자에서 있는 것처럼 말씀하고 있다. 선생님은 한계가 있다고 하면서, 불교, 기독교, 주지주의의 도움이 필요하다고 하였으나, 효와 현대사회가 요구하는 의(義) 간에는 상충이 있지 않겠는가? 현대사회에서는 의를 더욱 강조해야 하며 효보다는 인이 더욱 요구되는 것이 아닌가? 효(孝)와 인(仁)과 의(義)는 매우 다르며, 효 중심의 해결 시도에는 많은 문제가 있지 않겠는가?

김태길 : 짐작하건대, 'larger loyalty'나 'justice'라고 할때, 'justice'의 개념은 'social justice'의 개념과는 사뭇 다르지 않은가 하는 생각이 든다. 나역시 현대사회의 주요 덕목은 공정함이지 효가 되기는 힘들다는 생각을 줄곧 해왔다. 그러나 복수의 덕목 또는 가치가 상충할 때 어느 것이 우선하느냐는 그 문제가 발생하는 구체적인 상황이 중요하다. 양립하면 좋겠으나, 양립이 도저히 안 될 때 그때는 더욱 큰 가치를 살려야 한다. 효와 인과 의가 어떤 상황에서 상충하는가를 살펴야지, 그 중 어느 것이 항상 우선한다고 생각하는 것은 곤란하지 않겠는가?

박찬구 : 1974년 선생님의 가치론 강의를 들었다. 인이란 결국 인간존재의 소박한 현실에서 출발하여 그것이 확대되어 나아가는 단초라고 할 수 있지 않겠는가? 도덕 행위의 동기라는 측면에서 볼 때 인의 중요성에 대해서 충분히 공감이 간다. 또한 이것이 유교의 강점이 아닌가 하는 생각이 든다. 그런데 선생님이 효 사상을 설명하는 방식은 서구 근대 혁명의 전제들, 가령 자유주의와 자본주의에서 출발한 것이 아닌가 하는 느낌이 든다. 즉 이기주의와 개인주의를 자명한 전제로 사용하고 있는 것이 아닌가? 이런 설명 방식은 개인의 이익, 사회의 공익이 상충할 때, 그 문제점이 드러나게 된다. 예를 들어 폭력배를 만났을 때, 대아적 개인주의자는 어떻게 처신할 수 있는가? 그보다

는 인간의 본래 사회적 존재라는 전제나 혹은 사랑의 공동체라는 전제에서 출발하는 것이 바람직하지 않겠는가? 또한 효 사상을 천(天) 개념에서 이끌어 내는 것이 바람직하지 않겠는가?

김태길 : 내가 개인주의에서 출발한 것은 아니다. 칸트(I. Kant)의 생각도 결국은 개인주의라고 생각한다. 공자의 사상이 자기중심주의일 수는 있겠으나 개인주의는 아니다. 그것은 오해다. 또한 천 개념에 대해 많은 후대 학자들이 형이상학적으로 해석했으나 그것이 곧 공자의 사상이라고 하기는 어렵다. 『논어』에서 볼 때 천(天)에서 효(孝)를 이끌어 냈다고 생각하기는 힘들다. 아마 공자는 일상의 생활 체험들에서 효를 이끌어 낸 것이 아닌가 한다. 그러나 후대 학자들은 이 점에 대해 후한 점수를 주지 않으면서 합리주의에 후한 점수를 준 것으로 보인다. 그러나 내가 정년퇴임한 후 교육대학에 강의를 나가면서 합리주의가 언제나 반드시 좋은 것만은 아니구나 하는 생각이 들었다.

황경식 : 지금부터 논의를 객석으로 공개하겠다. 먼저 사회자가 이 자리에서 꼭 논평을 듣고 싶은 사람은 김태길 선생님의 자제분인 건국대 김도식 교수다.

김도식 : 사실 오늘은 별로 오고 싶지 않았다. 내가 아버지를 잘못 모셔 아버지께서 이런 주제(효)를 잡으신 것이 아닌가 하는 두려움 때문이었다. 특히 지난 봄 분가한 후라서 개인적으로 더욱 고민된다. 또한 효를 강조하면서 어른들이 해야 할 바를 많이 강조하셨는데 내가 자식을 잘못 길러 그렇게 하신 것이 아닌가 하는 생각도 든다.

김태길 : 효 문제를 다루기로 한 것에는 나 자신의 가족에 대한 배려는 전혀 없다. 이 강좌는 본래 네 차례 강의를 하기로 약속이 되어 있었다. 네 가지 강의를 하게 된 상황에서 우선 세 가지 주제를 먼저 정하고 세 편의 논문을 쓰고 나서, 그 다음에 시간이 허락하는 범위 안에서 다룰 수 있는 문제를 고르다 보니 이 주제(효)를 잡은 것뿐이다. 나 역시 부모에게 불효를 했다. 우리 아들 딸이 나에게 하고 있는 것은 내가 내 부모에게 한 것보다는 낮게 하고 있다. 배짱을 가지고 이 세상을 사는 것이 좋겠다.

이삼열 : 35-36년 전 미국에서 막 돌아오셔서 하시던 첨단의 메타 윤리학 강의를 듣다가 오늘 이제 동양의 고전 강의를 듣게 되어 감회가 새롭다. 나는 해방 후 세대지만 어릴 때 서당도 다니고 했다. 서당에서 읽었던 책 중 특히 『명심보감』이 효에 대해 많은 가르침을 담고 있다. 그러나 그 예시들은 매우 끔찍한 것들로 기억된다. 가령 흉년이 들어 먹을 것이라고는 아내의 젖밖에 없는 상황에서 늙은 아버지와 굶주린 자식이 있다. 이때 아내의 젖으로 부모를 공양하여 애가 죽는 것을 효에 대한 모범적인 사례로 제시한다. 그러나 이러한 사례에서는 가족 민주주의가 전혀 없다. 물론 아이는 또 낳으면 되지만 어버이는 한 번 가고 나면 끝이라는 논거가 제시되기는 한다. 그러나 오늘날의 기준에서 우리가 효를 행함에 있어서 우선적으로 부모를 공양해야 하는가? 선생님은 인을 말씀하실 때 가장 가까운 사람부터 실천해 나가는 것을 말씀하셨다. 그러나 효가 보은의 의미라면, 이것은 부모의 말씀에 대한 순종의 의미로 효를 강조한 것이 아닐까? 그리고 효에 대한 강조는 종교적, 교육적 의미에서 이루어진 것이 아닌가 하는 느낌을 받지는 않았는가?

김태길 : 『명심보감』의 예화에 나타난 가르침은 잘못이라고 생각한다. 어머니 젖은 아기가 먹으라고 있는 것이다. 할아버지가 먹으라고 있는 것이 아니

다. 자연계에서 내리사랑은 자연스러운 것이며, 그것만으로는 안 된다는 의미에서 효를 강조한 것이리라. 끝부분은 잘못 들었으니 다시 한 번 말해 주기 바란다.

이삼열 : 효를 하게 되면 다른 것도 잘하게 되니까 효를 강조한 것이 아닌가?

김태길 : 공자는 부모가 크게 잘못했을 때는 부드럽게 간언(諫言)하라고 가르쳤다. 물론 부모의 말이 정당하지 않을 때에도 따르라는 말이 없는 것은 아니다. 그러나 이것은 현대적 효의 정도(正道)는 아니다.

이삼열 : 어려서 부모의 말을 듣지 않으면 패륜아가 되기 쉽다.

김태길 : 들을 말은 듣고 듣지 말아야 할 말은 듣지 말아야 독창성이 나오지 않겠는가?

황경식 : 먼 길 오신 분들이 많이 계신데 그분들 중에서 자유롭게 질의해 주기 바란다.

방청객 : 나는 단국대에서 일본어를 가르치고 있는 이봉희라는 사람이다. 오늘 강연은 매우 재미있었다. 또한 선생님 말씀이 듣기 편해 더욱 재미있었다. 개인적인 이야기를 하면 일찍이 혼자 되어 4남매를 키웠다. 모두 잘 자라 따로 살고 있다. 나는 자녀들에게 항상 "너희 편한 대로 하는 것이 나도 편하다."라고 교육시켰다. 그러나 지금 생각하면 너무 편하게 해준 결과 지금 내가 서운한 것이 아닌가 하는 생각이 든다. 또 엄마 되는 준비가 없이 애들을

키운 것이 아닌가 하는 생각도 든다. 그래서 손주들이 자라는 것을 보면서 한 마디 해주고 싶지만 끼어들 여지가 별로 없다고 느낀다. 끼어들 부분이 없을까?

김태길 : 손주들의 교육에 대해 옛날에는 조부모들에게 권위가 있었으나, 요즈음은 조부모의 말은 들은 척 만 척하는 세태다. 그러나 분명히 잘못된 상황에서는 손주들에게 직접, 그리고 판단하기 까다로운 상황에서는 며느리를 통해서 이야기할 수 있을 것이고, 상황에 따라 현명하게 여러 가지로 대처하는 것이 가능할 것이다. 그러나 방금 발언하신 분은 가정교육에 대한 경험과 생각이 많으신 듯하며, 내 충고가 별로 필요 없을 것 같다.

이동준 : 이삼열 선생에게 묻겠다. 오늘날은 할아버지, 며느리, 손자의 관계에서 『명심보감』의 예와 같은 상황이 별반 없으니 관조하면서 말씀하신 것 같다. 이 선생은 만일 그런 상황에 부딪혔다면 어떻게 하겠는가? 대학에 계신 한 신부님은 유교를 효의 종교로 규정하고 싶다고 말했다. 유교에서는 효를 가정에 묶어 두지 않고 확대해 가고 있다는 점에서 이런 말씀을 하신 것으로 보인다. 또 유교의 문헌들을 보면 『명심보감』의 사례와 유사한 것들을 많이 접할 수 있다. 공자 당시에도 효와 인에 대한 정론이 없었던 것으로 보인다. 일반화해서 정의하기에 매우 곤란한 것이 사실이다. 그래서 효에 대한 언급은 묻는 사람에 따라 그 답이 다르다 할 수 있을 것이다. 또한 동양에도 논리적인 것이 있고 서양에도 정적인 것이 있다. 공자에서 정서적인 것이 많이 언급되는 데에는 많은 전제들이 있다. 가령 인을 좋아하고 배우기를 좋아하지 않으면 어리석어진다는 가르침처럼. 그런 의미에서 공자 정신에서 정서적인 측면과 이상적인 측면에 대한 탐구가 절실히 필요하다.

김태길 : 『논어』에서 인이나 효에 대한 답이 묻는 사람에 따라서 다르게 나타난 것은 사실이나, 이것은 공자의 인 또는 효 개념이 오락가락해서 그런 것은 아닌 것 같다. 그것은 묻는 사람의 성격에 따라 대답을 달리했을 뿐이다. 우리는 여기서 광의의 인 개념과 협의의 인 개념을 구분해 보는 것이 바람직하다. 그리고 공자가 주정적(主情的)이라 함은 비교적 정이 강하다는 뜻일 뿐이다. 주지(主知)니 주정(主情)이니 할 때, 어느 한쪽이 무정(無情)하다든지 무지(無知)하다는 것을 말하고자 하는 것은 아니다.

황경식 : 효를 크게 셋으로 대효(大孝), 중효(中孝), 소효(小孝)로 나누어 생각해 볼 수 있을 것이다. 대효라 함은 입신양명이요, 소효란 부모 공양이라 할 수 있다. 이런 점에서 볼 때 부모에게 큰 효를 한다는 것은 사회윤리적 함축을 강하게 갖는다. 또한 한국 사회에서 노인 복지가 가족 의존적 유형이기에 우리 사회에서 현재 효가 더욱 강조되고 있는 것은 아닐까? 서양의 경우 사회복지 덕분에 효를 강조하는 것이 덜 필요한 것은 아닐까? 이렇게 본다면 노인 복지가 상당히 잘 이루어진 미래 사회에서도 효에 대해 현재처럼 강조하겠는가에 대해서는 의구심이 든다. 따라서 효는 노인 복지가 가족 의존적인 현 상황에서 규범적인 제안으로 보인다.

유교적 전통과 현대 한국

머리말

명경의료재단(明璟醫療財團)의 후원을 받고 한국철학회가 주관하는 〈다산기념 철학강좌〉 일차년도(1997년)의 강의를 맡게 되었을 때, 나는 이 기회를 뜻있게 살리고 싶었다. '한국 문화의 유교적 전통'을 주제로 삼는 책을 한 권 쓰는 계기로 삼고자 했던 것이다. '유교적 전통'을 논할 수 있기 위해서는 '유교 사상' 내지 '유학 사상'에 대한 상당한 이해가 있어야 한다. 그러나 부끄럽게도 유교 사상에 대해서 내가 알고 있는 것은 상식의 수준을 크게 넘지 못하는 형편이었다. 그러므로 나는 우선 공자(孔子)를 비롯한 선진유가(先秦儒家)들의 기본 사상과 그 사상의 역사적 배경을 간략하게 정리하는 작업부터 시작하지 않을 수 없었다. 그 작업을 하는 데 1년 가까운 시간이 걸렸고, 그 결과로서 얻은 유학의 주요 개념에 대한 현대적 해석을 시도하였다. 그렇게 해서 얻은 결과를 네 편의 논문 형태로 정리하여 〈다산기념 철학강좌〉의 책임을 면하였다.

그 다음에 내가 하고자 했던 것은, 유교 사상 내지 유학 사상이 우리 한국에 어떻게 수용되었고 우리나라 역사에 어떤 영향을 남겼으며, 우리들의 전통적 의식구조 속에 어떤 형태로 숨어 들었는지 살펴보는 일이었다. 그리고 세 번째로 할 일은, 한국의 유교적 전통을 현대의 시각에서 다시 조명하고 그 가운데서 살릴 것과 버릴 것을 가려내는 작업이었다. 이상과 같은 세 단계에 걸친 작업의 결과를 묶어서 단행본의 형태로 세상에 내놓고자 한 것이 나의 본래 의도였다. 그러나 〈다산기념 철학강좌〉를 주관한 한국철학회 측의 사정도 있어서, 제일단계의 연구 결과만을 우선 엮어서 『공자 사상과 현대사회』라는 이름으로 출판하게 되었다(1998년 12월). 따라서 당초에 구상했던 한국에서의 유교적 전통에 관한 둘째 및 셋째 단계의 연구는 자연히 게으름을 피우게 되었고, 그 결과를 묶은 것이 바로 『유교적 전통과 현대 한국』이라는 이름을 얻은 이 책이다.

처음에 이 책은 서장 「해방과 조국의 근대화」를 포함해서 모두 7장으로 계획되었다. 계획을 따라서 연구는 진행되었고, 동시에 원고의 형태로 기록되었다. 일단 탈고한 원고를 통독했을 때 불만스러운 점이 많았으나, 내 나이 이미 80 고개에 올랐음을 생각하니 크게 뜯어고칠 용기가 나지 않았다. 완벽을 기하기보다는 문제의 제기만으로 만족하는 편이 분수에 맞을 것이라는 억지스러운 변명도 따랐다. 다만 원고를 전반적으로 고치는 일 대신에 새로운 장(章) 하나를 추가하는 것으로 불만을 달래기로 하였다. 조선왕조가 5백여 년 동안 사직(社稷)을 지키고 문화를 꽃피움에 있어서 가장 크게 기여한 것은 그 시대를 살았던 선비들의 올곧은 정신력에 힘입은 바 크다고 보는 사람들이 있다. 나도 이 의견에 공감을 느끼는 사람이며, 조선의 선비들에 대하여 관심이 쏠릴 때가 종종 있었다. 이에 나는 「조선시대의 선비와 오늘의 한국」이라는 글 한 편을 써서 하나의 장(章)으로 추가하였다.

책을 낼 때는 언제나 여러 사람들의 도움을 받게 된다. 특히 여러 가지로 편의를 보아준 철학과현실사와 바쁜 일과 속에서 교정을 보아준 김도식(金度植) 교수의 도움이 기억에 남는다.

2001년 3월 불곡산 기슭에서

김 태 길

차례

머리말 — 153

서장 해방과 조국의 근대화 — 157

1장 그리스 철학자들의 인간관과 원시 유가들의 인간관 — 171
   1. 그리스 철학자들의 인간관 — 173
   2. 원시 유가들의 인간관 — 184

2장 한국인: 그들의 기질과 가치 의식 — 199
   1. 조선시대 유학자들의 인성 논쟁 — 201
   2. 감정이 우세한 기질 — 206
   3. 공동체 의식 — 211
   4. 예(禮)와 형식의 존중 — 217

3장 무엇을 버리고 무엇을 살릴 것인가 — 223
   1. 감정이 우세한 심성 — 225
   2. 가족주의적 공동체 의식 — 236
   3. 예(禮)와 형식의 존중 — 247

4장 전통 사회의 가족제도와 가족 윤리 — 255
   1. 결혼 및 부부관계 — 257
   2. 부모와 자녀의 관계 — 263
   3. 재산의 상속 — 269
   4. 부모와 자녀 사이의 윤리 — 272
   5. 부부의 윤리 — 282
   6. 형제의 윤리, 친척의 윤리 — 287

5장 현대사회에서 바람직한 가족제도와 가족 윤리 — 297
　　1. 우리 전통 사회의 '가족'과 서양 현대사회의 'family' — 299
　　2. 결혼 그리고 부부 — 306
　　3. 부모와 자녀 — 314
　　4. 형제와 자매 그리고 친척 — 325

6장 조선시대의 선비와 오늘의 한국 — 331
　　1. 선비에 대한 관심 — 333
　　2. 조선시대의 대표적 선비들 — 338
　　3. 조선시대의 선비와 『논어』 속의 군자 — 354
　　4. 조선시대의 선비와 현대 한국의 지식사회 — 368

7장 한국 윤리 재정립의 과제 — 377
　　1. 시대의 변천과 전통 윤리의 붕괴 — 379
　　2. 인간적 갈등의 문제와 그 원인 — 385
　　3. 갈등의 해소를 위하여 요구되는 생활 태도 — 392

서장
해방과 조국의 근대화

서 장 해방과 조국의 근대화

새 천년(millenium)을 맞이하여 무지갯빛 희망을 구가하는 말들이 떠들썩한 가운데, 우리의 현실은 많은 문제에 눌려서 신음하고 있다. 1945년의 해방을 계기로 다시 시작한 우리 한국은 몹시 가난한 후진국이었다. 극도의 빈곤과 전근대적 후진성을 벗어나는 일이 우리들의 절실한 당면 과제로 다가왔고, 그 과제를 달성하는 적합한 길은 필시 미국의 부강과 선진성을 거울로 삼는 그것일 수밖에 없다는 생각이 유언무언간에 전파되어 폭넓은 여론을 형성하였다. 일부의 반대 의견이 없었던 것은 아니나, 대다수의 지식인들은 미국식 자유주의와 미국식 개인주의가 우리들이 앞으로 걸어야 할 올바른 길이요 우리가 의존해야 할 진리의 철학이라는 생각을 별다른 의심 없이 당연한 듯 받아들이게 되었다. 따라서 '자유민주주의'는 그 진정한 정신이 무엇인지도 알지 못한 상태에서 '국시(國是)'라는 이름으로 우리나라의 공식 이데올로기의 자리를 얻었다.

'근대화(近代化)'가 시급한 공동 과제라는 주장이 뜨거운 호응을 받았고, 박정희 대통령도 국정 목표를 밝히는 표어로서 이 말을 앞세웠다. 그리고 '근대화'는 '서구화(西歐化)'와 대동소이한 개념으로 이해되었으며, 근대화를 위해서 우선 역점을 두어야 할 일은 경제 분야에서의 근대화, 즉 산업화 (産業化)라는 견해가 압도적 지지를 받았다. 박정희 대통령은 빈곤의 추방을 급선무로 생각하였고, 빈곤의 추방을 위해서는 먼저 산업화를 서둘러야 한다고 판단했던 것이다.

산업화를 목표로 삼은 박정희 정권의 경제개발계획은 국민 대다수의 적극적 호응을 얻고 순조롭게 진행되었다. 근로자 계층을 위시한 일반 서민에게는 '빈곤 퇴치'의 기대가 큰 호소력을 가졌고, 경영자들로서는 정부의 특혜 아래서 이윤과 성장이 보장되는 기업을 마다할 까닭이 없었다. 기업가와 근로자는 힘을 모아서 열심히 일했고, '한강의 기적'을 구가할 정도로 우리나라의 경제는 지속적 급성장을 이룩하는 데 성공하였다.

서구 여러 나라의 근대화 내지 산업화는 수백 년의 세월에 걸쳐서 서서히 이루어진 변화의 과정이었다. 그러나 우리나라의 경우는 저들처럼 차근차근 빈틈을 메워 가며 한켜 한켜 벽돌을 쌓아 올리듯 일을 추진할 처지가 아니었다. 우리는 하루빨리 빈곤으로부터 탈출해야 했고 단시일 안에 선진국 대열에 끼어야 한다는 조급함을 반성하거나 자제할 마음의 여유를 갖지 못했다. 허술한 기초공사 위에 날림 건물을 쌓아 올리는 부실공사의 현장처럼 우리는 그저 바쁘게 서둘렀다. 지나치게 빠른 고도성장에 수반하기 쉬운 부작용 내지 문제점에 신중하게 대비함이 없이, 그저 눈앞에 보이는 성과에만 도취하였다.

고도성장의 과정에서 나타난 문제점의 하나는 돈을 삶에서 가장 소중한 것으로 생각하는 그릇된 가치관의 형성이었다. 극빈 상태에 빠진 사람들에게는 우선 의식주의 문제를 해결하는 일이 급선무이고, 이 문제를 해결하기 위해서는 돈을 버는 일이 필수적이다. 그러한 극한 상황에서는 돈이 최고의 가치로 다가오고, 무슨 수를 써서라도 돈을 벌어야 한다는 심리가 앞선다. 그러한 관점에서 볼 때, 극빈자에게는 돈이 최고의 가치라는 생각을 일단 긍정적으로 받아들일 수도 있다. 바꾸어 말해서, 생존이 위협을 받을 정도의 극빈자에게는 우선 돈이 가장 소중하다는 주장이 성립할 수 있다.

그러나 의식주의 기본 생활 문제가 일단 해결된 사람들에게는 돈이 최고의 가치로서 자리매김될 수 없다. 돈의 가치는 그것이 누구의 수중에 들어가느냐에 따라서 달라지는 것이며, 이미 기본 생활의 문제가 해결되고 넉넉한 삶을 즐기고 있는 사람의 수중으로 들어간 돈의 가치는 굶주리고 헐벗은 사람의 수중으로 들어간 돈의 가치보다는 크게 떨어진다.

더욱 정확하게 말하면, 생존이 위협을 받을 정도로 가난한 사람에게도 돈이 최고의 가치는 아니다. 그에게도 가장 소중한 것은 생명이고 그 생명을 위해서 돈이 필수적이라는 뜻으로 돈이 높은 가치를 인정받는 것이다. 돈은 본질적으로 어떤 목적을 위한 수단으로서의 가치를 가질 뿐이며, 돈 그 자체가 목적적 가치 즉 본래적(本來的) 가치는 아니다.

고도의 경제성장을 이루고 기본 생활의 안정을 얻은 다음에도 우리 한국인에게는 돈이 여전히 가치 체계의 높은 좌표를 차지하였다. 자본주의 사회가 일반적으로 그런 것이기는 하지만, 우리나라에서는, 윤리적 타락의 가세로 인하여, 돈만 있으면 못할 일이 없고 돈이 없으면 아무 일도 되지 않는다는 것을 체험하거나 목격할 기회가 유난히 많았다. 따라서 사람들은 부지불식간에 돈을 최고의 가치로서 느끼게 되었고, 가급적 많은 돈을 소유하는 것이 행복을 보장받는 길이라고 믿게 되었다. 돈을 당면의 목표로 삼는 치열한 사회 경쟁이 불가피하게 된 까닭이다.

우리 한국 사람들은 전통적으로 놀이를 좋아하고 흥겹게 즐기는 삶을 선호하는 기풍을 가지고 있었다. 우리 조상들은 대체로 경제력이 넉넉지 못했으므로 크게 돈을 들이지 않고도 즐길 수 있는 길을 개발했고, 대다수가 그 길에서 만족을 느끼며 살았다. 일을 하면서도 노래와 춤을 즐기며 흥을 잃지 않았고, 친구끼리 모여 앉아 시작(詩作)을 즐기며 풍월(風月)을 벗삼는 풍류를 생활화하였다.

현대 생활에서는 대부분의 유흥과 오락이 상품화하는 추세를 보이고 있다. 돈 없이 즐길 수 있는 기회는 적은 반면에 돈만 많이 주면 누구나 즐길 수 있는 위락 상품이 도처에 널려 있다. 돈을 가진 사람들이 돈 가진 보람을 가장 손쉽게 체험할 수 있는 시설이 경향 각지에 생긴 것이다. 유흥 시설 자체가 돈벌이를 목표로 삼는 상업주의의 산물인 까닭에, 금전 제일의 가치관과 향락 추구의 생활 태도가 함께 어우러져 오늘의 우리 문화 풍토를 주도하고 있다.

현대사회에서 돈이 귀중한 존재임은 의심의 여지가 없는 엄연한 사실이다. 놀이의 시간을 충분히 가지며 즐겁게 사는 것이 바람직한 삶의 방식임에도 의심의 여지가 없다. 본래가 현세적(現世的)인 우리 한국인의 기질로 볼 때, 가난보다는 풍요가 바람직하고 괴롭게 사는 것보다 즐겁게 사는 편이 바람직하다는 의견에 반대할 사람은 거의 없을 것이다.

다만 금전과 향락에 대한 애착이 지나쳐서 소유의 극대화와 향락의 극대화에 가장 보람된 삶의 길이 있다고까지 믿기에 이른다면 중대한 문제가 생긴다. 왜냐하면 금전 또는 향락을 최고의 가치로서 숭상하고 추구하는 사회에서는 치열한 사회 경쟁이 불가피하고, 오직 소수의 승자만이 뜻을 이룰 수 있으며, 다수의 패자는 뜻을 이룰 가능성을 가질 수 없기 때문이다. 실제로 현대의 한국인 가운데는 소유의 극대화와 향락의 극대화를 행복을 위한 지름길이라고 보는 듯한 생활 태도를 취하는 사람들이 대세를 이루고 있다. 그리고 이러한 가치 풍토로 인하여 심각한 문제들이 야기되고 있다.

금전과 향락이 가치 체계의 정상을 차지하는 가치 풍토 안에서는, 지나치게 치열한 사회 경쟁으로 인하여 다수의 패자들이 불만스러운 삶을 산다는 것 이외에도 여러 가지 문제가 일어난다. 첫째로, 사람들이 금전과 향락을 가장 값진 것으로 여기고 앞다투어 추구하면 많은 경쟁자들은 서로를 적대시하는 관계에 놓이게 되는 동시에 이기적 태도가 팽배하고 사회적 협동이 어렵게 된다. 둘째로, 많은 돈을 벌어서 향락을 누리는 것이 바람직한 삶의 모습이라고 생각하는 사람들이 대세를 이루는 사회에서는 소비성향이 높아지기 마련이고, 자연 자원의 고갈을 촉진하여 환경의 오염을 더욱 심하게 만드는 결과를 부른다. 셋째로, 물질적 가치 내지 외면적 가치가 우세한 자리를 차지하는 반면에, 학문과 예술, 윤리와 종교, 사랑과 우정, 생명과 건강 등 정신적 가치 내지 내면적 가치가 위축함으로써 가치 체계의 전도 현상을 초래한다.

위에서 열거한 바와 같은 문제점이 우리나라에서 최근 30여 년 동안에 계속 현실로 나타났고 현재에도 나타나고 있다. 정경유착의 비리(非理)를 바탕으로 삼는 부정과 부패, 부정과 부패의 결과로서 나타난 대형 사고, 상류층의 부정과 부패에 대한 불평과 불만에서 유래하는 각종 범죄 사건, 가치관의 혼란에 유래하는 사회 혼란과 가정의 파괴, 인간 교육의 부재에서 오는 청소년 문제 등 이루 망라하기 어려울 정도로 많은 문제점이 도처에서 나타나고 있다. 짧게 말해서, 우리 한국은 '한강의 기적'이라고 자화자찬하기도 한 경제적 고도성장의 부작용으로 총체적 사회 혼란을 겪게 되었다. 우리가 6·25 전쟁 이후 최대의 재난이라고 말한 IMF 사태도 실은 저 총체적 사회 혼란을 배경으로 삼고 일어난 불행한 사태였다.

유교적 전통에 대한 관심

1945년에 일제(日帝)로부터 해방되었을 때, 대다수의 사람들은 그 '해방'이 '자유'를 의미한다고 직감하였다. 이제 억압의 시대가 사라지고 자유의 시대가 왔다고 생각한 것이다. 당시의 일반 한국인이 생각한 '자유'의 개념은 매우 소박한 것이어서 '모든 구속을 벗어난 상태'로 이해하는 경향이 있었다. '자유'에 수반하는 '책임'까지도 깊이 반성하는 의식 수준이 아니었으며, '방종'과 크게 다를 바 없는 '자유'의 시대가 왔다고 느낀 사람들도 적지 않았다.

한국인의 '자유'를 구속한 것은 일본의 제국주의만이 아니었다. 특히 젊은 세대나 여성의 처지에서 볼 때, 유교 사상 가운데서도 주자학(朱子學)에 바탕을 둔 전통적 윤리 규범도 사람의 자유를 구속하는 부담으로서 다가왔다. 그러므로 새 시대를 예고하는 '해방'을 맞았을 때, 이 해방이 주는 '자유' 가운데는 전통 윤리의 억압으로부터의 자유도 당연히 포함되어 있는 것으로 기대하는 사람들이 많았다.

유교적 전통 윤리는 본래 중국의 봉건사회를 배경으로 삼고 형성된 것이며, 특히 조선왕조가 국교로서 숭상한 주자학은 일상생활에서의 엄격하고 단정한 몸가짐을 강조하였다. 평상시에도 의관(衣冠)을 갖추어 차리고 말과 행동에 흐트러짐이 없어야 한다고 가르쳤다. 특히 젊은이와 여자가 지켜야 할 예절이 까다로웠으므로 청소년과 여성에게는 유교적 전통 윤리가 항상 부담스러운 억압이 아닐 수 없었다. 그러므로 '해방'과 더불어 자유의 시대가 열렸다고 했을 때, 많은 사람들은 유교적 전통 윤리로부터의 자유도 당연한 것으로서 기대하게 되었다.

유교 사상은 본래 고대의 농경 사회를 배경으로 삼고 형성되었으며, 당시의 농경은 대가족의 협동적 노동을 통하여 이루어졌다. 농토는 개인의 소유가 아니라 가족의 공동소유였으며 농사로 얻은 생산물도 가족 전체의 공동소유였다. 따라서 개개인의 '나'를 앞세우는 개인주의적 인간관이 발달할 여건이 아니었으며, 가족 또는 친족 전체를 하나의 '우리'로 생각하고 '나'보다도 '우리'를 우선적으로 존중하는 집단적 인간관이 유교 사상의 바탕을 이루었다.

널리 알려진 바와 같이, 서구 여러 나라의 산업화 내지 근대화는 개인주의의 바탕 위에서 이루어졌고, 우리 한국이 미국을 따라서 표방한 자유민주주의도 개인주의 인간관을 전제로 삼은 정치적 이데올로기다. 그러므로 산업화 내지 근대화를 앞당기고 자유민주주의의 나라를 건설하기 위해서는 유교 사상의 잔재를 버려야 한다는 주장이 나올 수 있다. 물론 '근대화'가 반드시 '서구화'를 의미하는 것이냐, 또는 서구가 밟은 산업화의 길이 과연 본받을 만한 모범이 될 수 있느냐 하는 등의 문제를 제기한다면 이야기는 크게 달라질 수 있을 것이다. 그러나 우리나라에서 그런 의문을 제기한 사람은 극소수에 불과했으므로, 유교적 전통을 부정적 시각에서 바라보는 사람들이 여론의 대세를 주도하였다.

서구가 밟아 온 길을 우리가 뒤쫓아야 할 모범으로 믿고 오로지 '발전'만을 염두에 두고 앞으로 달리는 동안, 유교의 가르침이나 유교적 전통은 우리나라의 '발전'을 저해하는 걸림돌로 의식하는 사람들이 여론을 주도하였다. 그러나 '산업화'를 지상 목표처럼 추구하여 어느 정도의 성과를 거두게 된 과정에서 부정과 부패, 사치와 낭비, 빈부의 격차와 사회적 갈등, 가정의 파괴와 청소년 문제 등 여러 가지 부작용이 심각하게 나타났을 때, 유교 사상과 유교적 전통을 바라보는 시선에 변화가 생기기 시작했다.

유교 사상과 유교적 전통을 긍정적 시각에서 보기 시작한 것이 우리나라가 처음은 아니며, 또 고도성장의 폐단이 보이기 시작한 때문만도 아닐 것이다. 한국과 대만, 싱가포르와 말레이시아 등 근래에 고도성장을 이룩한 나라들이 모두 유교적 전통을 가졌다는 사실을 근거로, 일찍부터 유교 사상과 경제 발전 사이에 긍정적 상관관계가 있음을 말한 사람들이 있었다. 그러나 이 자리에서의 필자의 관심은 유교 사상과 경제 발전 사이에 긍정적 관계가 있느냐 없느냐를 따지는 문제에는 크게 끌리는 바가 없다. 필자가 이 자리에서 궁금하게 여기고 있는 것은, 유교 사상이 경제 발전에 어떻게 기여할 수 있느냐 하는 문제가 아니라, 서구적 모형을 본받고 이룩한 우리들의 급속한 산업화에 수반하는 부작용을 극복하는 데 유교적 전통으로부터 어떤 지혜를 찾아볼 수 있을까 하는 문제다.

앞에서도 일부 언급한 바 있거니와, 급속도로 전개된 우리나라의 산업화 내지 근대화 과정에서 나타난 폐단 내지 부작용 가운데서 중요한 것은 ① 지나친 물질주의의 대두로 인한 정신적 가치의 위축, ② 이기주의에 가까운 개인주의의 범람으로 인한 공동체의 파괴, 특히 전통적 가족제도의 파괴, ③ 사치와 낭비에 따르는 자원의 고갈과 자연환경의 오염, ④ 지나친 사회적 갈등과 살벌한 대인관계, ⑤ 빈번한 범죄와 사회불안 등이다.

위에서 열거한 다섯 가지 폐단은 옛날의 유교적 전통 사회에서는 별로 나타나지 않았던 새로운 현상이라는 인상이 강하다. 이러한 인상에 곧 이어서 일어나는 생각은 유교적 전통을 오늘에 맞도록 잘만 살린다면 저 산업화 내지 서구화 과정에서 파생된 여러 가지 폐단을 극복할 수 있지 않을까 하는 희망이다. 실제로 우리나라에도 이러한 희망을 품고 유교적 전통의 재조명을 역설하는 학자들이 있다. '아시아적 가치'의 우수성을 강조하는 사람들의 이야기가 대중매체에도 간간이 보도된 바 있다.

유교적 전통 또는 아시아적 가치가 현대 한국에서 가질 수 있는 기능 또는 역기능에 대해서는 몇 가지 견해의 대립이 있을 수 있을 것이다. 아시아적 가치를 유일한 대안으로서 평가하는 견해에서부터 그러한 견해를 시대착오적 환상이라고 혹평하는 의견에 이르기까지 엇갈리는 주장들이 있을 것이다. 필자는 여기서 하나의 견지를 미리 선택하고 그 견지를 옹호하기 위한 논변을 전개하고자 하는 것이 아니라, 되도록 냉철한 관점에 서서 어떤 가능성의 단서를 찾아보고자 한다.

이 연구는 필자가 1997년에 〈다산기념 철학강좌〉의 일환으로 4회에 걸쳐서 발표하고 1998년에 『공자 사상과 현대사회』라는 이름으로 출판한 연구에 대한 후속으로서의 의미를 가졌다. 필자는 저 연구를 통하여 선진유교(先秦儒敎)의 뿌리에 해당하는 공자 사상의 핵심적 개념들 가운데서 현대사회를 위해서도 적합성을 가진 교훈의 싹이 될 수 있는 귀중한 원리를 찾아볼 수 있지 않을까 하는 물음을 제기하였고, 공자 사상의 핵심적 개념이 현대사회에서 적합성을 갖기 위해서는 그 개념을 어떻게 부연하고 재해석해야 할까를 나름대로 탐구하는 시도를 한 바 있다.

『공자 사상과 현대사회』에서 필자가 전개한 논의는 추상적이고 암시적인 수준을 넘어서지 못했다. 그 아쉬움을 일부라도 보충하기 위해서는 우리나라에 들어온 유교 사상과 그것이 현대 한국에서 가지는 의미 또는 가질 수 있는 의미를 구체적으로 살펴볼 필요가 있다는 생각이 들었다. 이것이 '유교적 전통과 현대 한국'이라는 이름의 연구를 꾀하게 된 연유다.

충분한 시간을 가지고 느긋한 자세로 연구를 수행할 형편이 아니다. 주어진 기한 안에서 일단 마무리를 지어야 할 제약 아래 있으므로, 한국의 유교적 전통을 남김 없이 다룰 생각은 없다. 그뿐만 아니라, '한국의 유교적 전통'이라는 과거사를 규명하고자 하는 역사적 탐구심도 깊은 편이 아니다. 필자의 관심은 '현대 한국' 쪽으로 기울고 있으며, 현대 한국이 당면한 어려운 문제들을 해결하는 데 유교적 전통에서 도움을 얻을 수 있는 요소로서 어떤 것이 있을까 하는 물음이 절박하게 다가오고 있음을 느낀다. 그러므로 이 연구를 시작함에 있어서 먼저 처리해야 할 문제는 "유교적 전통 가운데서 오늘의 한국을 위하여 살릴 만한 유산과 과감하게 버려야 할 잔재는 무엇인가?" 하는 물음이다. 이러한 관점에서 한국의 유교적 전통 가운데서 이 연구가 중점을 두고 다루어야 할 항목을 일단 다음과 같이 정해 보았다.

첫째로 다루고자 하는 항목은 한국인의 의식구조 속에 스며들고 있는 유교 사상의 영향이다. 유교 사상은 고려시대부터 본격적으로 우리나라에 들어오기 시작하여 조선시대에는 국교(國敎)로까지 숭상되었다. 치세(治世)의 원리로서뿐 아니라 수신(修身)과 제가(齊家)의 가르침으로서도 보급되었던 까닭에, 국민의 대다수가 유교 사상의 영향을 받은 것으로 짐작되며, 그 영향은 현대 한국인의 의식구조 속에도 여러모로 남아 있는 것으로 보인다. 그 영향의 모습을 살펴보고, 그것이 오늘의 우리 생활에서 갖는 긍정적 의의와 부정적 의의를 고찰하는 동시에, 내일을 위한 한국인상(韓國人像)의 문제에까지 언급하게 되기를 희망한다.

의식구조(意識構造)라는 것은 여러 가지 요인에 의하여 종합적으로 형성되는 것이며, 그 형성의 인과관계를 낱낱이 명료하게 분석하기는 어렵다. 그러므로 한국인의 의식구조 가운데서 유교적인 부분과 비유교적인 부분을 물과 기름을 가르듯이 그 한계선을 분명하게 가르기는 어려울 것이다. 따라서 필자가 실제로 할 수 있는 것은, 한국인의 의식구조를 전반적으로 다루는 가운데 유교적 영향이 강하다고 생각되는 부분에 중점을 두는 정도를 벗어나지 못할 것이다. 한국인의 윤리 의식을 포함한 가치 의식 일반도 이 항목에서 다루게 될 것이다.

이 연구에서 둘째로 다루고자 하는 항목은 가족제도와 '가족주의적'이라고 말할 수 있는 유형무형의 문화적 유산 내지 유물이다. 가족제도는 동서와 고금에 거의 공통된 생활양식이고, 우리나라 가족제도의 모든 것을 '유교적'이라고 보기도 어렵다. 다만 유교 사상이 농경 사회를 배경으로 삼고 형성된 동아시아의 가족제도와 불가분의 관계를 가졌음은 의심의 여지가 없으며, 또 우리나라의 가족제도와 가족 문화가 유교 사상의 영향을 크게 받아 왔다는 것도 명백한 사실이다. 그리고 우리나라의 가족제도와 가족 문화가 우리 조상들의 생활 가운데서 차지한 비중이 매우 컸으며 현대 한국인의 생활에서도 아직 큰 비중을 차지하고 있음을 감안하여, 그것을 이 자리에서 다루는 것이 적합하리라고 생각한 것이다.

가족제도와 가족 문화 가운데는 가족간의 인간관계와 가족 윤리의 문제도 포함된다고 보아야 할 것이다. 여기서 첫째 항목에서 다룬 윤리 의식 내지 가치 의식 일반의 문제와 다시 만나게 될 것이다. 가급적 중복을 줄이도록 배려할 것이며, 가족 윤리와 가족적 가치가 윤리 일반 및 가치 일반과 어떻게 관계되는가를 살피도록 꾀할 것이다.

필자는 이 책에서 우리나라 전통 사회의 가족제도와 가족 윤리를 역사적 사실을 규명하는 시각에서 먼저 다루고, 다음에 현대를 위하여 바람직한 가족제도와 가족 윤리의 문제를 당위론적(當爲論的) 시각에서 다룰 것이다.

그 다음에는 현대를 위하여 바람직한 가족 윤리에 대한 고찰에 이어서 현대를 위하여 바람직한 한국 윤리 전반의 재정립 문제를 그 큰 테두리만이라도 다룰 생각이다. 이 부분에서 한국의 전통 윤리를 토대로 삼고 그것을 수정 내지 보완하는 접근법보다는 오늘의 한국이 안고 있는 공통된 근본 문제에서 출발하여 그 해결의 원칙을 탐구하는 접근법을 택할 것이다. 이것은 윤리학자의 가장 큰 소임이 사람들이 현실적으로 부딪치는 공통된 문제들에 대한 해결의 방안을 제시함에 있다고 보기 때문이다. 그러한 접근을 시도하는 과정에서 우리나라 전통 윤리 가운데서 살려야 할 것과 버려야 할 것의 문제와도 자연히 만나게 될 것이다.

필자는 윤리학의 모든 문제는 '인간'에서 출발하여 '인간'으로 되돌아온다고 믿는다. 그러므로 인간존재를 어떠한 것으로 파악하느냐에 따라서 윤리학의 체계도 큰 영향을 받는다고 생각한다. 이와 관련하여, 서구 여러 나라 윤리의 바탕이 된 고대 그리스 철학자들의 인간관과 유교적 전통 윤리의 바탕이 된 원시 유가들의 인간관 사이에 큰 차이가 있다는 사실을 밝혀 두는 일이 이 책을 위하여 필요하다고 보았다. 이 부분에 대한 고찰은 이 연구 앞머리에 내놓기로 하였다.

1장

그리스 철학자들의 인간관과 원시 유가들의 인간관

1. 그리스 철학자들의 인간관
2. 원시 유가들의 인간관

1장 그리스 철학자들의 인간관과 원시 유가들의 인간관

1. 그리스 철학자들의 인간관

여기서 '인간관(人間觀)'이라 함은 "인간은 어떠한 존재인가?"라는 물음에 대한 체계적인 사상뿐 아니라 단편적인 생각들까지 한데 묶은 것을 말한다. 그리고 '인간상(人間像)'이라 함은 인간 집단의 의식구조 또는 생활 태도에 나타난 두드러진 특색 내지 경향성(傾向性)을 일컫는다. 인간관과 인간상 사이에는 밀접한 상호 관계가 있다. 인간상에 대한 관찰 내지 경험에 의거하여 인간관이 형성되고, 형성된 인간관은 다시 인간상에 영향을 미친다.

필자의 당면한 과제는 한국인상(韓國人像)의 모습을 대략이나마 그려 보는 일이며, 특히 그 한국인상에 미친 유교 사상의 영향을 찾아보는 일이다. 널리 알려진 바와 같이, 유교 사상의 핵심은 윤리 사상이며, 특히 원시 유교는 공자와 맹자를 위시한 선진시대(先秦時代) 유가(儒家)들의 윤리 사상으로 이루어졌다. 그리고 윤리(倫理)는 집단생활을 영위하는 인간이 따르고 지켜야 할 길을 의미하는 것이므로, 유가의 윤리 사상을 제대로 이해하기 위해서는 그들의 인간관을 먼저 고찰해야 한다. 왜냐하면 인간의 존재(存在)를 떠나서 인간의 당위(當爲)를 논할 근거를 찾아보기 어려우며, 유가들이 인간을 어떠한 존재로 보았느냐에 따라서 그들의 윤리 사상이 형성되었다고 생각되기 때문이다. 요약해서 말하면, 한국인의 인간상에 미친 유교 사상의 영향을 찾아보기 위해서는 우선 유교 사상의 바탕을 이루는 유가의 인간관을 살펴볼 필요가 있다.

일상생활에서 우리는 "인간은 감정적 동물이다."라는 말을 가끔 듣는다. 그리고 17세기 프랑스의 저명한 철학자 파스칼(B. Pascal)이 인간을 '생각하는 갈대'라고 말했다는 사실도 우리는 익히 알고 있다. '생각하는 갈대'라고 한 것은 인간이 높은 지성의 소유자임을 강조해서 말한 것이니, 우리들의 상식 속에는 인간을 감정적 존재로 보는 의견과 이지적 존재로 보는 견해가 아울러 있다고 말해도 무방할 것이다. 바꾸어 말하면, 인간에게는 감정적 측면도 있고 이지적 측면도 있다는 것이 우리들의 상식이다. 그러나 이러한 상식의 수준만으로는 만족하지 않는 것이 철학자들이다. 그들은 감정(感情)과 이지(理智)가 인간성 안에서 어떤 관계를 가지고 있으며 또 그것들 가운데서 어느 편이 주도적이며 어느 편이 부수적인가를 묻고 생각하기 마련이다.

감정과 이지 가운데서 어느 편에 주도적 비중을 두고 인간을 이해하느냐 하는 것은 "인간은 어떠한 존재인가?" 또는 "인간의 본성이 무엇인가?" 하는 물음에 대답함에 있어서 커다란 분수령이 된다고 필자는 생각한다. 그러므로 유교 철학자들의 인간관을 고찰하게 된 이 자리에서 필자는 유가들이 감정과 이지의 관계를 어떻게 보았느냐 하는 관심으로부터 출발하고자 한다. 그러나 이 관심을 곧바로 만족시키고자 하기보다는, 동양인의 인간관의 원류(原流)라고 볼 수 있는 유교 철학자들의 인간관과 큰 차이가 있다고 생각되는 고대 그리스 철학자들의 인간관을 간략하게 소개하는 작업을 앞세울까 한다. 고대 그리스 철학자들의 인간관은 서양인의 인간관의 원류라고 볼 수 있으며, 현대 한국의 지식인들에게는 유교 철학자들의 인간관보다도 서양의 지배적 인간관이 더욱 친숙하게 느껴질 가능성이 높다고 보기 때문이다.

고대 그리스의 철학은 일찍부터 '앎'의 가치를 매우 중요시하는 주지주의(主知主義)의 색채를 강하게 띠고 있었다. 철학적 관심을 자연의 문제로부터 인간의 문제로 돌린 최초의 위대한 철학자로 알려진 소크라테스의 주된 관심은 윤리 문제로 쏠리고 있었다. 그러나 그는 명백한 근거를 따라서 선악(善惡) 또는 시비(是非)의 문제를 논하였으며, 경험적 근거가 없는 억측이나 독단적 직관을 따라서 인간이 따라야 할 길을 설교하는 따위의 짓은 하지 않았다. 그는 삶의 문제에 대하여 진지한 태도를 가진 사람이라면 누구하고나 대화하기를 좋아했으며, 확실한 증거와 논리적 사고에 의거하여 결론을 이끌어 내는 방법을 택하였다. 그는 알지도 못하면서 많은 것을 알고 있는 것으로 자부하는 사람들의 착각을 정확한 논리로써 격파하는 것이 철학적 대화를 위한 선행조건이라고 믿었던 것으로 전해지고 있다. 그는 선(善)을 행하기 위해서는 우선 '선'이 무엇인지 알아야 한다고 믿었으며, 삶에 있어서 옳은 길이 무엇인지 참으로 깊게 알게 되면 그 앎을 실천에 옮길 수 있다고 믿은 것으로 보인다. 참된 앎은 실천을 수반한다는 믿음은 감성(感性)에 비하여 지성(知性)이 우월하다는 믿음을 함축한다고 볼 수 있을 것이다.

소크라테스의 문하에서 철학을 배우고 스승의 학설을 정리하고 또 발전시킨 위대한 철학자로 알려진 플라톤은 윤리학, 정치학, 논리학, 인식론, 미학, 형이상학 등 여러 분야의 문제들을 광범위하게 탐구하였다. 그러나 그 여러 분야 가운데서 가장 큰 관심을 가졌던 것은 윤리학의 분야였다. 그가 항상 골똘하게 생각하고 탐구했던 문제들은 결국 인간이 영위할 수 있는 가장 훌륭한 삶이란 무엇인가 하는 문제로 귀결하는 것들이었다.

플라톤에 따르면, 인간을 위해서 가장 훌륭한 삶이란 인간이 잠재적으로 가지고 있는 여러 가지 능력을 충분히 발휘함으로써 도달하게 되는 완성의 단계로 접근하는 일이다. 인간은 날 때부터 많은 능력을 가지고 있지는 않으나 교육에 의하여 키울 수 있는 훌륭한 능력의 싹을 타고난다. 그 능력의 싹에 여러 가지가 있거니와, 그 여러 가지 싹을 조화롭게 발전시킴으로써 여러 가지 탁월한 능력을 고루 갖춘 인격으로 자라는 것이 인간으로서 바람직한 훌륭한 삶이라고 플라톤은 주장한 것이다.[1]

플라톤은 인간의 타고난 소질이 개발되어 탁월한 경지에 이른 것을 그리스어로 '아레테(aretē)'라고 불렀다. 우리말로는 '인간으로서 탁월한 능력'이라고 옮길 수도 있을 것이나, 흔히 '덕(德)'이라는 말로 번역한다. 플라톤이 '인간으로서 탁월한 능력'이라고 생각한 것은 주로 사회생활 내지 국가 생활을 위해서 필요한 도덕적 탁월성이었으므로, '덕'이라고 옮기는 것이 무난할 것으로 생각된다.

원만한 사회생활과 만족스러운 개인 생활을 위하여 요구되는 여러 가지 종류의 덕목(德目) 가운데서 플라톤이 특히 중요한 것으로 강조한 것은 지혜와 용기와 절제, 그리고 공정 등 네 가지 덕이다.[2] 플라톤이 중요한 덕으로서 손꼽은 '지혜'는, 특히 통치 계급에 속하는 지도자들이 갖추어야 할 덕목으로서, 그것은 단순히 많은 지식을 갖는 것 이상의 탁월한 능력이다. 그것은 생산자들이 가져야 할 기술(技術)에 관한 지식 이상의 것이며, 일정한 목적을 달성하기에 필요한 수단에 관한 지식 이상의 것이다. '지혜'는 실현이 가능한 여러 가지 목표 가운데서 우리가 그것을 선택함이 바람직한 전체로서의 삶의 목적에 대한 판단력까지 포함한 폭넓은 '앎'을 의미한다.

---

1 S. P. Lamprecht, *Our Philosophical Tradition*, New York, 1955, p.34 참조.
2 여기 열거한 플라톤의 네 번째 덕을 그는 '디케(dikē)'라는 말로 지칭하였는데, 영어로는 'justice'라 번역하고 우리말로는 '정의(正義)'라고 번역하는 것이 보통이다. 그러나 플라톤이 숭상한 'dikē'는 우리나라 말의 '정의'보다도 뜻이 크고 다른 덕들의 근본이 되는 종합적인 덕이므로 '공명정대(公明正大)'를 줄인 '공정'이라는 말로 옮기기로 하였다.

'용기'라 함은 단순한 용맹성과는 구별되는 정신적 탁월성을 포함하는 도덕적 능력이다. 이것은 특히 무사(武士) 계급에게 요구되는 덕으로서, 육체적 용맹성도 포함하지만, 한 걸음 더 나아가서 주색과 같은 향락의 유혹을 물리칠 수 있는 자제력과 당장 눈앞에 보이는 고통의 두려움 앞에서 의연하게 대처할 수 있는 침착성까지 아울러 포함하는 인간적 미덕이다. 유혹을 물리치는 자제력과 닥쳐올 고통의 두려움 앞에서의 침착성은 멀리 앞을 내다보는 높은 지능을 가진 존재에게만 가능하다는 뜻에서 '인간적'이다. 요약해서 말하면, 플라톤이 숭상한 '용기'의 덕에는 높은 지능의 작용이 포함되어 있다.

플라톤이 숭상한 '절제'의 덕은 지나치기 쉬운 육체적 욕망에 대한 단순한 금욕(禁慾) 또는 온갖 사치와 낭비의 억제 이상의 것이다. 그것은 지혜와 용기의 경우처럼 어떤 일부의 계층에게만 요구되는 덕이 아니라, "모든 사람들에게 요구되는 것으로서, 약한 계급과 강한 계급 그리고 중간 계급 사이에, 설령 그들의 지혜와 힘이나 또는 수효나 부(富)에 있어서 더 강하고 더 약한 차이가 있을지라도, 하나의 조화를 이루게 하는 덕이다."[3] 그것은 스스로 처해 있는 상황에서 어떠한 처신이 가장 적합한가를 바르게 평가하는 감식력(鑑識力)이다. 욕망과 감정이 정도를 지나치지 못하도록 억제하는 힘이며 자신에게 무엇이 적합한가를 식별하는 힘이라는 점에서, 이 세 번째 덕에도 높은 지능의 작용이 포함되어 있음을 알 수 있다.

플라톤이 중요시한 네 번째 덕인 '공정'은 모든 계층의 사람들에게 요구되는 것으로서, 다른 덕들이 함께 모여서 이루어지는 한층 상위(上位)의 덕이다. 그것은 플라톤이 소크라테스의 입을 통하여 거듭 강조해서 "덕은 하나

---

3 Platon, *Politeia*, 431-432 참조.

다.”라고 말했을 때 특히 염두에 두었을 것으로 짐작되는 덕 중의 덕이다. 그러한 뜻에서, 이 네 번째 덕에도 높은 지능의 작용이 포함되어 있음을 알 수 있다. 플라톤에 따르면, ‘공정’은 ‘절제’와 ‘용기’ 등 다른 덕들의 근원이라고도 볼 수 있으며, 그것은 수준 높은 식견(識見)을 포함한다는 점에서 매우 지적인 힘이다.

플라톤의 덕론(德論)은 그의 인성론(人性論) 내지 인간론과 불가분의 관계를 가졌다. 널리 알려진 바와 같이 플라톤은 인간의 구성요소와 국가의 구성요소 사이에 커다란 유사성이 있다고 보았다. 플라톤이 염두에 둔 국가는 그가 살았던 도시국가였거니와, 그는 국가를 확대된 인간과 유사한 존재라고 보았던 것이다. 차라리 그는 인간을 국가의 축소판 같은 것으로 보았으며, 국가의 구성요소를 고찰함으로써 인간의 구성요소를 파악할 수 있다고 믿었던 것으로 보인다. 이러한 믿음은 플라톤으로 하여금 규모가 크고 관찰이 용이한 국가의 구성요소와 그 요소들 사이의 관계로부터 인간의 구성요소와 그 요소들 사이의 관계를 유추하는 방법을 취하도록 작용하였다.

플라톤에 따르면, 국가에는 생활에 필요한 물품을 만드는 사람들과 물품을 유통하는 사람들이 있고 또 편익과 오락을 도와주는 사람들이 있어서, ‘생산자’라고 부를 수 있는 계급을 형성한다. 그러나 생산자들만으로는 국가가 성립하지 않는다. 안녕과 질서가 유지되는 국가가 성립하기 위해서는 이웃 나라의 공격을 막고 내부의 무법자가 횡포를 부리지 못하도록 제재하는 세력을 가진 사람들도 있어야 한다. 이들 세력을 가진 사람들은 다시 두 부류로 나누어지거니와, 그 하나는 국가를 밖과 안의 적으로부터 보호하는 무사 계급이요, 다른 하나는 국가 운영의 원칙을 세우고 시민들의 복지를 위한 계획을 세워서 실천에 이르도록 하는 통치자 계급이다.

국가를 형성하는 세 가지 계급에 대비되는 심리적 요소가 인간에게도 있다고 플라톤은 믿었다. 생산자 계급에 대비되는 것은 욕망이니 감정이니 욕정

(欲情)이니 하는 것으로서, 이것은 본래 무궤도하고 걷잡을 수 없는 성질의 것이어서 제멋대로 내버려두면 방종과 무질서로 달아날 광적(狂的)인 무엇이다. 무사 계급에 대비되는 심리적 요소는 '기개' 또는 '기백'이라고 부를 수 있는 힘찬 기운이다. 그리고 지배자 계급에 대비되는 것은 '지성' 또는 '이성'이라고 부를 수 있는 것으로서 사리(事理)를 판단하고 비판하는 인간 특유의 능력이다. 이 특유한 능력이 제대로 발휘될 때 인간의 인간다운 삶이 실현된다. 이상의 세 가지 요소들이 각각 그 기능을 제대로 발휘하여 하나의 조화된 통일체를 이룰 때 진실로 인간다운 인간이 실현된다. 플라톤은 인간을, 하나는 검고 하나는 흰 두 필의 말이 끌되 그것을 한 사람의 몰이꾼이 모는 마차에 비유하였다. 여기서 검은 말은 욕정을 상징하고 흰 말은 기개를 상징하며 몰이꾼은 지성을 상징한다.[4]

이상의 고찰로써 플라톤의 인성론 내지 인간관의 큰 윤곽은 명백하게 드러났다고 볼 수 있다. 그는 인간에게 동물적 본능과 감정 그리고 지성, 세 가지가 아울러 있음을 인정하고, 그 가운데서 인간에게 특유하며 인간을 인간답게 만드는 가장 높은 기능은 단연 지성이라고 주장했던 것이다. 그러나 이러한 주장이 플라톤의 개인적 독창의 산물은 아니다. 플라톤에 앞서서 소크라테스의 주지주의 철학이 있었고, 앎과 논리를 숭상한 그리스 사상의 전통이 있었다.

플라톤의 제자이며 플라톤 철학을 한층 더 발전시킨 아리스토텔레스는 그 스승의 이데아(idea) 설을 비판함으로써 플라톤의 것과는 크게 다른 철학을 세웠다고 보는 견해도 있다. 실제로 철학 전반에 걸쳐서 아리스토텔레스가 플라톤을 이탈한 바가 큰 것은 부인하기 어려울 것이다. 그러나 시지윅(H.

---

4 Platon, *Phaidros*, 246 참조.

Sidgwick)이 일찍이 말했듯이, 아리스토텔레스는 윤리학의 전체적 테두리에 관해서 플라톤의 학설을 거의 대부분 그대로 받아들이고 있다.

아리스토텔레스는 인간에게 가장 바람직한 삶을 '에우다이모니아(eudai-monia)'라고 단언하였다. 이 그리스어를 영어로는 'happiness'라고 번역하고 우리말로는 '행복'이라고 번역하는 것이 통용되어서, 아리스토텔레스의 윤리설을 '행복론'이라고 말하기도 한다. 그러나 아리스토텔레스는 '에우다이모니아'라는 말을 단순히 즐겁고 유쾌한 생활 또는 쾌락의 극대화를 이룬 삶보다도 훨씬 더 깊고 넓은 의미로 사용하였다. 아리스토텔레스는 인간이 타고난 잠재적 가능성을 유감없이 발휘하고 실현하는 것을 이상적인 인간의 삶이라고 생각했고, 그 최고의 경지에 이른 삶을 '에우다이모니아'라고 불렀던 것이다.

아리스토텔레스는 인간이 연마(研磨)를 통하여 발휘할 수 있는 기능에 세 가지 종류가 있다고 주장하였다. 그 첫째는 영양과 생식의 기능이고, 둘째는 감각과 욕구의 기능이며, 셋째는 지성적 사유의 기능이다. 이 세 가지 기능 가운데서 첫째인 영양과 생식의 기능은 식물도 가지고 있으며, 둘째인 감각과 욕구의 기능은 금수와 같은 일반 동물에게도 있다. 다만 셋째인 지성적 사유의 기능만이 인간에게 특유한 것으로서 인간을 인간답게 하는 귀중한 기능이라고 아리스토텔레스는 주장하였다. 여기서 우리는 아리스토텔레스의 인성론이 플라톤의 그것과 다소의 차이점을 가지고 있으나, 인간의 본성을 이지적(理智的) 존재로 보았다는 점에서 플라톤과 아리스토텔레스의 인간관이 큰 테두리를 같이하고 있음을 볼 수 있다. 플라톤의 경우와 마찬가지로 아리스토텔레스도 인간의 최고의 기능인 지성적 사유의 기능, 즉 이성을 유감없이 발휘할 때 인간으로서 가장 만족스러운 삶, 즉 행복이 실현된다고 믿었던 것이다.[5]

덕론(德論)에 있어서도 아리스토텔레스는 지성적 사유를 감성 또는 감정의 우위에 자리매김하는 견해를 견지하고 있다. 아리스토텔레스는 덕은 타고나는 것이 아니라 거듭된 실천 즉 습관에 의하여 형성된다고 믿었거니와, 이는 예컨대 용감한 행위를 거듭함으로써 '용기'라는 덕이 생기고 정직한 언행을 거듭함으로써 '정직'이라는 덕이 생긴다는 것을 의미한다. 그것은 한 마리의 제비가 왔다 해서 봄이 되었다고 보기 어렵듯이 어쩌다 간혹 용감한 행동을 했다고 용기의 덕이 생겼다고 보기 어려우며, 거짓이 탄로났을 경우의 난처한 처지가 두려워서 정직하게 말한 경우가 있다고 해서 정직의 덕이 생겼다고 보기 어렵다는 뜻도 포함한다. 로스(W. D. Ross)가 시사한 바와 같이 아리스토텔레스가 말하는 '유덕(有德)한 사람'이란 ① 자기가 하는 일이 무엇인가를 알고, ② 영속적인 품성의 결과로서, ③ 이성적 행위 그 자체를 위하여 이성적으로 행위하는 사람이다.[6]

아리스토텔레스에 따르면, 용기, 절제, 관용 등 여러 덕이 공통으로 가지고 있는 기본적 특색은 중용(中庸, mesotēs)이다. '중용'이라 함은 지나침과 모자람의 두 극단으로 달리기 쉬운 감정과 욕구를 통제하여 중도(中道)를 벗어나지 않게 함이며, 이 통제의 임무를 맡는 것은 이성 또는 지성이다. 여기서도 우리는 아리스토텔레스가 감성보다도 지성을 높게 자리매김하고 있음을 다시 확인한다.

우리들이 보통 덕이라고 말하는 윤리학상의 덕, 즉 실천력으로서의 덕을 아리스토텔레스는 '실천의 덕'이라 부르고, 사물의 이치를 인식하고 올바른 행동을 판단하는 지적 능력을 '이론의 덕'이라고 불렀다. 그리고 전체로 볼 때 실천의 덕보다도 이론의 덕이 더욱 중요하다는 견해를 취하고 있다. 여기

---

5 Aristoteles, *Ethica Nicomacheia*, Bk Ⅰ, Ch. Ⅱ(Thomson 영역본, pp.37–39 참조).
6 W. D. Ross, *Aristotle*, Meridian Books, 1959, p.189 참조.

서 우리는 감성과 지성의 비교에 있어서 시종일관 지성의 우위를 인정한 아리스토텔레스의 인간관을 다시 확인하게 된다.

소크라테스와 플라톤 그리고 아리스토텔레스를 배출한 위대한 도시국가 아테네는 또 하나의 도시국가인 스파르타와 전쟁을 치르게 됨으로써 그 전성기에 종지부를 찍었다. '펠로폰네소스 전쟁'으로 불리는 이 전쟁은 스파르타의 승리로 끝이 났으나, 그리스 동족간의 내전(內戰)의 성격을 띤 이 전쟁은 결국 그리스를 대표했던 두 도시국가, 즉 아테네와 스파르타를 모두 멸망시키는 결과를 초래하였다. 그리스의 북방에 위치했던 마케도니아에 필립이라는 걸출한 왕이 나타나서 국력을 신장했고, 그의 비범한 아들 알렉산더 대왕이 세계 정복의 계획을 실천에 옮겼을 때, 전쟁으로 약화되었던 그리스는 제대로 저항 한번 못하고 그 지배하에 놓이게 되었다. 그러나 알렉산더의 마케도니아도 기원전 323년에 대왕이 원정길에서 병사함을 계기로 하여 와해되고 말았다.

알렉산더의 제국이 와해된 뒤에 이탈리아 반도 중앙에 위치했던 로마 공화국이 점차 그 이웃을 정복하고 이탈리아 반도뿐 아니라 지중해의 다른 지방에 영토를 넓혀서 마침내 로마제국을 건설한다. 이리하여 찬란한 문화를 자랑하던 독립국으로서의 그리스는 오랫동안 숨을 죽이게 되었고, 철학을 위시한 그 문화도 그 전성기의 광채를 잃게 되었다. 그러나 문화라는 것은 무력이나 정치권력처럼 무상한 것은 아니어서, 철학을 비롯한 그리스 문화 내지 그리스 정신은 그리스의 도시국가들이 쇠망한 뒤에도, 다소 변질된 모습으로나마 오랫동안 명맥을 유지하였다. 램프레히트가 말했듯이, "그리스의 영향은 로마의 문화와 사상을 지배하였다. 그리스는 군사와 정치에서는 패배했으나, 문화에 대해서는 여전히 로마의 스승이었다."[7] 그러나 전성기의 그리스 사상이 그대로 계승된 것은 물론 아니며 경우에 따라서 변형과 위축이 불가피하였다. 특히 신(神)을 중심으로 삼는 기독교 사상이 세력을 키워 감에 따라서, 그리스 문화의 인본주의와 주지주의는 자연히 퇴색하게 되었다.

서기 500년경부터 서방의 로마제국이 붕괴하기 시작하고 게르만족을 비롯한 북방의 야만족들이 침입하게 되어 서양 세계의 문명 전체가 몰락하는 사태가 일어났다. 일부의 역사가들은 500년에서 1000년까지의 중세 초기를 암흑시대라고 부르기도 하거니와, 그리스의 문화도 이 시기에는 그 명맥을 잇기조차 어려웠을 것이다.

그러나 13세기 말 또는 14세기 초부터 시작된 르네상스(Renaissance) 운동을 계기로 고대 그리스의 인본주의적 사상이 다시 각광을 받게 되는 역사적 변화가 일어났다. '문예부흥(文藝復興)'으로 번역되기도 하는 르네상스는 가톨릭 교회의 절대적 권위와 신(神) 중심의 세계관 밑에 눌려 살던 사람들이, 교회의 통제를 벗어난 자유로운 삶을 동경한 나머지, 고대 그리스의 인간 중심적 철학을 재평가하고 재조명하는 문예운동이었다.

르네상스의 휴머니스트들은 그리스의 고전을 열심히 연구했으며, 그 연구를 통하여 인간이 이성적 존재라는 사실을 확인하였고, 이성적 존재로서의 인간은 어떤 권위의 감독을 받을 필요 없이 자율적으로 선택한 목적을 추구할 권리가 있다는 신념에 도달하였다. 요컨대 르네상스의 사상가들은 인간을 역사의 주인공으로서 자임(自任)한 것이며, 인간을 그토록 높이 평가한 것은 인간의 지성 내지 이성 안에 무한한 잠재력이 있다고 믿었기 때문이다.

그리스의 철학자들에 의해서 시작되고 서양 중세의 잠복 기간을 거쳐서 르네상스의 사상가들에 의하여 다시 소생한 주지주의적 인간관은 데카르트(R. Descartes)와 스피노자(B. Spinoza) 등의 합리론으로 이어지고, 서양의 근세사를 주도한 과학적 세계관으로 발전한다. 그리고 주지주의적 인간관과

---

7 S. P. Lamprecht, *Our Philosophical Tradition*, p.79 참조.

과학적 세계관은 오늘에 이르기까지 서구 문화뿐만 아니라 세계 문화를 주
도한 인간관이요 세계관이다. 물론 예외가 없었던 것은 아니다. '권력에 대
한 의지'를 인간의 본성으로 보고 초인(超人)의 출현을 갈망한 니체(F.
Nietzsche)가 있었고, 삶의 실상(實相)을 '부조리(不條理)'라는 한마디로 요
약한 카뮈(A. Camus)와 그 밖의 실존주의 철학자들이 있었다. 인간의 본성
을 비이성적이며 동물적인 욕망에 바탕을 둔 것으로 파악한 프로이트(S.
Freud)가 있었고, '서구적 합리주의'로 요약되는 '모더니즘'에 대하여 근본
적 의문을 제기한 일군의 사상가들도 있었다. 그러나 전체적으로 볼 때, 이
제까지 서구 문화를 주도한 것은 주지주의적 인간관과 과학적 세계관이라고
말해도 무방할 것이다.

2. 원시 유가들의 인간관

원시 유가(儒家)들의 인간관에 뿌리를 둔 동북아시아의 인간관은 그리스
철학자들의 인간관에 뿌리를 둔 서구의 인간관과는 크게 대조적이다. 인간
에게 지성적 측면과 감성적 측면이 아울러 있다는 것은 원시 유가들도 인정
하고 그리스의 철학자들도 인정하였다. 그러나 그리스의 철학자들이 지성과
감성의 관계에 있어서 전자의 우위를 인정한 것과는 반대로 원시 유가들은
후자의 우위를 주장했던 것이다.

유학의 창시자인 공자(孔子)가 인간의 본성을 직접 논하거나 설(說)한 기록
이 있는지 필자로서는 아는 바가 없다. 그러나 공자가 가장 소중히 여긴 덕이
'인(仁)'이라는 사실과 '인'의 뜻을 밝힌 기록을 통하여 간접적으로 공자의 인
간관을 짐작하는 일은 크게 어렵지 않을 것이다. 『맹자(孟子)』진심장구(盡心
章句)에 "인(仁)이라 함은 사람다움을 말한다."는 구절이 있고,[8] 『중용(中庸)』
20장에도 "인(仁)이라 함은 사람다움(人)이니, 친족을 친히 여기는 것이 그

가운데서 중요하다."는 말이 보인다.[9] 그리고 『논어(論語)』에도 '정유인언(井有仁焉)'이라는 말이 있는 것으로 알 수 있듯이, 중국에서는 옛날부터 '어질 인(仁)' 자와 '사람 인(人)' 자를 같은 뜻으로 쓰기도 했다는 사실을 인정하게 된다.[10]

"인(仁)이라 함은 사람다움(人)이다."라는 말은 사람다운 사람이 되기 위한 기본적 필수 조건으로서 인을 앞세웠음을 의미한다. 여기서 '仁'이라는 한자의 뜻이 문제되거니와, 옥편에는 '어질 인', '착할 인', '동정할 인' 등의 풀이가 보인다. 우리말로 '어질다'와 '착하다'는 모두 지성이 탁월함을 뜻하기보다 인정이 많고 가슴이 따뜻하다는 뜻이 강하다. 인정이 많고 가슴이 따뜻해야 비로소 사람다운 사람으로 인정될 수 있다는 생각이 바탕에 깔려 있음을 알 수 있다. 『논어』에도 인에 관한 문답이 자주 보이거니와, 여기서도 우리는 공자가 사람에 대한 사랑을, 인간을 인간답게 하는 주된 덕으로 생각했음을 거듭 확인할 수 있다.

'인'에 대하여 제자들로부터 질문을 받았을 때 공자는 여러 가지 다른 말로 대답을 하였다. 그 가운데서 '인'의 뜻을 이해하는 데 가장 큰 도움을 주는 것은, 인은 곧 '사람을 사랑함'이라고 대답한 경우다.[11] '仁'이라는 한자가 본래 '人'과 '二'를 결합한 것으로서 인간의 관계를 나타내는 글자라는 것은 통설

---

8 『孟子』, 盡心章句 下, 16. 孟子曰, "仁也者 人也, 合而言之道也."
9 『中庸』, 20. 仁者人也, 親親爲大.
10 『論語』, 「雍也」, 24. 宰我問曰, "仁者, 雖告之曰 井有仁焉, 其從之也?" 여기 나오는 '井有仁焉'의 仁을 '사람(人)'의 뜻으로 보는 설도 있고 '인자(仁者)'의 뜻으로 보는 설도 있다. 따라서 여기의 '井有仁焉'의 인용이 부적절하다는 반론도 가능하다. 그러나 옥편에 '仁' 자를 '사람 인'으로 풀이하기도 하므로, 중국에서 옛날부터 '仁'과 '人'을 같은 뜻으로 쓰기도 했다는 주장은 그 반론의 영향을 받지 않는다.
11 『論語』, 「顏淵」, 22. 樊遲問仁, 子曰, "愛人…."

(通說)에 가깝다. 그리고 인간의 관계에서 가장 소중한 것을 '사랑'이라고 보는 견지에 입각하여 인을 '사람을 사랑함(愛人)'이라고 말한 공자의 뜻을 짐작할 수 있음직하다. 주자(朱子)가 『논어집주(論語集註)』에서 인을 "사랑의 원리(愛之理)요 마음의 덕(心之德)"이라고 주해한 것도 같은 맥락에서 이해할 수 있을 것이다.[12] 요약하면, '사람에 대한 사랑'이 인의 바탕이요, 인을 체득함으로써 사람이 사람답게 된다고 본 것이 공자와 그 제자들의 견해였다고 볼 수 있다. 그리고 사람을 사람답게 하는 것은 인간에 대한 애정이라고 본 점에서 유가들이 인간의 심성 가운데서 감성을 지성보다도 더 중요시했다고 말할 수 있는 근거를 찾을 수 있으리라고 생각한다.

공자의 사상을 이어받아서 이론적으로 정리하고 부연한 맹자(孟子)는 인성(人性)에 있어서 지성보다도 감성을 우위에 자리매김해야 한다는 것을 더욱 명백하게 주장하였다. 맹자는 그가 역설한 성선설(性善說)의 근거를 그의 사단설(四端說)에 두고 있거니와, 그는 유가의 주덕(主德)인 인의예지(仁義禮智)의 시초, 즉 뿌리가 되는 심성이 모든 인간에게 주어져 있음을 주장하였다. 그리고 맹자가 주장한 네 가지 주덕의 시초, 즉 사단은 모두 지성적이기보다는 감성적인 성질의 것으로 기술되고 있다. 맹자는 인(仁)의 시초를 '불쌍하게 여기는 마음(惻隱之心)', 의(義)의 시초를 '부끄러워하고 미워하는 마음(羞惡之心)', 예(禮)의 시초를 '사양하는 마음(辭讓之心)', 지(智)의 시초를 '옳고 그름을 분별하는 마음(是非之心)'이라고 각각 표현했거니와, 이 네 가지 시초는 모두 지성적이기보다는 감성적인 성질의 것임이 분명하다.

맹자는 '불쌍하게 여기는 마음'의 예로서 어떤 아이가 우물에 빠지는 사고를 우연히 목격했을 때 깜짝 놀라며 느끼는 감정을 들고 있다. 이 순간에 목

---

12 『論語集註』, 「學而」, 第3章의 註 참조.

격자는 불쌍하다는 느낌을 갖는 동시에 아이를 구출해야 하겠다는 생각을 하게 되는데, 그 느낌과 생각은 아무런 이해타산과도 관계없이 순수하게 일어나는 선천적 심정이라는 것이다. 이해타산의 심리와 관계가 없다는 것은 그 심정이 지능적인 것이 아니라는 뜻을 함축한다. 맹자는 '부끄러워하고 미워하는 마음' 이하 세 가지 마음의 예는 그 자리에서 들지 않았으나, '부끄러워하고 미워하는 마음'은 불의(不義)에 대해서 저절로 일어나는 심정이며, 그것은 따지고 계산하는 지능적 심리와는 무관하다고 보았던 것으로 다가온다. 다음에 예의 시초인 '사양하는 마음'도 타인을 대했을 때 저절로 일어나는 선천적 심정이요 거기에 아무런 계산이나 따짐 따위의 심리가 개재하지 않는다고 본 것이니, 이것도 역시 지성적이기보다는 감성적 심리로서 간주되고 있음을 알 수 있다. 끝으로 지의 시초로서의 '옳고 그름을 분별하는 마음'은 감성적이기보다도 지성적임에 가깝지 않을까 하는 생각을 갖는 독자가 있을지 모른다. 그러나 맹자가 말한 '옳고 그름을 분별하는 마음'은 논리적 명제나 과학적 명제의 진위(眞僞)를 가리는 마음이 아니라 도덕적 시비(是非)를 가리는 마음이며, 도덕적 시비를 가림에 있어서 선천적인 감성이 크게 작용한다고 본 것이 맹자의 견해가 아닐까 생각된다.[13] 설령 지(智)의 시초인 '시비지심'에 지성적 요소가 강하다 하더라도, 유교 윤리에 있어서 인(仁)과 의(義)와 예(禮)의 비중이 월등하게 크다는 점을 감안하면, 맹자가 인성을 논함에 있어서 지성보다도 감성을 우위에 놓았다는 견해가 큰 지장에 부딪치지는 않을 것이다.

사단(四端)의 싹이 자람에 따라서 인의예지의 덕이 형성되거니와, 유가들이 숭상한 주요한 덕의 개념을 살펴보면, 그리스의 철학자들이 숭상한 주덕

---

13 『孟子』, 公孫丑 上, 6 참조.

(主德)의 경우와 대조적으로, 그 내포(內包)에 감정적 요소가 우세함을 발견할 수 있다. 덕의 개념에 감정적 요소가 우세하다고 본 것은 유덕(有德)한 사람에게는 모종의 정이 충만하다고 본 것이 유가들의 견해임을 함축한다. 그리고 유가들의 견지에서 볼 때 '유덕한 사람'이란 '사람다운 사람'이라는 말과 크게 다를 바 없으니, 유가들이 인간의 본성을 감성적인 것으로 보았음을 다시 확인하게 된다. 유가들이 숭상한 덕의 개념에 감정적 요소가 우세하다는 것을 구체적인 예로써 살펴보기로 한다.

공자와 맹자가 다 같이 모든 덕의 으뜸으로 생각한 인(仁)은 그 바탕이 사람에 대한 사랑에 있었다. 그런데 인의 바탕으로서의 사랑은 어디까지나 인간적인 사랑이며, 불교의 사랑이나 기독교의 사랑과는 크게 다르고 묵자(墨子)의 겸애(兼愛)와도 다르다. 종교를 근거로 한 사랑은 인간 밖의 절대자(絶對者)를 매개로 삼는 까닭에, 그것은 차별이 없는 보편적이요 절대적인 사랑이다. 그러나 유가들이 숭상하는 인의 바탕을 이루는 사랑은 사람과 사람의 관계에서 자연적으로 생기는 인정(人情)에 기초를 둔 까닭에, 인간관계의 친소(親疏)를 따라서 차별상(差別相)을 가지기 마련인 상대적인 사랑이다. 『중용』 가운데 보이는 "인은 사람다움이니, 어버이를 친근하게 모시는 일이 가장 중요하다(仁者人也, 親親爲大)."라는 구절은 널리 알려진 바이며, 『논어』에서도 인의 사랑이 인간관계의 친소를 따라서 차등을 두는 사랑임을 함축하는 구절을 찾아볼 수 있다. "효제(孝悌)는 인을 이룩하는 근본이다." "군자가 부모에게 독실하게 하면, 백성들에게 인의 기풍이 일어난다." "자기를 극복하고 예(禮)로 돌아가는 것이 인이다." 등이 그것이다.[14]

---

14 『論語』, 「學而」, 2. 孝弟也者, 其爲仁之本與; 「泰伯」, 2. 君子篤於親, 則民興於仁; 「顏淵」, 1. 顏淵問仁, 子曰, 克己復禮 爲仁.

부모에 대한 효와 형제간의 우애는 자신에게 가장 가까운 혈연에 대한 자연의 정을 발휘하는 덕목이다. 그러므로 효제가 인의 근본이라 함은 인간관계의 친소와 인 사이에 밀접한 관계가 있다는 뜻을 함축한다. "군자가 어버이에게 독실하게 하면 백성들에게 인의 기풍이 일어난다."고 한 「태백(泰伯)」 편의 구절에도 비슷한 뜻이 들어 있다. (여기서 '篤於親'을 "친족에게 후덕하게 한다."로 해석하여도 전체의 함축에는 크게 달라질 것이 없다.) 다음에 "자기를 극복하고 예로 돌아가는 것이 인이다."라는 말 가운데도 인간관계의 친소를 중요시하는 뜻이 담겨 있다. 왜냐하면 예라는 것이 본래 인간관계의 친소 또는 신분의 높낮이를 따라서 사람들이 취해야 할 몸가짐이 다르다는 믿음에 기초를 둔 규범이기 때문이다.

인간관계의 멀고 가까움을 따라서 사람들이 취해야 할 태도에 차등이 있다는 공자의 생각을 알기 쉽게 보여주는 것은 『논어』의 「자로(子路)」 편에 나오는 다음과 같은 대화다.

> 섭공(葉公)이 공자께 말했다. "우리 마을에 몸가짐이 정직한 사람이 있습니다. 그는 제 아버지가 양을 훔치자 그것을 증언했습니다." 공자가 말씀하셨다. "우리 마을의 정직한 사람은 그와 다릅니다. 아버지는 자식을 위하여 숨겨 주고 자식은 아버지를 위하여 숨겨 주는데, 정직함이 그 가운데 있습니다."[15]

정(情)을 고려하지 않고 순수한 객관적 논리로 말한다면, 비록 양을 훔친

---

15 『論語』, 「子路」, 18. 葉公語孔子曰, 五党有直躬者, 其父攘羊, 而子證之. 孔子曰, 吾 之直者, 異於是. 父爲子隱, 子爲父隱, 直在其中矣.

사람이 자기 아버지라 하더라도, 사실을 사실대로 말하는 것이 정직에 해당할 것이다. 아마 서구 사회에서는 아버지를 위해서 사실과 다른 증언을 했다면, 그것은 위증(僞證)으로 인정되는 동시에 문책의 사유가 될 것이다. 그러나 공자는 부자간에 서로 숨겨 주는 것이 도리어 올바른 행동이라고 했으니, 인간관계의 멀고 가까움을 따라서 사람이 취해야 할 태도에 차등이 있다고 본 것임이 명백하다.

오상(五常) 가운데서 유가들이 특히 중요시하는 것은 인(仁)과 의(義)와 예(禮)이거니와,[16] 의와 예의 경우에도 역시 정(情)의 요소가 큰 비중을 차지하기는 마찬가지다. 앞에서 이미 언급한 바와 같이, 의와 예의 단초(端初)인 '수오지심'과 '사양지심'이 본래 지능적이기보다는 감정적 심리라면, 그 싹이 자라서 형성된 의와 예에도 정의 요소가 크다고 보아야 할 것이다. 의와 예를 넓은 의미로 이해할 때는 인간의 도리 또는 질서에 바탕을 둔 매우 추상적인 개념이므로, 그것들이 정의 요소를 크게 담고 있다는 것을 구체적으로 설명하기는 어렵다. 그러나 일상용어로서 쓰일 경우의 의와 예는 그 뜻이 구체적이어서 그 성격도 알기 쉽게 나타난다. 예컨대 '군신유의(君臣有義)'라고 할 때의 의(義)는 군주와 신하 사이의 정리(情理)가 바탕을 이루는 것이며, '친구간의 의리'니 '의협심이 강하다' 할 경우에도 그 의(義)의 바탕을 이루는 것은 주로 모종의 감정이다. 또 예를 좁은 의미로 사용할 경우에는 예절 또는 예의를 먼저 생각하게 되거니와, 예절 또는 예의를 존중하는 마음은 타인의 감정을 존중하는 심정이 그 바탕을 이룬다.

맹자가 실천적 규범으로서 교시한 오륜(五倫)은 유가의 윤리 규범으로서

---

16 노사광(勞思光)은 "인(仁), 의(義), 예(禮) 세 관념이 공자 이론의 주요한 맥락이 된다. 기타 이론에 이르러서는 모두 이 기본 이론에서 파생되어 발전된 것으로 볼 수 있다."고 단정하였다. 노사광, 정인재 옮김, 『중국철학사』, 고대편, 1993, p.64.

가장 널리 알려져 있거니와,[17] 이 오륜의 바탕을 이루는 것도 역시 특정한 인간관계에서 자연적으로 발생하는 정이다. 오륜의 다섯 가지 가르침은 부모와 자식, 군주와 신하, 지아비와 지어미, 형과 아우를 위시한 연장자와 연소자, 그리고 친구와 친구라는 특정한 관계를 가진 사람들이 지켜야 할 행동 규범이다. 그리고 그 규범들은 사람들의 특정한 관계를 따라서 가져야 할 태도에 차이가 있음을 교시하고 있거니와, 그 가져야 할 태도의 차이는 특정한 인간관계를 따라서 자연적으로 발생하기 쉬운 정서의 차이와 불가분의 관계를 가지고 있다. 이 점에 있어서 유교의 전통 윤리는 모든 사람들이 모든 사람들에 대해서 약속을 이행하고 정직하게 언행하며, 공정하고 합리적 태도로써 임하기를 일반적으로 요구하는 서구 사회의 윤리와 크게 대조적이다. 전체적으로 볼 때, 유교의 윤리에는 감성적 요소가 강하고 그리스적 전통에 뿌리를 둔 서구 사회의 윤리에는 지성적 요소가 강하다는 것을 다시 확인하게 된다.

앞에서도 이미 언급한 바와 같이, 무릇 윤리 사상은 인간관에 바탕을 두고 형성된다. 유교의 전통 윤리와 그리스적 전통에 뿌리를 둔 서구 사회의 윤리 사이에서 발견되는 대조적 차이 배후에는 저들 두 계열의 사상가들의 서로 다른 인간관이 있다. 그리고 그 인간관의 근본적 차이점으로서 우리는, 그리스의 철학자들이 인간성을 구성하는 두 가지 심성 가운데서 지성을 우위에 자리매김한 데 비하여, 유교 사상가들은 감성을 우위에 자리매김했다는 사실을 밝히고자 시도했던 것이다.

그리스 철학 내지 그리스 문화에 뿌리를 둔 서구적 인간관과 유교 철학 내지 유교적 문화에 뿌리를 둔 아시아적 인간관 사이에는, 앞에서 우리가 밝히

---

17 오륜에 관한 맹자의 가르침은 『孟子』, 滕文公章句 上, 4에 실려 있다.

고자 시도했던 근본적 차이점 이외에 또 한 가지 커다란 차이점이 있는 것으로 보인다. 또 한 가지 차이점이란, 서구에서는 개인주의적 인간관이 주로 형성되었으며, 아시아에서는 집단주의적 인간관이 주로 형성되었다고 요약해서 말할 수 있다.

아득한 옛날에는 세계의 모든 지역 사람들이 수렵과 농경 등 집단적 노동으로 생계를 유지했을 것이며, 가족 또는 씨족 정도의 소집단으로 뭉쳐서 생사와 고락을 함께했을 것이다. 따라서 그들은 그 소집단을 자아(自我)로 의식했을 것이며, 인간을 집단적 존재로 느끼며 살았을 것이다. 바꾸어 말하면, 그들은 개인적 자아에 대한 의식이 약했을 것이며, 인간을 독립된 개인들의 집합이라고 보는 시각도 약했을 것이다. 그러나 언제부터였다고 정확하게 밝혀서 말할 수는 없지만, 서양 세계에는 상당히 오랜 옛날부터 개인주의적 사상의 싹이 트기 시작했고, 근세 이후에는 이 사상이 점차 우세하게 되는 추세를 보였다. 현대에는 서구인의 대다수가 '민주주의' 또는 '자유주의'라는 이름의 개인주의를 의심의 여지 없는 최고의 생활철학으로 신봉하고 있는 실정이다.

서양 여러 나라의 여러 가지 문화 전통 가운데서 가장 큰 흐름을 이루고 오늘의 서양 사상의 근간이 된 것은 그리스의 철학 사상과 유대인의 나라에 기원을 둔 기독교 사상이라고 볼 수 있을 것이다. 서로 영향을 주고받은 이 두 주류(主流)의 사상은 일찍부터 개인주의의 싹을 틔웠고, 공자가 살았던 기원전 5세기경에는 중국 사람들과는 크게 다른 눈으로 인간세계를 바라본 것으로 생각된다.

그리스 도시국가들 가운데서 가장 우세한 위치에 있었던 아테네에 일찍부터 민주주의 제도가 생겼다는 것은 널리 알려진 상식이다. 그 아테네의 민주주의가 개인주의의 색채를 띠고 있었음은 페리클레스가 기원전 431년에 행한 한 추도 연설에도 뚜렷하게 나타나 있다. 스파르타와의 전쟁에서 희생된 아테네의 전사들을 추도한 이 연설에서 페리클레스는 ① 아테네의 정권이 다수의 손에 쥐어져 있고, ② 모든 사람들에게 평등한 권리가 주어져 있으며, ③ 능력만 있으면 누구나 국가의 요직을 맡을 수 있다고 언명한 것으로 전해지고 있다.[18] 이 연설은 낮은 계층의 선각자가 억압과 차별 대우에 항거한 발언이 아니라, 나라의 최고 권력자인 페리클레스가 공식석상에서 천명한 언명이었다. 그 내용은 근세 이후의 개인주의적 인권 사상과 별로 다를 바가 없다.

그리스에 일찍부터 민주주의 제도와 개인주의 사상이 일어나게 된 사유를 밝히기는 쉽지 않을 것이다. 다만 역사의 문외한으로서도 몇 가지 추측은 가능하다. 그리스는 나라의 토질이 척박하고 강우량이 적어서 농사만으로는 살아가기 어려웠던 반면에, 해운(海運)의 요충지에 위치했던 까닭에 일찍부터 무역과 상업이 발달하고 도시화가 이루어졌을 것이다. 상업의 발달과 도시화는 사람들을 이해와 득실에 예민하게 만들었을 것이며, 계산에 예민한 도시 생활은 사람들을 개인주의의 방향으로 유도했을 것이다. 그리고 권리의식이 강조되는 개인주의와 시민의 권익을 고루 존중하는 민주주의 사이에는 밀접한 관계가 있다.

고대의 그리스 사회에 개인주의가 우세했듯이 기독교 사회에서도 그것이 같은 정도로 우세했다고 말하기는 어려울 것이다. 교황을 정점으로 삼고 거대한 조직을 형성하여 일사불란하게 움직이는 가톨릭 교회의 전체적 체계를 생각할 때, '개인주의적'이라는 말을 적용하기에 어려움이 있음을 직감한다. 그러나 유대교의 율법(律法)으로부터 개인의 영혼을 해방하여 구제하고자

---

18 C. Brinton, et. al., *A History of Civilization*, 양병우 외 옮김, 『세계문화사』, 을유문화사, 1963, 상권, p.90 참조.

한 예수 그리스도의 가르침 바탕에 개인주의적 요소가 있다는 견해를 전적으로 부정하기는 어려울 것이며, 그리스도의 정신 바탕에 깔렸던 개인주의적 요소가 루터(M. Luther)의 종교개혁을 계기로 표면화되었다는 분석도 가능할 것이다.

돌이켜 보건대, 기독교 사상에는 개인주의적 정신과 개인을 초월하고자 하는 몰아(沒我)의 정신이 아울러 있다고 인정해야 할 것이다. 신과 인간에 대한 사랑을 역설하는 기독교 사상에는 단순히 '개인주의적'이라고 말하기 어려운 일면이 있다. 그러나 개개인의 영혼의 구원을 희구하는 점에서 기독교에는 개인주의적 측면도 있다. 기독교도는 가장 숭고한 순간에 신(神)과 단둘이서 마주하게 되며, 오직 신에 대해서만 책임을 진다. 기독교의 근본정신으로 볼 때, 국가나 가족 등 지상(地上)의 여러 인연들은 넘어서야 할 굴레에 불과한 것으로 볼 수도 있다. 개인주의가 가족주의나 민족주의와 결합하기는 어려우나, 사해동포주의 내지 세계주의와 손을 잡기는 비교적 쉬운 일이다. 온 인류의 구원을 표방하는 기독교가 개인주의적 측면을 가졌다고 해서 논리적 모순이 있다고 말하기는 어려울 것이다.

원시 기독교 사상 속에 들어 있던 개인주의적 요소는 순조롭게 성장하기에 앞서서 많은 시련에 부딪쳤다. 예수 그리스도가 십자가에 못 박힌 뒤에도 이교도와 로마 관헌의 압박은 계속되었고, 이 거대한 적대 세력과 맞서기 위해서는 신도들의 개인적 영혼의 해방보다도 기독교도들 전체의 단결이 급선무로 다가왔다. 그뿐만 아니라, 주로 가난하고 배우지 못한 서민층 출신이 대다수인 교도 개개인이 하느님과 직접 대화하고 구원을 받는다는 것도 현실적으로 쉬운 일이 아니었다. 그러므로 하느님과 일반 교도 사이에서 교량 노릇을 할 사제(司祭)가 필요했고, 사제들을 중심으로 한 교회도 조직할 필요가 있었다. 그리고 교회들이 다시 크게 뭉쳐서 교황을 정상에 받드는 가톨릭 교회가 성립하였다. 그것은 '보편적' 또는 '전반적'이라는 뜻을 가진 '가톨릭(catholic)'이라는 말이 상징하듯이, 기독교 세계 전체를 포괄하는 거대한 조직이고, 그 위계질서가 엄격하였다. 대규모의 엄격한 조직 생활 속에서 개인주의 사상이 고개를 들기는 아마 어려웠을 것이다.

그러나 르네상스를 계기로 삼고 14세기경부터 그리스의 철학 내지 문화와 기독교 사상 안에 싹트고 있던 개인주의적 인간관은 긴 잠에서 깨어나게 된다. 그리스 문화에 강한 향수를 느꼈던 르네상스 사상가들의 영향을 받아서 개인에 대한 존경이 늘어나고, 권위에 대한 굴종을 거부하는 경향이 현저하게 되었다. 루터의 주도하에 16세기에 감행된 종교개혁은 르네상스의 개인주의 사조를 더욱 조장하였다. 루터를 비롯한 종교개혁론자들은 르네상스의 휴머니스트들보다도 더욱 철저하게 개인주의적이었다고 말할 수 있을 것이다.

근세 이후에 이루어진 과학과 기술의 눈부신 발달은 정치와 경제 그리고 사회 전반에 획기적 변화를 초래했고, 현실 세계의 이 획기적 변화는 개인주의 사상의 발전을 위하여 더욱 적합한 토양의 구실을 하였다. 과학과 기술의 발달은 새로운 지리학적 탐험을 가능하게 하였고, 무역과 통상의 범위를 크게 확대하는 결과를 가져왔다. 기계공업의 발달은 자본주의와 함께 상공 계급의 대두를 초래하였고, 신흥 상공 계급은 정치 참여의 권리를 요청하였다. 이러한 일련의 변화는 구시대 신분 사회의 권위주의를 부정하는 의미를 함축하는 한편, 개인의 인권과 자유를 조장하는 조건으로서 작용하였다.

근세 이후에 날로 성장한 개인주의는 민주주의라는 정치 이념과 결합함으로써 더욱 확고한 세력을 얻게 되었다. 서방 국가는 물론이요, 그 영향을 받은 동양의 여러 나라에서도 개인주의는 사람들의 의식 속에 부동의 '진리'처럼 확고한 자리를 차지하게 되었다. 공산주의 내지 사회주의의 도전을 받고 한때 주춤하기도 했으나, 소련과 동구의 몰락을 계기로, 근래는 '자유민주주의'라는 이름의 개인주의를 대안을 생각할 여지조차 없는 올바른 삶의 길이라고 믿는 사람들이 대다수의 자리를 차지하고 있다.

한국과 중국이 속해 있는 동북아시아 사람들은 오랜 옛날부터 농경을 주업으로 삼았고, 서양 세계에 상공업이 발달한 뒤에도 이곳에서는 여전히 농사를 생업(生業)의 으뜸으로 삼는 역사가 오래 지속하였다. 가족 또는 씨족이 집단으로 농업에 종사하며 생계를 유지했던 고대의 동북아시아 사람들이 일찍부터 의식했던 자아는 독립과 자유를 열망하는 개인으로서의 '나'가 아니라, 혈연과 협동을 유대로 삼고 하나가 된 가족 집단으로서의 '우리'였을 것이다. 기계화 이전의 옛날 농업은 한 개인의 힘으로는 감당하기 어려운 일이었고, 가족 이상의 집단 노동이 불가피했을 것이다. 농지도 개인의 소유이기보다는 가족 전체가 그 소유권 또는 경작권을 공동으로 가지고 있었으므로, 개인이 단독의 힘으로 살아갈 길은 거의 없었을 것이다. 생존을 위해서는 어떤 가족의 일원으로서 한자리를 차지할 필요가 있었으며, 동일한 가족에 속하는 모든 식구들은 생사와 고락을 같이할 수밖에 없었을 것이다. 어떤 개인도 가족을 이탈하여 단독의 힘으로는 살기 어려웠을 것이며, 가족 또는 씨족이라는 집단이 인간 사회의 기본적 생활 단위로서 부동의 자리를 지켰을 것이다.

사람들의 의식구조는 그들이 처해 있는 생활 조건의 결정적 영향을 받고 형성된다. 가족이라는 집단과 생사고락을 함께하기 마련인 생활 조건 속에서, 고대의 동북아시아 사람들은 그들이 속해 있던 가족에 대하여 강한 '우리'를 의식했을 것이며, 그 '우리 의식'은 바로 '자아의식'의 기본으로서의 자리를 차지했을 것이다. 바꾸어 말해서, 자신과 가족을 동일시하는 의식구조가 형성되었을 것이다.

가족이라는 집단이 인간 사회의 기본적 생활 단위를 이루고 가족을 '우리' 즉 '자아'로 느끼는 의식이 형성되었다는 것은, 사람들이 인간을 암암리에 집단적 존재로서 파악했으리라는 것을 강력하게 시사한다. 고대의 사람들도 자신을 인간의 표본으로 의식했을 것이며, 자신이 가족이라는 집단을 떠나서는 살 수 없는 존재임을 알았을 때, 그들은 자신을 포함한 인간 일반을 집단적 존재로서 직관했을 것임에 틀림이 없다.[19]

공자는 가족을 자아로서 의식하는 사람들이 살았던 고대 중국에서 태어났다. 그도 같은 자아의식을 품으며 성장했을 것이고, 주위 사람들이 모두 가족을 자아로서 의식하며 사는 것을 보았을 것이다. 그런 상황에서 그가 인간을 개별적 존재로서보다는 집단적 존재로서 파악했을 것이라고 보는 것이 자연스러울 것이다. 공자 자신이 인간을 '집단적 존재'라고 언명한 기록을 예시하기는 어려우나, 그가 그렇게 생각했으리라는 것을 간접적으로 암시하는 대목은 『논어』 도처에서 찾아볼 수 있을 것이다.

공자는 예(禮)를 매우 중요시했거니와, 그가 중요시한 예는 여러 사람들이 함께 참여함으로써 하나의 '우리'가 되도록 하는 화합의 몸짓과 거룩한 의식(儀式)으로서, 사회적 규범으로서의 힘을 가진 것이었다. 그러므로 공자에 있어서 '예를 따른다' 함은 개인이 고립된 '나'의 껍질을 벗어나서 하나의 '우리' 속으로 융화한다는 뜻을 가졌다. 바꾸어 말하면 예는 개별적인 '나'들이 그것을 통하여 '우리' 즉 집단적 자아가 되게 하는 삶의 방식이다.

안연(顔淵)이 공자에게 인(仁)에 대하여 물었을 때, 공자는 "나를 이기고 예로 돌아감이 인이다(克己復禮 爲人)."라고 대답한 바 있다. 여기서 '예를 지킨다'라고 말하지 않고 '예로 돌아간다'고 한 것은 예를 따르는 것이 인간 본

---

19 고대의 중국인이 인간을 집단적 존재로서 파악했으리라는 우리들의 견해를 우리는 중국이 만들어 낸 '人間'이라는 한자어에 의하여 뒷받침할 수 있다. '사람 인(人)' 자와 '사이 간(間)' 자를 붙여서 만든 '人間'이라는 말은, 사람을 단독적 개별의 존재로 보지 않고 관계를 맺고 연결되어 있는 집단적 존재로 본 사람들에 의하여 만들어진 말일 것임에 분명하다. '人' 자 하나만 떼어서 보더라도, 사람은 단독으로는 성립할 수 없으며 서로 의지해야 존재할 수 있음을 나타낸 상형문자라는 것도 널리 알려진 상식이다.

연의 모습이라는 믿음을 나타낸 표현이라고 분석된다. 그리고 예를 따르는 것은 작은 '나'의 껍질을 벗어나서 큰 '우리' 즉 집단적 자아 속으로 융화됨을 의미하는 것이니, 공자가 인간을 집단적 존재로서 파악했음이 분명하다. 그리고 공자의 이러한 인간관은 그의 제자들에 의해서 연면히 계승되었다고 말할 수 있다.

유가들이 인간을 집단적 존재로 본 것은 "인간은 마땅히 집단적이라야 한다."는 당위론이라기보다는 "인간은 현실적으로 집단적인 존재다."라는 관찰에 바탕을 둔 현실론이라고 보아야 할 것이다. 바꾸어 말하면, 유가들의 인간관에는 그것을 뒷받침할 만한 인간상이 있었다고 보아야 한다. 그리고 역으로 유가들의 집단주의적 인간관은 중국인의 집단주의적 인간상을 다시 조장했을 것이다.

2 장
한국인: 그들의 기질과 가치 의식

1. 조선시대 유학자들의 인성 논쟁
2. 감정이 우세한 기질
3. 공동체 의식
4. 예(禮)와 형식의 존중

2장 한국인: 그들의 기질과 가치 의식

1. 조선시대 유학자들의 인성 논쟁

유학의 영향을 받고 이루어진 우리나라의 인성론(人性論)으로서는 퇴계(退溪)와 고봉(高峰) 사이에서 다년간 논쟁거리가 되었던 '사단칠정론(四端七情論)'을 그 대표로 꼽을 수 있을 것이다. 퇴계가 서울 서성문(西城門) 안에서 살고 있던 53세 때 『천명도설(天命圖說)』이라는 것을 보게 되었고, 그 저자인 정추만(鄭秋巒)이 퇴계에게 그 수정을 청한 바 있었다. 그 청에 따라서 퇴계는 원문의 "사단은 이에서 발하고 칠정은 기에서 발한다(四端發於理 七情發於氣)."라는 문구를 "사단은 이의 발함이요 칠정은 기의 발함이다(四端理之發 七情氣之發)."라고 고쳤다. 여기서 '사단'은 1장에서 언급한 『맹자』의 그것을 이름이요, '칠정'은 『예기(禮記)』에 나오는 기쁨, 노여움, 슬픔, 두려움, 사랑, 미움, 욕심(喜怒哀樂愛惡欲)의 일곱 가지 감정을 말한다. 퇴계는 사단과 칠정의 근본이 다른 것으로 보고, "사단은 이의 발함이요 칠정은 기의 발함이다."라고 주장했던 것이다.[1] 이 대목에서 필자의 관심을 끄는 것은, 퇴계가 인간의 본성을 주로 이지적인 것으로 보았느냐 또는 감정적인 것으로 보았느냐 하는 점이다.

여기서 문제의 핵심은 이(理)와 기(氣) 두 글자를 어떻게 이해하느냐에 달려 있는 것으로 보인다. 열암(洌巖) 박종홍(朴鍾鴻) 선생은 퇴계와 고봉의 사칠논쟁(四七論爭)을 소개한 자리에서 다음과 같이 말한 바 있다. "이(理)를 현대의 철학적 술어로 이성(理性)이라고 할 수 있다면 기(氣)는 감성(感性)이라고 하여 무방할 것이다."[2] 서양철학에서 말하는 '이성(logos, reason)'의 뜻이 경우에 따라서 다소 다르지만 인간을 이성적 존재로 보는 견해는 우리가 1장에서 고찰한 유가들의 주정주의(主情主義) 인간관과는 대조적이다. 그러므로 우리가 이(理)를 '이성'의 뜻으로 이해하고 인성 가운데서 사단을 칠정보다도 본연의 성(本然之性)에 가까운 것으로 보는 견지에 선다면, 퇴계의 인간관을 주정주의적이라고 말하기는 어려울 것이다. 그러나 열암이 이(理)를 '이성'으로 볼 수 있다고 말했을 때 파토스(pathos)와 대립하는 로고스(logos)를 염두에 둔 것은 아니라고 생각된다. 왜냐하면 열암은 그의 다른 논문에서 퇴계의 사단칠정론에 대해 언급하며 다음과 같은 말을 하고 있기 때문이다. "이황(李滉)에 의하면, 사람의 성(性)에 순선무악(純善無惡)인 본연(本然)의 성과 선악부정(善惡不定)의 기질(氣質)의 성을 구별할 수 있는 것과 같이, 사단칠정이 같이 정(情)이기는 하나 사단은 이(理)가 발하여 순선무악한 것이요, 칠정은 기(氣)가 발하여 선도 악도 가능한 것이라고 하여, 사단은 이가 발한 것, 칠정은 기가 발한 것이라고 하였다."[3]

요컨대 주자(朱子)나 퇴계 같은 유학자들이 사단의 바탕을 이(理)로 본 것

---

1 박종홍, 『한국사상사 논고(論攷)』, 유학편, 서문당, 1977, p.88 참조.
2 같은 책, p.88.
3 같은 책, p.8.

은 사단을 이지적(理智的) 심성으로 보았기 때문이 아니라 성선설(性善說)을 위한 근거로 보았기 때문일 것이다. 바꾸어 말하면, 유학자들이 사단의 바탕을 '이(理)'라고 말했을 때, 그 이(理)는 인식론적으로 높은 가치를 가진 원리로서가 아니라 윤리학적으로 높은 가치를 지닌 원리로서 내세운 것으로 보인다. 바꾸어 말하면, 유가들은 이(理)를 순진무위(純眞無僞)의 원리로서 생각한 것이 아니라 순선무악(純善無惡)의 원리로서 생각했던 것이다. 요컨대 유학자들은 칠정을 정(情)의 계열에 속하는 것으로 보았듯이 사단도 같은 계열에 속하는 것으로 본 것이며 퇴계도 예외는 아니다. 이런 관점에서 볼 때, 고봉이 사단과 칠정을 근본이 같은 것으로 보고 퇴계의 이원론적 견해에 비판을 가한 것은 정곡을 찌른 것이 아닐까 한다. 어쨌든 인간의 심성을 사단과 칠정의 개념으로 압축한 퇴계와 고봉은 다 같이 인간의 본성을 주정주의의 견지에서 파악했다고 볼 수 있을 것이다.

사단칠정론은 퇴계가 "사단은 이가 발하여 기가 이에 따르는 것이고(理發而氣隨之) 칠정은 기가 발하여 이가 이것을 타는 것(氣發而理乘之)"이라고 하여 본래의 이원적인 주장을 약간 완화시켰으며, 고봉은 선생에 대한 예를 지키려는 공손한 태도로 퇴계의 주장을 대략 지지함으로써 일단락을 지었다.[4] 그러나 퇴계와 고봉 사이의 논쟁이 끝난 뒤에도 사칠논쟁은 우리나라 유학자들 사이에서 계속 사색의 주제로서 큰 관심사가 되었다.

퇴계와 고봉의 사칠논쟁이 일단락을 지은 이후에 다시 이 문제를 거론한 유학자들 가운데서 가장 두드러진 사람으로서는 역시 율곡(栗谷)을 꼽아야 할 것이다. 율곡은 이(理)를 천지 만물에 편재(遍在)하는 무엇으로서 일정한 형태도 없고 본말(本末)도 선후도 없다고 보았다. 율곡은 이(理)를 일(一), 즉

---

4 같은 책, pp.88-89 참조.

보편성의 원리로 보고 기(氣)를 다(多), 즉 다양성의 원리로 본 듯하다. 이 그 자체는 항상 한결같으며 기의 다양한 작용과의 결합을 따라서만 여러 가지로 나타날 뿐이다. 율곡에 따르면, 스스로 활동하는 것은 오직 기뿐이요, 이는 스스로 활동하지 않으며 기로 하여금 활동하게 하는 원리로서 항상 그대로 있다. 이는 스스로 활동하지 않는다고 단정한 점에서 율곡의 이기론(理氣論)은 퇴계의 사단칠정론과 정면에서 충돌한다.

이미 앞에서 언급한 바와 같이, 퇴계는 사단은 이가 발하여 기가 이에 따른 것이요, 칠정은 기가 발하여 이가 그 위에 탄 것이라고 주장했다. '발한다' 함과 '활동한다' 함이 크게 다를 수 없으니, 이도 활동한다고 본 퇴계와 기만이 활동한다고 본 율곡은 이기론에서 대립하는 동시에 사단칠정론에서도 대립하지 않을 수 없게 된 것이다. 다시 말하면 율곡은 "이는 통하는 것이고 기는 국한하는 것(理通氣局)"이라는 그의 기본적 견해를 버리지 않는 한, 퇴계의 주장 가운데서, "기가 발하여 이가 그 위에 탄 것(氣發而理乘之)"이라는 부분만 인정하고 "이가 발하여 기가 이에 따른 것(理發而氣隨之)"이라는 부분은 물리칠 수밖에 없었다. 결국 율곡은, 기의 활동으로 생긴 칠정 이외에 이의 활동으로 생긴 사단이 따로 있는 것이 아니라, 사단도 칠정에 포함되는 것으로서 다만 칠정 가운데서 특히 선(善)한 것에 해당한다는 견해를 취하게 되었다. 율곡이 사칠론(四七論)에서 새로운 주장을 했다기보다는 고봉의 손을 들어 준 셈이 되었다고 하겠다.[5]

율곡이 지극히 존경했던 퇴계의 학설에 동조하기보다는 퇴계를 비판한 고봉의 학설 편으로 기운 것은 율곡의 대쪽 같은 인품을 반영한 것으로 보인다. 그러나 율곡의 선명한 태도 표명이 있은 뒤에도 한국 유학자들의 사단칠정

---

5 같은 책, pp.181–183 참조.

론 내지 인성론 논쟁은 끝나지 않았다. 그 논쟁은 조선 후기까지 이어졌는데, 그 가운데서도 이외암(李巍巖, 1677-1727)과 한남당(韓南塘, 1682-1751)의 논쟁이 '호락논쟁(湖洛論爭)'의 이름으로 널리 알려져 있다. 그러나 그들의 학설이 종전의 인성론에 근본적 변화를 가져올 정도로 획기적인 것은 아니었으며, 다만 율곡의 이통기국설(理通氣局說)의 부연 내지 주석(註釋)의 단계에 머문 것으로 보인다.[6]

이 자리에서 필자의 관심은 이기호발설(理氣互發說)이 옳으냐, 이기공발설(理氣共發說)이 옳으냐, 또는 기발일도설(氣發一途說)이 옳으냐 하는 문제에 중심을 두고 있지 않다. 필자가 궁금하게 여기는 것은 주자와 퇴계가 사단(四端)의 바탕을 이(理)로 보았다는 사실이 그들의 인성론에 주지주의적(主知主義的) 색채가 강하다고 말할 수 있는 근거가 되느냐 아니냐 하는 문제다. 이 문제에 대한 필자의 대답은 '아니다'로 귀착하였다. '아니다'라고 대답하는 까닭은 유학자들이 말하는 이(理)가 논리적 사고나 과학적 탐구를 주관하는 탈감성(脫感性)의 인지적(認知的) 원리가 아니라 선악을 구별하는 평가적(評價的) 원리이기 때문이다. (평가적 원리는 그 자체가 이미 감성적이라는 것이 필자의 오래된 생각이다.) 유학자들의 머릿속에는 성선설(性善說)이 부동의 자리를 지키고 있었으며, 성선설을 뒷받침하기 위해서는 평가적 원리로서의 이(理)가 인성의 중요한 구성요소로서 자리매겨질 필요가 있었던 것이다.

---

6 외암(巍巖)과 남당(南塘)의 심성 논쟁에 관해서는 배종호, 『한국 유학의 철학적 전개』, 연세대 출판부, 1985, 하권, pp.63-151 참조.

2. 감정이 우세한 기질

"인간의 본성은 선(善)하다." 또는 "인간은 본래 이성적(理性的) 존재다." 하는 따위의 주장에는 인간성에 대한 소망이 담겨 있다. 바꾸어 말하면, 그런 주장에는 가치판단의 요소가 들어 있다. 그러나 "인간성을 형성하는 가장 중요한 두 요소를 지성과 감성이라고 볼 때, 그 가운데서 우세한 것은 감성이다."라는 주장은, 일반적으로 말해서, 소망이나 평가와는 관계없이, 현실에 있는 그대로의 인성(人性)을 반영한 사실판단이다. 그러므로 "인간의 본성은 선하다."는 주장은 학자적 사유의 결과로서 나온 것이지만, "인간은 감정적이다."라는 주장은 학자 아닌 보통 사람들의 일상적 경험만으로도 나올 수 있다.

우리 한반도에 거주한 고대인의 경우에도 사람들의 성격 내지 기질에는 다양한 개인차가 있었을 것이다. 지극히 감정적인 사람에서부터 비교적 냉철한 사람에 이르기까지 여러 가지 기질의 사람들이 살았을 것이다. 그러나 대다수의 사람들은 감정이 우세했을 것으로 짐작된다. 그렇게 짐작하는 근거로서는 이미 신석기시대에 우리 조상들은 씨족(氏族) 단위의 집단을 이루고 농경에 종사하며 자급자족의 공동생활을 했다는 사실과 우리나라의 신석기인들 사이에는 일찍부터 무격신앙(巫覡信仰)이 보급되었다는 사실을 지적할 수 있을 것이다.[7] 상업의 발달이 사람들의 이지적 성격을 조장하는 반면에 농경에 종사하는 공동생활이 감성적 성격을 조장한다는 것은 널리 알려진 역사적 사실이다. 그리고 주술(呪術)과 기복(祈福)에 치중하며 신비주의의 색채가 강한 무격신앙의 바탕을 이루는 것이 야성과 격정의 심성이라는 것

---

7 이기백, 『한국사신론』, 일조각, 1970, pp.16-19 참조.

도 널리 알려진 상식이다. 이러한 사정으로 미루어 볼 때, 우리 조상들에게 는 유교나 불교가 들어오기 이전부터 감정적 기질이 강했으리라는 추측을 하게 된다.

고조선에 8조목(八條目)의 법금(法禁)이 시행되었다고 하나 그 8조목 가운 데 현재 알려져 있는 것은 3개 조항밖에 없어서, 당시의 생활을 짐작하는 데 충분한 자료가 되지는 않는다. 그러나 약간의 도움을 얻을 수는 있다. 그 첫 째 조목은 "사람을 죽인 자는 즉시 사형에 처한다."로 되어 있거니와, 여기의 '즉시(以當時)'라는 수식어가 당시 사람들의 심성이 격정적임을 암시한다. 현대 법치국가의 상식으로는 정당방위의 경우라든지 그 밖의 살인을 하게 된 경위를 면밀히 조사하고 정황에 따라서 형량을 결정해야 마땅하다. 그런 데 당장에 무조건 사형에 처한다는 것은 매우 성급하고 감정적인 처사가 아 닐 수 없다.

8조목 가운데 제3조는 "남의 물건을 훔친 자는 도난당한 집에 데려다 노비 로 삼는다. 다만 스스로 속죄하기를 원하는 자는 1인당 50만 전을 내야 한 다."로 되어 있다. 이 조항도 매우 가혹하다. 범죄자의 가족 전원을 노비로 삼거나 50만 전이라는 거액으로 보상하도록 하는 처사는 '합리적' 또는 '이 지적'과는 거리가 멀다. 그뿐만 아니라, 이 제3조와 관련하여 당시의 민심과 풍습을 전하는 기록에 따르면, 도적질한 자가 거액을 지불하여 속죄하고 노 비의 신분을 면하더라도, 국속(國俗)이 이를 수치로 여기므로 결혼 상대자를 얻지 못했다고 한다.[8] 사법을 관장하는 관헌들만이 아니라 일반 국민들의 심 성도 매우 감정적이었음을 암시하는 대목이다.

고조선의 8조목보다 좀 더 기록이 남아 있는 것은 부여국(夫餘國)의 법조

---

8 이병도, 『한국사대관』, 보문각, 1964, pp.31-32 참조.

목이다. 부여국은 본래 만주 송화강(松花江) 일대를 무대로 삼고 생활한 유목 민족이었으나 3세기 이후에는 고구려의 보호를 받게 되었고, 4세기 말에는 고구려에 흡수되었다. 그러므로 그들의 문화도 우리나라 고대 문화유산의 일부로 보아도 크게 무리가 없을 것이다. 그 부여국의 법조목 가운데서 남은 것을 살펴보면 앞에서 언급한 고조선의 8조목보다도 우리 조상들의 감정적 기질을 암시하는 구절이 더욱 선명하다.

이기백(李其白)은 현재까지 전해지고 있는 부여의 법조목으로서 다음 네가지를 들고 있다.

⑴ 살인자는 사형에 처하고 그 가족은 데려다 노비로 삼는다.

⑵ 절도를 한 자는 12배의 배상으로 갚는다.

⑶ 간음한 자는 사형에 처한다.

⑷ 부인의 질투를 특히 미워하며, 이를 사형에 처하되, 그 시체를 서울 남쪽 산 위에 버려서 썩게 한다. 다만 …[9]

고조선의 형벌도 가혹했지만, 부여의 법조목은 더욱 가혹하고 잔인하다. 살인자를 사형에 처할 뿐 아니라 그 가족까지 연루시켜서 노비로 삼은 것은 매우 불합리하다. 간음한 자를 사형에 처하도록 한 법조목도 지나치게 가혹한 처사이며, 정조를 생명보다도 중요시한 가치관에는 지극히 감정적인 기질이 깔려 있음을 짐작할 수 있다. 끝으로 질투를 특히 미워하고 질투한 여자를 극형에 처한 것은 감정적 기질의 극치를 암시하는 것으로 보인다. 이 법조목은 고대 부여 사회에서 남녀 모두 질투심이 강했음을 암시하는 것이며, 특히 강자로서의 남성의 횡포를 느끼게 한다. 질투심이라는 것은 그 자체가 매우 격정적인 심리이며, 횡포도 역시 우세한 감정의 소행이다.

---

9 이기백, 『한국사신론』, p.39.

중국 대륙과의 교류가 빈번해지고 유교와 불교가 전래한 뒤로 한반도의 문명도 점차 발달했을 것이며, 사람들의 야성적이며 격정적이던 기질도 크게 순화되었을 것이다. 그러나 한반도 문화에 영향을 끼친 중국 대륙의 문화도 농경 사회에 기초를 둔 문화였고, 우리나라 문화에 결정적으로 작용했던 유교도 인간성에 있어서 감성이 중요함을 강조했던 까닭에, 이지보다도 감정이 우위를 차지한 우리나라 사람들의 의식구조의 큰 틀은 대체로 오랫동안 지속된 것으로 보인다. 18세기 말부터 서양의 문물이 유입되기 시작했고, 1945년의 해방을 계기로 미국을 위시한 서구의 근대 문화가 조수처럼 밀려들어 왔지만, 우리나라 사람들의 의식구조에 있어서 이지에 대한 감정의 우위는 아직도 바뀌지 않고 있다.

아직도 한국인의 심성 가운데서는 감정이 우세하다는 주장을 뒷받침하기 위하여 우리는 여러 가지 현상을 증거로서 제시할 수 있을 것이다. 첫째로 한 민족의 언어와 그들의 사고방식 내지 심성 사이에는 밀접한 관계가 있거니와, 한국인의 언어 행위 가운데는 감정의 우세를 반영하는 것으로 보이는 것이 적지 않다. 우선 한국어는 문법적 논리의 엄밀성을 통하여 정확한 의사소통을 기하는 서구의 언어와는 달리 말을 주고받는 상황의 맥락을 통하여 의사의 소통이 이루어지는 경우가 많다. 예컨대 지정 좌석제가 아닌 극장이나 기차 안에서 앉을 자리를 구하는 사람이 빈자리를 가리키며 "여기 자리 있습니까?" 하고 묻는 경우가 그것이다. 정확한 말을 쓰기 위해서는 "이 자리에 올 사람이 있습니까?"라고 물어야 옳을 것이다. 한국 사람들은 그런 점에 개의치 않는다. 또 한국 사람들은 "나는 네가 좋다."라는 말을 흔히 쓰는데, 이러한 발언도, "나는 너를 좋아한다."는 식의 서양 말투에 비하면, 주어와 그밖의 말자리의 관계가 논리적으로 선명하지 않다. 한글과 한자를 모두 잘 아는 어느 서양인이 "한국 사람들은 시간을 말할 때 논리의 일관성이 없다."고 비판한 적이 있다고 들었다. "지금 몇 시입니까?" 하고 물었을 때 "열두시 서른다섯분입니다." 또는 "십이시 삼십오분입니다."라고 대답하지 않고 "열두시 삼십오분입니다."라고 말하는 것은 논리의 일관성이 부족하다는 지적이다. 따지기로 말하면 서양 사람의 지적이 옳다고 보겠으나, 우리 한국인은 그런 것을 굳이 따지려고 하지 않는다.

요즈음은 우리나라에서도 따짐으로써 옳고 그름을 가리고자 하는 경우를 흔히 볼 수 있으나, 전통적으로 한국 사람들은 따지는 것을 좋게 여기지 않았다. '따진다'는 말은 칭찬보다는 비난의 뜻으로 쓰일 경우가 많다. 꼬치꼬치 따지는 사람보다는 알고도 모르는 척 넘어가는 사람이 환영을 받기 쉽다. 본래 따지는 것은 이지(理智)가 하는 행동이며, 감정은 따지지 않는다. 이지의 소관사인 따짐을 좋아하지 않는 사회에서는 따지는 기능인 이지의 발달이 지장을 받기 마련이다. 한국 사회에서 전통적으로 따지는 행위가 환영을 받지 못했다는 사실은 한국인에게 따지는 기능인 이지의 발달을 저해하는 요인으로 작용했을 것이다.

한국의 전통 사회에서는 어려운 처지에 놓인 사람이 '봐달라'는 말을 흔히 썼으며, '봐달라'는 말로 인정에 호소하는 편이 이지에 호소하며 사리를 따지는 것보다 상대편의 양보를 얻어내기에 성공하는 경우가 많았다. '봐달라'는 말이 흔히 쓰이고, 이 말이 잘 통한다는 사실도 한국 사회가 이지보다도 감정이 우세한 사회라는 견해를 뒷받침하는 현상이라고 볼 수 있을 것이다.

한국 사회의 술 문화도 한국인에게 감정이 우세하다는 것을 말해 준다. 한국의 남성 사회에서는 '술은 좀 마셔야 한다'는 생각이 지배적이다. 체질에 맞고 안 맞고를 떠나서, 술은 좀 마셔야 한다는 통념이 있다. 술을 마시되 취하도록 마셔야 하고, 외상을 하는 한이 있더라도 2차와 3차를 돌며 시간 가는 것에 구애받지 않는 사람이 좋은 친구로서 환영을 받는다. 건강을 염려하거나 내일 아침에 출근할 일을 걱정하는 것은 졸장부의 짓이다. 술은 조용히 마시는 것보다는 노래와 춤을 곁들이며 떠들썩하게 마시는 것이 주도(酒道)에 맞는다. 술은 본래 취하기 위하여 마시는 것이라는 생각이 지배적이다.

합리적으로 따지기로 말하면 세금을 우선적으로 내는 것이 국민의 도리에 합당하다. 그리고 사정이 딱한 사람들을 위하여 성금을 희사하는 것은 그 다음에 할 일이다. 그러나 많은 경우에 한국 사람들은 세금을 내는 일에는 소극적이고 딱한 사람들을 위해서 성금을 내는 일에는 적극적이다. 인정이 많은 것이다. 인정이 많다는 것은 감정이 우세하다는 것과 서로 통한다.

텔레비전 드라마에는 대화의 장면이 많이 나온다. 그 대화의 장면에서 한국 사람들은 많은 경우에 언성을 높인다. 외국의 드라마에서 조용조용 이야기하는 장면이 많은 것과 대조적이다. 언제나 반드시 그렇다고 말하기는 어렵지만, 대체로 감정이 강한 사람일수록 언성을 높이는 경우가 많다. 흥분하게 되면 언성이 높아지거니와 흥분하기 쉽다는 것은 감정이 우세한 사람에게서 흔히 볼 수 있는 현상이다. 한국인 중에 승강기를 타고 내릴 때 앞을 다투거나 식당에서 '빨리빨리'를 연발하며 성급하게 재촉하는 사람들이 많은 것도 같은 맥락의 현상이라고 볼 수 있을 것이다.

3. 공동체 의식

한국인의 감정이 우세한 기질의 형성 배후에는 오랜 농경 사회의 역사가 있었다. 오랜 농경 사회의 역사를 통하여 형성된 것으로서 또 하나 우리의 주목을 끄는 것은 강한 공동체 의식이다. 우리 한국인은 오랜 농경 사회의 역사를 통하여 감정이 우세한 기질과 아울러 강한 공동체 의식을 형성했으며, 이 두 가지는 한국인의 의식구조의 두 기둥으로서 작용해 왔다. 유교 사상의 배경이 된 것도 농경 사회였으며, 유가들도 감정이 우세하고 공동체 의식이 강한 인간상을 긍정적으로 평가했던 까닭에, 유교 사상의 전래는 우리 조상들이 본래 가지고 있던 기질과 가치 의식을 더욱 순화 발전시키는 데 순조롭게 작용할 수 있었던 것으로 보인다.

지정학적으로 불리한 위치에 놓여 있는 우리나라는 고대로부터 거듭된 외침(外侵)에 시달렸다. 국가의 존속이 위기에 몰린 국난도 여러 차례 있었으나, 슬기롭게 극복함으로써 단일민족으로서의 국가와 문화를 용케 보존해 왔다. 우리가 5천 년의 기나긴 세월에 걸쳐서 단일민족국가로서 명맥을 유지할 수 있었던 것은 우리 조상들이 우리 민족과 국가에 대해서 뜨거운 사랑을 가졌기 때문이며, 그 사랑의 원동력이 된 것은 강한 공동체 의식이었다고 볼 수 있다.

우리나라의 농업은 가족제도와 불가분의 관계를 가지며 발달하였다. 기계화 이전의 농업은 작업의 협동을 필수 조건으로 요구했으며, 우리나라에서는 전통적으로 가족이 농업 종사의 기본단위가 되었다. 가족이 하나가 되어 농경에 종사했으며, 농사를 통하여 얻은 생산물은 가족의 공동소유였고, 농토나 농토의 소작권도 가족의 공동소유였다. 가족을 떠나서는 농경에 종사할 수 없었고, 농업 이외에 다른 생계를 마련할 길도 거의 없었다. 결국 생존을 위해서는 한 가족의 식구로서 확고한 자리를 차지할 필요가 있었으며, 한 가족에 속하는 식구들은 생사와 고락을 같이하기 마련이었다. 가족이라는 '우리'를 떠나서 '나'만이 단독의 힘으로 살길을 찾는다는 것은 지극히 어려운 실정이었다. 이러한 상황에서 가족에 대한 강한 '우리 의식' 즉 공동체 의식이 생기는 것은 매우 자연스러운 일이었다.

한 가족에 속한다는 것은 생존의 필수 조건이었을 뿐 충분조건은 아니었다. 부농의 경우는 대가족을 이루고 가족의 힘만으로도 농업에 종사할 수 있었으나, 빈농의 경우에는 대가족을 이루기가 어려웠고 농사를 위해서 품앗이도 하고 남의 소도 빌려야 했으므로, 마을 사람들과의 협동이 불가피했던 것이다. 그러므로 옛날의 농촌 사람들은 가족의 울타리를 넘어서서 마을 전체와도 하나의 '우리'가 될 필요가 있었다. 가족적 공동체 의식뿐 아니라 부락적 공동체 의식도 생존을 위해서 필요했고, 필요한 까닭에 그것이 생기기 마련이었다.

옛날에는 타민족에 대한 배타적 감정이 대체로 강했고, 지정학적으로 어려운 위치에 놓인 우리나라는 자주 이웃 나라의 침공을 받았다. 외세의 침공을 물리치고 부끄럽지 않게 살기 위해서는 민족이 한 덩어리가 되어 국가를 보전할 필요가 있었다. 민족의 자주성을 지키고 고유한 문화를 창달해 가며 당당하게 살 수 있기 위해서는 부락 또는 지역의 범위를 넘어서서 더욱 크게 단결하고 협동해야 했던 것이다. 여기서 민족과 국가를 자아와 동일시하는 더욱 큰 공동체 의식이 자연히 생기게 되었다.

우리 조상들의 강한 공동체 의식은 그들의 생활양식 가운데 여러 가지 형태로 구체화되어 나타났다. 그것이 가장 잘 나타난 대표적인 예로서 우리는 결혼에 관한 조상들의 관습을 들 수 있을 것이다. 우리 조상들은 결혼을, 한 남성과 한 여성의 결합 즉 '二性之合'으로 보지 않고, 성(姓)이 다른 두 가문의 결합 즉 '二姓之合'으로 보았다. 개인과 개인의 결합이 아니라 가문과 가문의 결합이었던 까닭에, 결혼 상대를 선택하는 일은 당연히 양가의 어른 즉 가부장(家父長)의 소관사였으며, 신랑이 될 총각과 신부가 될 처녀의 의사는 도외시해도 이상할 것이 없었다. 그리고 결혼의 가장 큰 의의는 가문과 가문의 결합에 있었으므로, 며느릿감 또는 사윗감으로 적합한가 아닌가를 평가하는 첫째의 기준은 그 처녀 또는 총각의 가문의 귀천이었으며, 그들 개인의 개성이나 능력 또는 외모 등은 그 다음이었다. 옛날 우리 조상들에게 족보(族譜)가 지극히 중요했던 까닭도 스스로 명백하다.

일종의 장편 수기라고 볼 수 있는 『한중록(閑中錄)』의 후반부는 저자 혜경궁(惠慶宮) 홍씨(洪氏)의 자기 친정 집안에 대한 애착과 친정 아버지와 삼촌 그리고 남동생들을 위한 변명으로 가득 차 있다. 그의 글 가운데는 사리(事

理)를 따라서 합리적으로 일을 처리하는 것보다도 무조건 서로 감싸고 서로 도와주는 것이 척리(戚里)의 본색이요 척리의 도리라고 굳게 믿은 것이 그의 솔직한 심정이었음을 증명하기에 족한 구절이 여러 곳에 보인다.[10] 아마 그 것은 혜경궁 홍씨 개인만의 심정이 아니라 당시 양반들이 일반적으로 가지고 있던 심정이었을 것이다.

가족주의적 공동체 의식을 반영한 구절은 『홍길동전』 가운데서도 찾아볼 수 있다. 홍길동이 집을 뛰쳐나가서 신출귀몰한 도술로써 관리들을 괴롭혔을 때, 그를 잡지 못한 국왕이 길동의 부친과 형을 금부에 가두고 친히 국문했다는 대목은 명백한 가족주의적 문책이라고 하겠다. 그리고 길동 체포의 임무를 띤 그의 형이 길동에게 자수를 권한 방문의 글귀에도 가족주의적 사고방식이 여실히 나타나 있다.

> … 군부(君父)의 명을 거역하여 불충 불효하면 어찌 세상이 용납하리오. 우리 아우 길동은 이런 일을 알 것이니, 스스로 찾아와서 사로잡히라.
> 부친이 너로 말미암아 병이 골수에 맺혔고, 성상께서 크게 진념하시니 네 죄악이 크게 무거운지라. 상께서 나로 하여금 특별히 도백(道伯)을 제수하시고 너를 잡아들이라 하시니, 만일 잡지 못하면 우리 홍씨 집안의 누대청덕(累代淸德)이 일조에 멸하게 될 것이니 어찌 슬프지 아니하랴. 길동은 이를 생각해서 빨리 스스로 나타나면, 네 죄는 적게 될 것이요 우리 일문은 보전하리니, 알지 못하거니와, 너는 만 번 생각해서 자진 출두하라.[11]

---

10 『한중록』, 김기동 외 편, 『한국고전문학전집』, 성음사, 1970, 제6권. p.390, p.396, p.418, p.421 등 참조.
11 『홍길동전』, 『한국고전문학전집』(성음), 제7권, pp.209-210.

부락에 대한 공동체 의식은 생산 활동과 경조사 활동 등에 잘 나타났다. 농사를 지을 때는 두레 조직을 통하여 노동력이 부족한 이웃을 돕는 것이 일반적 관행이었으며, 양식과 종자를 빌려 주는 것도 여유 있는 사람들이 이웃에 대하여 당연히 해야 할 일로 알려져 있었다. 부락마다 농악대가 있어서 풍물놀이로 작업의 능률을 올리고 부락민의 일체감을 조장했다는 것도 널리 알려진 사실이다. 부락에는 계(契) 조직이 있어서 상부상조하는 장치를 마련했으며, 계 조직을 떠나서도 부락에 경조사가 생겼을 때는 서로 도와주는 풍습이 일반화되어 있었다. 무격신앙의 영향으로 부락 신에게 제사를 지내거나 그 밖에 부락 단위로 축제 행사를 시행함으로써 마을 사람들의 단합을 조장하는 경우도 흔히 있었다.

유교 특히 주자학이 들어온 뒤에는 우리나라의 전통적 부락 공동체 조직이 향약(鄕約) 조직으로 대치되는 경우가 많았다. 향약은 본래 중국 송대(宋代)의 여씨(呂氏)에서 시작한 것으로서, 덕업(德業)을 서로 권장하고, 과실(過失)을 서로 바로잡으며, 예속(禮俗)을 서로 교환하고, 환난(患難)에 처한 사람을 서로 돕는 등을 주요 실천 강목으로 삼는 향촌의 자치 규약이었다. 주자도 향약에 대하여 깊은 관심을 가지고 그 규약의 수정 내지 보완을 꾀한 바 있다. 권선징악과 상부상조를 근본정신으로 삼는 이 향약을 우리나라에서 실시할 것을 처음 시도한 것은 중종 때의 조광조(趙光祖)였으나, 그의 실각으로 유야무야하게 되었다. 그 뒤에 퇴계와 율곡도 개인적으로 향약을 제정하였고, 그것을 모방 참작한 각종 향약이 널리 시행되었다.[12]

외부 세계와의 접촉 기회를 별로 갖지 않고 자급자족하며 조용하게 살았던 우리 조상들의 일상적 관심사는 주로 가문과 부락의 범위를 벗어나지 않았

---

12 향약과 계에 관한 간략한 정보를 위해서는 이병도, 『한국사대관』, pp.438-440 참조.

다. 따라서 그들이 평상시에 의식했던 공동체도 그 범위를 크게 벗어나지 않았을 것이다. 그러나 우리나라는 여러 차례 외국의 침범을 당했고 외침이 있을 때마다 강한 애국심과 민족의식을 발휘하였다. 특히 임진왜란과 병자호란을 당했을 때는 유림(儒林)은 물론이요 승려와 농민들까지도 하나로 뭉쳐서 국난에 대처하였다.

20세기 초에 일본이 침략의 야욕을 가지고 접근해 왔을 때, 정치를 담당한 사람들의 불찰로 결국 그들의 식민지가 되기는 했으나, 대부분의 국민은 강한 민족의식으로 일본에 대항하였다. 각지에 의병들이 봉기했고 승산이 없다는 것이 밝혀진 뒤에도 항일 투쟁을 멈추지 않았다. 1919년의 3·1운동도 그 항일 투쟁의 연장선상에서 일어난 민족운동이었으며, 그 뒤에도 막대한 희생을 무릅쓰고 독립운동에 가담한 사람들이 부지기수였다. 탄압을 못 견디고 지조를 꺾은 사람들도 적지 않았으나, 거시적 관점에서 역사의 흐름 전체를 바라볼 때, 한국인의 민족의식 내지 애국심은 특기할 만하다고 하여도 과언이 아닐 것이다.

대만은 한국보다 10여 년 앞서서 일본의 식민지가 되었다. 한국과 대만은 비슷한 시기에 일본의 식민지가 되었으나, 일본을 대하는 한국인과 대만인의 태도에는 현저한 차이가 있다. 대만인은 우리처럼 항일운동을 하지 않고 그대로 순응하였다. 그들은 일본인에게 예쁘게 보였으며, 일제시대에 우리보다는 대우를 받았다.

한국인이 대만인보다 강한 민족의식을 가진 것은, 우리는 우리 민족문화에 대하여 강한 긍지와 애착을 가졌으나, 대만인에게는 그런 것이 없기 때문이 아닐까 한다. 제2차 세계대전이 끝나고 해방을 맞았을 때, 우리는 일본어 사용을 수치로 생각하고 우리말 되찾기에 열중했으나, 대만인들은 별다른 갈등을 느끼지 않고 일본어를 계속 사용했다는 사실만으로도 민족문화를 대하는 태도가 서로 크게 다르다는 것을 알 수 있다. 민족에 대한 강한 공동체 의식 배후에는 민족문화에 대한 긍지와 사랑의 감정이 있다.

4. 예(禮)와 형식의 존중

공동체 의식과 아울러 또 하나 특기해야 할 한국인의 가치 의식은 예와 형식의 존중이다. 감정이 우세한 기질과 강한 공동체 의식은 유교가 들어오기 이전부터 우리 조상들이 가지고 있었던 것이 유교 사상의 영향을 받고 순화 내지 강화되고 굳게 정착한 것이었다. 그러나 한국인의 가치 의식에 미친 유교 사상의 영향이 가장 현저했던 것은 예와 형식의 존중이라고 말할 수 있을 것이다.

춘추시대의 난세(亂世)를 몸소 체험한 공자는 서주(西周)를 바람직한 국가의 모범으로 생각했다. 공자가 역점을 두고 찬양한 것은 주나라가 세운 봉건제도 그 자체보다는 그 제도 아래서 이룩한 안녕과 질서였을 것이다. 어쨌든 난세를 극복하고 질서를 회복하기 위하여 생애를 바쳐야 한다는 사명감을 강하게 느낀 공자는 서주가 수립한 봉건제도를 긍정적으로 받아들이는 결과가 되었다. 공자는, 봉건사회의 신분제도를 타파하고 그 붕괴의 지반 위에 새로운 질서를 확립하는 혁명의 길까지는 밟으려 하지 않았다는 뜻에서, 보수주의자였다고 볼 수 있을 것이다.

공자는 법과 강권의 힘으로 질서를 유지하는 것은 정도(正道)가 아니라고 믿었다. 정도는 덕치(德治)의 길, 즉 통치자의 덕과 사랑(仁)으로 백성의 자발적 협력을 얻어 내는 길이라고 그는 굳게 믿었다. 권세와 형벌로써 악의 세력을 근절한다는 것은 불가능하다. 왜냐하면, 권세와 형벌이 두려워서 질서유지에 협력하는 사람들은 권세와 형벌을 장악한 지배자의 세력이 약화되면 언제나 악의 세력으로 되돌아가서 반발과 파괴를 일삼기 때문이다. 그러므로 지배층에 위치한 사람들이 덕성과 교화로써 백성을 유덕하게 만드는 것만이 영속적인 안녕과 질서를 유지하는 길이다. 대체로 이러한 생각이 공자로 하여금 패도(覇道)의 정치를 물리치고 덕치(德治)의 정치를 역설하게 한 것으로 보인다.

그러나 공자가 내면적 덕성(德性)의 강조 하나만으로 안녕과 질서가 유지되는 나라를 건설할 수 있다고 믿은 것은 아니다. "덕으로써 인도하고 예로써 다스린다(道之以德 齊之以禮)."라고 말한 바 있는 공자는 덕과 아울러 예를 매우 중요시하였다. 공자가 중요시한 '예'는 제도와 관습으로서의 성격이 강한 규범으로서 '법'에 준하는 힘을 가진 개념이었다. 법이 형벌을 수반하는 무서운 규범임에 비하여, 예는 형벌로써 위협하지는 않으나 관습적으로 따르게 되는 부드러운 규범이다. 공자는 덕치가 가진 취약점을 예의 숭상으로써 보완할 것을 꾀했던 것이다.

'예(禮)'라는 것은 일차적으로 외형적(外形的)이라는 성격을 가졌다. 예에서 외형을 중요시하는 것은 '외형' 그 자체를 위해서라기보다는 '외형'을 통하여 가꿀 수 있고 보존할 수 있는 귀중한 내실(內實)을 위해서이다. 예에 있어서 그 외형은 말절(末節)에 해당하며 외형 속에 담기게 될 내실은 그 근본(根本)에 해당한다. 예의 근본에 해당하는 내실의 구체적인 예(例)로서는 올바른 인간관계, 질서, 안녕 등을 들 수 있을 것이다. 노사광(勞思光)에 따르면, 공자의 철학은 '예' 관념으로부터 출발하여 '의(義)'와 '인(仁)' 관념으로 이어진다. 공자의 철학에 있어서 예는 의에 귀속되고 예는 인에 귀속된다는 뜻이다. 여기서 우리는 공자의 예에 있어서 그 근본에 해당하는 것이 의라는 사실을 알게 된다. 바꾸어 말하면, 예(禮)의 내실의 예(例)로서 열거한 올바른 인간관계, 질서, 안녕 등이 모두 공자의 의(義)로 귀결된다는 것을 알 수 있다.

'의(義)'는 우리말로 옮기면 '옳음'에 해당한다. 그리고 공자의 견지에서 볼 때 '의'의 으뜸이 되는 것은 '올바른 인간관계'일 수밖에 없다. 왜냐하면 공자

철학의 가장 큰 관심사는 인간의 삶이었으니, 인간의 삶에 있어서 가장 중요한 옳음은 '인간관계의 옳음'일 수밖에 없다는 결론을 얻게 되는 것이다. 그런데 공자의 견지에서 볼 때, '인간관계의 옳음'이란 서주(西周)가 세웠던 바와 같은 봉건제도 사회를 전제로 삼은 그것일 수밖에 없었다. 현대 서구 사회의 개인주의 사회에서 볼 수 있는 각각 독립성이 뚜렷한 개인들이 자유와 평등을 누리며 질서 정연한 사회를 건설한다는 청사진은 공자에게 없었다. 위계질서가 확고한 봉건사회를 전제로 한 '올바른 인간관계'의 기준이 되는 것이 공자의 '의' 개념의 핵심에 해당한다고 보아도 무방할 것이다.

여러 계층으로 나누어진 사람들이 각각 자신에게 주어진 신분을 따라서 행동할 때, 봉건사회의 안녕과 질서는 저절로 유지되기 마련이다. 그리고 국민 각자가 자신의 신분에 맞도록 행동하기 위하여 지켜야 할 규범이 다름 아닌 예다. 예는 각자가 자발적으로 지키는 것을 원칙으로 삼거니와, '예를 지킨다' 함은 일차적으로 행동의 외형이 예의 규범에 적합하도록 함을 의미한다. 보이지 않는 마음속의 생각은 그 시비를 가리기가 어려우며, 우선 행위의 외형을 규범에 맞도록 하면 그 외형에 어울리는 내실을 가꾸고 보존할 수 있다는 생각이 예에서 외형을 일차적으로 존중하는 주요한 이유라고 생각된다.

계급사회에서는, 각자가 속해 있는 신분을 따라서, 사람들이 할 수 있거나 해야 할 행동 즉 말씨와 몸가짐이 다르고, 사람들이 가질 수 있는 생활양식에 제약이 따랐다. 앉음앉음과 걸음걸이도 신분과 상황을 따라서 달랐으며 일상생활에서 사용하는 말씨도 신분과 처지에 따르는 차이가 컸다. 의관의 모양과 크기도 신분에 따라서 차이가 있었으며, 주거도 신분에 따라서 규모와 형태에 제약이 따랐다. 관혼상제의 의식 절차에도 계급과 신분에 따르는 규정이 달랐다. 이러한 모든 규정이 예에 속했으므로, 예만 잘 지켜지면 사회의 질서는 자연히 지켜지게 되리라는 기대가 있었다.

이론적으로 말하자면, 예에 있어서 근본을 이루는 것은 내실이요, 외형은 내실을 위한 말절(末節)에 불과하다. 그러나 국민을 교화하는 방법으로 말하면 외형의 존중으로부터 접근하는 편이 현실적이다. 바꾸어 말하면 예의 근본정신을 직접 가르치는 것은 매우 어려운 일이며, 예가 규정한 외형적 행동을 거듭하도록 가르침으로써 예의 정신을 터득하도록 유도하는 편이 접근하기 쉬운 길이다. 그러므로 유학을 도덕교육의 기본 원리로서 숭상한 유가들은 예가 요구하는 외형적 규범을 더욱 중요시하게 되었다.

예의 개념 속에 함축되어 있는 정치 이데올로기는 신분 사회의 지배 계층을 위해서는 지극히 유용한 기능을 가지고 있었다. 예 사상이 각급 계층에게 투철하게 보급되면 국가의 위계질서는 자연히 바로잡힐 것이며, 신분 사회의 위계질서가 바로잡혔을 때 가장 유리한 것은 높은 계층이었다. 예 사상이 신분 사회 지배 계층의 환영을 받은 것은 당연한 일이며, 중국 대륙이 중앙정권을 중심으로 정치적 안정을 얻은 한대(漢代) 이후에는 질서유지를 위한 자율적 규범으로서의 예의 위상이 점점 권위를 더해 갔을 것으로 보인다. 어쨌든 유학은 중국 대륙에서 가장 세력이 강한 사상으로 성장하게 되었고, 유학의 세력이 커감에 따라서 예 개념이 중국 사회에서 차지하는 위상도 무게를 더해 가는 추세를 보였을 것이다.

송대(宋代)에 이르러 정명도(程明道), 정이천(程伊川), 주희(朱熹) 등 탁월한 유학자들이 나타나 공맹 사상의 철학적 기초를 더욱 공고히 하는 업적을 쌓았다. 그들은 신유학(新儒學)이라고 불릴 정도의 새로운 경지를 개척했으며, 그들의 사상은 '주자학'의 이름으로 우리나라에 들어와 불교 및 도교의 세력을 물리치고 우리나라의 국교(國敎)의 자리를 차지하기에 이르렀다.

주자 자신이 유학 가운데서 '예 사상'에 특별한 비중을 두었다고 말할 수 있을지는 의문이나, 우리나라 조선시대의 위정자와 유학자들은 주자의 유학을 받아들임에 있어서 그의 예론(禮論)에 각별한 무게를 두었다. 유학을 이론적 학문으로서보다는 치세(治世)와 교육의 원리로서 중요시한 조선왕조의 지배층은 예 개념 속에 함축된 실천적 교훈의 힘을 최대한으로 살리고자 꾀했던 것으로 보인다.

우리나라의 조선왕조는 대체로 주자학만이 옳다는 경직한 자세로 임했거니와, 특히 예론에 관해서는 그 경직성이 더욱 현저하게 나타났다. 본래 예의 근본정신은, 인간을 포함한 천지 만물을 지배하는 도리와 질서가 있다는 것을 전제로 삼고, 그 도리와 질서를 존중해야 한다는 가르침에 있다. 이 근본정신에 순응하는 방법으로서 유가에서는 여러 가지 경우에 사람들이 지켜야 할 외형적 예법(禮法)을 제시하였고, 그로 인하여 예의 숭상에는 외형의 숭상이 수반하게 되었다. 그러나 이 외형은 어디까지나 예의 말절(末節)에 해당함에도 불구하고, 우리나라 조선시대의 조상들은 이 외형에 지나치게 집착했다는 뜻에서 예론에 관하여 심한 경직성을 보였던 것이다.

유교가 모든 예법을 숭상한 가운데서도 왕실의 법도는 더욱더 중요한 것으로서 숭상되었다. 왕실의 법도 가운데서도 특히 중요하게 생각된 것은 왕가에 상사가 났을 때의 복상(服喪)의 문제였다. 복상의 규모와 격식 그리고 기간 등은 모두 왕실의 법도를 따라서 엄정하게 거행해야 하거니와, 그 격식 등이 까다로워서 심각한 논쟁이 일어나기도 하였다. 예컨대, 인조(仁祖)의 뒤를 이은 효종(孝宗)이 재위 10년째 되던 1659년에 서거했을 때, 인조의 계비(繼妃) 조대비(趙大妃)의 복상 기간을 어떻게 할 것이냐로 싸움이 벌어졌다. 당시의 집권 세력이었던 서인(西人) 측에서는 효종이 인조의 제2왕자이므로 인조의 계비인 조대비는 기년설(朞年說)에 따라서 만 1년 동안 복상해야 한다고 주장했으나, 눌려서 지내며 기회를 노리던 남인(南人) 측에서는 효종이 왕위에 올랐으므로 3년설을 따라야 한다고 맞섰던 것이다. 결국 복상의 문제가 정쟁(政爭)의 도구로 사용된 것인데, 그 정쟁의 폐단은 매우 심각한 것이었다.

예와 외형의 숭상은 왕실과 그 주변에만 국한된 것은 물론 아니다. 그 기풍은 양반과 중인 사회 전체에 퍼졌으며, 정도의 차이는 있으나 상민과 그 이하의 계층에게도 그 영향이 미쳤다. 사람들이 지켜야 할 예는 신분을 따라서 차이가 있었으며, 외형을 존중하는 가치 의식은 상류사회로 갈수록 현저하였다.

현대의 한국인의 경우는 예를 숭상하는 기풍은 크게 쇠퇴했으나, 외형을 존중하는 가치 의식은 옛날에 못지않게 살아 있다. 경제 사정이 호전된 이후에는 겉치레를 좋아하는 풍조가 더욱 심해졌다는 인상이 강하다. 외형의 존중이 허영과 사치로 이어진 것이다. 예의 근본정신은 사라지고 겉모습만 요란하니, 글자 그대로 '허례허식(虛禮虛飾)'의 풍조가 넘쳐 흐르고 있는 상황이다.

3 장
무엇을 버리고 무엇을 살릴 것인가

1. 감정이 우세한 심성
2. 가족주의적 공동체 의식
3. 예(禮)와 형식의 존중

3 장 무엇을 버리고 무엇을 살릴 것인가

1. 감정이 우세한 심성

감정이 우세한 기질이나 성격의 장단점을 평가하기 위해서는 먼저 그 평가의 기준을 세워야 할 것이다. 심성을 평가하는 기준의 문제는 궁극적 문제의 하나이므로, 논란의 여지가 없는 이론을 제시하기는 어렵다. 여기서는 다만 사회적 존재인 인간이 갈등을 최소화하며 되도록 행복하게 사는 것이 가장 바람직한 인간의 삶이라는 상식적 전제를 앞세우고, 이 전제에 의존하여 인성(人性) 평가의 기준을 정하고자 한다.

저 전제를 받아들인다고 하더라도 '행복'이라는 개념에 대해서 이론(異論)의 여지가 많으므로, 모든 사람들이 동의하는 논의를 전개하기는 어렵다. 그러므로 우리는 '행복'이라는 개념에 대하여 또 하나의 상식적 전제를 앞세우고자 한다. 타고난 소질을 발휘해 가며 건강하고 보람되고 마음 편안하게 사는 것이 '행복'이라는 상식적 전제를 받아들이고자 하는 것이다. 결국 상식적인 의미의 행복을 만인이 되도록 평등하게 누리는 가운데 사회적 갈등을 최소화한다는 전체적 목표를 달성하기에 적합한 심성이 바람직한 심성이라는 전제를 받아들이고, 이 전제를 기준으로 삼고 저 감정 우세의 심성을 평가하도록 꾀하는 것으로써 3장을 위한 심성 평가의 기준으로 삼자는 것이다.

옛날의 전통적 농경 사회에서는 감정이 우세한 심성이 행복하고 원만한 사회생활을 위하여 유리한 조건으로서 작용했을 개연성이 높았을 것으로 추측된다. 그렇게 추측하는 첫째 이유는, 옛날의 농경 사회가 적대적 감정보다도 친화적 감정이 발달하기 쉬운 사회였다는 사실에 있다. 감정이 우세한 기질을 타고난 사람은, 그가 성장하고 생활한 사회적 환경의 영향을 따라서, 주로 적대적 감정을 많이 가진 사람으로 성장하기도 하고, 주로 친화적 감정이 풍부한 인품으로 자라기도 하거니와, 옛날 농촌 사회의 경우는 후자의 유형에 속하는 사람들이 나타날 확률이 높다고 보는 것이다. 그렇게 보는 첫째 이유는, 옛날의 농경 사회에서는 생존경쟁의 치열도가 비교적 낮았으며 친화적 감정을 풍부하게 가진 사람들이 사회생활에 적응하기가 비교적 용이했다고 보는 추측에 있다.

모든 사회생활에는 경쟁성이 따르기 마련이고, 경쟁성이 치열할수록 증오와 시기 또는 공포와 의심 따위의 적대적 감정이 발달하기 쉽다. 그런데 옛날의 농경 사회에서는 주로 가족이 생활의 단위를 이루고 자급자족하며 살았던 까닭에 수렵 사회나 상공 사회에 비하여 생존을 위한 경쟁의 치열도가 약했다. 반면에 농경 사회에서는 가족 단위 또는 부락 단위의 협동이 생존을 위한 가장 절실한 조건이었던 까닭에, 공격과 투쟁을 촉진하는 적대적 감정보다는 협동과 화합을 조장하는 친화적 감정이 발달하기 쉬웠을 것이라고 보는 것이다.

적대적 감정이 사회 발전의 유리한 조건으로서 작용할 경우가 없는 것은 아니나, 일반적으로 말하면 그것이 행복하고 원만한 사회생활을 위해서 부정적으로 작용할 경우가 많다는 것이 우리들의 일반적 경험이다. 한편 친화적 감정이 사회 발전의 불리한 조건으로서 작용하는 경우가 전혀 없다고 말하기는 어려우나, 일반적으로 말하면 그것이 행복하고 원만한 사회생활을 위하여 유리하게 작용할 공산이 크다는 것이 우리들의 상식이다. 그러므로 적대적 감정보다는 친화적 감정이 발달하기 쉬웠던 옛날의 농경 사회에서는, 한국인의 감정 우세의 기질이 행복하고 원만한 사회생활을 위해서 유리한 조건으로서 작용했을 개연성이 높다고 본 것이다.

옛날의 농경 사회에서는 감정이 우세한 심성이 행복하고 원만한 사회생활을 위해서 유리한 조건으로서 작용했을 것이라고 추측하는 또 하나의 이유가 있다. 그것은 옛날 농경 사회에서는 사람들이 접촉하고 이해관계가 수반하는 교섭을 갖는 범위가 좁았다는 사실이다. 자급자족하는 농경 사회 사람들은 그들이 출생해서 성장한 고장에서 한평생을 살 경우가 많았고, 다른 지방 사람들과 만나서 심각한 이해관계로 얽히는 경우는 드물었다. 대개는 혈연과 지연으로 연결된 가족과 친족 그리고 고장의 이웃 사람들과 친분을 쌓으며 살았다. 따라서 그들 사이에는 다년간의 친교에서 오는 친화의 감정이 왕래하였다. 이러한 상황에서도 개인과 개인 또는 가족과 가족 사이에 갈등이 생기는 경우는 흔히 있었다. 고부간의 갈등은 그 대표적인 것이고, 논두렁 주변에서 물싸움이 일어나는 경우와 묘지의 명당을 둘러싼 싸움도 흔히 있었다.

이러한 갈등은 모두 평소에 서로 익히 알고 있던 사람들 사이에서 일어난 갈등이고, 그들 사이에는 혈연 또는 지연을 통하여 형성된 친화의 정이 쌓여 있는 경우가 많았다. 이를테면 사랑과 미움이 얽혀 있는 갈등이라 하겠다. 이러한 가까운 사람들 사이에서 생긴 갈등을 해소하는 데는 이미 그들 사이에 형성된 친화의 감정을 되살리는 것이 큰 도움을 줄 수 있다. 과거의 두터운 정에 호소함으로써 오늘의 이해관계나 감정의 충돌에서 일어난 갈등을 해소하는 것이다. 동네 어른이 갈등이 생긴 쌍방을 한자리에 불러 놓고 술잔을 나누며 '사화술'을 나누는 경우는 우리 전통 사회에서 흔히 볼 수 있는 광경이었다.

'사화술' 자리에는 화해를 주선하는 제삼자가 참석하는 것이 상례이거니와, 그 제삼자의 구실은 당사자 쌍방에 영향력을 가진 친구나 선배가 맡는 것이 보통이다. 그 제삼자는 쌍방의 유감된 감정이 풀리도록 조언하거니와, 그 조언은 사리(事理)를 따져서 시시비비를 따지는 이지(理智)의 언어이기보다는 쌍방의 구정(舊情)에 호소하여 사소한 이해득실을 초월하도록 유도하는 정서(情緒)의 언어인 경우가 대부분이다.

그러나 산업사회 또는 정보사회로 불리는 현대의 경우는 옛날과 사정이 크게 다르다. 이지보다도 감정이 우세한 심성이 행복하고 원만한 사회생활을 위하여 유리한 조건으로 작용했던 옛날의 농경 사회와는 상황이 크게 달라졌으며, 따라서 감정의 우세한 심성이 도리어 행복하고 원만한 사회생활에 부정적으로 작용할 경우가 많게 된 것이다. 이러한 변화가 오게 된 첫째 사유는, 옛날의 전통적 농경 사회에 비하여 현대의 산업사회 내지 정보사회는 사회 경쟁이 몹시 치열하게 되었다는 사실에서 유래한다.

사람들이 사는 곳에는 어느 곳에서나 생존경쟁 내지 사회 경쟁이 있기 마련이다. 다만 옛날의 전통적 농경 사회의 경우는 사람들은 각각 주어진 신분에 안주할 수밖에 없었고 경제적으로는 자급자족함을 원칙으로 삼았던 까닭에, 그들의 사회 경쟁에는 신분의 상승 또는 시장의 독과점을 목표로 하는 따위의 생사가 걸린 심각한 것은 없었다. 전통 사회에서의 사회 경쟁에서는 제한된 사람들의 범위 안에서 제한된 목표를 달성하려는 힘겨루기에 그치므로, 그 경쟁은 대체로 매우 치열한 지경에는 이르지 않는다. 그러나 오늘날 우리 사회에서는 거의 모든 사람들이 모든 사람들의 경쟁 상대이며, 각자가 도달하고자 하는 목표에도 거의 상한선이 없다. 그러므로 현대의 사회 경쟁은 옛날의 경우보다 규모도 매우 크고 그 양상도 훨씬 치열하다. 대규모의 치열한 사회 경쟁의 소용돌이 속에 빠진 사람들은 자연히 공격적인 심성을 갖게 되고, 감정이 우세한 기질도 친화의 감정보다는 대립의 감정 쪽으로 발전할 공산이 크다.

우리 한국인은, 심성의 바탕을 이루는 기질로 볼 때, 대체로 이지보다도 감정이 우세한 점에 있어서 옛날이나 지금이나 크게 다를 바가 없다. 그러나 옛날의 우리 조상들에게는 친애와 동정 따위의 친화(親和)의 감정이 주로 발달했으나, 현대의 사람들에게는 증오와 시기 그리고 분노 따위의 적대(敵對)의 감정이 주로 발달하고 있다는 점이 크게 다르다. 우리 주변에서는 지금 잔인하고 냉혹한 사건들이 항상 일어나고 있다. 사람들의 언행이 거칠고 사소한 일에도 화를 내고 언성을 높이는 광경을 흔히 본다. 이러한 감정은 대립과 갈등을 조장하므로, 오늘의 한국적 상황에서는 감정이 우세한 심성이 행복하고 원만한 사회를 위하여 이바지하기보다는 저해 요인이 될 경우가 많다고 보는 것이다.

행복하고 원만한 사회의 건설을 위해서 가장 기본이 되는 것은 사람들 사이의 갈등을 해소하고 협동의 기풍을 조성하는 일이다. 앞에서 이미 언급한 바와 같이, 옛날 농경시대에는 사람들의 접촉 범위도 좁았고, 갈등이 생기는 것도 평소에 서로 잘 아는 사람들 사이에서이며 구정(舊情)의 축적이 있는 사람들 사이에서이므로, 그들 사이에 이미 형성된 친화의 감정이 갈등 해소에 크게 기여할 수 있었다. 그러나 오늘의 우리 상황은 옛날과는 크게 다르다.

현대사회에서는 사람들이 교섭을 갖는 범위가 옛날과는 비교조차 어려울 정도로 크게 넓어졌다. 옛날 농경 사회에서는 안면도 없고 이름도 모르는 사람들과 어떤 관계를 맺는 일은 거의 없었다. 그러나 오늘날은 우리 모두가 남이 생산한 상품의 구매자로서 살기 마련이므로, 내가 구매자로서 관계를 맺은 사람은 국내와 국외에 무수하게 퍼져 있다. 우리는 무수한 사람들과 무수한 관계를 맺고 사는 것이다. 무수한 사람들과 맺게 되는 무수한 관계 속에는 이해와 득실이 관여하게 될 경우가 허다하다. 예컨대, 내가 산 물건이 불량

품이거나 가격을 비싸게 매긴 상품일 경우에는 나와 그 물건을 만들었거나 판 사람들 사이에는 이해와 득실이 얽히는 관계가 맺어진 셈이 된다.

이해와 득실이 얽히는 관계가 맺어진다 함은 갈등이 일어날 소지가 생긴다는 것을 의미한다. 현대사회는 실로 이해관계의 얽힘이 많은 사회요, 갈등의 소지가 도처에 널려 있는 사회다. 개인주의 의식이 강한 현대인은 권리 의식도 따라서 강하다. 그리고 권리 의식은 바로 갈등의 원동력이다. 권리 의식이 강한 많은 사람들이 개별적으로 혹은 광범위하게 떼를 지어서 이리 얽히고 저리 얽히며 복잡한 갈등을 빚으며 사는 것이 현대사회의 인간상이다. 난마(亂麻)처럼 얽힌 이 갈등을 푸는 일이 행복하고 원만한 삶을 위해서 해결해야 할 우리가 당면한 첫째 과제다.

갈등은 개인과 개인 사이에서도 일어나고, 개인과 집단 사이에서도 일어나며, 집단과 집단 사이에서도 일어난다. 그 가운데서도 가장 힘든 것은 집단과 집단 사이의 갈등일 것이다. 세대와 세대 간의 갈등, 남성과 여성 간의 갈등, 부자 계급과 빈자 계급의 갈등 등 옛날에는 거의 모르고 지나갔던 집단과 집단 사이의 갈등이 해결을 요구하며 우리의 앞길을 가로막고 있다. 이 크고 복잡한 갈등을 푸는 힘을 어디에서 찾을 것이냐 하는 것이 우리들이 함께 대답해야 할 심각한 물음이다.

현대 한국인이 일반적으로 가지고 있는 소박한 감정은 저 복잡한 갈등을 해결함에 별로 도움이 되지 않을 것이다. 현대사회의 치열한 경쟁 상황 속에서 발달한 적대적 감정은 사회적 갈등을 더욱 조장할 것이다. 현대인도 흔히 가지고 있는 친화의 감정은 집단과 집단 사이의 갈등을 해소하는 데 다소간 도움이 되기도 할 것이나, 결정적 구실을 하리라고 기대하기는 어렵다. 예컨대 근로자들이 파업을 준비하고 있다는 것을 알고 사용자 측에서 '노사는 한 가족'이라는 점을 강조하며 근로자들의 애사심(愛社心)에 호소한다면, 일부의 근로자들은 일시적으로 파업에 동참하기를 주저할 수도 있을 것이다. 그러나 그러한 사용자 측의 호소는 노동조합 지도자들의 "근로자들은 하나로 뭉쳐서 투쟁해야 한다."는 설득과 맞대결했을 때 무력화되고 말 공산이 크다.

집단과 집단 사이의 갈등을 해소함에 있어서 가장 큰 힘이 될 수 있는 것은 지성(知性)이라고 생각한다. 힘의 대결을 통하여 승자와 패자를 가림으로써 갈등을 해소하려는 전략이 부당하다는 것은, 지금 우리가 고찰하고 있는 집단간의 갈등은 일종의 내분이며 두 집단 가운데서 어느 편도 타도의 대상이 될 수 없다는 사실에 의해서 명백하다. 노사가 대립된 경우, 노사 양측은 공생(共生) 아니면 공멸(共滅)의 운명을 가졌으며, 하나가 죽으면 다른 하나도 따라서 죽기 마련이다. 세대간의 대립의 경우도 그렇고 남녀간의 대립의 경우도 그렇다. 늙은 세대 가운데 젊은 세대가 멸망하기를 원하는 사람은 없을 것이며, 젊은 세대는 조만간 자신들도 늙은 세대가 되기 마련이라는 사실을 고려하지 않을 수 없을 것이다. 여성이 하나도 없는 세상을 원하는 남자가 없듯이, 남성이 하나도 없는 세상을 원하는 여자도 없을 것이다.

옛날 신분 사회의 경우에는 약자들이 자신들의 처지를 숙명적인 것으로 받아들였던 까닭에, 힘의 논리로써 계층간의 갈등을 잠재울 수도 있었다. 그러나 인권 사상과 평등 관념이 팽배한 현대사회에 있어서는 폭력은 폭력을 부르는 악순환으로 공멸의 결과를 초래할 것이 명백하므로, 폭력 또는 감정에 호소하는 전략이 부당함도 따라서 명백하다. 남은 것은 지성적 대화의 길뿐이다. 모든 상황을 투명하게 제시하고 면밀하게 분석하는 지성적 대화를 성실하게 지속한다면, 양측이 모두 살 수 있는 처방이 떠오를 것이다.

그러나 각자가 이해와 득실만을 계산하는 냉랭한 대화만으로는 문제의 해결에 이르지 못할 염려가 있다. '지성적 대화'라고 할 때, 그 '지성적'이라는 말 가운데는 '지혜로움'이라는 뜻도 포함시켜야 할 것으로 보인다. 쌍방이 '나의 이익을 추구한다' 할 때, '나'라는 말의 뜻도 모호하고 '이익'이라는 말의 뜻도 다의적(多義的)이다. '나'라는 말과 '이익'이라는 말을 지혜롭게 이해할 때 비로소 진정한 '지성적 대화'가 가능한 것이며, 진정한 지성적 대화만이 집단간의 갈등을 해소할 수 있는 처방을 찾아낼 수 있을 것이다.

'지성적'이라는 말 가운데는 '지혜로움'이라는 뜻도 포함시켜야 한다 함은 '지성'이라는 말 가운데 감정의 요소가 들어 있는 것으로 이해해야 한다는 뜻이다. 필자는 여기서 '지성'이라는 말과 '지식'이라는 말을 구별해서 사용하고자 하는 것이며, 순전히 객관적 사실에 관한 올바른 판단만을 많이 내릴 수 있는 사람은 '지식인'이라 부르고, 올바른 가치판단도 내릴 수 있는 사람은 '지성인'이라 부르고자 하는 것이다. 그리고 사실판단은 감정의 관여 없이도 가능하지만 가치판단을 위해서는 반드시 감정의 참여가 있어야 한다는 것이 필자의 생각이다.

그렇다면 '지성적 대화' 또는 '지성인'에게 요구되는 그 감정이란 도대체 어떠한 성질의 감정을 말하는 것일까? 바꾸어 말하면, 집단과 집단 사이의 갈등을 해결하기 위하여 냉철한 이지(理智)와 함께 작용해야 할 감정은 어떠한 성질의 것일까? 그것은 넓은 의미의 '사랑'의 감정일 수밖에 없을 것이다. 왜냐하면 갈등은 이해관계의 대립에서 오는 것이며, 지능의 힘을 동원하여 쌍방의 이해득실을 면밀히 검토한다 하더라도 인간의 지능에 한계가 있으며 인간에게는 자기중심적 성향이 작용하기 쉬우므로, 엄밀하게 공정한 타협점을 찾아서 합의에 도달하기는 어려울 것이기 때문이다. 따라서 원만한 타협을 위해서는 역지사지(易地思之)하는 마음과 상대편도 위하고자 하는 마음의 발동이 필요하다. 그리고 그 필요한 마음은 다름 아닌 '사랑'의 마음에 해당하는 것이다.

철저하게 자기중심적인 사람, 즉 자신만을 알고 타인에 대한 배려가 전혀 없는 사람은 지성인이라고 볼 수 없으며, 지성인이 아닌 사람에게는 '지성적 대화'가 불가능하다. 지성적 대화를 위해서는 감정의 통로가 필요하다. 바꾸어 말하면, 지성적 대화를 위해서는 상대편을 대화의 상대로서 인정하는 마음이 전제되어야 하며, 상대편을 대화의 상대로서 인정한다 함은 상대편도 나와 같은 인격의 소유자임을 인정하는 것이 된다. 그것은 곧 나와 상대편을 하나의 '우리'로서 의식하는 심리 작용이기도 하다. '나'와 '너'를 하나의 '우리'로서 의식할 때 이미 넓은 의미의 '사랑'의 감정이 발동했다고 볼 수 있을 것이다. 목석 같은 사람들에게는, 아무리 그들의 지능이 높다 하더라도, 지성적 대화는 불가능하다.

인간에게는 누구에게나 다소간 친화(親和)의 감정이 있고, 남을 나의 울타리 안으로 끌어들여서 '우리'를 의식하는 심리가 어느 정도 있다. 다만 개인주의적 자아의식이 몹시 강한 현대인에게는 남을 나의 울타리 안으로 받아들이는 포용력이 매우 미약하고 따라서 '우리 의식'도 일반적으로 약하다는 데 문제가 있다. 포용력이 약하고 '우리 의식'이 약하다 함은 '사랑'의 정이 부족하다는 뜻이 된다. 여기서 우리가 묻게 되는 물음이 있다. 현대의 복잡하고 심각한 집단적 갈등을 해소하기에 필요한 '지성적 대화'를 위하여 요구되는 '사랑'은 어떠한 성격의 사랑인가? 그것은 얼마나 넓고 얼마나 깊은 사랑인가?

여기서 우리에게 직감적으로 떠오르는 것이 공자의 사랑, 즉 '인(仁)'의 개념이다. 공자는 인의 뜻을 종합적으로 정리해서 밝힌 바 없으므로 그가 제자들과 나눈 대화 속의 언급을 근거로 삼고 추리할 수밖에 없거니와, 『논어』 「안연(顏淵)」 편에 보이는 번지(樊遲)와의 대화에서 "인은 사람을 사랑함이다."라고 말한 한마디가 인의 뜻을 이해하기 위한 하나의 출발점이 되리라고 생각한다. 사랑에는 진리에 대한 사랑, 아름다움에 대한 사랑, 신에 대한 사랑 등 여러 가지가 있거니와, 인은 '사람에 대한 사랑'이라고 공자는 주장한 것이다.

사람에 대한 사랑에도 여러 가지가 있을 수 있다. 남녀간의 사랑, 영웅 또는 위대한 인물에 대한 우러러보는 사랑, 불쌍한 사람에 대한 연민의 사랑 등. 이 여러 가지 사랑을 모두 인이라고 보기는 어려울 것이다. 그렇다면 인은 사람에 대한 사랑 가운데서 어떠한 특색을 가진 것일까? 이 대목에서 결정적 단서가 될 수 있는 것은 다음 두 구절이다. "자기를 극복하고 예로 돌아가는 것이 인이다."[1] "인은 사람다움이니, 친족을 후덕하게 대하는 것이 가장 중요하다."[2]

"자기를 극복하고 예로 돌아간다(克己復禮)." 함은 "소아(小我)를 넘어서서 대아(大我)의 경지로 돌아간다."는 뜻이다. 왜냐하면 공자가 숭상한 예는 사회적 존재로서의 인간을 상징하는 개념이기 때문이다. 공자는 인간을 개별적 존재로 보지 않고 집단적 존재로서 파악하였다.[3] 그리고 집단을 구성하는 개인들은 평등한 자격으로 집단에 속해 있는 것이 아니라 성원 각자가 집단 안에서 차지하는 위치와 서열은 각양각색이라고 보았다. 개인들은 각자가 집단 안에서 차지하고 있는 위치와 서열에 따라서 행동하고 처신해야 마땅하다는 것이 유가들의 생각이고, 예라는 것은 집단적 존재 내지 사회적 존재인 인간이 각자의 처지에 맞도록 처신하기 위하여 지켜야 할 행동 규범이다. 그러므로 '예로 돌아간다' 함은 사회적 존재인 인간이 그 본연의 모습으로 돌아감을 의미한다.

다음의 "인은 사람다움이니, 친족을 후덕하게 대하는 것이 가장 중요하다."는 『중용장구(中庸章句)』의 구절을 통하여 우리는 사람을 사람답게 하는 인이 추상적 보편의 사랑이 아니라 가까운 사람에 대하여 느끼기 마련인 자연지정(自然之情)을 근원으로 삼고 점차로 먼 사람들에게까지 넓혀 가는 차

---

1 『論語』, 「顔淵」, 1. 顔淵問仁. 子曰, "克己復禮 爲仁."
2 『中庸章句』, 20. 仁者 人也, 親親爲大. 義者 宜也, 尊賢爲大…
3 김태길, 『공자 사상과 현대사회』, 철학과현실사, 1998, 2장 참조.

등(差等)의 사랑임을 알 수 있다. 공자와 그 제자들은 부모와 자식 사이에서 자연히 생기게 되는 혈연의 정을 매우 중요시하였다. 유가들은 부모와 자식 사이의 혈연의 정을 인간애(人間愛)의 원동력으로 보았으며, 이 혈연의 정을 잘 가꾸어서 점차로 먼 곳의 사람들에게까지 미치도록 함으로써 방대한 인간 가족의 사회를 건설함이 현실적으로 가능한 최선의 길이라고 믿었다.

부모와 자식 사이의 혈연의 정에서 출발하여 민족애(民族愛)의 단계를 거쳐서 마침내 인류애(人類愛)의 단계에까지 이르는 것이 현실적으로 가능하냐 하는 것은 신중히 탐구해야 할 연구 과제다. 다만 확실한 것은 넓고 깊은 인간애의 감정 없이 현대사회의 갈등을 해결할 수 없다는 것과 혈육간의 자연지정을 건너뛰어서 갑자기 민족애 또는 인류애의 단계로 진입하기는 어려우리라는 사실이다. 여기서 우리는 현대의 지나친 개인주의 풍조 속에서 파괴 일로를 달리는 전통적 가족제도의 중요성을 절감하게 되거니와, 전통적 가족제도에 대해서는 다음 4장에서 다루기로 한다.

앞에서 우리는 감정이 우세한 한국인의 심성이 현대의 상황에서 어려운 문제점을 안고 있다는 사실을 지적하였다. 그러나 우리는 뜨거운 감정 즉 정열 그 자체를 부정적으로 보는 것은 아니며, 다만 뜨거운 감정과 균형을 이룰 만한 차가운 이지(理智)의 결핍에 문제의 핵심이 있음을 말하고자 함이다. 앞으로 바람직한 한국인상은 뜨거운 가슴과 차가운 머리를 아울러 가진 심성의 인간상이라고 필자는 생각하고 있다. 그러한 인간상으로의 접근이 실제로 가능하냐 하는 것은 인간 교육의 문제와 관련된 어려운 연구의 대상이다.

풍부한 감정과 높은 지능을 아울러 갖는다는 것이 현실적으로 가능하냐고 반문하는 사람도 있을 것이다. 가슴이 뜨거우면 냉철함에서 멀어지고 머리가 차가우면 가슴도 차갑기 쉽지 않느냐는 것이다. 그러나 필자는 풍부한 감정과 높은 지능을 아울러 갖는 것이 충분히 가능하다고 믿는다. 그렇게 믿는 이유의 하나는 생물의 세계에서 인간은 가장 지능이 높으면서도 감정이 가장 발달한 동물이라는 사실에 있다. 그리고 그 이유의 둘째는 동서고금의 위대한 사상가들은 대개 높은 지능뿐 아니라 풍부한 감정의 소유자이기도 했다는 사실에서 찾을 수 있다.

2. 가족주의적 공동체 의식

8 · 15 해방을 계기로 우리나라의 제반 사정이 크게 달라진 가운데 한국인의 가치 의식 내지 의식구조에도 현저한 변화가 생겼다. 그 변화 가운데서 가장 큰 것은 개인적 자아의식의 강화와 집단적 자아의식 즉 공동체 의식의 약화가 아닐까 한다. 19세기 말부터 서세동점(西勢東漸)의 조류를 타고 서양의 개인주의 사상이 들어오기는 했으나, 전체로 볼 때는 여전히 농경 사회와 더불어 가족주의가 지속하였고, 일본의 압박을 받는 처지에서 강한 민족주의가 발동하기도 하였다. 그러나 8 · 15는 '해방'의 이름으로 다가왔고 '해방'에 수반한 '자유'를 '방종(放縱)'과 구별할 수 있을 정도의 의식 수준에는 크게 미치지 못하는 민도(民度)였다.

제2차 세계대전이 끝나고 미군이 주둔하여 군정을 하게 되자 미국의 문물이 조수처럼 밀려왔다. 미국과 그 문물을 비판적 시각에서 바라본 사람들이 없었던 것은 아니나 그들은 극소수에 불과했고, 대부분의 한국인은 경탄과 찬양의 시선으로 미국을 우러러보는 추세였다. 미국은 모든 측면에서 선진국으로 평가되었고, 미국의 개인주의도 우리가 당연히 지향해야 할 앞선 인생관으로서 평가하는 조짐을 보였다. 다만 농촌 사람들과 구세대는 대체로 가족주의적 인생관에 머무르는 경우가 많았다.

미국식 개인주의가 본격적으로 수용되기 시작한 것은 아마 '근대화'의 이름으로 산업화를 추진하기 시작한 1960년대 중반부터였을 것이다. 빈곤의 퇴치를 정치의 급선무라고 판단한 박정희 정권은 경제개발정책을 과감하게 추진하였고, 국민의 대다수도 이에 적극적으로 호응하여, 우리나라는 놀라운 경제성장을 실현하게 되었다. 이 경제성장 과정에서 우리나라는 농업국에서 상공업국으로 변화하게 되었고, 대다수의 농촌이 도시로 탈바꿈하는 변화를 보였다.

산업화와 도시화는 사람들의 사고방식과 생활양식을 크게 바꾸어 놓았다. 가족을 삶의 절대적 필요조건이라고 생각하는 사람들이 날로 줄게 되었고 가족 안에서 한자리를 확보하면 생활이 보장되던 시대는 옛날이야기가 되고 말았다. 개인의 능력이 곧 생사를 좌우하는 최대의 조건이 되었으며, 개인만 똑똑하면 가족을 떠나서도 혼자서 능히 살 수 있는 세상이 되었다. 가족의 존재 이유가 크게 감소한 것이며, '나'와 '가족'을 하나의 '우리'로서 의식하지 않으면 안 될 조건이 사라졌거나 크게 약화되었다.

가족적 자아의식의 약화와 병행하여 개인적 자아의식의 강화가 현저하게 나타났다. 자녀가 성인이 된 뒤에는 부모로부터의 독립을 갈망하게 되었고, 부모의 시선으로 볼 때는 자기의 품을 떠나고자 하는 자녀가 '분신(分身)'이 아닌 '타인(他人)'으로 느껴지기 쉬웠다. 한때는 자식은 부모와 떨어져 살기를 원하고 부모는 자식과 함께 살기를 원하는 경우가 많았으나, 근래에는 부모와 자식 모두가 따로 살기를 원하는 경우가 많은 것으로 알려졌다. 유교적 가족주의가 무너지고 서구적 핵가족을 지향하는 추세로 변한 것이다.

비록 부부 사이라 하더라도 피차를 타인으로 의식하는 경우가 옛날보다 흔하게 되었다. "부부는 일심동체"라든지, "주머닛돈이 쌈짓돈"이라는 속담이 공허하게 느껴질 경우가 빈번하게 되었다. 이혼을 있어서는 안 될 부끄러운 일이라고 보는 관념이 약화되었으며, 사랑이 식었으면 헤어지는 것이 도리어 당연하다는 생각을 가진 사람들이 흔하게 되었다. 가족이 아니라 개인이 생활의 단위로서 부상한 것이다.

개인주의의 기본 특색은 개인의 자유와 권익을 침범해서는 안 될 귀중한 권리라고 보는 신조에 있다. 서구 여러 나라들이 이 개인주의에 입각하면서도 안녕과 질서를 유지할 수 있었던 것은, 각자가 자신의 자유와 권익만을 내세우는 데 그치지 않고 타인의 권익까지도 공평하게 존중하는 공정(公正)의 원칙을 체득했기 때문이다. 바꾸어 말하면 서구의 개인주의는 심한 이기주의의 길로 빠지지 않음으로써 심한 사회적 혼란을 미연에 방지할 수 있었다.

그러나 우리 한국의 경우는, 8·15 해방을 계기로 미국의 문물을 다급하게 받아들였을 때 '자유'와 '방종'을 혼동하였고, 따라서 개인주의와 이기주의도 혼동하는 잘못을 저질렀다. 우리는 나의 자유와 나의 권익을 앞세우는 데만 급급하여 남의 자유와 남의 권익도 공평하게 존중하는 공정성은 외면했던 것이다. 우리나라는 해방 이후 오늘에 이르기까지 많은 사회적 혼란을 겪어 왔거니와, 이 지속된 혼란의 근본적 원인의 하나로서 개인주의와 이기주의의 혼동을 꼽아야 할 것이다.

한국의 전통 사회가 안녕과 질서를 유지함에 있어서 가장 큰 힘이 된 것은, 서구적 개인주의 속에 담긴 공정성의 정신이 아니라, 가족과 민족에 대한 강한 공동체 의식이었다. 모든 경우에 있어서 사회적 갈등과 혼란의 가장 큰 원인은 사람들의 이기심이라고 볼 수 있거니와, 근대 이후의 서구 사회에서는 개인주의에 입각하되 나와 남의 권익을 공평하게 존중하는 공정성의 정신(이 공정성의 정신은 준법의 기본 정신이기도 하다)에 의하여 저 이기심의 발동을 저지할 수 있었고, 우리 한국의 전통 사회에서는 가족과 민족에 대한 강한 공동체 의식이 이기심의 발동을 저지하는 데 큰 힘이 되었던 것이다.

우리나라가 산업화에 성공하면서 젊은이들은 가족과 농촌을 떠나서도 개인의 능력을 따라서 자유롭게 살 수 있게 되었고, 전통적 가족 또는 가문과 생사고락을 같이해야 할 필연적 사유가 없어졌다. 이러한 상황에서 가족주의적 공동체 의식이 크게 약화된 것은 자연스러운 추세였다. 우리나라의 전통적 가족주의가 가족주의적 이기주의로 흐르는 폐단을 수반했다는 사실을 상기할 때, 가족주의적 공동체 의식의 약화에는 긍정적 측면도 없지 않다. 만약 가족주의적 공동체 의식의 약화가 민족적 공동체 의식의 강화를 초래하고 나아가서 민족보다도 더 큰 공동체 의식으로 이어졌다면, 그것은 크게 기뻐할 만한 일이라 할 것이다. 그러나 우리의 현실은 그러한 방향으로 발전하는 조짐을 보인 바 없다. 서구의 개인주의가 이기주의로 변질한 상태로 받아들여지면서, 우리 한국인에게는 건전한 사회의 건설을 위해서 필요한 어떠한 종류의 공동체 의식도 결여한 것이 아닐까 염려된다.

오늘의 한국인에게 공동체 의식이 전혀 없다고 말하기는 어려울 것이다. 지금도 우리에게는 가족에 대한 공동체 의식도 다소간 남아 있고, 민족에 대한 그것도 남아 있다. 그러나 그 남아 있는 공동체 의식이 확고한 의지를 수반한 것이 아니므로 개인적 이기심의 발동을 억제할 수 있을 정도로 강력한 것은 못 된다. 또 현재 우리나라에는 '집단적 이기주의'로 불리는 현상이 있어서 그것도 일종의 공동체 의식을 전제로 한다는 인상을 주기도 한다. 예컨대 지역사회의 이기주의는 '지역적 공동체 의식'을 전제로 하는 것이고 정치단체의 이기주의는 '정당적 공동체 의식'을 전제로 하는 것이 아니냐는 생각을 갖게 한다. 그러나 필자가 보기에는 우리나라에서 논란의 대상이 되고 있는 '집단적 이기주의' 현상은 엄밀한 의미의 '공동체 의식'에 입각한 것이 아니라, 개인적 이기주의의 전략적 집단행동에 불과하다.

참된 공동체 의식은 해당 공동체를 살리기 위해서 자신의 개인적 불이익을 감수하고자 하는 의지를 수반할 때 성립한다. 그런데 오늘날 한국인이 가지고 있는 가족적 공동체 의식이나 민족적 공동체 의식에는 가족 또는 민족을 위해서라면 개인으로서의 자신이 불이익을 당해도 좋다는 결의를 수반하지 않는 경우가 대부분이다. 그리고 이른바 '집단적 이기주의'의 경우에 있어서 지역 또는 정당을 위해서 자기 개인의 희생을 무릅쓸 정도로 헌신적인 사람을 찾아보기는 더욱 어렵다. 자기 개인의 이익을 확보하기 위한 전략으로서 같은 지역 사람들과 공동 보조를 취하는 경우가 많으며, 개인의 이익을 위해서 필요하다고 판단할 경우에는 주저 없이 정당을 바꾸거나 신당을 만들기도 하는 것이 우리나라에서 말하는 '집단적 이기주의'의 실상이다.

사회의 안녕과 질서 그리고 건전한 발전을 위해서는 사람들의 이기심이 발동하지 않도록 막아 주는 어떤 힘의 작용이 필수적이다. 법의 제정과 그 시행은 이기심의 부당한 발동을 막기 위한 제도적 장치에 해당한다. 그러나 법으로써 이기심의 부당한 발동을 막을 수 있는 것은 일부의 국한된 범위에 한정될 뿐 아니라, 법의 강권만으로 질서를 유지하는 것은 바람직한 사회의 모습이 아니다. 사회의 안정된 질서유지를 위해서는 법에 의한 타율적 장치 이외에 사람들 스스로 이기심을 자제하게 하는 자율적 장치가 필수적이다. 그 자율적 장치의 구실을 하는 것이 강한 공동체 의식과 자타의 권익을 공평하게 존중하는 공정심이다. 그러나 앞에서 지적한 바와 같이 현대 한국인에게는 저 두 가지 자율의 심성이 모두 미약한 것이다. 저 자율의 심성을 어떻게 하면 함양할 것이냐 하는 것이 지금 우리 앞에 놓여 있는 중대한 문제다.

우리들이 당면한 문제는 장차 우리 사회를 위하여 바람직한 새로운 인간상(人間像)의 문제에 해당한다. 그것은 우리가 앞으로 정립하고자 하는 인간상의 목표를 정하는 문제와 그 목표의 달성을 위한 효과적 방법의 문제로 나누어질 것이다. 결국 우리는 매우 거창하고 어려운 문제 앞에 서게 된 것이며, 이 자리에서는 예비적 방향을 모색하는 선에서 만족할 수밖에 없을 것이다. 바람직한 인간상의 목표를 정하는 문제부터 생각해 보기로 하자.

집단 속에 개인을 매몰하는 전통적 인간관으로 돌아갈 것이냐, 또는 서구의 개인주의적 인간관에 투철할 것이냐 하는 양자택일의 견지에서 접근하는 것은 적합하지 않을 것이다. 우선 개인적 자아의식을 완전히 초탈하여 오로지 집단 전체만을 자아로서 의식하는 인간이란 있을 수 없을 뿐 아니라, 개인의 독자성을 전적으로 무시한 철저한 집단주의가 얼마나 불합리한 결과를 가져올 것인가는 과거의 집단주의 국가들이 남긴 역사적 기록만으로도 명백하다. 그리고 개인의 자유와 권익만을 앞세우고 집단의 조직과 제도는 오로지 개인을 위한 수단에 불과하다고 보는 철저한 개인주의에 입각함으로써 이기주의의 폐단을 막고 질서 정연하고 평화로운 사회를 건설할 수는 없다는 것도 우리가 살고 있는 오늘의 현실이 보여준다.

예나 지금이나 인간에게는 본래 개인적 측면도 있고 집단적 측면도 있다. 개인 또는 그들이 놓인 집단의 여건에 따라서 개인적 측면이 우세하게 표면화하기도 하고 집단적 측면이 우세하게 표면화하기도 한다. 이 두 측면 가운데 어느 한쪽만을 강조하고 다른 한쪽을 도외시하면 편견의 폐단이 생기게 된다. 여기서 우리는 저 두 측면의 조화로운 통일이 바람직하다는 생각을 하게 된다. 그 바람직한 조화 통일의 일정한 비율을 고정시켜서 말하기는 어려울 것이며, 상황 여하에 따라서 바람직한 조화 또는 균형의 양상은 달라질 것이다. 그러므로 여기서 우리가 당면하고 있는 문제는, 우리가 놓여 있는 시대적 상황을 고려할 때, 인간이 가진 집단적 측면과 개인적 측면을 어떠한 모습으로 지양(止揚)한 인간상을 목표로 삼을 것이냐 하는 문제에 해당한다.

바람직한 인간상의 밑그림을 그리기 위해서는 바람직한 인간과 그 반대의 인간을 구별하는 기준이 서야 할 것이다. 그러나 단순히 개인적 차원에서 '바람직한 인간'의 모습을 한 가지로 정하고자 하는 발상은 문제의 제기부터 잘못이라고 생각한다. 사람들은 각자의 취향을 따라서 살 자유를 어느 정도 가지고 있다고 보아야 할 것이며, 따라서 개인적 차원에서 볼 때 '바람직한 인간'의 그림은 다양할 수밖에 없을 것이다. 다만 인간이 집단을 이루고 사회적 존재로서 사는 한, 그들이 누릴 수 있는 자유에는 한계가 있으며, 그 한계 안에서 각자가 원하는 삶을 가지기 위해서는 전체로서의 사회가 일정한 조건을 갖추어야 한다. 그러므로 이 자리에서 우리가 묻는 '바람직한 인간'의 문제는 개인이 아닌 사회의 차원에서 접근해야 한다. 이에 우리는 바람직한 사회의 조건부터 고찰해야 할 것이다.

바람직한 사회의 첫째 조건은 안녕과 질서의 유지다. 사회가 안녕과 질서를 상실하면 개인들이 각자의 뜻을 이루고 보람된 삶을 실현하기 어렵다. 바람직한 사회의 둘째 조건은 사회정의에 입각한 만인(萬人)의 기본 생활 안정이다. 기본 생활의 안정이 보장되지 않으면 '각자의 취향을 따르는 바람직한 삶'이라는 것이 실현의 바탕을 잃는다. 대부분의 사람들에게 기본 생활이 보장된다 하더라도 사회정의가 무너지고 빈부의 격차가 심하면 사회적 갈등이 격화되어 사람들이 마음의 평화를 잃게 된다. 바람직한 사회의 셋째 조건은 인화(人和)와 협동이다. 인화와 협동이 부족하면 개인들의 삶이 고독과 좌절을 면하기 어렵다. 이상의 세 가지 조건은 서로가 완전히 떨어져 있는 것이 아니며, 그들 사이에는 긴밀한 연관성이 있다.

서구적 개인주의자들만으로는 앞에서 말한 세 가지 조건을 갖춘 사회를 건설할 수 없을 것이다. 만약에 모든 사람들이 나와 남의 권익을 차별 없이 존중하도록 투철하게 지성적일 수 있다면, 사회의 질서와 평화에 별다른 문제가 생기지 않을 것이다. 그러나 모든 사람들이 예외 없이 철저하게 지성적이 된다는 것은 현실적으로 기대하기 어렵다. 자기중심적이며 이기적인 사람들이 여기저기 나타날 것이고, 비록 소수라도 그러한 사람들이 나타나면 사회의 안녕과 질서는 무너질 것이다. 그리고 설령 자기중심적 이기주의자가 나타나지 않는다 하더라도 사람들은 심한 고독을 면하기 어려울 것이다.

사랑의 감정이 전혀 없이 오로지 이지적이기만 한 사람은 사실상 존재하지 않을 것이다. 세상에서 철저한 개인주의자로 알려진 사람도 '나'에 대한 사랑은 가지고 있기 마련이며, '나에 대한 사랑'조차 없으면 아무런 주의자(主義者)도 되지 않을 것이다. 자애지정(自愛之情)도 일종의 정열이며, 이 정열이 모든 공동체 의식의 원동력이다. 보기에 따라서는 '남에 대한 사랑'이라고 불리는 것까지 포함한 모든 사랑이 '자아에 대한 사랑' 또는 그 연장이라고 말할 수 있을 것이다. 왜냐하면 '나'가 무엇을 사랑할 때 그 사랑의 대상은, 사랑의 대상이 되고 있는 동안 나의 자아 체계 속으로 편입되기 때문이다.

자아라는 것은 나선형으로 신축하는 의식(意識)의 체계다. 아기를 품에 안고 젖을 빨릴 때, 어머니는 아기를 사랑하는 것이고 아기는 어머니의 자아 체계 속으로 편입된다. 어머니는 품안의 아기를 '나의 아기'로 의식하는 동시에 어머니와 아기는 하나의 '우리'로 통일된다. 그런 뜻에서 아기에 대한 어머니의 사랑은 어머니가 의식한 '우리' 즉 자아에 대한 사랑이다.

항일 투사가 우리 민족을 위하여 목숨을 바칠 것을 결심하고 맹세를 하거나 폭탄을 던질 때, 그 투사는 우리 민족을 그의 자아 체계 안으로 포섭하는 동시에, 투사와 민족은 하나의 '우리'로서 통일된다. 그런 뜻에서 민족에 대한 투사의 사랑은 그 투사가 의식한 '우리' 즉 대자아(大自我)에 대한 사랑이다. 그 항일 투사가 일본 관헌에 체포되어 형벌의 고통과 회유의 유혹을 이기지 못하여 그들에게 항복하고 일신과 가족의 안일을 지키는 길로 전향한다면, 우리 민족은 그의 자아 체계 밖으로 떨어져 나가고 그의 자아 또는 '우리'도 따라서 크게 축소될 것이다.

내가 어떤 대상을 사랑함으로써 그것을 자신의 자아 체계에 편입시킬 때, 되도록 광범위한 대상을 포섭함이 바람직하나, 먼저 편입시키는 것이 마땅한 것과 뒤에 편입시키는 것이 마땅한 것의 구별이 있다. 이 점을 매우 중요시한 것이 '나'에게 가까운 것을 먼저 사랑하고 점차로 먼 것으로 그 대상을 넓혀 가도록 가르친 공자였다. '나'에게 가장 가까운 것은 내 몸과 내 목숨이다. 그러나 공자가 내 몸과 내 목숨을 가장 먼저 사랑하라고 강조하지 않은 것은, 굳이 그것을 강조하지 않더라도 사람은 누구나 본능적으로 자신의 몸과 목숨을 사랑하리라고 보았기 때문일 것이다. '나' 다음으로 '나'에게 가장 가까운 것은 자신의 자녀와 부모라고 공자는 생각했다. 여기서 공자는 부모에 대한 자식의 사랑을 크게 강조했으나, 자식에 대한 부모의 사랑은 그토록 강조하지 않았다. 아마 모성애와 부성애는 본능적이나 자성애(子性愛)라는 본능은 없다고 보았기 때문일 것이다.

유가들은 부모와 자식 사이의 자연스러운 정(情)과 형제와 자매 사이의 자연스러운 정을 유대로 삼고 가족 공동체를 형성하는 것이 매우 중요하다고 보았다. 그러나 그들이 가족 공동체를 중요시한 것은 가족 공동체의 형성 그 자체에 막대한 가치를 인정했기 때문이 아니라, 그것은 더욱 큰 규모의 공동체 형성을 위한 모체(母體)가 된다고 믿었기 때문이다. 공자와 맹자는 본래 치국(治國)과 평천하(平天下)로 상징되는 정치적 이상에 깊은 관심을 가졌으며, 그들의 정치적 이상 실현을 위해서 단란한 가족 공동체의 형성이 귀중한 출발점이 된다고 믿었던 것이다. 『맹자』 양혜왕장구(梁惠王章句)에 보이는 다음 구절은 이 점을 명백하게 밝혀 준다.

> 내 부형을 공경하여 그 마음을 남의 부모에게까지 미치도록 하고, 내 어린이를 사랑하여 그 마음을 남의 어린이에게까지 미치도록 하면, 천하는 손바닥 위에서 움직일 수 있습니다.[4]

부모와 자식 또는 형제와 자매 사이에서 싹트고 키운 사랑의 정을 친척이나 이웃 사람들에게까지 미치도록 하는 것은 어느 정도는 가능할 것이다. 그러나 가족 공동체에서 형성된 자연스러운 사랑을 민족애 또는 인류애와 같은 광범위한 사랑으로 키운다는 것이 과연 가능한 일일까 하는 의심이 여기

---

4 『孟子』, 梁惠王章句 上, 7. 老吾老 以及人之老, 幼吾幼 以及人之幼, 天下可運於掌….

서 제기된다. 그것이 가능하기 위해서는 가족적 사랑을 민족의 사랑 또는 인류의 사랑으로 발전시킬 수 있는 어떤 힘의 작용이 있어야 할 것이다. 혈연의 정 또는 우정이나 연정(戀情)에는 그런 힘이 있을 것으로 보이지 않는다. 그런 힘이 있다면 그것은 초월을 지향하는 종교적 믿음이나 보편을 지향하는 이성적 사유에 있을 것이다. 우리나라의 유교적 전통 안에는 초월을 지향하는 믿음의 사상은 미약한 것으로 안다. 그보다는 보편을 지향하는 이성적 사유에서 그 힘을 모색하는 것이 나을 것으로 보인다.

더 적절한 말을 모르는 까닭에 '보편을 지향하는 이성적 사유'라는 말을 사용하였다. 이 모호한 말의 뜻을 밝히기 위하여 공자가 70세에 이르러서 도달했다고 자술(自述)한 종심(從心)의 경지에 대해 언급하고자 한다. '종심의 경지', 즉 '마음이 하고자 하는 바를 따라서 해도 법도(矩) 즉 사리(事理)에 어긋남이 없는 경지'는 바로 '자유'의 경지 또는 '깨달음'의 경지에 해당한다. 그리고 앞에서 말한 '보편을 지향하는 이성적 사유'라 함은 '자유'의 경지 또는 '깨달음'의 경지로 인간을 인도하는 사유라는 뜻이다.

저 '자유' 또는 '깨달음'의 경지를 스피노자는 '직관지(直觀知, scientia intuitiva)'라는 말로 표현하였다. 스피노자가 말한 '직관지'를 공자가 말한 '종심'의 경지에 포함된 '자유' 또는 '깨달음'과 동일한 개념이라고 보기는 어렵다. 그러나 그것이 인간의 이성으로써 접근을 꾀할 수 있는 최고의 경지라는 점에서, 그리고 그 경지에 도달함이 이상적 인간상의 정점(頂點)이라는 뜻에서, 그것은 공자의 '종심'과 근본적 공통점을 가졌다.

스피노자에 따르면 이 세상에 존재하는 것은 오직 하나의 광막한 대자연뿐이다. 이 대자연이 유일한 실체(實體)요 그 밖에는 아무것도 존재하지 않는다. '나'를 포함한 인간도 이 대자연의 일부이며, '나'는 독립된 존재가 아니라 대자연의 일부일 따름이다. '나'가 대자연의 일부라 함은 '나'와 대자연이 하나라는 뜻이며, '나'와 대자연이 둘이 아니라 하나임을 깊이 인식할 때, 우리는 인식(認識)의 최고 경지인 직관지에 접근하는 동시에, 이상적 인간상인 자유인(自由人)으로 접근한다.[5]

우리 조상들은 가족적 정서를 바탕으로 한 강한 공동체 의식을 가지고 있었으나, 1960년대 이후에 진행된 산업화 과정에서 개인주의적 사고방식에 밀려 그것이 크게 약화되었다. 그뿐만 아니라 우리나라에 들어온 개인주의에는 나의 권익과 남의 권익을 공평하게 존중하는 공정(公正)의 덕이 수반하지 않았으므로, 우리는 심한 사회적 갈등과 혼란을 겪게 되었다. 여기서 전통 사회의 가족주의적 공동체 의식으로 되돌아감으로써 사회적 갈등과 혼란을 막을 수 있다고 생각할 수 없었던 우리는, 장차 우리 사회를 위하여 바람직한 새로운 인간상을 정립해야 한다는 결론을 얻게 되었다.

동서와 고금의 모든 인간상과 공통된 출발점은 자애(自愛)의 정이라고 본 우리는 새로운 인간상을 정립하는 문제의 핵심은 새로운 자아 체계를 정립하는 문제에 있다는 생각에 이르렀다. 여기서 '자아 체계의 정립'이라 함은 의식(意識)의 주체로서의 '나'가 의식의 대상인 '남' 즉 타아(他我)를 '나'의 품속으로 포용함으로써 '우리'로서의 자아를 형성함을 말하거니와, 인간에게 자연스럽게 주어진 혈연의 정을 이웃 사람들에게 확대해 나감으로써 국가와 천하에까지 미치도록 한다는 것이 유가들의 전략이었다.

그러나 가족 공동체에서 형성된 자연스러운 사랑 자체가 가진 정열만으로는 민족애 내지 인류애에까지 이르기는 어려울 것이며, 가족애를 민족애 내지 인류애로 발전시킬 수 있는 어떤 다른 힘의 작용이 있어야 할 것이라는 성찰을 갖게 되었다. 그 '어떤 다른 힘'의 구실을 할 수 있는 것은 초월을 지향

---

5 B. Spinoza, *Ethica*, 제1부, 제3부 및 제4부 참조. 김태길, 『윤리학』, 박영사, 1963, 3장 2절 참조.

하는 종교적 신앙이나 보편을 지향하는 이성적 사유밖에 없을 것이라고 우리는 보았다.

우리나라의 유교적 전통에는 초월을 지향하는 종교적 신앙은 극히 미약하다. 그러나 보편을 지향하는 이성적 사유는 유교적 전통 바탕에도 깔려 있다. 공자로 하여금 70세에 이르러 '종심'의 경지에 도달하게 한 인격적 성장 과정의 바탕이 된 것이 바로 그 이성적 사유의 힘이라고 우리는 보았다. '종심'의 경지는 깨달음을 얻은 사람만이 도달할 수 있는 자유인의 경지이므로 아무나 도달할 수 있다고 보기는 어렵다. 그러나 그것은 노력만 하면 누구나 접근할 수 있는 이상적 인간상의 목표가 될 수는 있다.

보통 사람들로 하여금 이상적 인간상으로 접근하도록 도와주는 것은 인성 교육의 과제다. 인성 교육의 방법을 밝히는 일은 또 하나의 연구 과제다.

3. 예(禮)와 형식의 존중

유교를 국교(國敎)의 자리에 올려놓은 조선왕조는 예를 숭상한 유교의 전통을 그대로 받아들였다. 더러는 예의 근본인 내실보다 그 말절(末節)에 해당하는 외형에 집착한 나머지 예론(禮論)에 관한 심한 경직성을 보이는 폐단에 빠지기도 하였다. 그러나 오늘의 우리나라를 예가 숭상되는 나라라고 말하기는 어렵다. 봉건사회를 배경으로 삼고 형성된 예법을 묵수하는 폐단을 벗어나게 된 것은 다행이라 하겠으나, 예의 근본정신조차도 망각한 지나침으로 인하여 사회의 분위기가 거칠고 삭막한 지경에 이른 것은 심히 불행한 일이라 하겠다.

예의 근본은 올바른 인간관계를 정립하고 유지하기에 필요한 행동의 양식이다. 올바른 인간관계를 정립하고 유지하는 일은 어느 시대 어느 사회에서나 매우 필요하므로, 모든 시대와 모든 사회에는 예가 있어야 하고 그것이 지

커져야 한다. 다만 올바른 인간관계를 정립하고 유지하기에 필요한 행동의 양식은 시대와 사회를 따라서 다를 수 있다. 그러므로 현대를 사는 한국인이 옛날 중국 사회에서 형성된 예를 그대로 지킬 필요는 없으나, 오늘의 올바른 인간관계를 위하여 요구되는 예를 지키는 일은 매우 중요하다. 그러나 오늘날 우리 주변에는 옛날 유교적 전통 사회에서 형성된 예가 우리의 현실에 적합하지 않다는 이유로 예 그 자체를 부정적 시각으로 바라보는 사람들이 많다. 쉽게 말하면, 무례한 언행을 함부로 하는 사람들을 도처에서 볼 수 있다. 외국에 나가서까지 상식을 벗어난 행동을 하여 국제적 망신을 당하는 사례가 많다는 보도도 여러 번 있었다.

무릇 바르고 원만한 인간관계를 위해서 절실하게 필요한 것은 다른 사람들의 인격과 감정을 존중하는 마음이다. 그 마음을 전달하는 것은 우리들의 말과 행동이다. 마음 그 자체는 형태가 없으므로 보이지 않으며, 사람들은 말과 행동을 통하여 서로의 마음을 읽는다. 말과 행동이 마음을 전하는 기초의 구실을 하는 것은 그것들이 겉으로 나타나기 때문이며, 바르고 원만한 인간관계를 위해서는 말과 행동이 적합한 양식(樣式)을 따라야 한다. 말과 행동의 적합한 양식이 바로 예에 해당하며, 예의 규범은 시대와 사회의 상황을 따라서 관습적으로 형성되기도 하고 인위적으로 만들어지기도 한다. 예를 크게 예절과 의식(儀式)으로 나눈다면, 예절은 주로 관습에 의하여 형성되고 의식은 대부분 인위적으로 만들어진다.

우리는 마음과 예의의 관계를 음식물과 그릇의 관계에 비유할 수 있다. 좋은 음식물은 그것에 적합한 그릇에 담을 때 오래 보존도 되고 좋은 맛을 즐길 수도 있다. 아름다운 마음도 그 마음에 적합한 표현 양식이 있고 그 적합한 표현 양식을 무시하면 조만간 무너지기 쉽다. 아름다운 마음만 있으면 되지 예절의 껍데기가 무슨 소용이냐는 의견은, 음식만 중요하고 그것을 담는 그릇은 아무것이든 상관이 없다는 의견과 마찬가지로 짧은 생각이다.

좋은 그릇은 좋은 음식의 가치를 지키는 구실을 할 뿐만 아니라 좋은 음식을 만드는 과정에서도 도움을 주는 경우가 있다. 향기 있는 나무통이 좋은 술을 빚는 과정에서 도움이 되고 좋은 옹기가 맛있는 장이나 김장을 담그는 데 도움을 주는 경우가 그것이다. 예절에 맞는 언행도 이미 형성된 아름다운 마음을 보존하는 구실을 할 뿐 아니라 아름다운 마음을 만들어 내는 구실을 하기도 한다. 애써 웃는 표정을 짓고 웃는 얼굴로 살기를 오래하는 가운데 웃는 마음이 생기기도 하듯이, 예의바른 언행을 몸에 익히도록 습관적 노력을 기울이는 가운데 그 언행의 양식에 부합하는 마음이 길러지기도 한다. 다만 예의바른 언행이 그것에 부합하는 아름다운 마음을 그 행위자에게 길러 주는 것은 행위자가 상대편에 대하여 아름다운 마음을 갖고자 하는 의지를 가졌을 경우에 국한된다. 그러한 의지 없이 표면상으로만 예의바른 언행을 할 경우에는 도리어 위선(僞善)으로 이어질 염려가 있다.

예의를 의식한 정중한 언행은 사람과 사람의 사이를 서먹서먹하게 만든다는 이유에서 예의에 대한 부정적 견해를 가진 사람들이 있다. 여기서 우리가 유의해야 할 것은 예의바르기 위하여 언제나 정중하고 근엄할 필요는 없다는 사실이다. 전통적 양반 사회에서 정중하고 근엄한 언행이 예의바른 태도로서 권장된 것은 사실이다. 그러나 유가들도 과공(過恭)은 비례(非禮)라 하여 지나치게 공손한 태도는 옳지 않다고 보았다. 더구나 현대사회에서의 예의는 전통 사회의 경우보다 훨씬 자유롭고 융통성이 있어야 할 것이다. '예의바르다' 함은 주어진 상황에 적합하도록 처신함을 말하는 것이니, 예의의 근본정신은 중용(中庸)을 벗어나지 아니함에 있을 것이다.

조선시대의 우리 조상들은 유교의 영향 아래서 예를 숭상하게 되었으며, 예의 숭상과 더불어 외형 또는 형식을 중요시하는 습성을 가지게 되었다. 현대의 한국인은 서구의 민주주의 사상을 받아들이며 근대화를 서두르는 과정에서 봉건적 색채가 강한 유교의 예에 대해서 부정적 태도를 취하는 경우가 많았다. 그러나 예의 숭상과 밀접한 관계를 가지고 형성된 외형 존중의 습성과 가치 의식은 조상들의 것을 체면 의식과 더불어 대체로 계승하였다. 외형을 존중한 조상들의 가치 의식을 아무런 갈등도 없이 받아들였을 뿐 아니라, 산업화를 통하여 경제 사정이 호전된 뒤에는 부(富)의 과시로 우월감에 도취하기를 좋아하는 졸부 근성과의 상승작용으로, 겉치레를 일삼는 풍조가 매우 심하게 되었다. 외형 존중의 습성이 사치와 낭비의 풍조로 이어진 것이다.

한국의 사치와 낭비 풍조는 부유층과 권력층의 앞장으로 일어나기 시작했다. 군사정권의 특혜를 받고 일부의 기업인들이 재벌로 급성장했을 무렵에, 손쉽게 거액의 돈을 번 사람들 가운데서 사치와 낭비로 부를 과시하고 향락을 즐기는 풍조가 발생했고, 정경유착의 비리를 통하여 일부의 권력층도 이 풍조에 합류했던 것이다. 그리고 그 다음에는 돈벌이가 좋은 일부의 유명 연예인들이 이 풍조에 함께 어울렸다. 또 그 다음에는 돈의 여유가 별로 많지 않은 일반 시민들 가운데서도 사치와 낭비의 물결에 휩쓸리는 사람들이 무수하게 나타나게 되었다. 그들의 대부분은 특권층을 비난하고 욕하면서도 부지불식간에 스스로 욕한 사람들을 모방하는 어리석음으로 빠져들었다.

옛날 대부분의 국민이 기아에 시달리던 시절에는 일부 부유층의 낭비는 미덕(美德)으로서 찬양을 받았다. 소수의 부자가 음식을 푸짐하게 장만하여 먹다 남기면 하인이나 가난한 이웃 사람들이 그것을 즐겨 먹었고, 입던 옷을 남에게 주는 것은 실례가 아니라 후덕이었으며, 헌옷을 얻어서 입는 것을 꺼리는 사람들은 소수에 불과했기 때문이다. 특히 경조사가 있을 때는 음식물을 넉넉하게 장만해서 일가와 친척은 물론이요 이웃 동네 사람들에게까지 나누어 주어야 비난을 면할 수 있었다. 상한 음식물은 가축의 사료로 활용하였으니 남은 식품을 버리는 경우는 거의 없었다.

그러나 지금은 사정이 전혀 다르다. 먹다 남은 음식물은 쓰레기 처리장으로 가야 할 물건으로 알려졌고, 헌옷을 재활용하는 것은 특수한 경우에만 가능한 일이 되었다. 이사를 할 때는 새 가구나 새 가전제품을 들여놓고 쓰던 것은 버리는 집이 많다. 아직 쓸 만한 것을 버리는 경우가 많지만 아무도 탐내지 않는다. 결국 수고료를 지불하고 버리기 마련인데, 쓰레기 처리장으로 보내기에는 너무나 좋은 물건들이 많다. 결국 옛날과는 달리, 오늘의 과소비는 쓸 만한 물건들을 쓰레기 처리장으로 가져다 버리는 결과를 가져온다.

자급자족하던 농경 사회에서는 각자가 필요로 하는 것을 생산하여 소비하는 것이 보통이었고, 일부의 남아도는 농산물이나 수공업품을 이웃과 시장에 파는 것이 고작이었다. 기계공업의 발달로 대량생산이 되기 전에는 물자는 전체로 볼 때 부족했으므로 물자의 낭비는 거의 없었을 것이다. 낭비는 물자의 과잉생산이 있는 곳에서만 가능한 것이며, 현대 자유 시장에서 물자의 과잉생산을 초래한 원천은 돈에 대한 탐욕이었다.

경제활동이 인간을 위한 것이라면, 인간의 필요 즉 수요를 따라서 생산하고 공급해야 마땅할 것이다. 그러나 자유 시장을 무대로 삼는 현대인의 경제활동은 인간을 위한 것이기보다도 부(富)의 축적을 위한 것일 경우가 압도적이다. 부의 축적을 위해서 되도록 많은 상품을 만들어 팔아야 하고, 많은 상품을 제조 판매하기 위해서는 인간을 위해서 굳이 필요하지 않은 생산품까지도 개발해야 한다. 다시 말하면 공급자가 인위적으로 수요를 창출할 필요가 있다. 수요가 공급을 결정하는 것이 아니라, 공급이 수요를 결정하는 것이다. 공급이 수요를 결정하는 과정에서 결정적인 악역을 담당하는 것은 과장을 원칙으로 삼는 상품광고다.

부의 축적을 최고의 가치라고 믿는 사람들의 목표에는 상한선이 없다. 그들의 가치관에 따르면 돈은 많이 벌수록 좋은 것이다. 여기서 열린 것이 돈을 목표로 삼는 무한 경쟁의 시대다. '세계화(globalization)'라는 화려한 이름으로 미화하기도 하지만, 그것은 매우 비인간적인 각축의 마당이다. 특히 약소민족에 속하는 사람들에게는, 그것은 지극히 잔인하고 어리석은 약육강식의 각축장이다.

외형과 체면을 존중하는 전통적 사고방식, 부의 과시와 향락을 좋아하는 졸부들의 짧은 생각, 그리고 과장된 광고를 앞세워서 새로운 상품의 구매를 강요하는 금전 문화의 상업주의 등의 상승작용으로 현재 우리나라의 과소비 풍조는 이미 위험수위를 넘어서고 있다. 일부의 낙관론자들은 소비가 활발해야 경제가 순조롭게 굴러간다는 점을 강조하기도 하고, 돈이 있어서 쓰는 것이니 '과소비'가 아니라고 강변하기도 한다. 그러나 거시적 안목으로 사치와 낭비의 엄청난 폐단을 직시한다면, 그러한 주장이 부당함은 스스로 명백할 것이다.

사치와 낭비가 가져오는 폐단으로서 첫째로 지적할 수 있는 것은 국민간의 위화감이다. 지금 우리나라에는 기본 생활조차 어려운 가난한 사람들도 많이 살고 있다. 사치스러운 생활을 하고자 해도 할 수 없는 사람들이 더 많은 것이다. 이러한 상황에서 일부의 부유층이 과소비를 즐기면 시기와 증오를 느끼는 사람들이 나타나기 마련이다. 옛날에는 가난한 사람들이 가난의 책임을 자신의 팔자 또는 무능의 탓으로 돌리고 체념하는 경우가 많았다. 그러나 요즈음은 심한 빈부의 격차가 생기는 것은 사회구조의 모순 때문이라고 보는 시각이 강해서, 부유층의 사치와 낭비는 빈민층의 불만과 불평을 자극한다. 근래 우리나라에 크고 작은 범죄 현상이 빈발하는 것도 가난한 사람들의 불평불만과 무관하지 않을 것이다.

사치와 낭비의 폐단으로서 둘째로 지적할 수 있는 것은 외화의 유출로 인한 국민경제의 손실이다. 한국인은 일인당 국민소득에 비하여 씀씀이가 매우 헤픈 편이다. 그뿐만 아니라 유명한 외국 상품을 선호하는 허영심까지 가세하여 소비재의 수입을 위하여 지출하는 외화의 액수가 분수를 크게 앞지르고 있다. '세계화의 시대'라고 하지만, 국가간의 세력 싸움은 여전히 지속되고 있으며, 군사적 충돌도 도처에서 빈번히 일어나고 있다. 경제생활에서 만은 국경을 완전히 무시해도 좋을 형편이 아니다.

사치와 낭비의 폐단으로서 세 번째로 지적할 수 있는 것은 과소비로 증가한 쓰레기가 환경의 오염을 가속화한다는 사실이다. 쓰다 남은 물품의 대부분이 쓰레기로 버려지는 것이 오늘의 현실이다. 날로 증가하고 있는 세계의 인구가 모두 한국인처럼 과소비를 일삼는다면 지구는 조만간 쓰레기 더미가 될 위기에 처하지 않을까 걱정이 된다.

사치와 낭비의 폐단으로서 네 번째로 지적할 수 있는 것은 자연 자원의 고갈이다. 모든 물품에는 에너지를 위시한 자원이 포함되어 있다. 그러므로 모든 물품의 낭비는 자원의 낭비를 의미한다. 모든 지하 자원은 유한하며, 산림 자원은 다시 보충하는 데 오랜 세월이 걸린다. 만약에 여러 미개국의 주민들까지 한국인 수준으로 소비생활을 즐긴다면, 세계의 자원은 조만간 고갈될 가능성이 있다. 우선 지하수의 부족이 미구에 닥쳐올 것이다.

사치와 낭비의 폐단으로서 다섯 번째로 지적할 수 있는 것은 어른들의 과소비가 어린이들에게 비교육적 환경을 조성하고 좋지 않은 습성을 길러 준다는 사실이다. 어린이들은 알게 모르게 어른들의 생활 태도를 모방한다. 사치와 낭비의 생활 태도는 우선 쾌락을 수반하므로 특히 어린이들이 모방하기 쉽다. 어려서부터 사치와 낭비의 버릇을 들인 사람들은 성장한 뒤에도 그 버릇을 따를 것이고, 근면과 절약의 덕을 외면하여 가난하고 불행한 노후를 맞이하거나, 사치와 낭비를 계속할 수 있도록 많은 돈을 벌기 위하여 진력하는 속물이 되고 말 것이다. 마침내는 돈과 소비의 문화가 세상을 지배할 것이고, 예술과 학문, 윤리와 종교 등 고급문화는 쇠퇴할 것이다. 환경의 오염은 점점 심해질 것이며, 자연 자원의 고갈은 생각보다 빨리 다가올 것이다.

새 천년을 맞이하게 되었다. 새 천년이 더욱 밝고 건강한 사회로 발전하기를 우리는 염원한다. 이 소망을 달성하기 위해서는 우리가 힘을 모아서 지구를 깨끗하고 풍요롭게 지켜야 하고, 건강하고 윤리적인 문화를 건설해야 한다. 깨끗하고 풍요로운 지구를 지키기 위해서, 그리고 건강하고 윤리적인 문화를 건설하기 위하여, 우리 모두가 해야 하고 할 수 있는 일이 있다. 사치와 낭비를 과감하게 자제하는 일과 '작은 나'의 울타리를 벗어나서 '큰 우리'를 위하여 힘을 합하는 일이 그것이다.

4 장
전통 사회의 가족제도와 가족 윤리

1. 결혼 및 부부관계
2. 부모와 자녀의 관계
3. 재산의 상속
4. 부모와 자녀 사이의 윤리
5. 부부의 윤리
6. 형제의 윤리, 친척의 윤리

4장 전통 사회의 가족제도와 가족 윤리

1. 결혼 및 부부관계

　인간은 먼 옛날부터 집단생활을 하는 사회적 존재로서 살아 왔다. 인간 사회에는 여러 가지 집단이 있거니와, 가족은 그 가운데서 가장 기본적인 것이다. 가족을 가장 기본적이라고 말하는 까닭은, 첫째로 동서와 고금의 모든 국가에 가족이라는 집단이 보편적으로 존재했고 국가를 떠받치는 기초의 구실을 했다는 사실과, 둘째로 가족을 형성하는 성원들의 인간관계가 다른 어떤 집단의 경우보다도 긴밀하다는 사실에 있다. "가족이 없이는 인간 사회가 원만하게 존속하고 발전하기 어렵다."고 하여도 과언이 아닐 정도로 가족은 매우 중요한 의미를 가진 집단이다.

　지구상에는 여러 가지 형태의 가족들이 변천의 과정을 겪으며 존재해 왔고, 현재도 여러 가지 모습의 가족이 존재하므로, '가족'이라는 개념을 이론(異論)의 여지 없이 정의하기는 어려울 것이다. 그러므로 대부분의 가족들이 공통으로 가진 특색을 살펴봄으로써 '가족'의 기본적 이해로 접근하는 편이 무난할 것으로 보인다. 전통적 사회에서 여러 나라에 일반적으로 존재했던 가족을 편의상 '가족의 원형(原型)'이라 부르고, 가족의 원형에 공통된 특색들을 살펴봄으로써 '가족'의 이해로 접근하고자 하는 것이다.

일반적 가족에게 공통된 특색의 첫째는, 결혼이라는 제도를 통하여 성적(性的) 독점의 권리와 의무를 가진 남녀가 자녀를 생산하고 출생한 자녀들의 양육과 교육을 담당한다는 사실이다. 결혼이라는 법적 절차를 거치지 않고 동거 생활로 들어가서 성생활만 즐기는 남녀도 있고, 자녀를 생산하여 기르기까지 하는 경우도 있으나, 그것만으로는 정상적 가족으로 인정하기 어렵다.

일반적 가족에게 공통된 특색의 둘째는 거주(居住)의 공동, 즉 같은 지붕 밑에 사는 것을 원칙으로 삼는다는 사실이다. 특별한 사정이 있어서 일시적으로 떨어져서 사는 경우가 있다 하더라도, 원칙적으로는 같은 곳에서 살기로 된 동거 집단임이 '가족'이라고 말할 수 있는 필요조건의 하나다. '이산 가족'의 문제가 심각한 까닭이 여기에 있다.

일반적 가족에게 공통된 특색의 셋째는, 생산과 소비의 경제활동을 공동으로 하는 경제적 공동체라는 사실이다. 따라서 가족은 재산을 공동소유로 하는 것이 원칙이다. 같은 지붕 밑에 살고 성생활을 함께 즐기더라도 재산에 대한 '네 것'과 '내 것'의 구별이 뚜렷한 경우는 가족의 원형에서 멀다고 보아야 할 것이다. 부모의 세대와 자녀의 세대가 같은 지붕 밑에 살면서 밥솥과 식탁을 달리하고 시장도 따로 본다면, 그것은 정상적인 하나의 가족이라고 보기는 어려울 것이다.

가족의 요건 가운데서 가장 중요한 것은 가족 구성원이다. 가족 구성원 가운데서 핵심의 자리를 차지하는 것은 '결혼'이라는 의식을 통하여 성관계의 독점권을 사회적으로 공인받은 성인 남녀, 즉 부부다. 그러므로 남자와 여자가 결혼이라는 관계를 맺는 것은 가족의 성립을 위한 필수 조건이며, 가족제도의 유지가 사회의 안정과 질서를 위하여 중요하다는 견지에서 볼 때, 결혼제도의 중요성과 의의가 명백하게 드러난다.

우리나라는 고래(古來)로 앞에서 말한 '가족의 원형'에 가까운 가족제도를 유지해 왔고, 그 배후에는 흔들리지 않는 결혼제도의 뒷받침이 있었다. 특히 유교 문화의 결정적 영향을 받았던 조선시대에는 가족이 국가와 사회 안에서 각별한 비중을 차지했으며, 결혼이 '인륜지대사(人倫之大事)'로서 중요한 자리를 지켜 왔다. 그러나 근래에 서구의 개인주의적 인생관이 홍수처럼 밀려온 뒤로, 우리나라의 가족은 옛날과는 그 모습이 크게 달라졌다. 그리고 '결혼'에 대한 사람들의 인식 내지 가치관에도 현저한 변화가 생겼다. 가족과 결혼에 관한 이러한 변화에는 긍정적 측면도 있을지 모르나, 전체로 볼 때는 부정적 측면이 강하지 않을까 하는 것이 필자의 생각이다. 설령 그렇다 하더라도 조선시대의 가족제도와 결혼 양식으로 되돌아가는 것이 바람직하다고는 생각지 않는다. 여기서 제기되는 문제가 전통적 가족제도와 전통적 결혼 양식을 어떻게 고치고 어떻게 살려서 미래 사회를 위하여 바람직한 가족제도의 모형을 정립할 것이냐 하는 그것이다. 우선 전통적 가족제도의 모습을 이모저모 살펴보는 일부터 시작하기로 한다.

가족의 기초는 부부관계이고 부부관계는 혼인에 의하여 성립한다. 혼인은 결혼 당사자들의 자유의사가 주도권을 갖는 자유혼(自由婚)과 부모와 같은 집안 어른의 의지가 주도권을 갖는 중매혼(仲媒婚)으로 크게 나눌 수 있다. 가족의 기초가 되는 부부관계가 자유혼으로 맺어지느냐 또는 중매혼으로 맺어지느냐 하는 것은 가족 내부의 인간관계를 짐작하기에 상당한 길잡이가 될 수 있다. 따라서 우리는 우리 조상들이 자유혼과 중매혼 가운데 어느 편을 선택했는가를 궁금하게 생각하게 된다. 이 문제에 대한 조선시대 이후의 사정은 잘 알려져 있으나, 옛날로 올라갈수록 기록이 적어서 정확한 사정을 말하기 어렵다. 참고를 위하여 간단히 짚고 넘어가는 것으로 만족할까 한다.

이광규(李光奎)에 따르면, 고구려시대의 우리 조상들의 경우에는 자유연애에 의한 혼인의 풍습이 있었을 것이라는 추측이 가능하다. 자유혼이 성행했다는 직접적 기록은 없으나, 그것을 간접적으로 시사하는 기록은 남아 있다는 것이다. 그 기록으로서 이광규가 인용한 것은 『위지동이전(魏志東夷傳)』 고구려조(高句麗條)에 보이는 "그 백성이 노래와 춤을 즐기며 나라 안의 읍락(邑落)에서 남자와 여자가 밤이 늦도록 함께 모여 노래하고 논다."와 『주서(周書)』의 고구려에 관한 기사 가운데 있는 "친속(親屬)이 멀고 가까운 사이를 막론하고, 한 개울에서 함께 목욕을 하고 같은 방에서 잠을 자니 그 풍속이 음탕함을 좋아하며 괴이하다."는 두 구절이다.[1]

신라의 경우에도 자유혼이냐 중매혼이냐를 확인할 수 있는 기록은 없으며, 다만 추측에 도움이 될 수 있는 몇 가지 설화가 있을 뿐이다. 널리 알려진 것으로는 김유신(金庾信)의 아버지 김서현(金舒玄)에 관한 혼인 설화와 김춘추(金春秋)의 혼인 설화가 있다. 김서현의 설화에 따르면, 김서현이 숙글종(肅訖宗)의 딸 만명(萬明)과 눈이 맞아서 결혼 전에 통정을 하였다. 이 사실을 알게 된 숙글종은 두 사람을 떼어 놓기 위하여 자기의 딸 만명을 방에 가두고 사람들을 시켜서 감시하였다. 그런 상황에서 갑자기 벼락이 쳐서 방문이 진동하고 지키는 사람들은 모두 놀라서 혼미하였다. 이 틈에 만명은 그곳을 탈출하여 김서현에게로 달아나 그와 합치게 되었다.[2] 김춘추의 혼인 설화는 김유신의 계략으로 춘추공과 유신의 누이동생 아지(阿之)가 접근하도록 만들고, 아지가 춘추공의 아이를 임신하자 유신이 아지를 화형에 처할 것처럼 연극을 꾸밈으로써, 선덕왕(善德王)으로 하여금 춘추와 아지를 특명으로 용서하는 동시에, 두 사람이 결혼하도록 만들었다는 줄거리다.[3]

---

1 이광규, 『한국 가족의 사적(史的) 연구』, 일지사, 1977, p.221.
2 金富軾, 『三國史記』, 卷 41, 列傳 1, 金庾信 上.

위에서 말한 두 설화를 근거로 삼고 확언할 수 있는 것은 설화의 주인공들이 연애결혼을 했다는 사실과 그 당시 신라의 귀족 사회에서는 자유혼이 금지되었다는 사실 정도일 것이다. 그러나 인류학자 이광규는 역사학자 최숙경(崔淑卿)의 주장을 받아들여서 신라시대의 평민 사회에서는 자유혼이 널리 행해졌으나 귀족사회에서는 그것이 금지되었으므로, 이러한 설화가 생겼을 것이라고 추측한다.[4] 짐작건대, 외래 사상이 들어오기 이전의 우리나라 고대의 평민사회에서는 일반적으로 자유혼이 성행했다고 보는 것이 역사학자들의 일반적 견해가 아닐까 한다. 『삼국사기(三國史記)』의 열전(列傳) 강수조(強首條)에 보이는 기록에 따르면, 신라의 젊은 유학생 강수는 가문이 보잘것없는 대장간집 규수와 깊이 사귀었으며, 부친의 반대를 무릅쓰고 결국 그 규수와 결혼하였다. 강수는 후일에 신라 굴지의 석학으로 성장하거니와, 유학자가 부명을 어기고 자유혼을 감행했다는 사실은, 조선시대와는 달리 신라시대에는 자유혼이 어느 정도 허용되었다는 것을 시사한다고 볼 수 있다.

이광규에 따르면, 고려시대에도 일반 평민사회에서는 자유혼이 성행한 것으로 추측된다. 다만 고려 후기에 이르러 원(元)나라로부터 고려의 여자들을 바치라는 강요를 받게 된 것을 계기로 자유혼의 풍속이 중매혼의 그것으로 바뀌었을 것이라고 주장한다. 이른바 공녀(貢女)로 끌려가지 않기 위해서는 일찍 결혼을 해두는 것이 유리했고, 어린 나이에 결혼을 할 경우에는 자연히 부모의 보호와 간섭이 따르지 않을 수 없었을 것이고, 따라서 자유혼의 여지가 점차 줄어들었을 것으로 본 것이다.[5]

---

3 一然, 『三國遺事』, 卷 1, 春秋公條.
4 이광규, 『한국 가족의 사적 연구』, pp.224-225 참조.
5 같은 책, pp.227-228 참조.

조선시대로 내려온 뒤에는 유교가 국교(國敎)로서 숭상을 받게 되었고, 유교에 따르면 부부 또는 가까운 혈연관계가 있는 사람들 이외에는 남녀의 접근은 부도덕한 행위였다. 이것은 자유연애를 허용할 수 없음을 의미하며, 자유혼은 더더욱 용납될 수 없음을 함축한다. 유교의 영향 아래서 양반 사회에서는 조선 초기부터 자유혼은 있을 수 없는 비행이었을 것이며, 하층사회에서도 점차로 자유혼의 풍습이 위축되거나 없어진 것으로 보인다.

우리나라에서도 왕실과 귀족 등 특권층에서는 옛날부터 일부다처(一夫多妻)의 관행이 있었던 것으로 보인다. 고구려와 신라의 경우에 있어서나 고려의 경우에 있어서나 역대의 왕들이 정비(正妃) 이외에 여러 후궁(後宮)을 두었다는 기록이 있으며, 왕실 밖에서도 상류계급의 유력한 남자들은 복수의 처첩(妻妾)을 거느렸던 것으로 알려져 있다. 다만 고려 이전에는 처와 첩의 사회적 차별은 별로 크지 않았던 것으로 보인다.

처와 첩의 사회적 차별이 없음으로 인하여 여러 가지 혼란과 알력이 생길 경우가 있었다. 예컨대, 일부다처의 가족 내에서 누가 처이고 누가 첩인가를 명백히 정해 두지 않으면 여자들이 서로 처로서의 권리를 주장함으로써 가족 내의 위계질서가 붕괴될 수 있다. 또 지아비가 죽은 다음에 이복 형제들이 모두 적자(嫡子)로서의 권리를 주장하게 되어 유산 분배 문제로 분란이 생길 소지가 있다. 그러므로 태종(太宗) 연간에 처와 첩의 구별을 명백하게 하고 처와 적자를 우대하는 반면에 첩과 서자를 천대하는 차등을 법으로써 정하게 되었다. 이로써 가족 내부의 서열과 기강을 세우는 근거를 마련하는 데 일단 성공했으나, 첩과 서자들에 대한 천대가 지나쳐서 그들의 불만과 불평이 사회적 혼란의 새로운 불씨가 되었다는 것은 널리 알려진 사실이다.

처첩제(妻妾制)를 법으로써 공인하게 된 본래의 취지는 본처가 아들을 낳지 못했을 경우에 가계(家系)를 계승하기 위한 대안을 마련하고자 함에 있었을 것이다. 그러나 실제에 있어서는 축첩의 제도가 생남(生男)을 위한 방편으로만 쓰인 것은 아니다. 경제의 여유가 있는 남자들 가운데는 욕구의 충족을 위해서 첩을 둔 경우도 많았다. 특히 부모의 일방적 의사를 따라서 조혼을 한 소년이 장성하여 본처에게 애정을 느끼지 못할 경우에, 조강지처는 버리지 못한다는 유교적 규범을 지키면서 애정 문제를 해결하는 방안으로 첩을 얻는 경우가 흔히 있었다. 이런 경우에 아내는 애정 없는 부부 생활을 하면서 시가에 대한 의무만을 수행하는 불행을 감수하게 되며, 처와 첩을 둔 남자는 본의 아닌 이중생활을 하게 되었다.

2. 부모와 자녀의 관계

이기백에 따르면, 우리 한반도에서도 신석기시대의 일정한 시기에는 모계사회가 형성되었던 것 같으며, 뒤에 가서 점차 부계사회로 넘어가게 되었다고 한다.[6] 이병도(李丙燾) 역시 우리나라의 원시사회에는 모계(母系) 중심 시대가 있었을 것이라고 주장하며, 그 증거로서 고구려시대에 하백녀(河伯女)를 국가신으로 숭배했다는 사실과 우리 민속 가운데 데릴사위 제도가 오랫동안 행해졌다는 사실 등을 들고 있다.[7] 그러나 우리가 어느 정도 명백하게 알고 있는 범위 안에서는 우리 조상들이 일찍부터 부계사회를 형성했으며, 그 전통이 오늘에까지 이어졌다고 말할 수 있을 것이다.

어떤 경위로 부계사회가 형성되었는지는 모르겠으나, 일단 부계사회가 형성된 뒤에는 가계(家系)의 계승이 중요시되는 동시에 가계는 반드시 남자에 의해서만 계승되어야 한다는 관념이 굳어진 것으로 보인다. 그러므로 우리

---

6 이기백, 『한국사신론』, p.17 참조.
7 이병도, 『한국사대관』, pp.14-15 참조.

조상들은 남아의 생산을 가족의 중요한 임무라고 믿게 되었고, 결혼의 가장 큰 의의가 성생활보다도 남아의 생산에 있다고 보는 가치관을 갖게 된 것으로 생각된다. 여기서 무자(無子)를 조상에 대한 크나큰 죄악으로 보는 관념이 생겼으며, 출가한 여자에게는 무자가 칠거지악의 하나라는 생각까지 받아들여지기에 이르렀다.

이상에서 간단히 언급한 바와 같은 남아 존중의 관념들이 모두 우리 한반도에서 자생적으로 생겼다고 보기는 어려울 것이다. 중국 대륙과 인접해 있던 고구려에는 여왕이 없었으나, 중국과 멀리 떨어져 있어서 그 문화의 수용도 따라서 늦어진 신라의 경우는 세 사람의 여왕이 있었다는 사실이 이러한 관측을 뒷받침한다. 단적으로 말해서, 유교 사상의 전래가 남아 존중의 관념을 조장하는 데 기여했다고 생각되는 것이다.

가계는 반드시 남자에 의하여 계승되어야 한다는 원칙을 전제로 할 때, 본처의 소생 가운데 남아가 없는 사람이 취할 수 있는 대안(代案)으로서 세 가지 길을 생각할 수 있다. 그 하나는 소실을 두어서 아들을 낳도록 하는 길이고, 그 둘은 형제 또는 사촌 등의 아들을 양자로 들여놓는 길이며, 그 셋은 외손으로 하여금 가계를 계승하도록 하는 길이다. 이 가운데서 세 번째 길을 택한 예는 고려시대에는 흔히 있었고 조선 전기까지도 존속했으나, 조선 중기 이후에는 예(禮)에 어긋난다는 이유로 외손 후사(後嗣)의 관습은 없어졌다.[8]

본처가 아들을 낳지 못했을 경우에 가계를 계승할 남아를 얻기 위하여 상류사회에서 가장 흔하게 사용된 방법은 소실을 두는 길이었다. 경제적 여유가 있는 남자들 가운데는 본처가 아들을 낳았거나 낳을 가능성이 높을 경우

---

8 외손 후사와 외손 봉사(奉祀)가 예에 어긋난다는 사유로 명종(明宗) 때 이를 금지하게 된 사정에 대해서는 이광규, 『한국 가족의 사적 연구』, pp.291-292 참조.

에도 애정 때문에 소실을 두는 경우도 많았다. 남자의 견지에서 보면 애첩에게서 얻은 아들이 더 사랑스러울 수도 있을 것이므로 군이 적서(嫡庶)의 신분을 구별할 필요가 없었으나, 신분 사회의 질서와 명분을 중요시하는 유교의 견지에서 볼 때는 이 구별을 엄격하게 규정할 필요가 있었다. 그러므로 유교 사상이 보급되고 예론(禮論)이 권위를 가지게 된 뒤에는 적서의 구별이 강조되는 동시에, 이 구별이 경제적, 사회적 차별로 이어졌다. 그리고 이 차별은 앞에서도 언급한 바와 같이 서족(庶族)들의 불만과 불평을 초래한 여러 가지 사회문제를 야기했다.

우리나라에서 적자와 서자의 구별을 강조하고 그들의 지위에 차등을 두도록 하는 규정을 처음 만든 것은 조선 초기에 왕실에서 일어난 일이며, 그것은 세자 책봉과 관련이 있다. 고려의 정권을 타도하고 조선왕조의 태조(太祖)가 된 이성계(李成桂)에게는 8명의 왕자들이 있었으며, 그 가운데서 장남에서 6남까지는 첫째 부인 한씨(韓氏)의 소생이고, 7남과 8남은 둘째 부인 강씨(康氏)의 소생이었다. 둘째 부인 강씨를 몹시 총애한 태조는 그의 소생인 8남 방석(芳碩)을 세자로 책봉하고, 개국공신 정도전(鄭道傳)과 심효생(沈孝生) 등으로 하여금 세자 방석을 보살피고 가르치도록 당부하였다. 태조의 이러한 처사에 대하여 조선왕조 창업에 큰 공을 세운 5남 방원(芳遠)은 불만을 품었고, 마침내 세자 방석과 그를 옹호한 정도전 등을 제거한다. '제1차 왕자의 난'이다.

왕위에 대한 야망을 품고 방석과 그의 동복형(同腹兄) 방번(芳蕃), 그리고 정도전 등을 제거한 방원은 자신의 이 거사를 정당화할 명분을 제시할 필요가 있었다. 그 명분으로서 방원이 내세운 것이 바로 '적서정분(嫡庶正分)'의 원칙이다. 다시 말하면, 정도전과 남은(南誾) 등이 서자에 불과한 방석을 세자로 책봉하도록 획책한 것은 적서의 정분(正分)을 혼란케 한 대죄를 범한 것이라고 몰아세울 필요가 있었다. 방원의 이러한 주장의 근거는 유교의 예법

(禮法)에 있었으며, 이 예법이 아직 우리나라에서는 엄격하게 시행되기 이전에, 방원이 정치적 목적 달성을 위하여 이 예법을 부각시켜 공언(公言)한 셈이다. 왕실의 실력자 방원의 이러한 공언은 법으로서의 의미를 가진 것이어서 자연히 많은 사람들의 관심사가 되었다.

태종의 즉위를 위한 명분을 밝히기 위하여 부각시킨 적서의 신분적 구별은 점차 상층사회 전반에 전파하게 되었고, 이 구별은 당연히 처와 첩의 신분적 구별도 아울러 함축하였다. 이와 같은 신분적 구별과 차별은 단순한 관행에 머물지 않고 마침내 법으로써 명문화하기에 이르렀다. '서얼금고법(庶孽禁錮法)'이라는 것이 제정된 것이다.[9] 이 법에 따르면, 첩의 자손은 문무과(文武科) 진사시(進士試)에 응시할 수 없다. 이들은 과거에 응시할 수 없는 불이익뿐 아니라 사회적으로 여러 가지 제약을 받았으며, 가족 내부에서도 차별 대우를 받았다.

첩과 그 자식들 가운데서도 가장 심한 천대를 받은 것은 천첩(賤妾)과 그 소생인 천첩자(賤妾子)였다. 천첩자라 함은 관기 또는 여종과 고관 또는 상전 사이에서 출생한 첩자를 말하거니와 이들은 양반 남자와 양민(良民) 여자 사이에서 출생한 양첩자(良妾子)보다도 한층 더 천대를 받았다. 그들은 재산 상속이나 제사권(祭祀權)에 관하여 열등한 대우를 받았음은 물론이요, 아버지를 '아버지'라 부르고 형을 '형'이라 부르는 것조차도 허락되지 않을 정도로 극심한 천대를 감수했다.

첩과 그 자녀들에 대한 차별 대우는 예법을 지키고 사회의 기강을 세운다는 명분을 내세웠지만, 상층계급이 자신들의 기득권을 지키고자 하는 이기심도 크게 작용하였고, 인간에게 귀천의 구별이 본래부터 정해져 있다는 불

---

9 『太宗實錄』, 29卷, 太宗 15年 6月, 庚寅條 참조.

합리한 사고도 바탕에 깔린 그릇된 제도였다. 매우 불합리하고 불공정한 제도였던 까닭에 이로 인하여 불행한 삶을 강요당한 서자들 가운데는 국가 또는 사회에 대하여 반란을 일으킨 사람들도 있었다. 연산군으로 하여금 무오사화(戊午士禍)를 감행하도록 유도한 유자광(柳子光), 인종 때 있었던 이괄(李适)의 난에 참여한 윤인발(尹仁發), 선조 때 반란을 일으킨 이몽학(李夢鶴) 등은 울분을 터트려 세상을 어지럽게 한 서자들이었다.[10] 허균(許筠)의 『홍길동전』이 반항심을 품은 서자를 주인공으로 삼은 소설이라는 것은 널리 알려진 사실이다.

서자들에 대한 불공정한 차별 대우가 여러 가지 폐단을 수반한다는 사실을 직시하고 적서의 차별을 없앨 것을 주장한 허통론(許通論)을 제기하고 이를 왕에게 건의한 사람들이 있었다. 중종 때의 조광조(趙光祖), 선조 때의 이이(李珥)와 이항복(李恒福), 현종 때의 송시열(宋時烈) 등 여러 고관과 석학들이 이 허통론에 동참하였다. 이러한 사람들의 끈질긴 주장과 건의로 인하여 적서의 차별이 부분적으로 또는 일시적으로 약간 완화되기도 하였다. 그러나 수구 세력의 완강한 저항에 부딪쳐서 문제가 깨끗하게 해결되지는 않았다. 적서의 차별을 없애는 문제가 법적으로 완전한 해결을 본 것은 개화의 물결이 들어온 뒤인 고종(高宗) 19년이었다.[11]

적서의 차별을 폐지하는 과제가 법적으로 일단 해결된 뒤에도 서족을 천시하는 관념은 계속 남아 있었다. 특히 혼인의 상대를 구하는 문제가 생겼을 때는 첩의 자녀를 기피하는 경향이 그 뒤에도 오래 지속되었다. 서족을 천시하는 관념이 자취를 감추다시피 한 것은 서구의 문물이 우리 한국인의 사고방

---

10 김두헌, 『조선 가족제도 연구』, 서울대 출판부, 1969, pp.302-303.
11 같은 책, p.316 참조.

식을 크게 바꾸어 놓은 뒤에 생긴 일이라 하겠다.

서자는 가족 내에서도 차별 대우를 받았거니와, 차별 대우 가운데서 가장 큰 의의를 가진 것은 가계(家系)의 계승과 제사권 계승에서 열등한 대우를 받았다는 사실이다. 구체적으로 말하면, 적자를 남기지 못하고 죽은 사람의 경우라 하더라도, 서자에게 가계 계승권과 제사 계승권이 돌아가기 전에 조카가 우선권을 갖는 것이 당시의 제도였다.[12] 이와 같이 서자에게 가계를 계승하게 함에 어려움이 있고, 앞에서 언급한 바와 같이 외손자로 하여금 가계를 계승하게 하는 제도가 없어졌으므로, 다음에는 양자제도가 자연히 부상하게 되었다.

고려시대에도 양자제도가 있었으나, 그 세칙(細則)은 조선시대와 달랐다. 즉, 고려시대에는 아들도 없고 조카도 없는 사람은 이성(異姓)이라도 3세 이하의 어린이라면 이를 수양자로 받아들여서 가계를 계승할 수 있었다. 가계를 계승한 수양자는 재산을 상속받을 권리와 제사를 받드는 의무를 갖기 마련이었다. 그러나 조선시대에 이르러서는 유교의 주자가례(朱子家禮)를 따라서 양자는 같은 종파 내부에서만 구하도록 규정이 바뀌었다. 동종(同宗) 내부에서도 존속은 물론이요 같은 항렬(行列)이나 손자 항렬에서 양자를 들이는 것은 허용되지 않았다. 결국 형제의 아들, 즉 조카들 가운데서 양자를 구하라는 뜻이며, 조카들 가운데 적합한 사람이 없으면 사촌 형제의 아들, 즉 종질(從姪) 가운데서 양자를 들일 수 있었다. 형제나 사촌 형제의 아들, 가운데서도 장자(長子)는 양자가 될 수 없었다. 다만 종가(宗家)에 대를 이를 아들이 없을 경우에는 지가(支家)의 장남을 양자로 삼는 것이 허용되었다.[13]

---

12 이광규, 『한국 가족의 사적 연구』, pp.301-302 참조.
13 같은 책, pp.307-309 참조.

양자를 들이는 가장 큰 목적은 조상의 제사를 계승함에 있었다. 제사는 장남에 의하여 계승되는 것이 원칙이다. 그러나 장남이 성년에 이르기 전에 일찍 죽으면 그 아우가 그 임무를 계승한다. 이럴 경우에 제사 받드는 임무를 이어받은 아우를 승중자(承重子)라고 부르거니와, 승중자는 일단 유산을 상속받는다. 그러나 승중자에게 아들이 출생하면 그를 죽은 형의 양자로 들여보내고 승중자가 상속받았던 유산을 형의 양자 앞으로 다시 돌려준다. 그와 동시에 아우는 승중자로서의 자리를 떠나서 본래의 자리로 복귀한다.

제사 지내는 일을 맡아서 주관하는 집을 '종가(宗家)'라 부르고 그들의 장남은 '종자(宗子)'라 부르며, 그들의 장손은 '종손'이라고 부른다. 그리고 종가, 종자, 종손 등은 친족 또는 가족 내에서 확고한 입지를 누렸다. 그뿐만 아니라 제사의 계승자에게는 더 많은 재산이 상속되었다. 그러므로 그 당시에는 제사를 주관하는 일을 기피의 대상이 아니라 일종의 이권 같은 것으로 의식하는 경향이 있어서, 제사 계승의 순위에 관한 상세한 규정이 생겼다. 상세한 규정에도 불구하고, 상류계층에서는 제사 계승을 둘러싼 시비와 논란이 생기는 사례가 종종 발생하였다.[14]

3. 재산의 상속

자수성가의 길이 크게 열려 있는 현대와는 달리, 가문과 가문 안에서 차지하는 지위에 따라서 사람의 일생이 크게 좌우된 옛날 신분 사회에서는 상속(相續)이 삶 전체에서 매우 중요한 비중을 차지하였다. 가장(家長)의 지위도 상속의 대상이고 제사의 권리와 의무도 상속이 대상이었으나, 가장 중요한

---

14 같은 책, pp.313-319 참조.

것은 재산의 상속이었다. 재산 상속에 관한 제반 규정은 『경국대전』 같은 법전(法典)에 상세히 규정되어 있다. 그러나 이 법전의 규정을 모든 가문에서 그대로 지켰다고는 말하기 어렵다. 실제로는 가장의 유언이나 가장 미망인의 의사 또는 가족들의 의견을 모아서 재산을 상속한 경우도 있다. 그러므로 실제로 분배하고 상속한 기록, 즉 '분배기(分配記)'도 과거 우리나라의 재산 상속제도를 알아보기 위한 중요한 자료로서 인정된다.

조선시대와 그 이전에 있어서 상속 내지 분배의 대상이 된 재산은 주로 토지와 노비였고, 여기에 가옥이 추가되었다. 고려시대의 상속 규정에 따르면, 국가의 노역(勞役)에 봉사한 대가로 받은 정전(丁田)이냐, 또는 국가에 공을 세운 양반 계층에게 준 공신전(功臣田)이냐에 따라서 다소에 차이는 있었으나, 토지는 대체로 적장자(嫡長子)가 단독으로 상속하도록 되어 있었다. 적장자가 사망하고 없을 경우에는 적장손, 동모제(同母弟), 서손(庶孫) 등의 순위를 따라서 상속되었다. 가옥도 같은 원칙을 따라서 장자 또는 장손에게 단독 상속되었다. 그러나 노비만은 여러 아들에게 고루 나누어 준 것으로 보인다.[15]

여기서 하나의 의문이 제기될 수 있다. 즉, 가옥은 분할이 어려우므로 장자나 장손에게 단독으로 상속함이 합당할 것이나, 토지의 경우는 상속에 참여하지 못한 차남 이하의 다른 가족들의 생계를 어떻게 해결했느냐 하는 의문이다. 농토밖에는 생산의 수단이 거의 없던 상황에서, 노비들만 나누어 받고 토지는 받지 못했을 경우에 그 노비들은 무엇에 쓰며 또 어떻게 먹여 살렸겠느냐 하는 의문이다.

이 의문을 풀 수 있는 방안은 적어도 두 가지가 있을 것으로 보인다. 하나

---

15 같은 책, pp.346-349 참조.

는 토지의 소유권을 명의상으로만 장남 또는 장손의 것으로 만들어 놓고, 실제로는 여러 형제들의 공동소유와 마찬가지로 농토를 공동 관리하는 방법이다. 그 둘째는, 비록 법적 규정이 단독 상속으로 되어 있더라도, 이에 구애받지 않고 가부장(家父長)의 유서 또는 가족 어른들의 상의로써 차남 이하에게도 적당한 분량의 토지를 분배하는 방법이다. 실제로는 아마 이 두 번째 방법이 많이 사용되었을 가능성이 크다. 국법의 규정은 소송이 제기되었을 경우에만 힘을 발휘하는 것이며, 옛날 가족주의적 사회에서 재산 때문에 가족을 상대로 소송을 제기하는 경우는 드물었기 때문이다. 어쨌든 토지의 단독 상속에 어려움이 있다는 사실이 알려지게 되었고, 고려 말에는 토지도 분할 상속하는 편으로 법규정도 바뀌었다.

조선시대에 이르러서는 재산 상속에 관한 법규정이 세부에 이르기까지 상세하게 완비되어 『경국대전』에 명기된 것으로 안다. 그러나 이 책의 목적을 위해서는 그 규정의 내용을 소상하게 밝힐 필요는 없을 것으로 생각된다. 그러므로 여기에서는 상속인의 우선순위와 상속물 분배의 기본 원칙만을 간단히 살펴보는 것으로 그치고자 한다.[16]

조선시대의 재산 상속에 관한 법규 가운데 노비의 상속과 분배에 대한 규정이 의외로 많다는 사실이 우리의 시선을 끈다. 추측건대, 전국의 토지는 그 총량이 대체로 한정되어 있으나, 노비는 인구의 증가를 따라서 그 수가 점차로 증가하게 되어, 가족의 재산 가운데서 그들이 차지하는 비중도 따라서 커진 것이 아닐까 한다. 어쨌든 현대인의 관점에서 볼 때, 조선시대의 노비들이 조손 대대 양반들의 소유물로서 고통을 받았다는 사실이 새삼 여러 가

---

16 이 부분에 대해서는 이광규의 『한국 가족제도의 연구』, 8장 2절에 비교적 상세하게 기술된 것을 주로 참고하여 간략하게 정리하기로 한다.

지 사회문제 또 윤리적 문제를 생각하게 한다.

조선시대에도 상속인의 우선순위는 원칙적으로 고려시대의 그것과 대동소이하다고 말할 수 있을 것이다. 즉, 서자보다 적자가 우선하고, 아우보다 형이 우선하며, 여자보다 남자가 우선하는 원칙을 조선시대에도 대체로 계승했다고 볼 수 있을 것이다. 구체적 예를 들면, 재산의 상속도 제사의 상속과 마찬가지로, 적실의 장남이 가장 우선하고, 적실에게 자녀가 없을 경우에는 양인첩(良人妾)의 자녀가 그 다음 순위를 차지하며, 양인첩에게도 자녀가 없으면 천첩의 자녀가 그 다음 순위를 차지한다. 그리고 정처(正妻)와 양인첩과 천첩 모두에게 자녀가 있을 경우에는 이들 모두에게 재산을 분배하되, 적자녀를 가장 우대하고 천첩의 자녀는 가장 낮은 대우를 받았다. 같은 적자녀 사이에는 남자를 여자보다 우대하고 장자를 아우보다 우대하였다. 전체로 말해서, 제사를 받드는 종손 또는 승중자(承重子)는 특별한 우대를 받았다. 부모의 재산을 상속받을 실자녀가 없을 경우에는 양자녀가 상속을 받되, 3세 이전에 입양한 양자녀에게는 그 이후에 입양한 양자녀보다 더 많은 것을 분배하였다. 적자녀도 양자녀도 전혀 없는 부처(夫妻)의 재산은 생존자가 상속한다.

4. 부모와 자녀 사이의 윤리

한자어의 하나인 '국가(國家)'라는 말 바탕에는 '나라'와 '집' 사이에 중요한 유사성이 있다는 생각이 깔려 있다. 집, 즉 가족을 확대한 것이 나라에 해당하고 나라의 축소판이 집, 즉 가족에 해당한다는 생각이 '국가'라는 단어의 바탕에 깔려 있다. '국가'라는 말을 만들어 낸 중국은 일찍부터 농경을 생업으로 삼고 발전한 나라이며, 가족을 기본으로 삼는 사회로서의 오랜 전통을 가지고 있다. 유교 사상은 농경 사회와 가족제도를 주된 배경으로 삼고 형

성되었으며, 그 창시자인 공자는 그의 정치사상 가운데 치국(治國)과 제가
(齊家)의 원리가 근본적으로 같다는 생각을 여기저기 깔았다. 이 점을 매우
극명하게 표현한 것은 공자의 사상을 계승하고 발전시킨 맹자였다. 제(齊)나
라의 선왕(宣王)이 나라 다스리는 길을 물었을 때, 맹자는 다음과 같이 말했
던 것이다.

> 내 부형을 공경하여 그 마음을 남의 부형에게까지 미치도록 하고, 내 어린
> 이들을 사랑하여 그 마음을 남의 어린이에게까지 미치도록 하면, 천하는 손
> 바닥 위에서 움직일 수 있습니다. 『시경』에 이르기를, "내 아내를 올바르게
> 하고 형제들에게까지 그렇게 하여, 집안과 나라를 다스리도다."라고 하였으
> 니, 이것은 "가족 다스리는 이 마음을 넓혀서 저 백성들에게 쓸 따름"임을 말
> 한 것입니다.[17]

  집안을 다스리는 길, 즉 제가(齊家)의 원리를 넓히면 그것이 곧 나라를 다
스리는 길, 즉 치국(治國)의 원리가 된다고 하였다. 그리고 집안을 다스리는
길을 구체적으로 밝혀 주는 규범의 체계가 다름 아닌 가족 윤리에 해당한다.
유교 사상의 창시자인 공자는 덕치(德治)를 정치의 정도(正道)라고 믿었던
것이며, 집안을 편안하게 하는 덕과 나라의 질서를 바로잡기에 필요한 덕의
근본정신이 같다고 본 것이다.
  유교의 가족 윤리를 이해하기 위하여 우선 알아두어야 할 것은, 유교 사상
의 배경을 이룬 전통 사회에 있어서의 '가족(家族)'과 서구적 개인주의가 지

---

17 『孟子』, 梁惠王章句 上, 7. 老吾老 以及人之老, 幼吾幼 以及人之幼, 天下可運於掌. 詩云, 刑
  于寡妻 以御于家邦, 言擧斯心 加諸彼而已.

배하는 현대사회의 '가족(family)'은 그 개념에 근본적 차이점이 있다는 사실이다. 현대의 서구적 가족의 경우는 가족을 구성하는 개인들이 독립된 생활의 주체이며, 가족은 그들의 집합이다. 그러나 유교적 전통 사회의 경우는 가족 전체가 하나의 생활 주체이며, 가족의 성원인 식구들 각자는 독립된 생활 주체가 아니라 하나의 생활 주체인 가족을 위한 부분들이다. 현대사회의 서구적 가족의 경우는 그 구성원인 개인들이 각자를 위해서 살 권리를 가지고 있다. 그러나 전통 사회의 유교적 가족의 경우는 그 구성원인 식구들은 일차적으로 가족의 번영을 위하여 이바지할 의무를 가졌다.

유교적 가족 윤리에 따르면, 가족이 그 구성원인 개인들보다 우선한다. 그러므로 식구들 각자의 자유보다는 가족 전체의 번영이 더욱 중요하다. 가족의 번영이 더욱 중요한 까닭에 그 구성원들은 가족 전체를 위하여 봉사할 의무를 가졌다. 가족 전체가 하나의 유기체와 같은 것이며, 가족은 전체가 하나와 같이 일사불란하게 움직여야 한다. 가족 전체가 하나와 같이 움직이기 위해서는 위계질서가 확고해야 하며, 확고한 위계질서를 위해서는 집안을 다스리는 어른의 절대적 권위가 필수적이다.

절대적 권위를 가진 가부장을 정점으로 삼고 가족 성원들이 일사불란한 위계질서를 요구하는 유교적 가족에 있어서 가족 성원들의 관계는 수직적일 수밖에 없다. 서구적 현대 가족의 경우에 가족 성원들의 관계가 평등하고 수평적인 것과는 대조를 이루어, 유교적 전통 가족의 경우는 그 성원들의 관계가 불평등하고 수직적이다. 부모와 자녀 사이에서는 부모가 우위를 차지하고, 형과 아우 사이에서는 형이 우위를 차지하며, 남자와 여자 사이에서는 남자가 우위를 차지한다. 가족 성원들 사이의 관계를 윗사람과 아랫사람의 수직적 관계로 보는 것이 유교적 전통의 가족 윤리가 갖는 기본 특색의 하나다. 그리고 이 기본 특색은 가족 윤리에만 국한된 것이 아니고, 유교 사회의 윤리 전반에 걸친 특색이기도 하다.

비록 가부장이 절대적 권위를 누리고 성원들의 관계가 수직적이라고는 하나, 윗사람이 아랫사람을 힘으로 누름으로써 지배하는 것은 전통적 가족 윤리의 근본정신이 아니다. 윗사람은 아랫사람을 사랑으로 감쌈으로써 따르게 하고 아랫사람은 윗사람을 존경하는 마음으로 추종함으로써 가족의 화합과 질서를 유지하는 것이 전통 사회의 유교적 가족 윤리의 이상이다. 실제로 모든 가족의 성원들이 사랑과 정으로 결합했다고 말하기는 어려울 것이나, 마땅히 그래야 한다는 것이 유교 윤리의 가르침이다.

유가를 비롯한 고전적 중국 사상가들이 가지고 있던 공통점의 하나는 '자연에 순응함'이 올바른 삶의 길이라는 믿음이 아닐까 한다. 인간은 인간의 본성, 즉 인성(人性)에 순응하며 사는 것이 바람직하다는 생각이다. 사단(四端)과 칠정(七情)을 인성의 바탕으로 본 것으로도 짐작할 수 있듯이, 유가들은 인간을 주로 감정적 존재로 파악한 것으로 보인다. (고대 그리스의 철학자들이 인간을 주로 지성적 존재로 파악한 것과 대조적이다.) 성선설(性善說)의 시각에서 인간을 이해한 유가들은, 인간을 감정적 존재로 파악하되 인간이 본래 타고난 순수한 감정은 선미(善美)한 것으로 전제하고, 그 선미한 감정에 충실하게 순응하며 살 것을 권고했던 것이다. '자연의 정'을 존중하라는 가르침이다.

자연의 정 가운데 가장 두터운 것은 혈연의 정이며, 혈연의 정 가운데 가장 두터운 것은 부모와 자녀 사이의 정이다. 여기서 유가들은 부모와 자녀 사이의 두터운 정을 사리에 맞도록 간직하고 가꾸는 것이 모든 윤리의 귀중한 출발점이 된다고 믿었다. 부모를 비롯한 조상들은 내 생명의 뿌리이며, 자녀를 비롯한 후손들은 내 생명의 연장이다. 그뿐만 아니라, 우리가 보통 혈연관계가 없는 '타인'이라고 생각하는 사람들도 따지고 보면 나와 같은 뿌리에서 탄생한 사람들이다. 결국 모든 사람들은 같은 핏줄의 소산이라는 논리가 성립한다. 부모와 자녀 사이의 윤리를 바르게 세우고 이것을 전후와 좌우로 확대함으로써 하나의 커다란 '우리'의 윤리를 형성할 수 있다는 사고방식이다. 부모와 자녀 사이의 윤리를 오륜(五倫)의 첫째로 꼽은 것도 같은 맥락에서 이해할 수 있다.

부모와 자녀 사이의 윤리를 유교에서는 '부자유친(父子有親)'이라는 말로 표현하였다. 이 표현에서 두 가지 점이 우리의 주목을 끈다. 그 첫째는, '부자유친'이라는 말과 아울러 '모녀유친'이라는 말도 생각할 수 있겠으나, 유교의 경전 어디에서도 그런 표현을 찾아보기 어렵다는 사실이다. 이러한 사실은 물론 '남성 위주의 부계가족 사회'라는 한마디로 설명할 수도 있을 것이나, 현대를 사는 우리의 처지에서는 이모저모로 고찰해야 할 점이 많은 문제를 안고 있는 것이 아닐까 한다.

우리의 주목을 끄는 또 한 가지는, '부자유친'이라는 말을 "부모와 자식은 서로 친애해야 한다."는 뜻으로 이해할 때, 유교에서 '효(孝)'라는 개념을 앞세우고 자녀의 도리를 누누이 강조한 데 비하여, 자녀에 대한 부모의 도리를 강조한 대목이 별로 없다는 사실이다. 자식에 대한 부모의 사랑은 매우 자연스러운 것이어서 굳이 강조하지 않아도 저절로 실천하게 되므로 자녀의 도리만을 강조한 것이라는 분석도 생각할 수 있다. 그러나 부모의 도리가 본능적인 사랑만으로 실천될 수 있는 것이 아니며, 계모의 경우와 같이 본능적 애정이 결여한 경우도 있으므로, 저 분석만으로는 불충분하다. 현대의 견지에서 부모와 자식의 윤리를 고찰할 경우에는 이 점에도 유의해야 할 것으로 보인다.

유교적 전통 사회에서는 인품을 평가함에 있어서 효성(孝誠)이 있느냐 없느냐 하는 것을 첫째로 물었다. 효성만 지극하다면 그 밖의 것은 더 물을 필요가 없다고 했을 정도다. 『논어』에도 "효성스럽고 공손함은 인(仁)을 이루는 근본이다."라는 구절이 보인다.[18] 그렇다면 구체적으로 어떠한 몸가짐을 가져야 효자 또는 효녀로서의 평가를 받을 수 있었을까? 우선 『논어』에 나타난 효도의 구체적 내용을 간추려 보기로 한다.

첫째로, 효도의 근본은 부모의 뜻을 존중하고 따름에 있다. 부모의 뜻과 행동에 대하여 공감을 느끼지 못할 경우라 하더라도 자식된 도리로서는 그 뜻을 따라야 하며, 부모가 돌아가신 뒤에도 3년 정도는 그분들의 길을 지키는 것이 효도에 해당한다.[19]

둘째로, 부모가 크게 잘못했거나 그릇된 길을 가려고 할 경우에는, 자식이 간언(諫言)으로써 그 그릇됨을 일깨우고 고치도록 시도하는 것은 바람직하다. 다만 간언하는 태도는 공손하고 완곡해야 하며, 부모가 끝내 간언을 용납하지 않을 경우에는 자식은 그 뜻을 존중하고 물러서야 한다. 어떠한 경우에도 부모를 원망해서는 안 된다.[20]

셋째로, 노후의 부모가 물질적 결핍이나 육체적 불편을 겪지 않도록 잘 봉양하는 것은 자식된 도리의 기본이다. 그러나 물질적 봉양만으로 효도가 되는 것은 아니다. 공경으로써 부모의 마음을 편하게 하는 것이 효도의 필수 조건이다.[21] 특히 자식은 부모에게 걱정을 끼치지 말아야 한다. 인력으로 막을 수 없는 불가항력의 불행으로 부모에게 걱정을 끼치는 것은 어쩔 수 없는 일이나, 자식의 불찰로 부모에게 근심거리가 되는 것은 효도에 어긋나는 짓이다. 자식이 부모의 곁을 멀리 떠나면 자연히 부모의 걱정거리가 되기 쉬우니, 되도록 부모의 곁에서 멀리 떨어지지 않는 것이 바람직하다. 멀리 떠날 경우에는 반드시 방향을 고해야 한다.[22]

---

18 『論語』, 「學而」, 2. 有子曰, "…君子務本, 本立而道生. 孝弟也者, 其爲仁之本與."
19 『論語』, 「學而」, 11. 子曰, "父在, 觀其志, 父沒, 觀其行, 三年無改於父之道, 可謂孝矣."
20 『論語』, 「里仁」, 18. 子曰, "事父母幾諫, 見志不逆, 又敬不違, 勞而不怨.".
21 『論語』, 「爲政」, 7. 曰, "今之孝者, 是謂能養, 至於犬馬, 皆能有養, 不敬, 何以別乎."
22 『論語』, 「里仁」, 19. 子曰, "父母在, 不遠遊, 遊必有方."

넷째로, 부모가 생존해 계실 동안만 잘 모시는 것으로는 효로서 불충분하다. 돌아가셨을 때는 예를 다하여 장례를 치르고, 장례가 끝난 뒤에도 제례(祭禮)를 정성껏 모셔야 한다.[23] 유가에서는 사후에도 영혼은 남는다고 믿었으며, 조상의 영혼까지도 예로써 모시는 것이 자손의 도리라고 믿었던 것이다.

우리나라의 전통 사회에서도 효를 윤리의 핵심으로 삼았으며, 효 사상의 근본도 앞에서 간추려 본 공자의 그것을 그대로 받아들였다고 볼 수 있을 것이다. 다만 우리나라 조상들이 실천의 마당에서 지극한 효도로서 찬양하거나 지극한 불효로서 경계한 바가 모두 공자가 역점을 둔 효도의 정신과 일치한다고 볼 수 있을지는 의문이다. 우리 조상들은 '효도'의 이름으로 자녀의 지나친 희생을 기대하고 또 그것을 극구 찬양한 사례가 많다. 그 가장 널리 알려진 예가 심청(沈淸)이 늙은 아버지의 눈을 뜨게 하기 위하여 인당수에 몸을 던지는 이야기다. 이것은 물론 만들어 낸 이야기이기는 하나, 이 이야기가 많은 사람들의 심금을 울렸으며 심청을 효녀의 귀감으로 평가했다는 사실이 이 이야기가 가진 의미를 말해 준다.

조선시대에 출간된 『삼강행실(三綱行實)』, 『속삼강행실』 등 행실록에도 효행에 관한 기록 또는 설화가 실려 있다. 그 기록에 나타난 예화를 통하여 우리나라에서 찬양을 받은 효행의 구체적 양상의 개략을 살펴보기로 한다.

신라 흥덕왕(興德王) 시대에 손순(孫順)이라는 사람이 살고 있었다. 집이 가난하여 어려운 가운데서도 노모를 위하여 좋은 음식을 장만하여 정성으로 봉양하였다. 그런데 손순에게 어린아이가 있어서 어머니에게 드린 반찬을 뺏어 먹는 버릇이 있었다. 나무라도 말을 듣지 않는지라, 아내와 의논하여

---

23 『論語』, 「爲政」, 5. 子曰, "生, 事之以禮, 死, 葬之以禮, 祭之以禮."

아이를 산중에 생매장하기로 하였다. (아이는 다시 얻을 수 있으나 어머니는 다시 얻을 길이 없다는 것이 그들의 논리였다.) 아이를 업고 멀리 가서 땅을 팠을 때, 그곳에서 석종(石鐘)이 나왔다. 길조(吉兆)라는 생각이 들어서 손순 내외는 아이의 생매장을 보류하고, 그 석종을 가지고 와서 집에 매달아 놓고 쳐보았다. 그 소리는 독특하게 아름다웠고, 멀리 퍼져서 궁중에까지 들렸다. 왕이 이 소리를 듣고 사람을 보내어 그 신비스러운 종의 출처를 알아보도록 하였다. 보고를 받은 왕은 손순의 효성에 감탄하여 쌀 50석을 하사하였다.[24]

고려 성종(成宗) 때 고산현(高山縣)의 차달(車達)이라는 자는 두 아우들과 함께 홀어머니를 모시고 살았다. 차달의 아내가 시어머니를 모시는 태도가 근실하지 못하였으므로, 그는 마침내 처를 버리고 아우들과 노모를 정성껏 모셨으며, 다시 아내를 맞이하지 않았다. 이 사실을 알게 된 왕은 차달 형제의 효행을 포상하였다.[25]

조선시대에 이르러서는 효행의 예화가 더욱 많이 남아 있다. 그 가운데는 호랑이에게 물려 가는 부모를 살리기 위하여 제 목숨을 내던지는 용맹스러운 효자의 일화도 있다. 그 하나의 예로서 진주(晉州)의 김백산(金白山)의 이야기를 들 수 있다. 김백산이 16세 되던 해에 그의 아버지가 호랑이에게 물려 갔다. 이것을 목격한 소년은 낫을 들고 호랑이에게 돌진했고, 호랑이는 아버지를 놓고 달아났다.[26]

그 밖의 효행의 유형으로서는 병든 부모를 간호하기 위하여 관직을 사퇴하고 고향으로 돌아와서 환자의 곁을 떠나지 않은 이야기가 있고, 손가락을 끊

---

24 『東國新續三綱行實孝子圖』, 卷 1, 孫順得鐘條.
25 같은 책, 車達棄妻條.
26 같은 책, 卷 2, 白山擊虎條.

어서 그 피를 약으로 들게 한 단지(斷指) 효행의 일화와 넓적다리의 살을 베어서 약으로 삼은 이야기 등이 있다. 또 왜적의 침공을 받고 위기에 몰린 부모를 살리기 위하여 목숨을 걸고 싸운 효자의 이야기도 흔히 찾아볼 수 있다.

옛날 우리나라에서 지극한 효자 또는 효녀로서 칭송되고 왕으로부터 포상을 받은 사례들의 공통점은 늙은 부모를 위하여 젊은 자녀들이 투철한 희생정신을 발휘했다는 사실이다. 부모를 위해서 모든 것을 희생하고 헌신한 행동은 언제나 갸륵한 선행으로서 찬양을 받았다. 늙은 생명을 위해서 젊은 생명을 희생하는 것은 불합리하다는 따위의 공리주의적 비판이나 회의를 제기한 사람은 많지 않았던 것으로 보인다. 다만 조선시대에 쓰인 소설 가운데는 지나친 효 사상에 대한 회의 내지 비판을 나타낸 대목이 보이기도 한다.

『양산백전(梁山伯傳)』 가운데 여주인공 추소저가 효도와 사랑 사이에서 고민하는 대목이 있다. 추소저는 어떤 소년과 사랑의 언약을 주고받게 되었으나 부모의 반대에 부딪쳐서 그 언약을 지키기가 어려운 처지로 몰린다. 이러한 처지에서 고민하는 여주인공을 동정하여 이 소설의 작가는 다음과 같은 말을 하고 있다.

효도가 무엇이기에 이토록 사랑하는 젊은 소년과 소녀를 눈물과 비애에 잠겨 놓는 것일까. 그들은 자기네의 행복을 거부하는 도덕에 용감히 맞서 싸울 용기가 없었으며, 인간을 통제하는 국가를 반대하고 전제군주에 항거해서 싸울 수 있는 용기와 담력이 없는 것처럼, 그들의 사랑을 구속하고 결백을 억제하는 효도라는 괴물과 맞서 나갈 기력이 없는 것뿐 아니라, 그러한 마음조차 먹을 수 없는 것이더라. … 도덕의 폭군 앞에 그들은 완전히 압도되어, 깔려서 처절 잔인하게 죽어 가려고 결심하는 것뿐이더라. … 어떻게 보면 그들은 바보라고 할 정도로 희생의 길을 택하고 있더라.[27]

위에 인용한 구절의 표현은 매우 소박한 수준을 벗어나지 못하고 있으나, 그 가운데 작가의 뚜렷한 비판 정신을 읽을 수 있다. 『양산백전』의 작가는 부모의 명령에는 무조건 복종해야 한다는 유교적 효 사상의 타락상에 대하여 날카로운 의문을 제기하고 있는 것이며, 이 의문은 유교적 전통 윤리 전반에 대한 회의로 이어질 수 있는 성질의 것이다.

효도와 사랑의 갈등을 주제로 삼은 작품으로서 또 『채봉감별곡(彩鳳感別曲)』을 들 수 있다. 이 소설의 여주인공 채봉은 그 어머니와 상의하여 강필성(姜弼成)의 청혼을 받아들이기로 약속했으나, 아버지의 완고한 반대에 부딪친다. 아버지 김진사는 벼슬에 대한 욕심 때문에 딸에게 세도가 허판서의 소실로 들어갈 것을 강요했던 것이다. 이에 채봉은 "여자의 마음이라는 것은 한 번 정한 일이 있으면 비록 천자의 위력으로도 빼앗을 수 없다."며, 강도령과의 언약을 지키기 위하여 도망칠 것을 계획한다.[28]

『채봉감별곡』의 작가는 자신이 직접 조선시대의 효 사상을 비판하는 대신 작품 주인공의 행동을 통하여 간접적으로 비판의 뜻을 나타냈다고 볼 수 있다. 이 작가는 채봉이 부모에게 끌려서 허판사가 사는 서울로 가는 도중에 도망을 치도록 만든다. 허판서의 노여움을 산 채봉의 아버지는 투옥을 당하게 되고, 채봉은 돈으로 아버지를 빼내기 위하여 몸을 팔아서 기생이 된다. 기생이 된 다음에도 항상 기지를 발휘하여 정조를 지키다가 마침내 강필성의 아내가 된다는 것으로 이야기를 마무리짓는다.[29] 그렇게 함으로써 효도도 하고 사랑의 언약도 지킨 것으로 소박한 결말을 지은 것이다. 『양산백전』의

---

27 『양산백전』, 전규태 편, 『한국고전문학전집』, 세종출판공사, 1970, 제2권, p.320.
28 『채봉감별곡』, 김기동 외 편, 『한국고전문학전집』, 성음사, 1970, 제8권, p.184 참조.
29 같은 책, p.185 및 pp.188-198 참조.

작가와 비교한다면 『채봉감별곡』의 작가는 그 비판 정신이 미약한 편이다. 그러나 어쨌든 조선시대에도 전통적 효 사상에 대하여 비판적 시각을 가진 사람들이 있었다는 사실에 주목하게 된다.

조선시대에 쓰인 소설의 주인공은 대개 효자 또는 효녀로 설정되어 있다. 그들이 보여주는 효행의 모습도 대체로 비슷하다. 소년 시절에 열심히 공부하여 과거에 장원급제함으로써 가문을 빛낸다. 사랑에 열중하다가도 부모의 병환 소식에 접하면 지체없이 달려와서 병간호에 몰두한다. 부모의 명령을 어기는 따위의 불효 이야기는 별로 없다. 다만 혈통을 계승할 아들을 못 낳는 불효에 관한 이야기는 자주 등장한다. "온갖 불효 가운데서 자식 못 낳는 그것이 가장 크다(不孝三千 無後爲大)."라는 말은 『심청전』에도 나오고 『숙향전』에도 나온다. 자녀를 갖지 못한 사람들의 탄식하는 말 가운데 "조상의 향화(香火)를 끊게 되니, 죽어 황천에 들어간들 무슨 면목으로 조상을 대하리오." 운운하는 따위의 푸념을 흔히 본다.[30]

5. 부부의 윤리

오륜(五倫)의 하나인 부부의 윤리를 상징하는 말은 '부부유별(夫婦有別)'이다. 현대의 유학자들 가운데는 유교 사상이 일반적으로 비난받는 것처럼 비민주주의적이 아니라는 것을 변호하기 위하여 '부부유별'을 '남존여비'의 시각에서 해석하는 것에 반대하는 사람들이 많다. 한자(漢字)의 특성이 본래 융통성에 있으므로 우리는 '부부유별'을 민주주의 정신에 어긋나지 않도록 해석할 수 있을 것이다. 그러나 지금 우리가 다루고 있는 것은 저 한자어를

---

30 『심청전』, 『한국고전문학전집』(세종), 제1권, p.199에 보이는 심봉사의 말.

현대인으로서 우리가 어떻게 해석할 것이냐 하는 문제가 아니라, 전통 사회의 우리 조상들이 그 말을 어떻게 이해했느냐 하는 문제다.

원시 유교 사상에 있어서나 그 영향을 크게 받은 우리의 전통 사상에 있어서나 '남존여비'의 관념이 강했다는 것은 부인하기 어렵다. 이 관념은 부부의 윤리에 결정적 영향을 주었고, '여필종부(女必從夫)'라든지 '부창부수(夫唱婦隨)'라는 말이 당연한 것처럼 사용되었다. 남편이 주요, 아내는 그를 위한 반려자라는 생각이 상식화되어 있었다. 이러한 사정은 조선시대의 소설에도 여실히 나타나 있다. 예컨대, 『박씨전(朴氏傳)』의 이시백(李時白)이 그의 부인 박씨에게 과거의 잘못을 사과하는 말 가운데, 다음과 같은 구절이 있다. "그러나 부인의 도리는 남편에 순종함이 여자의 첫 계명(誡命)이니, 나의 과거의 잘못을 용서하고 …." 이것은 박씨의 용모가 너무나 추물이어서 갖은 구박과 학대로 일관하던 남편 이시백이 어느 날 박씨가 갑자기 환골탈피하여 절세미인으로 나타났을 때 아내 박씨에게 사과하며 한 말의 일부다.[31]

남편을 하늘처럼 섬겨야 했던 아내에게는 부덕(婦德)의 이름으로 여러 가지 의무가 지워졌다. 아내가 지켜야 했던 도리 가운데서 가장 근본적인 것은 몸과 마음의 전부를 바쳐서 남편을 극진히 섬기는 일이었다. 아들을 낳아서 가문의 대(代)를 계승하도록 하는 일, 시부모를 정성껏 섬기고 그들이 죽은 뒤에도 예를 따라서 제사를 모시는 일, 남편의 일가나 친지들이 찾아오면 융숭하게 대접하는 일 등도 아내가 수행해야 할 주요 임무였다.

아내가 지켜야 할 도리 가운데서 가장 중요한 것은 역시 수절(守節)의 의무였다. 조선시대 소설에 등장하는 여자 주인공들 가운데는 전쟁, 강도, 관권의 행패 등에 시달린 사람들이 많으며, 그럴 때마다 정조가 위협을 받았다.

---

31 『박씨전』, 『한국고전문학전집』(성음), 제7권, p.173.

그럼에도 불구하고 그들은 끝까지 절개를 지킨 것으로 되어 있다. 이것은 수절에 대한 그 시대의 요청이 매우 강했음을 말해 주는 것으로 풀이할 수 있다. 춘향, 채봉, 옥단춘 등 기생의 신분을 갖게 된 여주인공들까지도 정절만은 끝까지 지키도록 만들었다는 사실은 이 점을 더욱 명백하게 밝혀 준다. 그뿐 아니라, 자신들은 그토록 절개를 굳게 지키면서도 남편의 외도에 대해서는 질투하지 않는 것이 아내의 미덕으로 꼽혔다.

　여자의 정조를 그토록 중요시했음에도 불구하고, 남자의 정조에 대해서는 매우 관대했던 것으로 보인다. 더러는 여색을 즐기는 것을 '대장부의 풍류'라고 생각한 경우도 있었다. 그러나 조선시대 소설의 작가들 가운데는 남자도 정절을 지키는 것이 바람직하다고 생각한 사람들이 있었다. 『채봉감별곡』의 작가는, 채봉이 기생의 신분으로 떨어졌음에도 불구하고 절개만은 끝까지 지키도록 만들었을 뿐 아니라, 그의 남편 강필성도 아내를 위하여 정절을 지키겠다고 약속하도록 이야기를 전개하였다.[32] 『유충렬전(劉忠烈傳)』의 작가도 주인공 유충렬이 개선장군으로 영릉 땅에 들어왔을 때, 태수가 수청을 들라고 들여보낸 기생을 아내를 생각하며 물리치도록 만들었다.[33] 그 시대에도 남자의 정조 관념을 찬양하는 사상이 있었음을 말해 준다.

　여자의 정절을 부덕(婦德)의 으뜸으로 숭상한 조선시대의 우리 조상들은 여자의 재혼을 불미스러운 처신으로 규정하였고, 심지어 양반 사회에서는 용서할 수 없는 수치라고까지 생각하였다. 이러한 도덕관념은 그 시대에 쓰인 소설에도 반영되어, 재혼의 문제를 정면에서 다룬 작품이 별로 없는 것으로 안다. 한편 조웅(趙雄)의 어머니와 유충렬의 어머니의 경우와 같이, 온갖

---

32 『채봉감별곡』, 『한국고전문학전집』(성음), 제8권, p.197 참조.
33 『유충렬전』, 『한국고전문학전집』(성음), 제5권, pp.313-316 참조.

고난을 무릅쓰고 끝까지 개가(改嫁)를 거부한 현숙한 부인의 이야기를 곁들인 소설은 적지 않다.

개가의 문제를 약간 긍정적 시각에서 다룬 소설을 굳이 찾는다면, 풍자소설『장끼전』을 거론할 수 있을 것이다. 창애에 치어서 죽게 된 장끼가 아내 까투리에게 수절하여 정렬부인이 되라고 신신당부하며 숨을 거둔다. 까투리가 남편의 장례를 치르기가 바쁘게 까마귀나 물오리 따위의 수컷들이 까투리에게 같이 살자고 졸라댔고, 까투리는 그들의 구애를 일단 물리쳤다. 그러나 그 뒤에 잘생긴 홀아비 장끼의 청혼을 받자, "오늘 그대 풍신 보니 수절할 마음 전혀 없고 음란지심(淫亂之心) 발동하네 …"라는 말과 함께 그에게로 개가하고 만다.[34] 이와 같이, 까투리의 개가 이야기를 그린 작가가 개가를 금지한 조선시대의 규범에 대한 비판 의식을 가지고『장끼전』을 썼다고 단정할 수 있을지는 의문이다. 다만 홀어미 까투리와 홀아비 장끼가 재혼한 뒤에 행복하게 잘살았다는 이 소설의 마무리로 보아서, 이 작가가 여자의 재혼 문제를 긍정적 시각에서 바라보았다는 해석을 한다 해도 큰 무리는 없을 것으로 보인다.

유교 윤리에는 배우자를 항상 예(禮)로써 대접해야 한다는 가르침이 있으며, 이 가르침은 조선시대의 일상생활 속에서도 대체로 지켜진 것으로 보인다. 요즈음 젊은 부부들은 서로 말을 놓고 지내는 경우가 많으며, 일제시대의 부부들 사이에서는 남편은 아내에 대해서 말을 놓고 아내는 남편에 대해서 깍듯이 존대어를 사용하는 것이 일반적 현상이었다. 그러나 조선시대 소설에 나오는 대화 가운데서는, 아내가 남편에 대해서 존대어를 사용하고 있을 뿐 아니라, 남편들도 모두 존대어로써 아내를 대접하고 있다. 만백성의 어버

---

34 『장끼전』,『한국고전문학전집』(성음), 제7권, pp.313-316 참조.

이로서 군림한 상감까지도 중전을 대할 때는 존대어를 사용하고 있다.[35] 그런데 언제부터 어떤 연유로 우리나라 남편들이 아내에게 말을 놓게 되었는지는 잘 알 수 없다. 일본에서는 옛날부터 남편이 아내에게 말을 놓았을 뿐 아니라 '하게'가 아닌 '해라'를 썼으니 혹 그 영향을 받은 것이 아닐까 하는 추측도 할 수 있으나, 확실한 것은 말하기 어렵다. 한 가지 확실한 것은 일제시대의 조선인 남편들은 일반적으로 아내에게 '하게'로 말을 놓기는 했으나 일본인처럼 '해라'는 쓰지 않았으며, 다만 일본과 지리적으로 가까운 경상도 지방에서는 남편이 아내에게 '해라'를 쓰는 경우가 많았다는 사실이다.

일본에서는 과거에 아내가 남편을 '주인'이라고 부르는 관례가 있었으나, 우리나라에서는 남편을 '바깥양반'이라고는 불렀으나 '주인'이라고는 부르지 않았다. 그런데 일제하에서 일본 교육을 받은 여자들 가운데는 남편을 '주인'이라고 부르는 사례가 더러 있었다. 우리나라와 일본이 다 같이 유교 문화의 영향을 크게 받았고 남존여비의 관념도 공통적으로 가지고 있었으나, 일반적으로 말해서, 여성을 천대한 정도가 일본보다는 한국이 덜 심했다고 말할 수 있다. 우리나라에서는 전통적으로 여성이 남성에게 눌려 사는 가운데서도 가정 내부에서 '안방마님'이 가진 권한은 상당한 것이어서, 가부장도 함부로 침범하지 않는 것이 양반 가문의 체통을 지키는 길로 알려져 있었다. 오륜(五倫)의 하나인 '부부유별(夫婦有別)'에도 남편과 아내가 분업적으로 일함으로써 공동체인 가족의 번영을 도모한다는 뜻이 강하게 함축되어 있다.

그러나 설화나 역사적 기록에 열녀 또는 열부(烈婦)에 관한 것은 많이 있으

---

35 예컨대, 『인현왕후전』, 『한국고전문학전집』(성음), 제6권, pp.42–43에 보이는 숙종과 그 왕후의 대화 참조.

나, '열남'이라는 말은 사전에도 없으며 열부(烈夫)에 관한 이야기는 매우 희소하다는 사실이, 우리나라 전통 사회에서 여권(女權)이 누린 한계가 뚜렷함을 암시한다. 전설 또는 역사적 기록에 남은 열녀의 이야기에는 몇 가지 유형이 있으나, 대개는 남편을 위해서 목숨을 걸고 정절을 지켰다는 줄거리다. 삼국시대에는 남편이 생존했을 경우에 한해서 수절의 의무가 있다고 생각했으나, 고려 후기부터는 죽은 남편을 위하여 묘막살이를 하며 정절을 지킨 사례가 많고, 조선시대에는 묘막살이가 끝난 뒤에도 망부의 제사를 받들며 평생 수절한 사례가 많다. 더러는 왜적 또는 호랑이의 습격을 받고 위기에 처한 남편을 살리기 위하여 목숨을 걸고 싸운 열부(烈婦)의 이야기도 있다.

열녀가 나타나면 지방의 수령은 그 사실을 조정에 고하고, 조정에서는 열녀문(烈女門)을 세워서 표창한 경우도 있었다. 남편이 아내를 위하여 헌신한 사례도 전혀 없지는 않았을 터인데, 그런 남편의 미덕을 기리기 위하여 정문(旌門)을 세웠다는 기록은 없는 것으로 안다. 결국 아내의 절개를 더 강조한 것인데, 의도적이든 의도적이 아니든 부덕(婦德)의 이름을 빌려서 여성에게 더욱 무거운 굴레를 씌운 결과가 되었다.

6. 형제의 윤리, 친척의 윤리

유교의 가족 윤리에서는 혈연의 관계가 가까우냐 또는 머냐를 매우 중요하다고 생각한다. 다시 말하면, 촌수가 가까운 관계일수록 더욱 소중하게 여긴다. 형과 아우의 사이는 부모와 자녀의 사이에 다음가는 가까운 관계다. 그러므로 유교의 영향을 강하게 받은 우리나라에서도 형제 또는 자매의 윤리를 크게 중요시했으며, 그것은 친척관계 전반을 통한 윤리의 기본이 되는 것이라고 보았다.

앞에서도 언급한 바 있듯이, 유교적 전통 사회에서는 가족의 구성원으로서의 개인들 각자가 독립된 생활의 주체로서 산 것이 아니라, 공동체로서의 가족 전체가 하나의 생활 단위로서 살았다. 가족 가운데서도 특히 형과 아우는 같은 핏줄을 나눈 터이므로 둘이 아니라 본래 하나였던 것이 둘로 쪼개진 것이라는 의식이 강했고, 한몸을 쪼개서 나누어진 것이므로 형과 아우는 영화를 누려도 같이 누리고 고생을 해도 같이해야 한다는 당위 의식이 있었다. 요즈음의 일란성 쌍둥이보다도 더욱 가까운 사이라고 보았다 하여도 과언이 아닐 것이다.

> 형제는 오륜(五倫)의 하나요, 한몸을 쪼갠 터다. 이러므로 부귀와 화복을 같이하는 것이니, 어떤 형제는 우애가 있고, 어떤 형제는 부제(不悌)할까?[36]

위의 인용은 형제의 우애를 주제로 삼은 『흥부전』의 첫 구절이다. 이 구절은 『흥부전』의 작가 개인의 의견을 말한 것이기보다는, 그 당시의 일반인들이 당연한 상식으로 받아들였던 관념을 상기시킨 것으로 보아야 할 것이다. 널리 알려진 바와 같이, 『흥부전』의 줄거리는 악덕하기 그지없는 형 놀부와 그럼에도 불구하고 끝까지 '아우의 도리'를 다한 동생 흥부의 선행을 대조시킨 이야기다. 흥부가 형을 대한 태도 가운데서 중요한 것을 간추리면, ① 형이 아무리 못되게 굴어도 반항하지 않고 형의 요구에 순종하였고, ② 형의 심한 구박을 원망하지 않았으며 도리어 형의 잘못을 숨겨 주려고 변호하였고, ③ 자기가 잘살게 되고 형이 망한 다음에 재산을 나누고 집을 지어 주는 등 끝까지 형에게 정성을 다하였다는 것 등이다.[37]

---

36 『흥부전』, 『한국고전문학전집』(성음), 제4권, p.342.
37 같은 책, p.355, p.371, p.379 등 참조.

위와 같은 줄거리의 『흥부전』은 조선시대뿐 아니라 일제시대에도 널리 읽혔으며, 『심청전』, 『춘향전』과 더불어 판소리로서도 많은 사람들의 환영을 받았다. 이것은 우리 조상들이 못된 놀부에게 무조건 순종하고 무조건 헌신한 흥부의 행위를 옳다고 인정했음을 의미한다. 모두가 욕심 많은 놀부를 비난했으나, 공정성이나 합리성을 떠난 흥부의 착하기만 한 태도를 비난한 사람은 아무도 없었다.

우리나라의 설화나 역사적 기록을 보면 효자와 열녀에 관한 것은 많은 데 비하여 형제간의 우애에 관한 이야기는 적은 편이다. 그 적은 기록 가운데서도 세종(世宗)이 그의 형 양녕대군(讓寧大君)을 아끼는 마음을 나타낸 『연려실기술(燃藜室記述)』의 다음 구절은 시사하는 바가 크다.

세종이 김종서(金宗瑞)에게 말하였다. "경이 거듭 양녕의 일을 말하여 그치지 않는 것은 나의 본심을 헤아리지 못한 것이오. 천륜(天倫)의 차례로 말한다면 이 자리는 본래 양녕의 것인데, 오늘날 내가 대신하여서 온 나라의 봉양을 향유하고 있소. 일반 백성이라 하더라도 형제 사이에는 잘못을 덮어 주고 잘한 것을 드러내어서 허물이 없는 곳에 서게 하고 불행히 죄에 걸리면 혹 뇌물도 쓰고 혹 애걸도 하여 모면하게 하는 것이 사람의 지극한 정이오. 그런데 내가 일국의 왕이 되어서 도리어 필부만도 못하게 형 하나를 감싸 줄 수 없어야 한단 말이오? …"[38]

성격이 호탕하고 인품이 허랑한 양녕대군이 왕자의 신분에 적합하지 않은 행동을 자행하는 일이 있었으므로 이를 제재해야 한다고 김종서가 진언했을

---

38 李肯翊, 『燃藜室記述』, 卷之二. 太宗朝故事本末, 讓寧之廢.

때, 세종이 감싸고 한 말이다. 형제간에는 비록 잘못이 있더라도 감싸 주는 것이 사람의 도리라는 유교 윤리의 가르침을 여실히 나타낸 구절이다.

『오륜행실도(五倫行實圖)』 제4권에 우애가 돈독한 형제들의 일화 24편이 실려 있다. 모두가 중국인들의 이야기이기는 하나, 이 책이 본래 조선왕조의 왕명에 의하여 유학자들이 편찬한 것이므로, 그 속의 예화들은 모두 조선시대의 우리 조상들이 우리나라의 형제들을 위해서도 귀감이 된다고 본 것들임에 틀림이 없을 것이다.[39] 『오륜행실도』 제4권에 실린 24편의 예화 중에서 세 편을 골라서 그 요지를 다음에 소개한다. 조선시대의 우리 조상들이 높이 평가한 우애의 구체적 모습이 어떤 것이었는가를 짐작하기에 도움이 될 것이다.

한(漢)나라 하남(河南)에 복식(卜式)이라는 사람이 농사와 목축을 생업으로 삼고 살았다. 식에게 어린 아우가 있었는데, 아우가 성장하자 식은 기르던 양 백여 마리만 남기고 그 밖의 논밭과 집 등 모든 재산을 아우에게 주었다. 식은 백여 마리의 양과 함께 산으로 들어가 열심히 일한 결과 10여 년 뒤에 양이 천여 마리로 늘고, 집과 논밭도 장만하게 되었다.

그러나 그의 아우는 나누어 준 가산을 모두 탕진하고 가난뱅이가 되어 있었다. 이것을 본 식은 또다시 자기의 재산을 나누어서 아우에게 주었다.[40]

---

39 『오륜행실도』는 『삼강행실도』와 『이륜행실도』 두 책을 합쳐서 만든 것이다. 『삼강행실도』는 세종의 명을 받고 집현전 부제학 설순(偰循)이 편찬한 것이고, 『이륜행실도』는 김안국(金安國)이 중종의 경연에서 시강한 것을 사역원정(司譯院正)인 조신(曹伸)에게 명하여 정리하게 한 것이다.

40 『오륜행실도』, 이민수 편역, 을유문화사, 1972, pp.228-229 참조.

정균(鄭均)은 한나라 임성(任城) 사람이다. 그의 형이 지방 관리로 있으면서 많은 뇌물을 받는 것을 보고, 누차 그러지 말라고 간했으나 형은 듣지 않았다.

정균은 품팔이를 해가며 열심히 일하여 많은 돈과 비단을 벌었다. 그리고 그것을 모두 형에게 주면서 말했다. "재물은 없어지면 이렇게 다시 얻을 수 있습니다. 그러나 관리가 한 번 죄를 지으면 평생 오명을 벗어나지 못합니다."

형은 아우의 말에 감동하여 드디어 청렴결백한 사람이 되었다.[41]

곽도경(郭道卿)은 원나라 보전(莆田) 사람이다. 원나라 초년에 도둑떼의 습격을 받고 고을 백성들이 모두 도망하여 숨었으나, 도경은 아우 좌경(佐卿)과 함께 남아서 사당을 지키고 있었다.

그러다 좌경이 도둑에게 잡혀 장차 죽게 되었다. 도경은 도둑 앞에 나가서 아우 대신 자신을 죽여 달라고 울며 부탁했다. 자신에게는 다 큰 자식이 있지만 아우는 자식이 어릴 뿐 아니라 몸도 약하다는 것이 아우를 살려야 한다는 이유였다.

그러나 아우는 형이 살아남아야 한다며, 울면서 자신을 죽이라고 간청하였다. 온 식구들이 형에게 의지하고 사는 형편이라는 것이 형을 살려야 한다는 이유였다.

도적들은 형제의 우애가 돈독함에 감탄하여 도경과 좌경을 모두 놓아 주었다.[42]

---

41 같은 책, pp.232-233 참조.
42 같은 책, pp.255-256 참조.

이상의 세 예화의 공통점은 형 또는 아우를 자기 자신보다도 더 끔찍하게 위했다는 점에서 찾아볼 수 있다. 다른 21편의 이야기도 그 점은 다를 바가 없다. 옛날의 우리나라나 중국에 그토록 우애가 돈독한 형제들이 실제로 얼마나 있었는지는 알 길이 없다. 다만 그 예화들이 허구(虛構)는 아닐 것이며, 그와 같은 형제간의 우애는 모든 형제와 자매들이 본받아야 할 귀감이라고 당시의 유가들이 믿었음에는 틀림이 없다.

"한몸을 쪼갠 터이니 부귀와 화복을 같이해야 한다."는 규범은 비단 형제와 자매 사이에만 국한된 윤리가 아니었다. 그것은 비록 정도의 차이는 있었으나 일가와 친척 전반에 확대해야 할 친족 윤리의 근본정신이기도 하였다. 같은 피를 나누었고 따라서 성(姓)과 본관(本貫)이 같은 일가와 친척은 결코 남이 아니라는 관념이 유교적 전통 사회에 상당히 널리 퍼져 있었던 것으로 보인다. 이러한 친족 관념 및 가족주의적 사고방식을 매우 잘 나타낸 것으로서 우리는 혜경궁 홍씨의 수기로 알려진 『한중록』을 들 수 있다. 그 가운데서 한 구절을 인용해 보기로 한다.

내 지친(至親)의 부녀들을 보니 위로되는 회포가 적지 않으나, 옛일을 생각하니 마음이 슬펐도다. 우리 집이 경신(庚申) 후에 지냄이 어려웠는데, 중고모(仲姑母)께서 효우(孝友)가 지극하셔서 … 매양 빈궁하실 때 도움이 많더라. … 정헌공(貞獻公) 삼년상을 마치고 용도가 절핍한 때, 여러 차례 고모가 보내시는 것을 기다려 향화를 올린 적이 많았고, 동생님들 사랑하심과 여러 조카 사랑하심이 자기 아들과 같으셨고 …[43]

43 『한중록』, 『한국고전문학전집』(세종), 제4권, pp.105-106.

이것은 혜경궁이 그의 친정에 잔치가 있어서 그 기회에 조카딸 등 친척의 여러 젊은이들을 보고 기뻐하면서 옛일을 회고하는 사연이다. 혜경궁의 친정에 대한 성의는 그 당시 사람들의 친족 관념의 일단을 말해 준다. 위에 인용한 구절에 이어서, 혜경궁은 고모에 대한 회고의 정과 귀양 간 사촌들에 대한 슬픈 감정을 기록하고 있거니와, 그의 친척 사람들을 생각함이 오늘날 우리가 처자를 생각하는 마음에 뒤지지 않는다. 그 다음에 혜경궁은 여러 조카들에게 간곡한 교훈을 적어서 일가와 친척에 대한 도리를 다할 것을 당부하고 있다. 그가 적어 보낸 교훈의 일부를 여기 소개한다.

> 내 집이 이제는 조금도 벼슬하기를 바라지 않더라. 수영이 너부터 … 집을 다스려 화목한 가운데 … 홀로 된 어버이를 극진히 효양하고, 맏누이를 형같이 알고, … 숙계조(叔季祖)를 할아버지 우러러 받들 듯하고, 제부(諸父: 아버지의 여러 형제)를 선형(先兄)같이 섬기고, 나이 어린 고모를 누이 보듯 하고, 여러 종제(從弟)들을 가르치며 사랑하여 동기같이 하고, 먼 일가에 이르도록 환대하며, 문하의 궁한 사람을 버리지 말며, … 선인과 선형 하시던 덕행을 이어서 집안 명성을 떨어뜨리지 말라. …[44]

『한중록』의 작가가 그의 조카 수영에게 타이른 간곡한 가르침은 작가의 개인적 의견이기보다는, 유교에 입각하여 당시에 친족 사이에서 지키도록 요구된 윤리 규범을 구체적으로 말한 것에 가깝다. 그 근본정신을 짧게 요약한다면, 결국 형제와 자매 사이에서 서로 돕고 고락을 같이하는 그 태도를 촌수가 멀어지는 곳에까지 연장하여, 모든 일가친척이 상부상조해야 한다는 주

---

44 같은 책, p.107.

장이라고 말할 수 있을 것이다.

친척끼리 서로 돕는 것이 인륜의 도리라면, 친척을 돕지 않는 것은 부덕한 행위로서 규탄을 받아야 마땅하다. 예컨대, 죄인을 다스리는 직책을 맡은 사람이 친척의 범죄 행위를 알게 되었을 경우에는 죄지은 친척이 벌을 받지 않도록 배려하는 것이 옳은 길이다. 죄지은 친척을 감싸지 않고 오히려 그 죄를 밝히고 처벌하는 편으로 가담한다면, 그것은 친척의 도리에 어긋나는 짓이다. 그러므로 혜경궁은 그의 삼촌을 역모로 몰아서 죽이는 일에 가담한 김종수(金鍾秀)를 극악무도한 놈으로 규탄하면서, "세상에서 모두 저를 어미에게 효도한다고 일컬었으매, 어미 마음을 따를 양이면, 어미 사촌이 종수의 지친(至親)이니, 비록 죄가 있더라도 … 어미를 앉히고 제 홀로 나서서 어미의 종제를 죽였으매, 어찌 진정한 효성이리오."라고 하여 김종수가 친족의 윤리를 배반했음을 비난했던 것이다.[45]

『오륜행실도』 제4권의 부록으로서 친족이 서로 도와 가며 산 모범적 사례를 일곱 편 소개하고 있다. 여기에 소개된 친족들은 모두 여러 대(代)를 내려오며 혈연으로 연결된 여러 사람들이 분가하지 않고 대가족을 이루고 화목하게 살았다는 공통점을 가지고 있다. 송(宋)나라 사람 진긍(陳兢)의 경우는 13대를 내려오며 한집에서 살았으니, 그 식구가 7백 명에 이르렀다고 기록되어 있다.[46] 그러나 그러한 경우는 매우 특수한 예일 것이며, 그런 대가족이 일반화된 것은 아니라고 생각된다. 우리나라에도 대가족이 한지붕 밑에서 생활한 경우가 있기는 하나, 4대가 한집에 산 경우 정도가 고작 아닐까 한다.

---

45 같은 책, p.130. 김종수는 혜경궁 홍씨의 종고모(從姑母)의 아들이다. 즉 홍씨의 어머니와 김종수의 어머니는 사촌간이다. 그런 친족관계임에도 불구하고 김종수가 홍씨의 삼촌을 역모로 몰아서 죽이는 일에 가담했다고 하여 비난한 것이다.

46 『오륜행실도』, pp.259-269 참조.

아주 큰 부자 집안이 아니고서는 여러 식구가 한지붕 밑에 살기가 현실적으로 어려웠고 대개는 같은 고장에 집성촌(集姓村)을 이루고 나누어져 살면서 상부상조하는 경우가 많았던 것으로 안다.

5 장

현대사회에서 바람직한 가족제도와 가족 윤리

1. 우리 전통 사회의 '가족'과 서양 현대사회의 'family'

2. 결혼 그리고 부부

3. 부모와 자녀

4. 형제와 자매 그리고 친척

5장 현대사회에서 바람직한 가족제도와 가족 윤리

1. 우리 전통 사회의 '가족'과 서양 현대사회의 'family'

사람이 세상에 나면 당연히 결혼을 하고 자녀도 낳아서 길러야 한다는 것이 세상을 사는 올바른 길이라는 것을 의심하는 사람이 없었던 시대는 지나갔다. 말로만이 아니라 독신주의(獨身主義)를 실천으로 일관하는 사람도 있고, 이성 친구와 동거 생활은 하되 독점적 성생활의 의무나 자녀를 낳아서 기르는 부담을 지기는 싫다는 사람도 있다. 결혼을 전제로 한 가족제도를 앞으로도 계속 유지할 필요가 있느냐고 반문하는 사람도 나올 수 있을 것이다. 만약 가족제도 그 자체가 필요 없다면, '바람직한 가족제도'를 논할 근거조차 없어진다.

어떤 개인이 자신의 신념 체계를 따라서 가족제도의 구속을 받지 않는 삶을 원한다면, 그는 그렇게 살아도 무방할 것이다. 결혼을 하고 자식을 낳아서 기르는 보통 사람들의 생활양식만이 절대로 옳다고 말하기는 어려울 것이며, 가족제도의 구속으로부터 자유로운 삶을 살고자 하는 사람의 길을 막을 수 있는 명백한 근거를 제시하기도 어렵다. 자식을 생산하여 가계를 계승함이 사람의 도리라는 유교의 가르침을 받아들인다면, 결혼을 하여 가정을 꾸미고 자식을 생산함이 인간의 도리라는 가르침도 따라야 할 것이다. 그러나 오늘의 인구 동향으로 볼 때 모든 사람들이 제 자식을 낳아서 길러야 한다는 주장에는 설득력이 없다. 따라서 어떤 사람이 결혼제도 내지 가족제도를 거부한다는 그 이유만으로 그 사람을 비난할 수는 없을 것이다. 다만 결혼제도 내지 가족제도를 거부한 사람이 그가 가족을 갖지 않음으로 인하여 타인과 공동체에 심각한 피해를 끼치게 된다면, 그는 마땅히 비난의 대상이 되어야 할 것이다. 예컨대 독신주의자가 사생아를 낳아서 양육과 교육의 책임을 외면한다면, 그는 사회적으로 비난을 받아야 마땅할 것이다.

그러나 결혼제도와 가족제도에 대한 부정적 태도를 일반론으로서 수용하기는 어렵다. 우리가 사회의 안정과 개인들의 행복을 염원하는 한, 결혼을 전제로 한 가족제도의 존속은 필요할 것으로 생각된다. 일찍이 플라톤이 그의 『국가론』에서 이상적 국가의 건설을 위해서는 지배계급의 가족제도를 없애야 한다고 주장한 바 있기는 하나, 그의 이상은 소규모의 도시국가의 경우에도 비현실적인 것으로 드러났다. 철인왕(哲人王)의 존재를 전제로 하는 플라톤의 국가론을 현대에서 실험하기는 더욱 어려울 것으로 보인다. 그러므로 여기서는 "결혼을 전제로 하는 가족제도를 존속시켜야 하는가?" 하는 문제를 가지고 공연한 논쟁을 전개할 필요는 없을 것이다.

유교적 전통 사회에서는 가족이 하나의 생활 단위를 이루고 있었으며, 식구 개개인은 독립된 생활 주체이기보다는 가족을 구성하는 부분으로서의 위치에 머물러 있었다. 따라서 결혼도 한 남자와 한 여자의 개인적 결합이기에 앞서서 두 가문의 결합으로서의 의미를 강하게 함축하고 있었다. 짧게 말해서, 가족은 그 성원들이 고락을 함께 나누는 운명 공동체로서의 성격을 띠고 있었으며, 가족을 구성하는 식구 개개인은 가족 공동체의 존속과 번영을 위하여 이바지할 의무를 지고 있었다. 개인적 이기심의 발동이 전혀 없었다고는 생각되지 않으나, 현대인의 경우와 같은 개인적 자유에 대한 인권 의식은 별로 없었던 것으로 보인다. 농업에 의존하는 자급자족의 경제생활 체제 속에서 개인이 독립해서 살 수 있는 길이 열려 있지 않았다는 사실이 개인적 인권 의식의 대두를 어렵게 했을 것이다.

르네상스 이후의 서양 사회사상에서 가장 큰 흐름을 이루고 오늘에 이른 것은 개인적 자유주의와 인권 사상이라고 말해도 크게 잘못이 아닐 것이다. 오늘날 대부분의 국가에서 당연한 정치 이념으로 받아들여지고 있는 '민주주의'도 개인적 자유주의와 인권 사상의 연장선상에 있다. 가톨릭 교회의 종교적 권위 또는 전제군주의 정치적 권력의 억압으로부터 벗어나기를 바라는 많은 사람들의 소망을 발판으로 삼고 일어난 개인적 자유주의와 인권 사상은 역사상의 불합리를 시정하는 데 많은 장점을 가진 것으로 판명되었다.

그러나 개인의 자유와 사생활의 불가침성(不可侵性)의 강조가 정도를 지나치게 되면서 자유주의와 개인주의에도 문제점이 있다는 사실이 드러나기 시작했다. 그 문제점 가운데 가장 큰 것은 사람과 사람을 잇는 정(情)의 유대가 약화되면서 인간의 고독을 심화한다는 사실이다. 인간은 현재도 여전히 사회적 존재인 까닭에, 한편으로는 자유와 무간섭을 희구하면서도 다른 한편으로는 타인과 섞여서 융화되기를 희망한다. 그런데 현대의 개인들은 자신의 자유와 독립에 지나치게 집착하는 가운데 모두가 외톨이로 따로따로 사는 길을 걷는 결과를 자초하게 되었다.

새끼의 보호를 위하여 눈물겨운 헌신을 하는 것은 동물의 세계에서 볼 수 있는 일반적 현상이다. 어떤 종류의 거미는 새끼의 먹이가 됨으로써 생애를 마치기도 하고, 어떤 종류의 새는 새끼를 보호하기 위하여 도저히 상대가 될 것 같지 않은 맹수와 맞서 싸울 태세를 취한다. 일반적으로 말해서, 모든 동물의 어미와 어린 새끼는, '너와 나'가 아니라 하나의 '우리'다. 다만 일반 동물의 세계에 있어서 어미와 새끼가 '둘이 아닌 하나인 관계'를 유지하는 것은 새끼가 어릴 동안에만 국한되며, 새끼가 일단 자라면 그들은 처음의 관계를 망각하고 남남이 되어 헤어진다. 거의 본능에 의존해서 사는 동물의 한계라고 하겠다.

그러나 과거를 기억하고 미래를 예상하는 인간의 경우는, 어미는 자식이 자란 뒤에도 그를 '남'으로 보지 않고 자아의 일부로서 오래도록 아끼고 사랑한다. 한편 자식 측에서도 어미의 지극한 사랑을 기억하고 오래도록 어미를 자아의 일부로서 아끼고 사랑한다. 아비와 자식의 관계도 이와 대동소이하다. 그리고 우리 인간은 이 점을 귀중하게 여기고 자랑으로 삼으며 오랜 세월을 살아왔거니와, 인간이 부모와 자녀 사이의 자랑스러운 관계를 유지함에 있어서 전통 사회의 가족제도가 막중한 구실을 하였다고 필자는 생각한다.

공자와 그 제자들은 혈연에 근거한 자연의 정과 가족제도의 응집력을 조장한 가족 윤리를 매우 소중한 것으로 평가하였다. 그리고 그들은 이 가족 윤리의 근본정신을 점차 넓은 범위로 연장함으로써 규모가 더욱 큰 인간 집단의 질서를 유지하는 길을 열어 가자고 제언하였다. 유가들의 이 제언에 과연 어느 정도의 현실성이 있는가에 대해서는 많은 논란의 여지가 있을 것이다. 다만 전통적 가족제도의 도움을 받고 이루어진 소아(小我)를 넘어서는 사랑의 인간관계가 소중한 체험이라는 사실에는 의심의 여지가 없다.

그러나 전통적 가족제도와 가족 윤리에도 문제는 있었다. 가족 전체가 하나의 생활 단위를 이루는 긴밀한 공동체로서 살기 위해서는 그 공동체를 통솔하는 어른이 필요했고, 그 어른인 가부장(家父長)의 권위와 권한이 비대해지면서 가족의 성원인 개인들의 자유가 억압을 당함으로 인하여 생기는 폐단의 문제가 그것이다. 가부장에게 권위와 권한이 주어지더라도, 그가 만사에 지혜로운 인품이라면, 가족 성원들의 자유를 부당하게 억압하는 일은 없을 것이다. 그러나 가족마다 가부장이 있기 마련이므로 대부분의 가부장은 평범한 사람일 수밖에 없었다. 범부(凡夫)에 불과한 사람이 지나친 권한을 휘두르면 자연히 주위 사람들의 자유를 억압하기 쉽다. 그뿐만 아니라, 유가들은 가부장의 지시가 설령 사리에 맞지 않더라도 자녀들은 이에 순종함이 효의 길이라고 가르쳤다. 그리고 윗사람의 지시에 아랫사람이 거역함은 도리에 어긋난다는 가르침은, 부모와 자녀 사이에서뿐 아니라 가족 전체에 통용되는 윤리의 원칙이었으므로, 가족 내에서 약자의 위치에 놓였던 모든 식구들이 곤욕을 겪는 결과가 되었다. 특히 남존여비의 관념이 여기에 가세하여 여성들의 인권이 유린당하는 사례가 허다하였다.

서양의 세계에도 가족이 하나의 유기체적 생활 단위를 이루고 가부장의 권위가 가족 성원의 개인적 자유를 억압한 경우가 있었을 것이다. 그러나 근세 이후의 개인주의와 인권 사상의 대두를 계기로 가족생활도 민주화의 물결을 타게 되었으며, 가부장의 권위로 인하여 가족 성원들의 자유와 인권이 유린되는 사례는 특수한 경우에만 일어나는 일부의 현상에 불과하였다. 그러나 가족의 민주화가 오로지 좋은 결과만을 가져왔다고 말하기는 어렵다. 가족의 성원 각자가 자신의 자유와 독립성을 확보한 대가로서 가족 구성원 상호 간의 유대가 약화하는 동시에, 가족 전체가 하나의 유기체적 공동체이기보다는 여러 개인들의 편익을 위한 집합체로서의 성격을 띠게 된 것이다. 가족 성원들 각자 사이의 칸막이는 그들 각자의 자유와 독립성을 보장하는 대가로서 그들 사이를 '너는 너고 나는 나'라는 차가운 관계로 떼어 놓는 결과를 가져오게 된 것이다.

우리는 영어의 'family'를 '가족'이라고 번역하며 현대 서구 사회의 'family'와 동양 사회의 전통적 '가족'을 그 근본적 성격이 같은 것으로 보기 쉽다. 그러나 그 내막을 자세히 들여다보면 우리들의 전통적 '가족'과 저들의 'family' 사이에는 결코 지엽적이라고 볼 수 없는 근본적 차이점이 있음을 발견한다. 그 근본적 차이점을 한마디로 표현한다면, 우리들의 전통적

'가족'은 본래가 '하나'로서 있었고, 저들의 근대적 'family'는 본래 '여러 사람들의 모임'으로서 존재한다.

우리 한국의 전통 사회에서는 남의 가족을 '하나'로 보는 시각이 현저했다. 예컨대 명절을 당하여 어느 집에 선물을 보낼 때, 우리 선인들은 그 집의 식구가 몇 사람이라는 것을 굳이 염두에 두지 않았다. 무엇이든지 적당한 것 하나 보내면 되었고, 여럿이 나누어 먹을 수 있는 것이나 여럿이 함께 즐길 수 있는 놀이도구 하나 보내면 더욱 좋았다. 또 누구에게 신세를 지고 감사의 뜻을 전하기 위하여 정표(情表)를 보낼 때, 반드시 그 신세진 사람에게 필요한 물건을 보내지 않아도 좋았다. 그 사람의 부인에게 필요한 물건을 보내도 인사가 되고 그 집 아이들에게 요긴한 학용품을 보내도 인사가 된다. 선물의 경우도 그렇고 정표의 경우도 그렇고, 상대편의 가족을 묶어서 '하나'로 보기 때문이다.

가족 내부에서도 우리 조상들은 부모와 자녀, 형제와 자매 또는 아내와 남편을 대할 때, '너는 너고 나는 나다'라는 생각을 거의 하지 않았다. '너'와 '나'로 나누어지기 전에 그들은 하나의 '우리'를 의식하였다. 그러기에 그들 사이에서는 '고맙다'는 말을 주고받는 것은 매우 어색하다고 느꼈다. 자기가 사용하는 방 이외의 다른 방에 들어갈 때 '노크'라는 것을 하고 양해를 구할 필요가 없었고, 기껏해야 인기척을 하는 것만으로 충분했다. 집으로 온 서신의 경우에도 특별히 '친람(親覽)' 또는 '친전(親展)'이라는 말이 겉에 적혀 있지 않을 경우에는 아무나 먼저 읽어 보아도 무방하였다. 우편이 생기기 이전의 서찰은 풀로 봉함하지 않고 그저 척척 접어서 인편으로 보내는 것이 관례였다.[1]

그러나 현대 서구 사회의 'family'의 경우는 사정이 크게 다르다. 크리스마스 때 친구네 집에 보내는 선물은 그 집 식구들 각 개인에게 골고루 돌아가도록 안배하는 것이 그들의 상식이다. 외삼촌에게 감사를 표시하기 위하여 외

숙모에게 정표를 보내는 것은 서양 사람들로서는 납득하기 어려운 처사다. 아버지 방에 들어갈 때도 노크를 하는 것이 예절이다. 아내가 커피를 끓여 주면 고맙다고 인사를 하는 것이 습관처럼 되었고, 아들이나 딸이 구두를 닦으면 값으로 돈을 주기도 한다. 가족이라 하더라도, 남의 앞으로 온 편지를 승낙 없이 읽어 보는 것은 있을 수 없는 일이다. 비록 한가족에 속한다 하더라도, 서양 사람들의 의식 바닥에는, 식구들 각자는 서로 남남이라는 관념이 깔려 있음을 의미한다.

비록 같은 지붕 밑에서 한솥의 밥을 먹는 부부 또는 형제나 자매라 하더라도 '너'와 '나'를 갈라서 생각하는 서구의 개인주의적 사고방식이 이제는 우리나라에도 깊숙이 들어오고 있다. 이 개인주의와 함께 근대적 인권 사상도 자리를 잡았고, 그 긍정적 성과로서 가족생활의 민주화에도 현저한 진전이 있었다. 그러나 이 시대적 사조의 변혁에는 부정적 측면도 있어서, 앞에서 이미 언급한 바와 같이, 가족 성원들의 사이를 '너는 너고 나는 나'라는 차가운 관계로 떼어 놓는 결과를 수반하기도 하였다. 개인주의가 극으로 달리는 가운데 인간 사회 전체가 고독한 군중으로 전락하는 추세를 막아 주는 마지막 보루였던 가족마저도 이제는 '고독한 집단'의 길을 재촉하게 된 것이다.

우리가 자유를 갈망하고 자유를 즐길 수 있는 것은 인간이 다른 사람들과 관계를 맺고 사는 사회적 존재이기 때문이다. 로빈슨 크루소와 같이 무인도에 홀로 떨어져서 사는 사람에게는 '자유'는 아무런 가치도 없을 뿐 아니라

---

1 조선시대에는 여자의 이름을 봉투에 밝히는 것은 부당한 짓으로 알려졌다. 따라서 여자에게 편지를 보낼 때는 당사자의 성명을 적지 않고 겉봉에는 '윤참판 댁 입납' 식으로 기록하고 옆에 '내간(內簡)'이라는 말을 적어서 그것이 사랑채가 아닌 안채로 갈 것임을 알 수 있게 하였다. 안채에는 윤참판 부인도 있고 며느리들도 있으니, 그 편지가 어떤 여인에게 갈 것인지는 겉봉만 보고는 알 수 없었다. 뜯어서 읽어 보아야 수신인이 분명해지기 마련이다. '신서(信書)'의 비밀'에 대한 관념이 거의 없었음을 의미한다.

도리어 견디기 어려운 적막, 즉 고통일 것이다. 인간이란 매우 까다로운 존재여서 타인과의 융합과 자유를 모두 갖고자 원한다. 보기에 따라서는 둥근 사각형에 대한 욕망과도 같은 이 어려운 소망을 풀어 줄 수 있는 열쇠를 가진 것은 넓은 의미의 '사랑' 또는 '정'이다. 그리고 그 '사랑' 또는 '정'을 나누기에 가장 자연스럽고 가장 적합한 집단이 바로 '가족'이다. 이러한 관점에서 우리는 가족이 언제까지나 정의 힘으로 융화된 하나의 '우리'로서 남기를 희망하게 된다.

2. 결혼 그리고 부부

욕심대로 말한다면, 가족 전체가 하나의 융화된 '우리'로서 살되 구성원 각자의 자유가 침해를 당하지 않는 가족이 가장 바람직하다고 할 것이다. 식구 각 개인의 개성과 자유가 충분히 존중되면서도 각자의 자율적 협동으로 인하여 전체가 하나로 융화되는 그런 가족이 가능하다면, 그 이상 더 바랄 것이 없을 것이다. 그러나 현실적으로 그러한 가족이 가능하다고는 생각되지 않는다. 여기서 우리에게 절실한 문제는 "주어진 여건의 제약 아래서 우리가 실현을 꾀할 수 있는 가장 바람직한 가족제도는 어떤 것인가?" 하는 그것일 수밖에 없다. '주어진 여건'이란 현대인의 개인주의적 성향 또는 정보화시대의 경제적 현실 등을 의미한다.

성생활의 독점을 핵심으로 삼는 '결혼'의 과정을 생략한 가족의 형성도 불가능하지는 않을 것이나, 결혼의 과정을 생략하는 것은 역시 바람직하지 않다고 판단된다. 사회 전체의 질서를 위해서나 가족이 '하나'로 융화되기 위해서나 결혼은 매우 중요한 제도임에 틀림이 없다. 철저한 자유론자 또는 성개방론자 가운데는 구속을 자초하는 결혼을 부정적 시각으로 보는 사람도 있으나, 건전한 가족제도의 존속을 바람직하다고 판단한 우리로서는 결혼제도도 역시 귀중한 문화유산이라고 보지 않을 수 없다.

결혼을 하기는 하되 결혼을 결정하기에 앞서서 동거 생활 등 충분한 성생활의 경험을 갖는 것이 바람직하다는 견해도 간혹 있는 듯하다. 그러나 필자로서는 이 견해에 찬동하지 않는다. 저 견해를 따르는 사람들 가운데는 향락의 극대화가 행복을 보장하는 길이라는 믿음을 가진 경우가 많은 것으로 보이나, 필자의 생각에는 자유분방한 성생활이 향락의 극대화를 결과하지도 않으며, 또 향락의 극대화가 행복을 보장하는 길도 아니다. 결혼 상대를 선택하는 과정에서 서로의 성격과 건강 상태 등을 소상히 알기 위해서 충분한 기회를 갖는 것은 매우 중요할 것이다. 그 충분한 기회를 갖기 위하여 혼전의 동거가 확실한 방법이 될 가능성이 많으나, 반대로 잃는 것이 얻는 것보다 클 염려도 있다.

성장 과정이 서로 다른 한 쌍의 남녀가 결혼을 하여 모든 것을 드러내 보이며 한지붕 밑에서 산다는 것은 대단한 모험이다. 이 모험이 실패로 끝나지 않기 위해서는 서로에 대한 정보를 숨김 없이 교환할 필요가 있을 것이며, 서로에 대해서 충분히 알기 위해서는 냉철한 관찰과 고찰의 기간을 상당히 길게 가질 필요가 있을 것이다. 당사자들은 주관이나 선입견의 영향을 크게 받을 가능성이 있으므로 제삼자의 조언을 참고로 하는 것도 도움이 될 것이다. 부부로서 함께 살아가기 위하여 가장 소중한 것은 성격의 조화라는 사실을 염두에 두고 접근함이 실패를 예방하는 데 도움이 될 것이다.

일부일처제가 바람직하며 축첩은 불가하다는 견해에 공개적으로 반대하는 사람은 거의 없으므로, 이 점에 대해서는 중언부언할 필요가 없을 것이다. 다만 가족의 대표자는 반드시 남자가 되어야 하며 가계(家系)의 계승도 반드시 남자들만에 의해야 한다는 관념은 아직도 상당히 강한 세력으로 남아 있는 것으로 보인다. 그러나 이 관념이 반드시 옳으냐에 대해서는 의문의 여지가 있다. 일반 사회에서 남녀의 성차별이 부당하다고 인정된다면, 가족 내부에서도 남녀를 동등하게 대접함이 사리에 맞을 것이다. 그러나 가족의 대표와 가계의 계승자를 정하는 문제는 국가가 정하는 법제도와도 관계가 있고 국민 일반의 의식 수준과도 관계가 있으므로 한 가족 내부의 당사자들의 결심만으로 이루어질 문제는 아니다. 다만 남아의 출생을 선호하거나 아들과 딸을 구별하여 차별 대우하는 폐습을 버리는 일은 부모들의 의지만으로도 어느 정도까지는 실천이 가능할 것이다.

남아를 선호하는 폐습도 부모의 의지만으로 쉽게 버릴 수 있는 문제는 아니다. 사회 전체가 그 폐습에 젖어 있는 한 누구도 그 영향을 전혀 받지 않기는 어려울 것이다. 사회 전체가 남존여비의 폐습을 벗어나지 못하면, 여자로 태어나는 사람은 불이익을 감수하게 될 것이므로, 부모들은 불이익을 당하기 쉬운 딸을 낳기보다는 유리한 고지에 오르기 쉬운 아들 낳기를 선호할 공산이 크다.

한국의 혼례 관습에 따르면, 아들을 가진 부모보다 딸을 가진 부모가 불이익을 당하는 경우가 아직도 적지 않다. 비근한 예를 든다면, 우리나라에서는 결혼할 때 양가에서 예물을 교환하는 관습이 있거니와, 이 예물 교환에 있어서 신랑 측보다 신부 측이 더 큰 부담을 지는 관행이 아직도 남아 있다. 딸의 심한 시집살이를 걱정한 신부 측에서 시댁의 환심을 사기 위하여 과중한 예폐(禮幣)를 보내던 관습이 아직도 남아 있는 경우가 많다. 요즈음은 흔히 '예단'이라는 이름으로 보내는 것인데,[2] 시부모와 그 직계는 물론이요 신랑의 삼촌, 사촌, 고모부 내외, 이모부 내외 등 대소가에 상당한 예물을 보내도록

---

2 감사와 공경의 뜻을 담아서 보내는 예물을 통틀어서 '예폐(禮幣)'라 부르고, 특히 그 품목이 비단일 경우에는 '예단(禮緞)'이라고 부른다. 그리고 예폐의 품목을 기록한 단자(單子)도 '예단(禮單)'이라고 부른다.

신랑 측에서 요구하는 경우도 흔히 있다. 이 요구에 불응할 경우에는 시집간 딸이 곤욕을 치르게 되고, 심지어 이혼을 부른 사례도 있다.[3]

우리나라에서는 결혼을 '인륜지대사(人倫之大事)'라 일컫고 그 의식을 성대하게 거행하는 전통을 가졌다. 옛날에 국민 대다수가 가난하던 시절에도 혼대사를 위하여 소를 팔고 빚을 지는 사례가 흔히 있었다. 근래에 경제 사정이 좀 윤택해지면서 만사에 사치와 낭비의 풍조가 일어나면서, 결혼에 관련된 행사도 점점 그 규모가 성대하게 되는 추세를 보이고 있다. 평생에 단 한 번만의 결혼이라는 핑계로, 예물 교환뿐 아니라 약혼식과 결혼식 그리고 신혼여행 등 모든 것을 호화롭게 계획하는 경향이 있다. 그 비용을 마련하기 위하여 친지는 물론이요 조금 아는 정도의 사람들에게까지 청첩장을 보내어 부담을 줄 뿐 아니라, 도시의 교통 혼잡을 더욱 심화하는 사례도 흔히 있다. 결혼과 관련된 이러한 폐풍은 앞으로 반드시 시정해야 한다고 생각한다.

결혼을 하여 부부가 된다는 것은 그 당사자들이 자유의사로 선택하는 인연 가운데 아마 가장 큰 인연일 것이다. 부모와 자녀의 인연 또는 형제와 자매의 인연도 매우 큰 인연이지만, 그것은 당사자들의 자유의사와는 관계없이 주어진 인연이다. 그러나 오늘의 부부들은 가문을 달리하는 남자와 여자가 스스로 선택함으로써 맺은 인연일 뿐 아니라, 평생 동안 살을 맞대고 살 것을 공약한 크고 깊은 인연이다. 그것은 진실로 엄청난 모험을 숨긴 인연이기도 하다.

결혼은 당사자들의 자유의사로 결정하는 약속이기는 하나, 어떤 사람의 경우에도 '나'의 의사만으로 결혼이 성립하지는 않는다. '나'의 의사와는 별

---

3 신부 측에서 보내는 예폐의 규모가 점점 커져서, 아파트와 자동차 등을 포함시키는 경우도 있었다. 이에 대해서 신랑 측에서는 장인과 장모에게 간단한 답례를 보낸다.

로 관계가 없는 다른 여러 가지 인연들이 합세하여 두 남녀의 사이가 '부부'라는 가장 가까운 관계로 맺어지게 된다. 그것은 한편으로는 스스로 선택한 관계이지만, 다른 한편으로는 운명적으로 주어진 관계라고도 볼 수 있는 특수한 관계다. (이 세상에 결혼의 자격을 가진 남녀들이 무수하게 많다는 사실을 생각하면, 그것은 대단한 기연(奇緣)이기도 하다.)

삶에 있어서 누구에게나 가장 중요한 것은 '나에 대한 사랑'이다. 아무도 '나에 대한 사랑'을 떠나서는 하루도 살 수 없으며, 나에 대한 사랑의 길을 바르게 잡느냐, 그르게 잡느냐에 따라서 그 사람의 생애가 크게 좌우된다. 그런데 '나에 대한 사랑'의 길을 바르게 잡기 위해서는 '나'의 부분에 대한 애착을 넘어서서 '나'의 전체를 소중히 여기는 것이 매우 중요하다. '나'의 전체 가운데는 당연히 '나의 운명'도 포함시켜야 하며, 여기서 우리는 "너의 운명을 사랑하라."고 외친 니체의 명언과 마주치게 된다. 그리고 나의 운명을 사랑해야 한다면, 내가 운명적으로 선택한 나의 결혼도 따라서 사랑해야 마땅하다는 결론에 이른다.

'운명적으로 선택한 나의 결혼을 사랑한다' 함은 나의 아내 또는 나의 남편을 사랑한다는 말보다 훨씬 깊고 넓은 뜻을 함축한다. 그것은 나의 결혼 생활을 성공적인 것으로 만들고자 하는 의지를 포함하는 것이며, 나의 결혼 생활의 연장선상에서 구성될 나의 가족의 행복을 위하여 노력하고자 하는 의사의 표명까지도 포함한 말이다. 그것은 내 삶의 설계의 중심부에 나의 결혼과 나의 가족을 자리매김하는 동시에, 나의 삶 전체를 부끄럽지 않은 작품으로 만들고자 하는 나의 결의를 표현한 말이기도 하다. 여기서 내가 '성공적으로 만들고자 하는 의지' 또는 '만들고자 하는 결의'라는 말을 힘주어 사용한 까닭은 바람직한 결혼 생활 또는 행복한 가족생활이라는 것이 강한 의지와 부단한 노력 없이 자생적으로 이루어지는 자연적 현상이 아님을 굳게 믿기 때문이다.

연애에 열중한 남자와 여자는 성적 매력에 대한 본능적 이끌림만으로도 둘이 하나가 될 수 있다. 결혼한 부부의 경우에도 한동안은, 동물적 연애 감정의 열기 속에서 별다른 의지적 노력 없이도 너와 나의 구별을 잊고 하나로서 살 수 있는 사례가 종종 있다. 그러나 결혼을 하고 늘 가까이에서 함께 지내게 되면 과대평가에 의존했던 연애 감정의 열기는 조만간 냉각되기 마련이다. 가까이에서 오래 겪어 보면 비범한 사람이란 찾아보기 어려운 것이 인간의 현실이며, 간혹 어떤 특수한 분야에서 탁월한 인물임에 인정된다 하더라도, 한 남편 또는 한 아내로서 비범한 인물이란 거의 없다. 사실은 평범한 사람들이 남편 또는 아내로서 무난할 경우가 많으며, 평범한 까닭에 특별한 매력을 느낄 수 없다는 인간 심리의 한계에 부딪친다. 성공적인 결혼 생활을 위해서는 평범한 사람의 장점을 찾아보고 단점을 덮어 주는 의지적 노력이 필요하다고 말하는 까닭이다. 성공적 결혼 생활은 주어지는 것이 아니라 만들어지는 것이다.

바람직한 결혼 생활을 위해서 가장 중요한 것은 남편과 아내가 각자의 자주성을 지키면서 하나의 공동 목표를 위하여 협동하는 일이다. 바꾸어 말하면, 현대사회의 부부가 바람직한 결혼 생활을 하기 위한 첫째 과제는 "두 사람이 각자의 자주성을 지키면서 함께 달성하고자 하는 공동의 목표를 어떻게 세우는가?" 하는 물음에 대답하는 일이다. 이 물음 앞에서 일률적인 대답을 제시하기는 어려울 것이나, 하나의 설득력 있는 대답으로 '따뜻하고 아름다운 가정 만들기'를 생각할 수 있을 것이다. 단순한 성생활의 편리와 경제생활의 이익을 위해서 결혼한 이기주의자들의 결연이 아니라면, 대부분의 부부들은 이 공동 목표 설정에 반대하지 않을 것이다.

다음에 부딪치는 것은 '따뜻하고 아름다운 가정'의 밑그림을 어떻게 그리느냐 하는 문제다. 이 밑그림을 생각하는 과정에서 두 사람은 충분한 의견 교환을 통하여 그들의 실정에 맞는 청사진을 마련해야 할 것이므로, 여기서 일률적인 해답을 제시하기는 어려울 것이다. 다만 누구의 경우에나 타당성을 갖는 기본 원칙 한 가지는 말할 수 있을 것이다. 부부 사이에서도 서로의 개성과 인격을 존중해야 할 것이며, 나아가서 가족에 대한 공동체 의식을 갖도록 노력해야 할 것이다. 바꾸어 말하면, 개인적 자아의식과 가족적 공동체 의식을 조화시키도록 노력해야 할 것이다. 언뜻 보기에 이 두 가지 의식을 조화시키는 일이 불가능할 것 같은 느낌이 들기도 하나, 실은 강한 개인적 자아의식을 가진 사람이 가족에 대하여 확고한 공동체 의식을 갖는 것은 논리적으로 모순된 일이 아니며, 심리적으로도 무리한 일이 아니다. 왜냐하면, 강한 개인적 자아의식을 살리기 위하여 우리가 반드시 이기주의자가 될 필요는 없으며, 가족에 대해서 확고한 공동체 의식을 갖기 위해서 우리가 반드시 집단주의자가 될 필요도 없기 때문이다.

개인으로서의 '나'를 지키기 위하여 양보할 수 없는 것은 나의 자주성이며 나의 이기심은 아니다. 공동체로서의 '우리'를 살리기 위해서 필요한 것은 공동체에 대한 사랑과 협동심이며 개인으로서의 '나'의 부정은 아니다. 공동체인 '우리'를 살리기 위해서 '나'의 작은 이익을 포기해야 할 경우는 간혹 있을 것이다. 그러나 그 작은 이익의 포기가 '나'라는 개인 자체의 부정을 의미하지는 않는다. '나'의 작은 이익을 포기하고 큰 '우리'를 위하여 협동할 때, 개인의 자아는 도리어 더욱 크게 성장한다. 옛날 전통적 가족의 집단적 자아의식의 경우는 가족 성원들 각자의 '나'가 가족이라는 '우리' 속에 용해되었다. 이를테면 '우리'가 '나'들을 삼켜 버린 것이다. 그러나 우리가 목표로서 제시한 현대의 바람직한 가족을 위한 개인과 공동체를 조화시킨 대아적(大我的) 개인의 자아의식의 경우에는, 공동체인 가족이 '나'의 범위 안으로 포섭된다. 이를테면 '나'가 '우리'를 가슴 안에 품는 것이다.

부부가 추구하기에 적합한 공동 목표의 둘째로서 건강하고 슬기로운 자녀를 기르고 가르치는 일을 생각할 수 있을 것이다. (이 두 번째 공동 목표는

'따뜻하고 아름다운 가정'의 청사진 가운데 포함시킬 수도 있을 것이나, 아기를 낳을 수 없거나 낳기를 원치 않는 부부에게도 '따뜻하고 아름다운 가정'을 꾸미는 일이 전혀 불가능하다고는 말하기 어려우므로, 따로 떼어서 생각하기로 한다.) 유교적 전통 사회에서와 같이 남아를 생산하여 가계를 계승하는 일을 결혼의 가장 큰 목적으로 삼을 필요는 없을 것이다. (더러 자녀를 낳지 않는 부부가 있더라도 세계의 인구가 감소할 것으로 걱정되지는 않는다.) 그러나 정상적 가족을 위해서는 자녀를 낳아서 건강하게 기르고 슬기롭게 가르치는 일이 바람직할 것이다. 그것은 부부가 추구할 공동 목표로서 가장 자연스러울 뿐 아니라, 생물로서의 인류를 위해서도 육체와 정신이 건강한 다음 세대를 낳아서 기르는 일은 크게 뜻있는 일이다.

자녀를 생산함과 관련하여 남아를 선호하는 유교적 전통은 애써 버려야 할 것이다. 전쟁과 농경을 남자들만이 담당했던 옛날에는 남아 선호의 관념이 전사자의 빈자리를 보충하고 필요한 식량을 확보하는 데 필요한 구실을 하기도 하였다. 그러나 앞으로는 전쟁에 대비하여 남아를 많이 생산할 필요는 없을 것이며, 농경을 위해서도 남녀의 구별은 별로 의미를 갖지 않을 것이다. 그뿐만 아니라, 남아의 선호로 인하여 인구의 성비례가 심각할 정도로 파괴된다면 심각한 사회문제가 발생할 것이다.

가난하던 시절의 부모들은 자녀를 제대로 먹이고 입힐 수가 없었다. 그러나 경험으로 얻은 단순한 지식과 지혜만으로도 자녀를 위한 교육자의 구실은 할 수 있었다. 쉽게 말해서, 옛날의 부모들은 양육에서는 큰 어려움을 겪었으나, 가정교육에서는 크게 실패하지 않았다. 그러나 근래에는 상황이 뒤바뀌었다. 경제 사정의 호전으로 부모로서의 양육의 임무는 지나칠 정도로 잘하고 있으나, 가정교육에 관해서는 크게 잘못하는 부모들이 허다하다. 자녀들이 장차 행복한 삶을 영위하기 위해서는 여러 사람들과 협동하여 함께 잘살 수 있는 윤리적 지혜를 가르쳐야 할 터인데, 오늘의 부모들은 호의와 호식으로 자녀의 사치와 낭비를 조장할 뿐 아니라, 자녀의 교육에 관해서는 남과 대항하여 이길 수 있는 경쟁력을 길러 주는 일에만 힘을 기울이는 경우가 많다. 앞으로는 슬기로운 인성 교육에 더 큰 비중을 두어야 할 것이다.

3. 부모와 자녀

부모와 자녀의 관계는 부부의 관계보다도 더 운명적인 인연이다. 자유결혼으로 맺어진 부부의 경우와는 달라서, 부모와 자녀 사이에는 상호 선택의 관계는 존재하지 않는다. 그러나 자녀는 부모의 유전자를 받고 태어난 생물학적 분신이다. 부부의 관계는 이혼을 통하여 어느 정도 끊을 수 있으나, 부모와 자녀의 관계는 어떤 방법으로도 끊을 수가 없다. 그 관계를 천륜(天倫)이라고 말하는 까닭이다.

윤리학은 가장 슬기로운 자애(自愛)의 길을 탐구하는 학문이다. '나에 대한 사랑'을 전제로 하지 않는다면 나의 삶 자체가 성립하지 않으며, "어떻게 살아야 옳은가?" 하는 윤리의 문제도 생기지 않는다. 나에 대한 사랑은 희생적 인류애를 포함한 모든 윤리적 행위의 출발점이다.

자녀가 부모의 분신(分身)이라면 부모는 자녀의 뿌리에 해당한다. 같은 유전자를 나누었다는 뜻에서 부모와 자녀는 본래 남과 남이 아니라 같은 생명체의 두 부분이라는 주장도 가능하다. 그리고 '나에 대한 사랑'이 생명체가 살아가는 자연의 원리라는 전제에 입각하여 부모와 자녀는 서로 사랑함이 순리(順理)라는 주장도 성립할 수 있음직하다. 그러나 이러한 주장은 일종의 당위론(當爲論)이며, 부모와 자녀가 언제나 서로 자아의 분신이라는 것을 본능적으로 의식하는 것은 아니다.

엄마는 품속의 갓난아기가 자아의 분신이라는 것을 본능적으로 느낀다. 아마 아빠도 정도는 약하겠지만 갓난아기를 자아의 분신으로 느끼는 것이 보통일 것이다. 그러나 자녀를 자아의 분신으로 느끼는 심리가 오래 같은 강도를 유지하고 지속하는 것은 아니다. 사람에 따라서 개인차는 있으나, 아기가 자아의 분신이라는 느낌은 그가 성장함에 따라서 서서히 약화되다가 어느 시점에 이르면 자녀를 타인으로 의식하는 심리의 변화가 온다. 일반적으로 아빠에게는 그 심리의 변화가 빨리 오고 엄마에게는 그것이 늦게 오는 경향이 있는 것으로 보인다.

갓난아기에게는 '자아'라든지 '분신'이라는 의식이 아직 없을 것이다. 다만 자기에게 젖을 먹이고 보살펴 주는 존재에 대하여 본능적으로 강한 애착을 느낄 것이다. 아기에게는 자신과 상대 사이에 혈연이 있고 없고는 별로 중요하지 않을 것이며, 오직 자신의 욕구 충족을 위하여 얼마나 도움이 되는가만이 중요할 것이다. 그리고 충분히 자라서 혼자서도 능히 살 수 있다고 느끼게 되면 자신을 보살펴 준 사람의 간섭을 달갑지 않게 생각할 것이다. 결국 자녀는 특별한 교육을 받기 전에는 부모를 자아의 분신으로 느끼는 일은 비교적 적을 것이다.

일반 동물의 경우에도 어미아비는 갓난 새끼를 지성껏 보살피고 갓난 새끼들은 어미아비에게 기를 쓰고 매달린다. 그러나 새끼들이 어느 정도 성장하여 홀로 설 수 있게 되면, 어미아비는 그것들을 매정하게 물리치고 새끼들도 곧 체념하고 떨어져 나간다. 그리고 시일이 오래 지나면 어미아비와 새끼들은 저희들 사이에 혈연관계가 있다는 사실을 망각하고, 서로 치열하게 싸우기도 하고 더러는 근친상간도 하여 '짐승은 짐승'이라는 비난을 듣는다.

그러나 인간의 부모와 자녀는 서로를 자아의 분신으로 느끼는 동물적 직감이 사라진 뒤에도 서로가 서로의 분신이라는 사실을 지성적 반성을 통하여 인식한다. 그리고 오래도록 서로를 아끼고 사랑하는 것이 일반적 현상이다. 이것은 매우 특이한 사실이며, 인간을 인간답게 하는 아름다운 현상일 뿐 아니라, 인간에게 '도덕'이라는 것을 갖게 하여 그들 사회의 질서와 평화를 증

진함에 크게 이바지한다. 만약 인간이 짐승처럼 제 새끼를 몰라보고 제 부모도 몰라본다면, 그리고 적과 싸울 때에 발휘하는 간악한 지능만을 가졌다면, 인간 사회는 무섭게 황폐할 뿐 아니라, 인류는 먼 옛날에 멸망했을 것이다. 우리가 부모와 자녀 사이의 도덕을 소중히 여기는 까닭이 바로 여기에 있다.

서양 문화를 찬미하는 사람들이 인간이 창출한 사상의 진수라고 평가하는 개인주의가 극도에 달하면서, 부모와 자녀 사이의 유교적 전통 윤리가 무너지고 전통적 가족 윤리 전체가 붕괴의 위기에 직면하고 있다. 부모와 자녀 사이의 전통적 덕목인 '효(孝)'가 시들어 가는 것을 몹시 안타까워하는 보수주의자들의 한탄에 일리가 있다고 인정하는 까닭이다. 그러나 유교적 전통 윤리의 효 사상을 그대로 지키고자 하는 낡은 생각에까지 동조하기는 어렵다.

유교적 전통의 효 사상은 수직적 인간관계가 지배했던 봉건적 농경 사회를 배경으로 삼고 형성된 것이었다. 따라서 그 바탕에는 아랫사람인 자녀는 웃어른인 부모의 뜻에 무조건 순종해야 한다는 관념이 원칙처럼 깔려 있었다. 보기에 따라서는 전통적 효 사상은 자녀들의 도리만을 일방적으로 강조하고 자녀에 대한 부모의 의무는 소홀히 여긴 듯한 인상을 준다. 자녀에 대한 부모의 사랑을 강조하지 않은 것은 부모의 사랑은 저절로 우러나오기 마련이라는 믿음 때문이었을 것이고, 부모의 뜻에는 무조건 순응해야 한다는 주장 배후에는, 주로 체험을 통하여 얻은 지혜에 의존하던 농경 사회에서는 경험이 많은 연장자들의 판단이 나이 어린 사람들의 그것보다 만사에 있어서 우월하다는 선입견의 작용이 있었을 것이다.

그러나 지금은 유교 사상이 처음 형성되던 시대와는 상황이 크게 다르다. 우선 수직적 질서가 지배했던 봉건시대는 사라졌고 가부장의 절대적 권위를 젊은 세대가 납득하기에는 어려움이 많다. 둘째로 가족이라는 경제적 공동체를 떠나서 생존을 유지하기가 어려웠던 농경시대와는 달라서, 자녀들은 가족을 떠나서도 직장을 가짐으로써 생계를 꾸려 갈 수 있는 길이 열려 있다.

셋째로, 현대는 개인주의의 풍조가 강하므로 자녀에게 극진한 사랑을 베풀기만 하면 부모의 노후가 보장된다고 보기는 어려우며, 부모 측에서도 자신들의 노후 대책을 스스로 강구하기 위하여 끝까지 경제력을 따로 쥐고 있어야 한다. 넷째로, 생활의 여건이 급속도로 변화하는 세상이므로 부모 세대의 체험을 통하여 얻은 지혜만으로는 살기 어려우며, 생존의 현장에 적응하는 문제 앞에서 새 시대의 전문 지식을 습득한 젊은 세대의 판단이 늙은 세대의 그것을 능가할 경우도 흔히 있으므로, 부모의 지시에는 무조건 순종해야 한다는 원칙에 무리가 있음이 명백하게 되었다. 이와 같은 여러 가지 상황의 변화는 효 사상의 틀을 새로 짜기를 요구한다.

모든 사람들의 경우에 있어서 가장 중요한 것은, 서로 아끼고 사랑하는 사이가 되어서 그 관계를 오래도록 유지하는 일이다. 그러나 실제로는 그렇지 못한 경우가 많은 것이 인간의 현실이다. 이러한 현실을 고쳐서 서로 아끼고 사랑하는 관계가 늘어나도록 노력하는 것이 우리들이 해야 할 일이다. 그러한 노력의 출발점으로서 부모와 자녀의 관계를 다시 생각하게 된다. 현실적으로 서로 아끼고 사랑하는 관계를 형성하기에 가장 적합한 것이 부모와 자식의 사이에 있어서이기 때문이다.

부모와 자녀는 서로가 서로를 자아의 분신으로 여겨야 할 생물학적 근거를 가지고 있다. 그러나 그들이 서로를 자아의 분신으로 절실하게 의식하는 것은 자녀가 어렸을 동안에 국한되며, 자녀가 자라서 어버이의 품을 떠나면 서로를 분신으로 느끼는 의식이 점차 약화되며, 마침내 그러한 의식이 사라지는 경우가 많다. 그러므로 자녀가 어렸을 때 느끼던 '자아의 분신'이라는 의식을 되도록 오래 유지하도록 애써 노력할 필요가 있다. 그리고 그 노력은 부모 측에서 주도함이 마땅하며, 그 노력을 자녀의 가정교육에 연결시킴이 바람직하다.

어린 아기가 엄마를 자아의 분신으로 느끼는 것은 혈연(血緣), 즉 엄마가 아기를 낳았다는 사실 때문이 아니라 엄마의 보살핌 때문이다. 만약 엄마는 출산만 하고 아기를 보살피는 일은 유모가 맡는다면 아기는 유모를 자아의 일부로 느낄 것이며, 별다른 보살핌 또는 애정의 표시가 없는 한, 엄마는 남으로 느낄 것이다. 저 혼자의 힘만으로는 단 하루도 생존하기 어려운 아기에게 가장 소중한 것은 그의 생존을 가능하게 하는 보살핌이며, 그 보살핌을 제공하는 사람을 자아에게 가장 가까운 존재로 의식한다. 다시 말하면, 엄마로 하여금 아기를 자아의 일부로서 의식하게 하는 가장 큰 요인은 자신과 아기가 혈연으로 이어져 있다는 사실에 대한 기억임에 반하여, 아기로 하여금 엄마를 자아의 일부로 의식하게 하는 가장 큰 요인은 아기에 대한 엄마의 보살핌과 사랑이다. 그러므로 자녀로 하여금 부모를 자아의 분신으로 느끼게 하기 위해서는 우선 부모가 자녀를 보살피고 사랑해야 한다. 그리고 자녀가 부모를 자아의 분신으로 느끼는 그 의식이 오래 지속되도록 하기 위해서는 자녀에 대한 부모의 사랑이 오래 지속해야 한다.

그러나 자녀에 대한 부모의 사랑이 맹목적일 경우에는 자녀를 이기적인 불효자로 만들 가능성이 크다. 자식에 대한 부모의 사랑이 맹목적일 때, 자녀는 부모의 일방적 사랑을 평생토록 받을 특권을 가졌다는 착각에 빠지는 동시에 자기밖에 모르는 이기주의자가 될 염려가 있다. 특히 재산이 넉넉하여 자녀가 원하는 것이면 모든 것을 들어주는 부모들 밑에서 자란 아이들은 자기들이 원하는 것을 어쩌다 들어주지 않으면 분노하고 반항하는 경향이 있다. 자녀들에게 제 힘으로 살아갈 수 있는 능력을 길러 주는 동시에, 남에게 의존하기보다는 오히려 어려운 사람을 돕는 마음가짐을 갖도록 가르치는 것은 부모가 해야 할 중요한 임무의 하나다.

되도록 많은 재산을 벌어서 자녀에게 물려주는 것을 자랑으로 여기던 낡은 관념은 과감하게 버려야 한다. 기본 생활의 안정에 필요한 학교교육을 시키는 것은 부모의 책임에 속한다. 더러는 학교교육을 마친 뒤에도 부모의 도움이 더 필요한 자녀가 생기는 경우가 있을 것이다. 그러나 거액의 유산을 물려주는 것이 옳고 바람직한 경우는 원칙적으로 있을 수 없다. 재산은 꼭 필요한 것만 남기고 그 이상의 것은 사회로 환원하는 것이 현대가 요구하는 길이다.

자녀의 성장 과정에 있어서나 재산을 분배하는 과정에서 부모는 항상 공정해야 한다. 같은 소생(所生)이라 하더라도 더 마음에 드는 아이와 그렇지 않은 아이가 있을 수 있다. 자연적으로 일어나는 선호(選好)의 감정을 막을 수는 없다 하더라도 자녀에 대한 차별 대우는 애써 자제해야 한다. 부모의 차별 대우는 자녀들의 우애를 해칠 뿐 아니라 불효자를 키우는 어리석은 짓이다. 이 점에 관해서도 부모의 재산 또는 유산이 많을수록 문제가 어려워지기 쉽다.

부모가 부모 노릇 제대로 하기가 옛날보다 훨씬 어려운 세상이다. 보통 상식만으로는 감당하기 어려운 문제에 부딪칠 경우가 많다. 부모가 부모로서 떳떳하게 행동하기 위해서는 현대에 적합한 확고한 인생관을 가져야 하며, 그러기 위해서는 평생교육 차원에서 자신을 연마하는 노력이 필요하다. 이러한 노력은 비단 어머니 또는 아버지로서 사는 데 도움이 될 뿐만 아니라, 한 인간으로서 사는 데도 큰 힘이 될 것이다.

부모가 부모 노릇을 완전무결하게 했을 경우에 그 집안에서 못된 자녀가 나올 가능성은 적다. 그러나 완전무결한 부모란 좀처럼 보기 드문 까닭에, 현실적으로는 이른바 '불효자'도 흔히 나타난다. 그리고 부모로부터 버림 또는 학대를 받고 자란 자녀에게 효도의 의무가 있느냐 하는 문제도 간단하게 대답하기 어렵다. 그러므로 여기서 우리는 완전무결한 부모 밑에서 자란 자녀의 경우와 지극히 못된 부모를 가진 특수한 경우는 접어 두고, 보통 부모 밑에서 보통으로 자란 자녀들의 경우를 염두에 두고 '효'의 문제를 현대의 시각에서 잠시 고찰하고자 한다.

불행한 인생도 흔히 볼 수 있으며 출생 그 자체를 부정적으로 평가하는 사람들도 간혹 있으나, 생명은 귀중한 것이고 따라서 출생은 축복받을 만한 현상이라는 일반적 상식을 굳이 거부할 까닭은 없을 것으로 생각된다. 그렇다면 보통 사람으로 태어나서 보통 부모 밑에서 자란 자녀들은 그들의 출생과 양육에 대해서 부모에게 감사해야 할 상당한 이유를 가졌다고 보아야 한다. 그리고 부모와 자식들 사이에는 혈연을 매개로 한 생물학적 분신(分身)의 관계가 존재한다는 사실까지 감안한다면, '효도'를 강조한 유교의 전통적 윤리 사상에는 현대인의 견지에서 보더라도 상당한 근거가 있다고 볼 수 있다. 다만 전통적 효 사상이 모든 점에서 현대에도 적합하다고 보기는 어려우므로, 현대인에게 적합한 효도의 구체적 내용이 무엇이냐에 대해서는 논의의 여지가 있을 것이다.

4장 4절에서 이미 언급한 바와 같이, 『논어』에는 효의 길을 구체적으로 교시한 공자의 말씀이 여러 곳에 보인다. 그 가운데 어떤 것은 현대인에게도 적합하나, 더러는 그렇지 못한 것도 있다. 『논어』 「학이(學而)」 편에 "아버지가 생존했을 때는 그분의 뜻을 살피고, 돌아가신 뒤에는 그분의 행적을 살펴야 한다. 돌아가신 뒤에 3년 동안 아버지의 길을 고치지 않으면, 가히 효자라고 할 만하다."라는 구절이 있다. 이 말씀 가운데는 자손은 조상의 혈통을 계승함에 그치지 않고 그 정신적 유산도 계승함이 바람직하다는 뜻이 담겨 있다. 그리고 그 배후에는 인간을 개인 단위의 존재로 파악하기보다는 공간적으로 시간적으로 함께 연결된 집단적 존재로서 파악한 공자의 인간관이 깔려 있다.

인간의 삶을 한 개인의 출생에서 시작하여 그의 사망으로 끝나는 한시적 현상으로 보지 않고 앞 세대의 문화유산을 뒤의 세대가 계승하여 발전시키는 역사적 현상으로 파악한 공자의 인생관에 대하여 필자는 깊은 공감을 느낀다. 거시적 관점에서 바라볼 때, 앞선 세대와 뒤따르는 세대 사이의 문화적 계승이 중요하다는 것은 의심의 여지가 없다. 다만 여기서 우리가 깊이 유의해야 할 점이 있으니, 앞선 세대의 모든 것을 다음 세대가 계승한다는 것은 가능하지도 않고 바람직하지도 않다는 사실이다. 앞선 세대의 발자취 가운데서 좋은 것들만을 계승하여 그것을 다시 다음 세대가 좋은 방향으로 발전시킬 때, 그 집단의 역사는 밝게 전개된다.

범위를 한 가족으로 좁혀서 보더라도 근본에는 큰 차이가 없을 것이다. 조상의 세대가 가졌던 사상과 행동 양식 가운데서 좋은 것만을 선별적으로 계승하여 다시 더 나은 방향으로 발전시켜야 그 가문의 장래가 밝게 전개될 것이다. 자녀가 어릴 동안은 여러 가지 면에서 부모가 그들보다 지혜로울 것이므로 대체로 부모의 뜻을 따르는 편이 무난할 것이다. 그러나 자녀가 성장한 뒤에는 어떤 문제에 대해서는 부모의 생각보다도 자녀의 그것이 더욱 지혜로울 경우도 있을 것이므로, 부모의 뜻에 언제나 순종해야 한다고 말하기는 어렵다. 다만 부모의 뜻보다도 자녀들 자신의 뜻이 더 슬기롭다고 생각될 경우에도 당돌한 태도로 밀어붙이는 것은 옳지 않다. 조용한 태도로 설득을 시도함이 바람직하다. 이 시도가 성공적 결론에 도달하기 위해서는 부모와 자녀가 지성적 대화를 나누는 습관을 평소에 쌓을 필요가 있다. 바꾸어 말하면 지성적 대화의 길을 열어 두는 가풍(家風)이 필요한 것이며, 가풍에 대해서는 자녀보다도 부모의 책임이 더욱 크다. (이것은 훌륭한 부모 밑에서 훌륭한 효자 효녀가 나타날 가능성이 크다는 것을 의미한다.)

위에서 고찰한 「학이」 편의 구절과 직접 관계가 있는 것으로서, "부모를 섬김에 있어서 부모에게 잘못이 있을 경우에는 완곡하게 간(諫)해야 하며, 부모가 간언을 받아들이지 않을 뜻을 보이면 더욱 공경하는 태도로써 그분들의 뜻을 존중해야 하고, 괴롭더라도 원망하지 말아야 한다."는 구절이 「이인(里仁)」 편에 있다. 이 구절을 통하여 우리가 알 수 있는 것은, 부모의 뜻이라면 옳지 않은 경우에도 따르라는 것이 공자 효 사상의 본의가 아니라는 사실이다. 부모가 옳지 않은 일을 하고자 할 경우에는 간언으로써 말려야 하나 단도직입적인 당돌한 태도는 삼가야 한다는 것이 공자의 가르침이다. 다만 부모가 그 간언을 끝내 받아들이지 않을 경우에는 그 뜻을 꺾으려는 태도를 버려야 한다는 단서가 붙어 있다. 이 대목에서 예상되는 반론은 부모의 잘못이 도저히 용납될 수 없는 부류에 속할 경우에도 자녀는 부모의 잘못을 바로잡으려는 태도를 도중에서 포기하는 것이 과연 옳으냐 하는 그것이다. 가령 심한 주벽이 있거나 도박에 열중함으로 인하여 가족이 위기에 처했을 경우에도 아버지 또는 어머니가 끝내 그 버릇을 고치려고 하지 않을 경우에는 적당한 선에서 물러서는 것이 과연 효도일까 하는 의문이다. 만약 그것이 효도라면, 현대인의 견지에서 볼 때, '효'를 그토록 높은 덕목으로 평가하기는 어려울 것이다. 부모의 잘못이 도저히 용납할 수 없는 부류에 속할 경우에는 그 시정을 위하여 끝까지 노력하는 것이 현대의 자녀들이 취해야 할 옳은 태도라고 나는 생각한다.

『논어』「위정(爲政)」편에 "요즈음의 효도는 봉양 잘하는 것을 말한다. 개와 말도 잘 먹이는 경우가 있다. 공경하는 마음이 없으면 무엇으로 구별하겠는가?"라는 구절이 있다. 노후의 부모가 의식주에 불편을 겪지 않도록 봉양하는 것은 자식된 도리의 기본이나 그것만으로는 부족하다는 뜻이다. 공경하는 마음으로 부모의 마음을 편안하게 하는 것도 효도의 필수 조건이라고 공자는 가르쳤던 것이다. 공자의 이 가르침이 부당하다고 반박하기는 어려울 것이다. 그러나 오늘날 우리나라의 현실은 이 가르침에서 멀리 떨어져 있다. 우리 모두 함께 생각해야 할 문제가 아닐까 한다. 자녀들의 불효를 탓하기에 앞서서 이러한 세태(世態)를 초래한 기성세대가 깊이 반성해야 할 것이다.[4]

『논어』「위정」편에 "부모가 살아 계실 때는 예로써 섬기고, 돌아가시면 예로써 장사지내고 예로써 제사를 모셔야 한다."는 공자의 말씀이 있다. 공자는 예(禮)를 매우 중요시했거니와, 그가 중요시한 예는 서양 사람들이 말하는 '에티켓(etiquette)'보다 그 뜻이 넓고 깊다. 그것은 여러 '나'들이 함께 참여함으로써 하나의 '우리'가 되게 하는 화합의 몸짓들과 거룩한 의식(儀式)들을 통틀어서 지칭하는 사회적 규범이다. 공자는 조상과 자손을 혈연으로 이어진 하나의 '우리'로 보았던 까닭에 자손은 조상을 생존 시나 사후에나 항상 예를 다하여 섬겨야 한다고 보았던 것이다.

우리나라 조선시대에는 생존한 부모 또는 조부모의 진지상보다도 돌아가신 조상의 제상(祭床)을 더욱 중요시하는 경향이 있었다. 산 사람들은 죽이나 감자로 끼니를 때우는 가난한 가정에서도 제삿날만은 쌀밥을 지어서 조상에게 올리는 것을 자손의 도리로 생각하는 풍습이 강했다. 심지어 종자로 남겨 둔 오쟁이 속의 볍씨를 빻아서 쌀밥을 지어 제상에 올리는 사례조차 있었다. 이토록 제례 또는 상례(喪禮)를 극진히 모신 심리의 배후에는 모종의 이해타산의 동기가 혼재했을 가능성도 있다. 우리 조상들 가운데는 육신이 죽은 뒤에도 영혼은 살아남는다고 믿은 사람들이 많았으며, 그 영혼은 영험한 능력을 가지고 있어서 효성스러운 자손들에게 행운을 가져다줄 수도 있고 불효 막심한 자손에게는 재앙을 가져다줄 수도 있다는 믿음까지 수반하였다. 특히 장지(葬地)의 방위와 지형을 중요시하였으며, 조상을 명당에 모시면 자손이 영화를 누린다는 풍수지리설이 널리 퍼져 있었다. (명당을 차지하려는 욕심의 충돌로 인하여 가문 내부에 알력과 풍파가 생긴 사례도 허다하다.)

현대사회에 적합한 장례와 제례의 새로운 준칙을 국가적 차원에서 마련하여 보급시키는 정책이 필요할 것이다. 제례를 크게 중요시하는 유림과 그것

---

4 아들이나 딸이 부모를 소홀히 대접하는 경우는 비교적 적은 편이다. 그러나 며느리가 시부모를 푸대접하는 경우는 흔히 있는 것으로 알려졌다. 더러는 애완용 개에게는 많은 비용을 들이면서 시부모에게는 못되게 구는 며느리도 있고, 남편이 모르게 시부모를 학대할 때, 시부모는 아들과 며느리의 불화를 걱정하여 그 사실을 혼자서 괴로워하는 경우도 있다.

을 사탄들의 미신적 행사로 규정하는 일부 기독교도들과의 알력도 합리적 해결을 기다리는 문제다. 필자 개인의 생각으로는, 제사를 조상의 음덕(蔭德)에 대한 기대와 연관시키는 것은 부당한 일이며, 기일(忌日) 또는 명절에 일가친척이 종가 또는 묘지에 모여서 조상의 영정 또는 유택 앞에서 배례한 뒤에, 음식을 나누어 먹고 담소하며 친목을 도모하는 것은 오래 계승함이 바람직한 미풍양속의 하나다.

우리 전통 사회에 있어서는 제사를 받드는 의식은 대소가의 친족이 모여서 고인을 추모하며 친목을 도모하는 데 그 목적이나 의의가 있었던 것은 아니다. 그것은 가계(家系)의 계승을 공식화하는 것을 주목적으로 삼는 엄숙한 행사였다. 제례를 주관하는 사람의 권리와 의무는 막중한 것이었으며, 아무나 그 일을 대신할 수 있는 가벼운 임무가 아니었다. 제례를 받들 수 있는 자격은 남아에 국한되었으며, 남아를 생산하지 못한다는 것은 '조상의 향화(香火)'를 끊는 결과를 수반하며, 가계의 계승이 중단됨을 의미한다. 그러므로 남아를 생산함은 자식된 도리의 근본이며, 자식을 갖지 못하는 것은 온갖 불효 가운데서 가장 큰 것으로 여겨졌다. 다른 점에서 아무리 훌륭하게 자식 노릇을 한다 하더라도 남아를 생산하지 못하면 불효막심한 자식으로 평가되었던 것이다.

그러나 "온갖 불효 가운데서 아들 못 낳는 그것이 가장 큰 불효다."라고 말한 전통적 효 개념은 버려야 할 유산이다. 첫째로, 가계는 남아에 의해서만 계승해야 한다는 생각은 오로지 생물학적 무지에서 유래한 것이므로 타당성이 없다. 여아에게도 가계를 계승할 자격이 충분히 있다고 보아야 한다. 남녀간에 소생(所生)이 있으면 혈통은 저절로 이어지는 것이며, 민법상의 가계 계승에 큰 의미를 부여할 까닭은 없다. 설령 나에게 소생이 없다 하더라도, 내 형제와 자매 가운데서 누가 아들이나 딸을 낳게 되면, 내 부모의 혈통은 이어지게 되니 형제와 자매 덕분에 '불효'는 면할 수 있게 된다.

조선시대의 양반 사회에서 가장 적극적인 효도의 방법은 과거에 장원급제하고 높은 벼슬길에 올라서 가문을 빛내는 일이었다. 양반 가문의 자제들은 대부분 글공부하여 과거에 급제하는 것을 평생의 꿈처럼 생각하며 살았다 해도 과언이 아닐 것이다. 당시의 양반 남자들에게는 과거에 급제하여 관직에 오르는 것은 일신의 출세이기에 앞서서 가문의 영광이요 효행의 으뜸이었다. 과거 시험에 대한 열기는 '관존민비'의 관념과도 직결되었으며, 이러한 권력 지향 내지 출세 지향의 풍조는 현대의 한국인에게도 현저하게 남아 있다. 현대에는 반상의 구별이 없어서 누구에게나 관권의 문이 열려 있으므로, 권력 내지 출세를 지향하는 사회 경쟁은 옛날보다도 더욱 치열한 편이다.

자본주의 사회에서는 권력은 금력과 불가분의 관계를 갖기 마련이다. 그러므로 오늘의 한국은 권력과 금력을 아울러 추구하는 풍조가 전국을 풍미하고 있다. 그러나 이것은 결코 바람직한 현상이 아니다. 권력 또는 금력을 탐내는 사람들의 무절제한 각축으로 인하여 나라가 온통 혼란과 불안 속에 흔들리고 있다. 옛날 우리나라 선비들의 정신을 되살려서, 돈과 권력보다 더욱 소중한 인간적 가치를 그 본래의 위상으로 되돌려 놓는 일은 오늘의 세대가 수행해야 할 소중한 과제다. 그리고 현대가 요구하는 효도의 길은 저 과제를 위하여 힘쓰는 방향으로 열려 있다고 믿는다.

4. 형제와 자매 그리고 친척

4장 5절에서 이미 언급한 바와 같이, 유교에서는 혈연의 관계가 가까울수록 그것을 더욱 중요시하였다. 형제 또는 자매의 관계는 부모와 자식의 관계 다음으로 가까운 사이다. 그러므로 유교 윤리에서는 형제는 "한몸을 쪼갠 터이므로 부귀와 화복을 같이해야 한다."고 가르쳤다. 그리고 흥부의 경우와 같이, 못된 형에게 반항하지 않고 오로지 순종하며, 자기가 잘되고 형이 망한 뒤에는 재산을 나누어 주며 끝까지 형을 우대한 경우를 형제간 우애의 귀감으로 찬양하였다.

현대사회에서도 흥부와 같은 착한 아우가 있다면 그를 칭찬하는 사람이 많을 것이다. 그러나 흥부를 모방하라고 가르친다면 그러한 가르침이 설득력을 얻기는 어려울 것이다. 악독한 형에게 무조건 순종하라는 가르침도 현대의 젊은이들로서는 납득하기 어려울 것이며, 제비가 물어 온 박씨에 의해서 횡재를 얻는 행운은 모방의 대상이 될 수 없기 때문이다. 그리고 형제가 서로 사랑하고 서로 돕는 관계는 현실적으로 지속성을 갖기 쉬우나, 일방적 사랑이나 일방적 도움의 관계는 지속적으로 유지되기 어렵다.

형제나 자매 사이에 우애가 있고 없고는 그들의 개인적 성격에 따라서 결정되기도 하지만, 부모의 태도에 따라서 좌우될 경우가 더욱 많을 것이다. 부모가 자녀들을 편애하거나 차별 대우할 경우에는 그들 사이의 우애가 돈독하기를 기대하기 어렵다. 형제나 자매의 어머니가 서로 다르거나 아버지가 서로 다를 경우에는 사정이 매우 어려워진다. 부모의 사이가 원만하지 않거나 부모가 자신들의 일에 쫓겨서 자녀들에게 무관심할 경우에도 문제가 어려워진다. 자녀에 대한 부모의 과잉보호 또는 지나친 기대도 자녀들 사이의 우애를 해칠 염려가 있다. 가장 경계해야 할 것은 자녀들 사이의 경쟁심을 조장하는 부모의 태도다. 짧게 말해서, 자녀들의 우애를 위하여 가장 중요한 것은 부모의 슬기로운 가정교육이다.

"형제는 한몸을 쪼갠 터이므로 부귀와 화복을 같이해야 한다."는 가르침이 현대사회에서 실천되기에는 어려움이 많을 것이다. 형제나 자매 사이에도 개인적 능력의 차이가 많으므로 경제적으로 잘사는 사람과 못사는 사람이 생길 수 있다. 이럴 경우에 잘사는 측에서 못사는 측에게 도움을 줄 수 있을 것이나, 못사는 측에서 지나친 도움을 기대할 경우에는 동기간의 우애가 깨질 우려가 있다.

성장 과정에서는 우애가 돈독하던 형제나 자매가 장성한 뒤에 불화를 빚는 경우가 있다. 그 불화의 일반적 원인으로는 크게 두 가지가 있다. 그 하나는 부모의 유산 분배에 관련된 이해의 대립이요, 또 하나는 노후의 부모를 봉양하는 문제에 대한 의견의 대립이다. 전자는 부모의 재산이 많을 경우에 생기기 쉽고, 후자는 부모가 자립하기 어려울 정도로 가난할 경우에 흔히 생긴다. 이러한 사정으로 의견의 대립이 있을 경우에는, "형제는 한몸을 쪼갠 터이므로 부귀와 화복을 같이해야 한다."는 가르침을 상기함이 다소간 도움이 될 것이다.

부모의 유산이 많을 경우에는 그 유산을 처리하는 문제에 대한 부모의 공정한 처사가 우선 중요하다. 여기서 '공정성'의 기준을 어떻게 정하느냐 하는 것이 어려운 문제로서 제기된다. '균등 분배'가 반드시 '공정한 분배'가 아닐 수도 있으며, 가장 처지가 어려운 자녀를 우선적으로 고려함이 공정한 분배에 해당할 수도 있다. 이 문제와 관련해서 매우 중요한 것은 가족이 한자리에 모여서 기탄 없이 대화를 교환하는 일이다. 기탄 없는 의견 교환을 통하여 어떤 합의를 유도하도록 시도할 필요가 있다. 또 하나 중요한 것은 오해의 소지가 없도록 문제의 처리를 투명하게 진행하는 일이다.

가족이 한자리에 모여서 대화를 나누어도 합의에 도달하지 못할 경우가 있을 것이다. 합의에 도달하지 못하는 가장 큰 이유는 부모의 유산은 당연히 자녀들이 나누어 가질 권리가 있다는 고정관념에 있을 것이다. 부모는 재산을 모아서 자녀에게 물려주는 것을 당연하다고 생각해 온 전통적 관념이 이 시점에서 지장을 초래하는 것이다. 부모가 부를 축적하여 자녀들에게 일찌감치 분배하는 것을 자랑으로 삼아 온 전통적 사고방식은 이제 청산함이 바람직하다. 자녀들이 자립하여 살아갈 수 있도록 적성에 맞는 교육을 시키는 것으로 부모의 임무는 일단 끝난다고 보아야 마땅하다. 그런 연후에 여유가 있으면 그것은 부모들 자신을 위하여 간직하는 것이 바람직하며, 노후를 보장하고도 남을 정도의 재산이 많을 경우에는 그 나머지를 사회에 환원함이 가장 사리에 맞는 처사다. 다만 독립할 만한 나이가 지난 뒤에도 기본 생활이 어려운 자녀가 있을 경우에, 모르는 척하고 모든 여분을 사회에 환원하는 것은 우리 정서에 맞지 않으므로, 적절한 범위 내에서 그에게 도움을 주는 것은 무방할 것이다. 그 적절한 범위의 정도를 정할 때, 여러 자녀들과 기탄 없는 상의를 함이 바람직하다고 보는 것이다. 이 상의의 과정에서 전제가 되어야 할 것은, 부모의 유산은 당연히 자녀들이 나누어 가져야 한다는 종전의 관념이 잘못이라는 사실에 대하여 공통된 인식을 갖는 일이다.

다음은 부모가 가난한 상태로 노년을 맞이했을 경우에, 부모에게 자립할 능력이 없고 국가의 사회보장제도도 부실하므로 자녀들이 노후의 부모를 봉양해야 할 상황에서 생기기 쉬운 갈등의 문제를 고찰할 차례다. 이 경우에도 형제와 자매들이 한자리에 모여서 대책을 논의함이 바람직하다. 그러나 서로 회피하려는 태도로 대화에 임할 경우에는 원만한 결론을 얻기 어려울 것이다. 이런 경우에 원만한 결론을 얻을 수 있는 어떤 묘책은 아무도 제시할 수 없을 것이다. 다만 자녀들의 양식(良識)에 호소할 수밖에 없다. 자녀들 자신이 늙은 뒤에 어떤 대우를 받는 것이 바람직한가를 묻는 역지사지(易地思之)의 시각에서 이 문제를 인간답게 생각해 주기를 간청하는 것 외에 다른 묘안이 없다.

"한몸을 쪼갠 터이므로 부귀와 화복을 같이해야 한다."는 형제와 자매에만 적용될 윤리가 아니라, 비록 정도의 차이는 있더라도, 친척 전반에까지 확대하여 친척 윤리 전반의 바탕으로 삼으라는 것이 공자의 가르침이었다. 그리고 실제로도 조선시대의 우리 조상들에게는, 혈연으로 이어졌고 따라서 성(姓)과 본관(本貫)이 같은 일가와 친척을 '남'이 아니라고 여기는 관념이 상당히 널리 퍼져 있었다. 이러한 관념은 오늘의 한국인에게도 아직 남아 있기는 하나 옛날에 비하면 매우 미약한 편이다.

한국인의 친족 의식에는 긍정적 측면과 부정적 측면이 아울러 있다. 그 긍정적 측면의 하나는 인간의 자아가 가족의 울타리를 넘어서서 더욱 넓은 범위를 그 안에 포섭할 수 있는 길이 친족 의식을 통하여 열린다는 사실이다. 긍정적 측면의 다른 하나는 친족 의식의 바탕에 깔린 사랑의 정이 우리 사회를 따뜻한 고장으로 만드는 데 도움을 줄 수 있다는 가능성이다. 그 부정적 측면의 가장 큰 것은 친족 의식이 친족 이외의 사람들에 대하여 배타적 태도를 취할 수 있다는 가능성이다. 친족 의식이 강한 사람은 친족의 범위 안에 들어가는 사람들을 '우리'로서 의식하는 반면에 그 범위 밖의 사람들을 '남'으로 물리치기 쉽다. 친족주의적 이기주의에 빠질 가능성이 높은 것이다.

　오늘의 인심은 대체로 박절한 편이다. 부부간에도 네 것과 내 것의 구별이 있고, 부모와 자식 사이에서도 이해와 득실을 계산하는 세상이다. 형제나 자매의 관계는 그보다도 더 소원하다. 그러니 친족 사이에 '우리' 의식이 있다 하더라도 그것은 대체로 미약함을 면치 못한다. 친족인 까닭에 서로 도와야 한다는 논리보다는 "우리 모두가 인간 가족인 까닭에 서로서로 사랑하고 도와야 한다."는 논리로 이행함이 현대의 상황에 적합할 것으로 보인다.

　우리 현실에 있어서는 친족 관념이 부정적으로 작용한 사례가 많았다. 가장 흔한 예로는 선거철에 친척관계가 있는 입후보자에게 표를 던져 주는 경우를 들 수 있다. 정치판이 워낙 혼탁하므로 특별히 지지할 만한 사람이 없는 터에, 같은 값이면 친척 후보에게 한 표 던져 주자는 태도다. 또 다른 예로는 친척 가운데서 유력한 지위에 오른 사람이 나타났을 때, 그 자리에 있는 동안에 일가 친족에게 혜택을 주는 경우를 들 수 있다. 자기의 것을 주는 행위는 나에게 손해가 되지만 공권(公權)을 남용하여 친족을 봐주는 행위에는 직접 손해가 오지 않으므로, 이 경우에는 인심이 후한 것이다. 이런 점에서 친족 의식이 우리나라의 민주화 내지 근대화에 부정적으로 작용한 면이 강하다고 생각한다.

6 장
조선시대의 선비와 오늘의 한국

1. 선비에 대한 관심
2. 조선시대의 대표적 선비들
3. 조선시대의 선비와 『논어』 속의 군자
4. 조선시대의 선비와 현대 한국의 지식사회

6장 조선시대의 선비와 오늘의 한국

1. 선비에 대한 관심

역사적 현실은 대체로 그런 것이지만, 오늘의 우리 현실은 그 밝은 면과 어두운 면이 유난히 뚜렷한 대조를 이루고 있는 것으로 보인다. 그 밝은 면과 어두운 면의 실체가 무엇인지를 간단하게 요약해서 말하기는 어려울 것이나, 눈앞에 나타나는 표면상의 현상들은 대체로 밝은 모습으로 다가오는 데 반하여, 그들 현상 배후에는 어려운 문제들이 도사리고 있어서 어두운 그림자를 느끼게 한다는 것이 필자가 받는 인상이다.

과학적 기술의 발달 덕분에 풍요롭고 편리한 세상이 되었다고 기뻐하는 사람들도 적지 않다. 그러나 우리의 현실을 깊게 들여다보는 식자들 가운데는 우리의 미래를 불안하게 내다보는 견해를 내비치는 사람도 흔히 있다. 우리의 미래를 불안하다고 전망하는 이유는 여러 가지가 있을 것이며, 사람에 따라서 강조하고 싶은 점이 다를 것이다. 요컨대, 식자들로 하여금 우리들의 미래를 불안한 것으로 느끼게 하는 문제점이 여러 가지여서 그 핵심을 한 가지로 지적하기 어려운 것이 우리들의 현실이 아닐까 한다. 다만 그 여러 가지 문제점의 공분모(公分母)에 해당하는 것을 굳이 이름을 붙여서 말해야 한다면, '정신적 가치의 빈곤'을 거론할 수 있지 않을까 한다. '정신적 가치의 빈곤'이라는 말의 의미가 모호하다면, '가치관의 혼란'이라는 표현으로 바꾸어도 무방할 것이다.

삶의 과정에서 우리는 무수한 종류의 가치 있는 것들(the valuable)과 만나게 된다. 이 가치 있는 것들이 지니고 있는 가치에는 크고 작은 구별이 있다. 무수한 종류의 가치 있는 것들은 모두 우리가 원하는 바이지만, 실제로는 그 가운데서 일부밖에는 가질 수 없는 것이 삶의 현실이다. 그러므로 우리는 여러 가지 욕망의 대상들 가운데서 그 일부만을 취하고 나머지는 버릴 수밖에 없는 선택의 기로에 자주 서게 된다. 삶의 과정 전체를 선택의 기로의 연속이라고 볼 수 있거니와, 한 개인을 위해서 가장 바람직한 삶은, 그에게 주어진 여건의 제약 속에서 가능한 최대한의 가치가 실현되도록 사는 것이라고 말할 수 있다. 그렇게 살기 위해서는 모든 선택의 기로에서 항상 큰 가치를 취하고 작은 가치를 버리도록 힘써야 한다. 물론 그것이 결코 쉬운 일은 아니지만, 여러 선택의 기로에서 가장 슬기로운 판단에 가깝도록 행동한 사람이 성공적인 삶을 실현하는 결과를 얻게 된다.

미시적 관점에서 가치의 크고 작음을 세밀하게 계산하는 일은 불가능하다. 우리가 할 수 있는 일은 거시적 관점에서 작은 가치의 세계를 버리고 큰 가치의 세계를 얻도록 하는 가치 영역의 선택에 그친다. 그러나 그것만으로도 우리가 슬기롭고 값진 삶을 실현하기에 별다른 지장은 없을 것이다. 예컨대, 용돈의 제한을 무시할 수 없는 사람이 일정한 액수의 돈을 가지고 영화 한 편을 보는 것과 맥주 몇 잔을 마시는 것과 어느 쪽이 나을까 하고 망설일 때, 영화 관람과 맥주 마시기의 가치를 세밀하게 계산하여 비교하기는 매우 어렵다. 그러나 기본 생활의 안정을 얻은 사람이 다소 여유 있는 돈을 가지고 유흥을 위하여 소비할지 또는 독서와 예술 감상을 위하여 소비할지를 놓고 망설일 때, 후자의 길을 선택함이 더 큰 가치를 실현할 수 있는 길임을 알 수는 있다. 유흥에 속하는 향락(享樂)의 가치와 독서와 예술 감상으로 얻을 수있는 교양(敎養)의 가치를 거시적으로 비교하여 후자가 더 크다는 것은 직관으로도 알 수 있기 때문이다.[1] 그리고 향락보다는 교양을 택하는 거시적 관점에서의 선택만으로도 우리가 슬기롭고 값진 삶을 영위함에 큰 바탕을 얻을 것임에 틀림이 없다.

필자는 앞에서 식자들로 하여금 우리의 미래를 불안하게 느끼도록 만드는 문제들의 공분모에 해당하는 것을 '가치관의 혼란'이라는 말로 표현한 바 있다. 그 '가치관의 혼란'이란 가치 선택의 기로에서 큰 가치를 버리고 작은 가치를 취하는 오류를 지칭한 것이었다. 일반적으로 말해서, 정신적 가치의 세계는 물질적 가치의 세계보다 우위에 자리매김해야 하고, 내면적 가치는 외면적 가치보다 우위에 자리매김해야 마땅함에도 불구하고, 대다수의 사람들은 실천적 행동에 있어서 그 반대의 선택을 하는 경우가 많다.[2] 이것은 그릇된 가치의 선택이며, 이 그릇된 선택으로 인하여 여러 가지 문제들이 일어난다고 보는 것이 필자의 생각이다.

돈이나 권력 또는 관능적 쾌락을 인격이나 생명 또는 사상보다도 더욱 값지다고 공공연하게 말하는 사람은 많지 않다. 그러나 실천적 행동의 세계에서는 돈이나 권력 또는 향락이 삶에서 가장 소중한 것처럼 집요하게 추구하는 사람들이 대단히 많다. 그로 인하여 정경유착, 부패, 각종 범죄, 부실 공사

---

1 "향락의 가치보다 교양의 가치가 크다는 것은 직관적으로도 알 수 있다."는 주장에 대해서 의문을 제기하는 독자도 있을 것이다. 이 주장과는 반대의 직관을 가진 사람도 있을 수 있다는 것을 필자는 인정한다. 더욱 설득력을 갖기 위해서는 '가치 비교의 척도'에 관한 이론의 제시가 필요할 것이다. '가치 비교의 척도'에 관한 논의를 필자는 졸저 『변혁 시대의 사회철학』(철학과현실사, 1990), p.43 이하에서 시도한 바 있고, 또 이 책 『유교적 전통과 현대 한국』, 7장 3절에서 이 문제를 간단하게 다시 다룰 생각이다.

등 온갖 비리가 생기고 사회질서도 문란해진다. 식자들은 이러한 현상들을 '도덕성의 타락'이라고 규탄하기도 하고, '정신적 가치의 빈곤'이라고 개탄하기도 한다.

　오늘의 현실을 개탄하는 사람들은 노년층에 많고, 그들 가운데는 조선시대를 '좋았던 세상'이라고 찬미하는 사람도 더러 있다. 물론 한국의 역사를 어느 정도 아는 사람들은 조선시대가 안고 있던 여러 문제점을 기억하고 있으며, 조선왕조 5백 년을 '태평성대'라고 부르기에는 파란이 너무 많았다는 사실을 부인하지 않는다. 그러나 중국과 일본의 거듭된 침공에도 불구하고 민족과 국가를 지켜 왔으며 민족의 전통문화를 계승하여 한층 높은 단계로 발전시킨 조상들의 업적은 긍정적으로 평가해야 한다는 의견이 어느 정도 설득력을 가졌다.

　조선왕조가 5백여 년 동안 사직(社稷)을 지키고 문화를 꽃피움에 있어서 가장 크게 기여한 것은 그 시대를 살았던 선비들의 강직한 정신력이라고 보는 사람들이 있다. 대외적으로 또는 대내적으로 나라가 어려움에 처했을 때 난국을 극복함에 앞장서서 버팀목의 구실을 한 것은 선비 계층이었다고 그들은 회고한다. 그리고 오늘의 한국이 중심을 잃고 흔들리는 현실을 바라보

2　학문, 예술, 종교, 사상 등의 가치를 묶어서 '정신적 가치'라고 흔히 불러 왔고, 돈과 관능적 쾌락 등을 흔히 '물질적 가치'라고 불러 왔다. 그러나 생명과 건강은 '물질적'이라고 말하기도 어렵고 '정신적'이라고 말하기도 어렵다. 그리고 관능적 쾌락은 물질의 힘으로 유발되는 것이기는 하나 그 자체는 심리 현상인 까닭에 '물질적'이라고 규정하기에 어려움이 있다. 또 권력에도 '물질적'이니 '정신적'이니 하는 말이 어울리지 않는다. 이런 점을 고려해서, 필자는 돈과 권력 그리고 관능적 쾌락 등이 가진 가치를 묶어서 '외면적 가치'라 부르고, 학문, 예술, 사상, 생명, 건강 등이 가진 가치를 묶어서 '내면적 가치'라고 부르기로 하였다. 그러나 이 경우에는 '내면적 가치'와 '외면적 가치'를 깔끔하게 정의하기가 어렵다는 난점이 생긴다. 그러므로 필자는 '내면적 가치'와 '외면적 가치'를 논리적 분류의 개념으로서 사용하지 않고 다만 편의상의 명칭으로 사용하기로 하였다.

면서 '선비 정신의 결핍'을 못내 아쉬워한다. 그러나 많은 경우에 그들의 의견은 단편적이며 즉흥적인 단계를 벗어나지 못했다는 인상을 준다. '선비'의 개념에 대한 이해조차 사람에 따라서 다소간의 차이가 있는 듯하다. 『국어대사전』의 풀이가 엉성한 것만 보아도 '선비'의 개념이 아직 정리되지 않았음을 짐작할 수 있다.[3]

'선비'라는 말이 '先輩(선배)'라는 한자어에서 변화한 것인지, 또는 우리나라에 한문이 들어오기 이전부터 있었던 순수한 우리말인지, 그것은 이 자리에서 우리가 당면한 문제가 아니다. 우리의 관심사는 조선시대의 버팀목 구실을 했다고 칭송을 받기도 하는 유학도(儒學徒)로서의 선비다. 한자로 말하면 '儒(선비 유)' 자에 해당하기도 하고 '士(선비 사)' 자에 해당하기도 하는 그 '선비'의 개념을 정리하고자 함이 우리들의 당면 과제다.[4]

우리의 관심사가 되고 있는 '선비'는 넓은 의미로는 유학을 공부한 사람, 즉 유생(儒生)을 지칭한다. 그러나 모든 유생들이 칭송의 대상이 된다고 보기는 어려우며, 그 가운데서 특히 조선왕조를 '좋았던 세상'으로 회고하도록 만드는 데 주역 구실을 한 일부의 탁월한 유학지사(儒學之士)로서의 '선비'

---

3 이희승 편, 『국어대사전』은 '선비'라는 말의 뜻을 세 가지로 풀이하고 있다. ① 옛날 학식이 있되 벼슬하지 아니한 사람. ② 학문을 닦은 사람을 예스럽게 일컫는 말. ③ 마음이 어질고 순한 사람.

4 한자의 '儒'와 '士'가 처음부터 같은 뜻으로 쓰인 것은 아니다. '유(儒)'는 본래 유학을 공부한 사람을 지칭했으나, '사(士)'는 장사(壯士), 군사(軍士), 사졸(士卒) 등의 단어에 사용되기도 하므로 처음에는 유학과 관계가 없는 사람을 지칭하기도 했음을 알 수 있다. (일본에서는 '士'를 '사무라이'라고 읽어서 무사를 의미해 왔다.) 적어도 무사(武士)들이 큰 세력을 이루었던 고구려와 신라 그리고 고려시대에는 '선비' 아닌 사족(士族)도 많이 있었다고 보아야 한다. 조선시대에 들어와서 유학(儒學)을 국학(國學)으로서 숭상하고 문치(文治)를 힘쓰게 되어 문사(文士) 계급이 무사 계급을 압도하기에 이른 조선 중기 이후에는 문사가 사(士) 집단을 대표하게 되었고, 유(儒)와 사(士)가 같은 뜻으로 쓰이게 되었다고 말할 수 있을 것이다.

들이 우리들의 관심의 대상이다. 그 탁월한 유학지사로서의 선비들이 어떻게 세상을 살았는지 그것을 밝히고자 하는 것이 여기서 우리들의 관심사다.

우리들에게 필요한 것은 관념적이요 추상적인 논의보다도 존경의 대상이 되는 탁월한 선비들의 구체적 처세의 모습을 우선 살펴보는 일일 것이다. 그 다음에 그들에게서 발견되는 공통점을 찾아보는 순서를 밟는 접근이 바람직할 것으로 보인다. 그러기 위해서는 조선시대의 대표적 선비들을 누구누구로 볼 것이냐 하는 문제에서부터 출발해야 한다.

2. 조선시대의 대표적 선비들

조선시대의 대표적 선비의 한 사람으로서 우선 황희(黃喜, 1363-1452)를 생각할 수 있을 것이다. 고려 공민왕대에 대과(大科)에 급제한 그는 고려가 망하자 절개를 지키고자 두문동(杜門洞)에 은거해 있다가 후일에 조선의 벼슬길에서 크게 영달하였다. 이 점으로 볼 때 끝까지 이군불사(二君不事)를 고집한 정몽주(鄭夢周)나 길재(吉再)에 비하면 절개가 부족하다는 평가도 가능할 것이다. 그러나 이성계(李成桂)의 조선 건국을 전적으로 부당한 거사였다고 단정하기 어려운 면이 있으며, 황희가 조선왕조에 벼슬하여 일신의 영달을 도모한 적이 없으므로, 그 점이 결정적 흠이 되지는 않을 것이다.

황희는 본래 인품이 매우 관후하면서도 강직하기도 하여, 양녕대군의 폐출 문제로 직간을 하여 좌천도 당하고 귀양살이도 하였다. 그는 고관의 자리를 두루 거쳤으나 청렴결백하기 그지없어 청백리(淸白吏)의 귀감으로 알려졌다. 그는 국가의 대사를 다룰 때는 엄정하고 단호했지만, 사사로운 일에는 지나칠 정도로 너그러웠다고 전해진다. 황희는 개인의 안락이나 영달을 위해서가 아니라 나라와 백성을 위해서 평생을 산 선비의 한 사람이다.

중종 때의 문신 조광조(趙光祖, 1482-1519)도 조선시대의 대표적 선비의 한 사람으로서 손색이 없을 것이다. 조광조는 퇴계(退溪)가 근세 도학(道學)의 선구자로서 존경한 김굉필(金宏弼)의 수제자로서 과거나 보기 위하여 공부하는 태도를 버리고 몸소 군자의 도(道)를 실천하고자 힘쓴 비범한 선비였다. 그가 김굉필의 문하에 있었을 때의 일화로서 정암(靜庵)의 인품을 단적으로 말해 주는 것이 있다. 김굉필에게 꿩이 생겨서 어머니에게 보내 드리고자 볕에 말리던 차에 고양이가 그것을 먹어 버렸다. 크게 화가 난 김굉필은 꿩을 지키던 계집아이를 몹시 꾸짖었다. 이때 정암은 "어버이를 봉양하려는 정성이 지극함은 좋으나, 군자는 말과 기운을 잘 살펴야 하는 줄 압니다." 라고 바른말을 했던 것이다. 이 말을 듣고 스승은 제자의 손을 잡고 "네가 나의 스승이요 내가 너의 스승이 아니다."라고 말했다 한다.[5] 두 선비의 인품이 모두 비범함을 암시하는 사제간의 대화가 아닐까 한다.

정암 조광조는 과거에 급제한 뒤에 성균관 전적(典籍)이 되고, 빠른 속도로 승진하여 사간원 정언(正言), 홍문관 수찬(修撰), 부제학(副提學) 등 '맑고 깨끗한 벼슬자리'에 올랐다. 이 자리는 모두 임금을 가까이에서 모실 기회가 많은 직책을 가진 자리였고, 28세의 젊은 나이에 여섯 살 연상인 정암을 처음 본 중종(中宗)은 풍모와 학식이 출중한 정암을 좋아하게 되었다. 절호의 기회를 얻었다고 믿은 정암은 중종을 보필하여 덕치(德治)가 지배하는 유교적 이상국가를 건설하고자 하는 대망을 품게 되었다. 한때 일이 순조롭게 진행되는 듯했으나, 개혁에 반대하는 수구 세력의 반발과 모함이 심했고 중종에게 본래 현군(賢君)으로서의 자질이 부족했던 까닭에, 정암이 계획한 태평성대는 한갓 꿈으로 끝나고 말았다. 조광조를 비롯한 여러 젊은 선비들을 죽음

---

5 박종홍, 『한국사상사 논고』, 유학편, 서문당, 1977, p.57 참조.

으로 몰고 간 기묘사화(己卯士禍)가 그것이다.[6]

퇴계(退溪) 이황(李滉, 1501-1570)을 조선시대의 대표적 선비로서 손꼽는
데 이론(異論)을 제기하는 사람은 없을 것이다. 퇴계가 성리학의 대가라는
것은 널리 알려진 사실이다. 그러나 퇴계의 위대한 점은 외국에까지 널리 알
려진 그의 학문 이론에만 있는 것이 아니다. 그는 실천 생활에 있어서도 남이
따르기 어려운 많은 행적을 남겼다. 정암이 그랬듯이, 퇴계도 어려서부터
『소학(小學)』을 익혔고, 어렵고 고상한 이론보다도 오히려 일상적인 몸가짐
으로서의 실천을 더욱 중요시한 전형적 '선비'의 한 사람이다. 퇴계에 관해
서는 많은 일화가 전해지고 있다.

퇴계가 젊어서 과거를 보러 서울로 가는 길에 수행한 종 아이가 남의 밭에
서 따온 콩을 넣고 밥을 지어서 올렸다. 퇴계는 그 밥을 먹지 않음으로써 종
아이의 버릇을 고쳤다. 퇴계가 서울에 살고 있었을 때, 이웃집 밤나무 가지
가 울타리 너머로 뻗어서 가을이 되면 알밤이 퇴계의 집 마당으로 떨어졌다.
퇴계는 아이들이 그것을 주워서 먹을까 걱정이 되어, 손수 주워서 이웃집으
로 던졌다.

퇴계가 48세 때 단양 군수로 있다가 풍기 군수로 전근하게 되어 그곳을 떠
날 때, 관인들이 아전들의 밭에서 수확한 삼다발을 걸머지고 왔다. 그것이
무엇이냐고 물었더니 관례를 따라 떠나는 수령에게 드리는 물건이라고 하였

---

6 우리나라의 사학자들은 조광조가 젊은 혈기에 밀려서 너무 급진적으로 개혁을 서두른 것이
기묘사화를 부른 원인이었다고 보는 경향이 있다. 그러나 박종홍 선생은 견해가 다르다. "정
암은 오히려 일이 그릇될 것을 깨달아 스스로 억제하려 했으나, 주위의 사람들이 더욱 극단
적인 태도로 서로 싸워 정암으로서는 어찌할 도리가 없게 되고 만 것이다."라고 정암을 변호
한 바 있다. 같은 책, p.58 참조.

다. 퇴계는 호되게 관인을 꾸짖고 그것을 물리쳤다. 풍기 군수를 그만두고 고향으로 돌아갔을 때도 서적 이외의 다른 짐은 없었다고 한다.

퇴계는 장남에게 보낸 편지에 "빈궁은 선비의 상사(常事)라 또 무엇을 개의하랴. 너의 아비는 평생 이로써 사람들의 웃음거리가 되었으나 …"라고 적어서 가난을 참고 견디어야 한다고 타이른 적이 있었다. 퇴계가 객지인 서울에 있었을 때 그의 장남은 부친의 불편을 덜기 위하여 많은 일용품을 구해서 보내 드렸다. 퇴계는 어떻게 해서 그 많은 물건을 구득했는지 의심스럽다며, 오히려 못마땅하다는 뜻을 전했다.[7]

퇴계는 34세 되던 해에 문과에 급제하여 관계에 발을 들여놓았고 여러 명예로운 직책에 오르기도 했으나, 부귀의 길은 그가 진정 원한 길이 아니었다. 퇴계는 주위 사정에 밀려서 관직의 길을 걷기도 했으나, 그 길보다는 학문과 구도(求道)의 길이 자신을 위한 본연의 길임을 거듭 확인하였다. "부귀는 뜬 연기와 같고 명예는 나는 파리와 같다."는 깨달음을 그는 평생 안고 살았다. 권세에 아부하는 따위는 퇴계에게는 있을 수도 생각할 수도 없는 일이었다.[8]

율곡(栗谷) 이이(李珥, 1536-1584)는 퇴계와 쌍벽을 이루는 조선의 선비요 석학이다. 율곡은 남달리 총명한 천품을 타고났으며, 현모(賢母) 신사임당의 보살핌 밑에서 다복한 어린 시절을 보냈다. 그는 말을 배우면서 곧 한자

---

7 같은 책, pp.75-76 참조.
8 퇴계가 도산서원에서 학문 연구와 후진 양성에 전념하고 있던 시절에 그곳을 찾은 방문객이 많았다. 방문객이 떠날 때 퇴계는 그들을 전송했거니와, 조정에서 온 관리의 경우에는 서원 입구까지 배웅하고, 초야에 묻힌 선비의 경우에는 문밖 먼 곳까지 전송했다고 한다(도산서원 관리사무소장으로부터 들은 이야기).

(漢子)를 익혔고, 8세 때 벌써 우리나라 문학사에 남는 한시를 지었다. 그러나 5세 때 경험한 모친의 별세로 큰 타격을 받고, 삶과 죽음의 문제에 대한 고민으로 한때 정신적 시련을 겪기도 하였다. 그가 19세 되던 해 봄에 금강산으로 들어가 참선하는 도장을 찾은 것은 그러한 시련의 단적인 표현이라고 볼 수 있을 것이다.

불교가 자신을 위한 참된 길이 아니라고 느낀 율곡은 금강산을 뒤로 하고 강릉의 외가로 자리를 옮겼다. 그곳에서 새로운 각오로 유학에 정진한 지 1년 뒤인 21세 때 국가의 정책을 논하는 한성시(漢城試)에 응시하여 장원급제의 영예를 얻었다. 그 뒤에도 여러 번 과거에 응시하여 번번이 수석으로 합격하였다. 그는 모두 합치면 아홉 번이나 장원으로 급제하여 천재임을 입증하였다.

율곡은 단순한 천재가 아니라 국가와 민족의 현실을 걱정한 위대한 사상가였다. 그는 개혁의 큰 뜻을 품고 벼슬길에 올라 정치에 관여하였다. 명나라에 가는 사신의 서장관(書狀官), 청주 목사, 황해도 관찰사를 지낸 일도 있으나, 임금에게 간쟁(諫諍)하는 직책을 맡는 사간원(司諫院)에서 오랜 동안 일을 하였다. 그는 사간원의 최고 책임자인 대사간(大司諫)의 직을 아홉 번이나 맡을 정도로 임금의 신임이 두터웠다. 탁월한 경륜가이기도 한 율곡은 「동호문답(東湖問答)」과 「만언봉사(萬言封事)」라는 글을 지어서 시무(時務)에 관하여 군왕이 취해야 할 태도를 밝혔다. 40세가 되던 해에는 『성학집요(聖學輯要)』라는 책자를 저술하여 군왕의 도를 근본적으로 체계를 세워서 서술하였다. 별세하기 1년 전이었던 48세 때에는 다시 「시무육조」를 지어서 당면한 정치문제에 대한 대책을 제시하기도 하였다.

율곡은 미구에 외침(外侵)의 환란이 다가올 것을 예견하고 십만 대군을 양성할 것을 건의하였으나 유성룡(柳成龍) 등 여러 문신들의 반대로 뜻을 이루지 못했다는 것은 널리 알려진 사실이다. 선조의 두터운 신임을 얻은 율곡은 호조, 이조, 형조, 병조 등 여러 부서의 판서직을 역임하면서 나라를 위하여 심혈을 기울였다. 그는 임종을 수일 앞둔 위중한 몸으로 좌우의 부축을 받고 일어나 앉아, 국방의 임무를 띠고 일선으로 떠나게 된 서익(徐益)에게 육조방략(六條方略)을 가르쳐 주었을 정도의 애국자였다.[9]

율곡은 버슬자리를 기피하고 조용히 숨어 살기를 좋아한 그런 선비는 아니다. 그는 고관의 자리를 마다하지 않고 여러 요직을 두루 맡았다. 그러나 그가 관직에 오른 것은 그 자리를 탐내서가 아니라 경륜을 살려서 나라를 바로잡기 위해서였다. 당장의 실천도 중요하지만 오히려 후세를 일깨울 만한 불후의 저술을 남기는 편이 학자의 본분이라고 믿은 퇴계와는 대조적으로, 율곡은 경세제민(經世濟民)의 경륜을 실천함으로써 민생을 안정시키고 국가를 태평하게 함이 학자의 급선무라고 믿었던 것이다.

율곡은 고관의 자리에 있으면서도 항상 몸차림이 간소하고 처신이 겸손하였다. 그의 언행에는 표리의 어긋남이 없었으며, 유리알처럼 투명한 마음가짐으로 사람들을 대했다. 찾아오는 사람이 많아도 율곡은 참을성 있게 그들을 대했으며, 밤이 깊어서 저녁 식사가 늦어지는 것도 개의치 않았다. 위정자는 민심의 동향을 파악해야 하고 민심의 동향을 바르게 파악하기 위해서는 여러 사람들의 말을 들어 보아야 한다는 것이 율곡의 생각이었을 것이다.

율곡에게는 가난한 친척이 많았다. 친척들의 궁핍을 외면하기 어려운 것이 당시의 인심이었으며, 율곡은 가난한 친척들을 성심껏 돌보았다. 그리하여 집에 양식이 떨어지는 경우도 적지 않았다. 그 소식을 듣고 재녕(載寧) 군수인 친구 최립(崔岦)이 율곡에게 쌀을 보낸 적이 있었다. 그러나 율곡은 그것을 받지 않았다. 군수가 보낸 쌀은 최립 개인의 것이 아니라 관가의 물건임

---

9 박종홍, 『한국사상사 논고』, 유학편, pp.177-181 참조.

에 틀림이 없을 것이라고 판단했기 때문이다.

고관대작의 자리를 두루 거쳤음에도 불구하고, 율곡은 평생을 가난하게 살았다. 그가 세상을 떠났을 때 그의 집에는 재산이 거의 없었다. 수의(壽衣)의 준비조차 없어서 친구들의 도움으로 그것을 마련해야 했을 정도로 가난하였다. 그 당시가 탐관오리들이 세도를 부리며 재물을 긁어 모았던 부패의 시기였음을 생각할 때, 율곡의 청렴결백이 성현의 경지에 가까웠음을 짐작할 수 있다.

그러나 율곡은 앞뒤가 꽉 막힌 골샌님은 결코 아니었다. 천성이 활달하게 트인 그는 정감이 풍부하고 풍류도 아는 멋있는 선비였다. 그가 멋있는 남자였음을 말해 주는 일화가 있다. 시인이기도 한 송강(松江) 정철(鄭澈)이 득남을 축하하는 잔치를 벌였을 때, 곱게 단장한 기생들도 불렀다. 근엄하고 강직한 성품의 우계(牛溪) 성혼(成渾)이 "오늘 이 자리에 어울리지 않는 일이 아닌가?" 하고 정철에게 물었다. 이때 옆에 있던 율곡이 웃으며 "검은 물을 들여도 검어지지 않음이 또한 도(道)라." 하고 대신 대답하였다. 이 멋있는 한마디에 성혼도 더 말하지 않고 자리에 올랐다고 한다.

율곡이 풍류를 알면서도 끝내 검은 물에 들지 않은 선비였음을 말해 주는 것으로써 유지(柳枝)에 관한 일화가 있다. 유지는 본래 양반의 가정에 태어났으나 집안이 몰락하여 기생이 된 여자였다. 재색을 겸비한 유지는 율곡을 깊이 사모하였고, 율곡도 유지를 귀엽게 생각하였다. 그러나 유학자로서의 몸가짐을 허물어뜨린 적은 없었다. 유지로서는 율곡의 그러한 태도에 아쉬움을 느꼈고, 어느 날 전송을 하고 돌아가다 말고 발길을 돌려서 밤중에 율곡의 숙소를 찾아간 적이 있었다. 그때의 당혹스러운 심정을 율곡은 이렇게 표현하였다.

문을 닫자 하니 인정을 상할 것이요,

같이 자자 하니 의리를 해칠 것이다.[10]

황희와 조광조 그리고 이황과 이이는 각각 개성을 달리하는 선비들이지만, 그들은 모두 수신(修身)과 제가(齊家), 그리고 치국(治國) 등 인륜(人倫)의 문제로부터 출발했으며 주로 유학의 경전을 통하여 진리를 탐구했다는 공통점을 가지고 있다. 또 그들은 기회가 적절하면 관직에 나아가서 국왕을 보필하며 나라를 다스리는 일에 적극적으로 참여함이 학자의 도리라고 믿었다. 그런 뜻에서 그들은 모두 정통적 유학지사(儒學之士)라고 말할 수 있다. 그러나 조선의 선비들 가운데는 그들과 색채가 다른 사람도 간혹 있었다. 그 한 예로서 우리는 화담(花潭) 서경덕(徐敬德, 1489-1546)을 생각할 수 있을 것이다.

화담은 어려서부터 자연현상에 대하여 남다른 관심을 가졌다. 대부분의 유학자들이 인륜 즉 인간관계, 또는 선악의 문제를 주된 관심사로 삼은 것과는 달리, 화담은 어릴 때부터 자연현상에 대하여 사색하는 버릇이 있었다. 집이 가난하여 나물을 캐러 들에 나갔을 때, 봄철에 땅의 기운이 높아짐을 따라서 종달새가 점차 높게 날아오른다는 것을 발견하고 땅기운과 종달새의 비상(飛上) 사이에 어떤 관계가 있을까 하고 골똘히 생각했다는 일화는 널리 알려진 이야기다. 그리고 부채를 부치면 바람이 생기는 까닭이 무엇일까 하고 곰곰이 따진 사색을 시로 표현했다는 기록도 있다. 이를테면 자연철학의 문제에 관심을 기울인 독창적 사상가였다는 점에 서화담의 특색이 있다.

자연현상에 대한 의문과 탐구가 화담을 자연과학자로 만들지는 않았다. 아직 실험적 방법으로 사물의 현상과 변화의 원인을 탐구하는 서구의 과학

---

10 閉門兮 傷仁 同寢兮 害義. 같은 책, p.191에서 인용(번역도 박종홍 선생의 것임).

적 연구가 우리나라에 알려지기 이전이어서 화담은 계절의 변화, 삶과 죽음 등의 자연현상을 음(陰)과 양(陽)의 교체 또는 기(氣)의 집산이라는 유학적 개념을 통하여 구명했던 까닭에, 그도 역시 유학자로서 한자리를 차지하게 되었다. 그러나 공맹(孔孟)의 가르침을 따라서 이상국가를 건설하기 위하여 벼슬길에 오르는 일에는 별로 뜻이 없었다. 『원리기(原理氣)』, 『이기설(理氣說)』, 『태허설(太虛說)』 등의 유고를 남겼고 또 여러 제자를 양성한 화담은 사후에 우의정의 벼슬을 추증받기도 했으나, 한평생을 초야에 묻혀서 보낸 색다른 조선시대 거유(巨儒)의 한 사람이다.

『우리의 선비는 이렇게 살았다』의 저자 최근덕(崔根德)은 그 책 2장에서 조선시대의 대표적 선비 29명의 행적을 소개하고 있다. 그는 그들 선비 각자의 특색을 "정암 조광조의 이상과 현실", "율곡의 나라 걱정 세상 걱정" 등으로 표현한 가운데, 화담에 관해서는 "화담 서경덕의 청빈과 풍류"라는 표현을 사용하고 있다.[11] 화담의 가장 큰 특색을 청빈(淸貧)과 풍류(風流)라고 짚은 것이다.

조선시대의 대표적 선비로서 존경을 받는 사람이라면 그 대다수가 청빈하게 살았다고 말할 수 있을 것이다. 그런데 유독 화담의 청빈을 부각시킨 것은 그의 가난함이 다른 선비들의 가난함보다도 심했기 때문일 것이다. 화담은 본래 매우 가난한 집안에 태어났다. 지방에서 양반 행세를 하는 가문이었으나 남의 토지를 빌려서 소작농을 하는 아버지 밑에서 자랐다. 아버지는 토관직(土官職)에 해당하는 하위의 공직을 맡은 적이 있으나, 봉록은 거의 없는 말단직이었다. 소년 시절의 경덕이 변변한 스승의 지도도 받지 못하고 거의 독학으로 사물의 이치를 깨달으려고 애쓴 정황을 상상할 수 있다.

---

11 최근덕, 『우리의 선비는 이렇게 살았다』, 자유문학사, 1999, pp.67-294 참조.

극빈의 처지에 놓이면 호구지책을 위해서도 벼슬길을 엿보는 것이 양반의 일반적 심리라 하겠으나, 화담은 끝내 관직을 외면하였다. 그의 학덕(學德)이 알려져서 31세 되던 해에 조광조에 의하여 현량과(賢良科)에 천거된 적도 있다. 120명 추천된 젊은이들 가운데 수석(首席)으로 자리매김되었다 하니, 화담이 마음만 먹으면 벼슬도 하고 가난도 면할 수 있는 길이 열린 셈이다. 그러나 그는 화려한 길을 택하지 않았다. 다른 선비들의 청빈은 청백리(淸白吏)로서의 청빈이었으나, 화담의 경우는 백수(白首)로서의 가난이었던 것이다.

화담은 천성이 자연을 사랑하는 자유인이었다. 그에게는 '청빈'이라는 말보다도 '안빈낙도(安貧樂道)'가 더욱 어울린다. 그는 아름다운 산수를 만나면 곧 그곳에 동화하여 속세의 시름을 잊었다. 남과 다투어야 하는 부귀의 길보다는 아무도 가로막는 이 없는 산수와 달과 바람을 벗삼아 가며 시정(詩情) 속에 잠기는 편이 그로서는 훨씬 멋있고 뜻있는 삶이었다. 그는 멋을 아는 시인이었다. 대부분의 조선 선비들이 풍류를 즐긴 가운데서도 특히 화담의 풍류를 대서(大書)로 특필한 최근덕의 뜻에 공감을 느끼는 까닭이다.

명기 황진이(黃眞伊)와의 염문에 관한 전설도 화담의 풍류와 무관하지 않을 것이다. 돈도 지위도 없는 초라한 선비였을 화담에게 재색과 학예(學藝)를 겸비한 황진이가 그토록 강하게 끌렸다면, 필시 화담에게 그만한 매력이 있었을 것이다. 화담의 그 매력의 근원을 화담의 멋과 풍류 이외의 다른 곳에서 찾기는 어려울 것이다.

퇴계나 율곡과 같은 조선시대의 전형적 선비들과 색채를 달리한 선비를 한 사람 더 거론한다면, 아마 연암(燕巖) 박지원(朴趾源, 1737-1805)을 먼저 생각하는 것이 적절할 것이다. 연암이 특히 우리의 주목을 끄는 까닭은 무엇보다도 그가 선비들의 계급적 기반인 양반(兩班)에 대하여 신랄한 비판적 태도를 보였으며, 비록 소설의 형식을 빌리기는 했으나, 선비다운 선비가 지켜야 할 참모습에 대한 견해를 간접적으로나마 제시한 바 있다는 사실에서 드러난다.[12]

『양반전』의 줄거리를 짧게 요약한다면, '양반 즉 사족(士族)에 대한 대담한 비판과 공격'이라고 말할 수 있을 것이다. 그것은 양반들의 생활에 대한 부분적인 비판이라기보다도 그들이 금조옥과(金條玉科)처럼 신봉하고 있는 생활철학 전체에 대한 비판이다. 연암은 서민이나 천민 계급의 출신이 아니며, 서족 출신도 아니다. 비록 집안이 매우 가난하기는 했으나 그의 가문에는 선대에 부마(駙馬)가 두 사람 있었고, 그의 조상들은 대를 이어서 벼슬길에 올랐다. 그의 집안에는 박세채(朴世采, 1632-1695)와 박필주(朴弼周, 1665-1748) 등 저명한 유학자들이 있었고, 연암 자신도 어려서부터 유학 공부를 하였다. 그럼에도 불구하고 양반 사회에 대하여 투철한 부정적 시각을 가졌다는 것은 특기할 만한 일이다.

연암은 『양반전』에서 글읽기만 좋아하고 생활력이 전혀 없는 정선 고을 어느 양반 한 사람의 모습을 희화적으로 그리고 있다. 그러나 그것은 그 한 사람의 양반만을 겨냥한 것이 아니라 '양반'으로 불리는 사람들 전체의 생활 태도를 비난한 것임에 틀림이 없다. 연암은 허례와 허식에 사로잡혀 있는 양반들의 일상생활을 꼬집었으며, 생산적인 노동은 전혀 하지 않으면서 글줄이나 읽은 것을 밑천으로 삼고 높은 지위를 누리며 백성들을 수탈하는 행패를 질타하였다.[13]

---

12 연암은 10여 편에 달하는 한문 단편소설을 썼다. 그가 초기에 쓴 소설에는 『마장전(馬駔傳)』, 『봉산학자전(鳳山學者傳)』, 『양반전(兩班傳)』 등 '전' 자가 붙어 있다. 『양반전』은 그의 후기 작품인 『호질(虎叱)』 및 『허생전(許生傳)』과 아울러 연암 소설의 대표작으로 알려져 있다. 이가원 외 편, 『초기 한문소설』, 성문사, 1970, p.75, 이가원의 해설 참조.

양반에 대한 연암의 공격은 그의 후기 소설 『호질(虎叱)』에서도 계속된다. 연암은 이 소설에서 대왕(大王) 호랑이의 입을 빌려서 양반들의 이론적 기반인 유학 사상을 은근히 비판하고 있다.

> 대체 음양(陰陽)이란 무엇인가. 낮과 밤을 말하는 것이고, 남자와 여자를 말하는 것인데, 그들은 이것을 가지고 천지의 원리를 깨달은 척한단 말이야. … 오행(五行)이나 육기(六氣)라는 것은 입김과 같은 거야. 불면 꺼져 없어져 버려. … 그들이 충효(忠孝)라고 해서 들이마시고 있는 물건은 무엇인가. 이것은 공자와 맹자가 만들어 놓은 실로 해괴하기 짝이 없는 것인데, 애당초 공자나 맹자는 벼슬을 하지 못해서 불만이 대단했던 야심가야. … 나중에 그들을 따르는 자들은 충효를 외치며 인류를 비굴한 노예로 묶어 놓고, 거기에서 이득을 보고 자신들의 부귀와 영화를 보려 한단 말이야. …[14]

호랑이의 입을 빌려서 유학 사상을 비판한 것이므로 자연히 그 수준이 낮고 내용이 거칠 수밖에 없지만, 연암은 술주정을 빙자하여 바른말을 하는 수법으로 유학의 주요 개념을 꼬집고 있다. 요컨대, 연암은 유학자들이 만고의 진리를 간직한 보고처럼 숭상하는 성리학 내지 유교의 가르침의 취약한 측면을 지적하고 있는 것이다. 그의 비판의 근저에는 그럴듯한 언어의 성찬(盛饌)으로 세월을 보내는 것보다는 실생활에 도움이 되는 생산적인 학문이 더 중요하다는 실학자(實學者)로서의 시각이 깔려 있음을 본다.

『호질』에 등장하는 북곽선생(北郭先生)은 학문이 깊고 덕이 높은 학자로서

---

13 같은 책, pp.78-79 참조.
14 같은 책, pp.86-87.

온 고장의 존경을 받을 뿐 아니라, "그의 이름은 전국에 뻗어 공맹의 제자간에 날리고 유림에 빛나는" 인물이었다. 『호질』에 등장하는 또 한 사람의 주인공은 '동리자(東里子)'라는 과부다. 동리자는 재색을 겸비한 매력적인 여자였을 뿐 아니라, 뭇 남자들의 유혹과 청혼의 손길을 단호하게 물리친 열녀로서 칭송이 자자한 요조숙녀였다. 동리자는 북곽선생과 함께 고장의 태양이요 자랑거리였다. 적어도 표면상으로는 그렇게 알려져 왔다.

다만 겉으로 보기에 학덕이 높은 군자요 절개가 굳은 요조숙녀일 뿐, 속을 알고 보면 그들은 가증스러운 위선자에 불과하다는 것을 강조하고자 하는 것이 『호질』을 저술한 연암의 동기였다. 겉으로 고매한 인격을 가장함으로써 많은 사람들의 칭송을 받고 있는 이른바 '선비'들 가운데 표리가 부동한 위선자가 많다는 것을 폭로하고자 한 것이다. 그 폭로의 구체적 내용은 북곽선생이 추잡한 여성관계를 남몰래 가졌다는 것인데, 그 추행(醜行)의 상대를 요조숙녀로 알려진 명문 출신의 과부로 설정한 것은 양반계급을 싸잡아서 비난하고 싶었기 때문이 아닐까 한다. 5형제의 개구쟁이 아들을 두었을 뿐 아니라 많은 노비를 거느리고 있던 동리자의 집으로 북곽선생이 남몰래 침입한다는 것은 내외의 예법이 엄했던 그 당시로서는 불가능에 가까운 일이다. 그럼에도 불구하고 연암은 북곽선생의 외도 상대를 명문대가의 여성으로 설정했던 것이다.

불륜의 현장을 5형제 개구쟁이 아이들에게 발각당한 북곽선생은 담을 뛰어넘어서 산 속으로 달아났다. 그는 산중에서 큰 범을 만나게 되었고, 바위처럼 거대한 범 앞에서 무릎을 꿇고 그는 살려달라고 빌었다. 그러나 범은 북곽선생의 사죄(謝罪)를 가로막고 큰 소리로 꾸짖는다.

이놈! 천하의 악당 중에서도 가장 악질적인 선비 놈은 듣거라! … 네놈은 덕을 자랑하고 학문을 자랑하며 백성을 속이고 천하를 속여 오는 놈이다. … 겉으로는 결백과 미덕을 자랑하며, 속으로는 어떠한 죄악도 서슴없이 해치우는 놈들이 너희들이 아닌가. … 너희들은 너희 동족을 속이고 지배해 왔다.[15]

여기서 연암은 호랑이의 입을 빌려서 북곽선생을 질타하고 있거니와, 이 질타는 북곽선생의 외도만을 꾸짖은 것도 아니고, 북곽선생 한 개인만을 꾸짖은 것도 아니다. 위선에 가득 찬 '선비답지 못한 선비들'을 한데 묶어서 꾸짖고 있다는 점이 주목을 끈다.

『양반전』과 『호질』이 선비답지 못한 선비들의 비행과 비리를 폭로하고 비판하기 위한 의도로 저술한 것이라면, 연암의 『허생전(許生傳)』은 참된 선비가 지켜야 할 길이 무엇인가를 적극적으로 밝히고자 하는 의도가 깔린 저술이라고 말할 수 있을 것이다. 『허생전』은 연암의 다른 소설들보다도 그 문학적 가치가 한층 돋보이는 수작(秀作)으로 평가되거니와, 문학작품으로서의 완성도를 높이고자 한 연암의 예술적 동기는 '선비다운 선비'의 모습을 선명하게 제시하는 데는 도리어 걸림돌이 되었다는 느낌이 들기도 한다. 바꾸어 말하면, 직설적 서술보다도 간접적 허구로써 선비의 길을 밝히는 방법을 택했으므로, 그의 주장은 다분히 암시적이다.

『양반전』 가운데 문벌 없는 부자가 가난한 양반으로부터 '양반'을 돈으로 사는 이야기가 나온다. 그 양반 매매를 증명하는 문서 가운데 다음과 같은 구절이 있다. "본디 양반을 여러 말로 부르나니, 이를테면 글만 읽는 양반은 선비라 하고, 정사(政事)에 관여하는 양반은 대부(大夫)라 하고, 덕이 높은 양반은 군자(君子)라 하느니라."[16] 『허생전』의 주인공 허생은 저 문서에서 말한

---

15 같은 책, pp.95-96.
16 같은 책, p.48.

좁은 의미의 '선비'에 해당한다.

허생은 남산 밑에 있는 초라한 오막살이 초가집에 사는 가난한 선비다. 그는 책읽기로 낮과 밤을 보내되 과거나 벼슬에는 뜻이 없었다. 아내의 바느질 품으로 겨우 입에 풀칠을 할 형편이므로 안주인의 불평과 투정이 날로 심해졌다. 아내의 성화를 견디지 못한 허생은 장사라도 해서 가장으로서의 체면을 세우기로 마음을 고쳐 먹고, 장안의 갑부로 알려진 변모(卞某)의 집을 찾아갔다. 장사 밑천을 빌리기 위해서다.

사람을 볼 줄 아는 변부자는 여러 말 하지 않고 거금 만 냥을 선뜻 빌려 주었다. 허생은 그 돈을 가지고 당시 기호(畿湖)의 요지였던 안성(安城)으로 갔고, 그곳에서 대추와 밤 그리고 그 밖의 제수에 쓰이는 과일을 있는 대로 모두 사모았다. 서양철학의 창시자로 알려진 고대 그리스의 탈레스(Thales)가 올리브와 올리브 기름틀을 모두 사모았다가 적절한 시기에 비싸게 팔아서 큰돈을 벌었듯이, 허생도 독점한 과일을 비싸게 되팔아서 큰돈을 벌 수 있다고 내다본 것이다. 효성이 지극하여 제례(祭禮)를 중요시한 당시의 우리나라 사람들이 제수 용품만은 안 살 수 없을 것이라는 허생의 예상이 적중하여, 그의 첫 번째 장사는 큰 성공을 거두었다.

허생은 두 번째 장사에서도 성공하고 세 번째 장사에서도 크게 성공했다. 그렇게 벌어들인 막대한 돈을 가지고 그는 제주도와 일본 사이에 있는 어느 섬으로 건너갔다. 그 섬에는 포졸들에게 쫓겨서 도망쳐 온 도적떼가 숨어서 살고 있었다. 천 명에 달하는 도적떼에게 허생은 충분한 돈을 나누어 주어서, 그들이 농사를 짓고 양민으로서의 새로운 삶을 살 수 있는 길을 열어 주었다. 그리고 그 섬을 떠날 때 은전 50만 냥을 바닷속에 던져 버렸다. 필요 이상의 많은 돈은 재앙의 근원일 따름이라고 생각했던 것이다.

육지로 돌아온 뒤에도 허생은 빈민들에게 많은 돈을 나누어 주었다. 한양에 돌아왔을 때 그에게는 아직도 10만 냥이 넘는 은전이 남아 있었다. 허생은 그 10만 냥을 가지고 변부자를 찾아갔다. 변부자는 그렇게 많은 돈을 받을 수 없다며 극구 사양했지만, 허생은 은전을 남겨 두고 돌아서 버렸다. 그리고 남산 밑에 있는 옛날 오막살이집으로 돌아왔다. 그로부터 그는 다시 책 읽기에 몰두하며 두문불출하였다.

변부자는 수소문 끝에 허생의 집을 찾아왔다. 지나치게 많이 받은 은전을 다시 돌려주기 위해서다. 그러나 허생은 자기에게는 거액의 돈이 필요하지 않다며 받지 않았고, 다만 기본 생활을 위해서 요구되는 양식과 옷을 보태 준다면 그것은 받겠다고 타협안을 제시하였다. 그 이후로 허생과 변부자는 가까운 친구가 되어 가끔 술자리도 함께하였다.

어느 날 변씨는 허생에게 숨어서 살지 말고 벼슬길에 나아갈 것을 권고한 일이 있다. 그때 허생은 벼슬에 대한 뜻이 전혀 없음을 분명히 말하고, 옛날에도 깨끗한 선비로서 초야에 묻혀서 일생을 보낸 사람들이 많다는 말을 한다. 그 깨끗한 선비로서 유형원(柳馨遠)과 조성기(趙聖期) 같은 실재 인물을 거명하기도 하였다. 변부자는 또 자신과 사이가 가까운 당시의 권신 이완(李浣)으로 하여금 허생의 초가집을 삼고초려하여 벼슬길로 끌어내도록 시도하기도 했으나, 허생은 도리어 당시의 사대부들을 비난하며 끝까지 사양하였다.

위에서 간추린 『허생전』의 줄거리를 통하여 우리는 연암이 머릿속에 그린 참 선비의 모습을 대략 짐작할 수 있다. 선비다운 선비는 첫째로 글읽기를 좋아하되 과거와 벼슬에 대한 욕심은 갖지 않는다. 둘째로 선비도 필요할 때는 실업에 종사할 수 있으나 재물에 대한 탐욕은 버린다. 셋째로 선비는 자기 자신과 가족만을 생각하는 소아적(小我的) 태도를 넘어서서 어려움에 처한 많은 사람들에 대하여 깊은 배려를 갖는다. 넷째로 선비는 금력 또는 권력 앞에서 비굴하지 않다. 다섯째로 선비는 신의를 지킨다. 여섯째로 선비는 지조(志操)가 강하다.

연암 박지원 자신도 그의 소설에서 암시한 선비에 가까운 생활을 했던 것으로 보인다. 연암은 명문 집안에 태어나 어려서부터 학문에 접할 기회가 많았으나 과거와 벼슬에는 큰 관심이 없었다. 그는 소설의 주인공 허생과 같이 가난한 살림에 시달리기도 하고, 그의 주장을 실천에 옮겨 농사에 종사하기도 하였다. 그러나 연암은 현실과의 타협을 철저하게 거부한 완벽주의자는 아니었다. 그는 50세에 이르러 선공감역(繕工監役)이라는 음관(蔭官)인 미관말직을 받아들였고, 말년에는 안의현감(安義縣監)의 자리에까지 올라갔다. 허생처럼 벼슬길을 철저하게 외면하지는 않았음을 의미한다.

안의현감의 자리에 5년 동안 머물면서 연암은 경제적, 정신적 안정을 얻었고, 고을 수령으로서 정성을 다하여 직분에 충실하였다. 어느 해 흉년이 들어 굶주리는 백성이 늘어나자, 그는 관아 뜰에 솥을 걸어 놓고 죽을 쑤어서 그들에게 베풀었다. 이때 현감 연암은 죽을 나누어 주는 자리를 마련했거니와 남녀와 장유(長幼)의 구별을 따라서 나누어 앉게 했을 뿐 아니라, 사족(士族)과 서민의 자리도 따로따로 마련하였다.[17] 젊었을 때 신분 사회의 계급적 차별을 신랄하게 비판했던 연암으로서도 반상(班常)의 구별이 엄격했던 당시의 현실을 외면하지 않고 타협한 처사라 하겠다.

3. 조선시대의 선비와 『논어』 속의 군자

조선시대 선비들의 기본적 공통점은 그들이 모두 양반 가문의 출신이며 유학을 공부했다는 사실이다. 양반이 아닌 사람은 설령 사서와 삼경을 읽었더라도 '선비'라고 부르지 않았으며, 비록 양반 가문의 출신이라도 일자무식이

---

17 최근덕, 『우리의 선비는 이렇게 살았다』, p.253 참조.

라면 선비 축에 들 수 없었다. 다만 현대의 한국인 식자층에서 칭송의 뜻으로 '선비'를 말할 때, 어떤 사람이 양반 가문 출신이라는 사실, 또는 그가 유학에 대한 조예가 깊다는 사실을 높이 평가하는 것은 아니다. 문벌이나 학식보다도 조선시대의 일부 인사들이 보여준 실천적 생활 태도와 그들의 덕성(德性)을 염두에 두고 '선비' 또는 '선비 정신'에 대하여 일종의 향수를 느끼는 것이다. 그리고 현대뿐만 아니라 조선시대 당시에도 '선비'라는 이름으로 존경을 받은 사람들은 문벌이나 학식보다도 오히려 그들의 남다른 사람됨과 고결한 실천 생활이 높이 평가된 경우가 많았다. 그렇다면 조선시대의 선비들로 하여금 높은 평가를 받게 한 그 덕성은 구체적으로 어떠한 것이었을까?

고병익(高柄翊)은 선비다운 선비가 갖추어야 할 덕목에 관하여 세 가지 조건을 제시하고 있다. 선비는 첫째로 명분(名分)을 존중해야 하고, 둘째로 지나친 물욕을 자제해야 하며, 셋째로 풍류(風流)를 즐기는 마음의 여유를 가져야 한다는 것이다.[18] 여기서 명분을 존중한다 함은 유교의 원리와 원칙을 벗어나지 않는다는 뜻이다. 다음에 물욕을 자제한다 함은 재물에 대한 탐욕을 경계한다는 뜻이다. 그리고 풍류를 즐긴다 함은 음악과 문학 또는 서화(書畵) 등에 대하여 일가견을 갖는다는 것을 의미한다.

조선시대의 선비들은 대체로 유학의 경전(經典)에 통달하였고 삼강(三綱)과 오륜(五倫) 등의 원칙을 잘 알고 있었다. 그러나 윤리의 원칙을 관념적으로 알고 입으로 말하기는 쉬우나 실천 행동으로써 그것을 지키기는 어렵다. 겉으로는 군자연(君子然)하면서 속으로는 못된 짓을 한 위선자는 조선시대에도 많았다. 연암이 『호질』을 통하여 신랄하게 비판한 것도 그러한 위선자들이었다. 언행이 일치할 때, 비로소 참된 '선비'라고 말할 수 있다. "명분을

---

18 고병익, 『선비와 지식인』, 문음사, 1985, pp.151-152 참조.

존중한다."는 말은 『논어』의 "군자는 말만 앞서고 행동이 따르지 못함을 부끄럽게 여긴다."는 구절과 무관하지 않다고 생각한다.[19]

앞 절에서 예시한 조선시대의 대표적 선비들 가운데 부(富)를 누린 사람은 없었다. 황희와 이황 그리고 이이 등은 고관의 자리에 오르기도 했으니 만약 재물에 욕심을 부렸다면 부유하게 살 수도 있었을 것이나, 그들은 예외 없이 청빈(淸貧)의 길을 택하였다. 우리가 앞에서 거론하지 않은 선비들도 세인의 칭송을 받은 사람들은 대개 안빈낙도의 길을 걸었다. 유교의 스승들은 금욕주의를 가르치지 않았으므로 조선시대의 선비들이 금욕의 길을 택했다고는 생각되지 않으나, 당시의 우리나라 경제 사정이 깨끗하면서 부자 되기가 어려웠던 것으로 보인다.

공자도 가난 그 자체를 찬양하지는 않았다. 다만 도(道)를 어기고 얻은 부귀를 경계했을 뿐이다. 『논어』 「이인(里仁)」 편에 보이는 공자의 다음 말씀은 이 점을 분명히 밝혀 준다. "부와 귀는 사람들이 탐내는 바이나, 정도(正道)로써 얻은 것이 아니면 누리지 말아야 한다. 빈과 천은 사람들이 싫어하는 바이나 정도를 어기고 그것을 떠나서는 안 된다. 군자가 인(仁)을 버리면 어떻게 명예를 이룰 수 있겠는가?"[20]

자공(子貢)이 공자에게 "가난해도 아첨하지 않고 부유해도 교만하지 않는다면 어떻겠습니까?" 하고 물었을 때, 공자는 이렇게 대답하였다. "그것도 좋다. 그러나 가난하면서 도(道)를 즐기고 부유하면서 예를 좋아하는 것만은 못하다."[21] 이 문답으로 보더라도 공자가 부유한 생활 자체를 배격하지 않았

---

19 『論語』, 「憲問」 편에 "君子恥其言而過其行"이라는 구절이 있고 「里仁」 편에는 "君子訥於言 而敏於行"이라는 구절이 있다.
20 『論語』, 「里仁」, 5. 子曰, "富與貴, 是人之所欲也, 不以其道得之, 不處也. 貧與賤, 是人之所 惡也, 不以其道得之, 不去也. 君子去仁, 惡乎成名."

음은 명백하다. 다만 그는 안빈낙도를 적극적으로 권장했을 뿐이다.[22]

부(富)에 대한 태도와 가장 가까운 관계에 있는 것은 귀(貴), 즉 관직에 대한 태도라고 볼 수 있다. 그런데 조선시대 선비들이 귀를 대한 태도는 부를 대한 태도보다는 비교적 다양한 편이다. 조선시대의 선비다운 선비들은 거의 예외 없이 부에 대하여 부정적 태도를 보였으나, 귀에 대해서는 긍정적 태도를 취한 사람들과 부정적 태도를 취한 사람들이 두 갈래로 나누어지고 있음을 본다. 유교의 기본 정신에 따르면, 선비는 마땅히 국가와 사회에 대하여 적극적 관심을 가져야 하고, 관직에 나아가서 정치에 참여해야 한다. 실제로도 유학을 공부한 사람들의 대부분이 과거 시험을 거쳐서 관직에 오르는 것을 삶의 목표로 삼았다. 그런 점에서 조선시대의 선비들은 대다수가 관직에 대하여 긍정적 태도를 취했다고 말할 수 있을 것이다. 그러나 과거제도가 언제나 반드시 공정하게 운영되지는 않았으며, 관직의 승진에도 비리(非理)가 개입하는 사례가 많았으므로, 과거에 급제하여 벼슬길에 오른 사람들 가운데 청백리의 길을 벗어난 사람들이 많았다. 이에 선비다운 선비들 가운데는 귀와 직결된 벼슬길에 대하여 부정적 태도를 취한 사람들도 적지 않다. 이러한 상황에서 참된 선비는 벼슬길을 멀리해야 한다는 관념까지 나오게 된 것으로 보인다.

참된 선비로서 존경을 받은 조선시대의 선비들이 관직에 대하여 취한 태도에는 상당한 개인차가 있었다. 황희와 조광조가 그랬듯이, 학문의 길에서 업적을 남기는 일보다도 국가의 현실을 바로잡는 일이 더욱 중요하다고 판단

---

21 『論語』, 「學而」, 15. 子貢曰, "貧而無諂, 富而無驕 何如." 子曰, "可也. 未若貧而樂, 富而好禮者也."
22 "君子食無求飽, 居無求安"이라는 공자의 말씀도 역시 같은 정신을 나타낸 것이다.

하여 적극적 의욕을 가지고 관직에 임한 선비들도 있었다. 과거와 관직을 전적으로 기피하지는 않았으며 상황이 요구하면 관직의 기회를 받아들이기는 했으나, 그보다는 학문의 길에서 후세에 남을 업적을 쌓는 편이 자기에게는 더욱 중요하다고 믿으며 초야에 묻히기를 선호한 선비들도 있었다. 퇴계 이황이 그 대표적 사례라 하겠다. 학문의 길과 치국(治國)의 길이 모두 중요하다는 판단을 따라서 두 마리의 토끼를 추구한 선비들도 있었다. 율곡 이이는 타고난 천재를 살려서 두 가지 길 모두에서 큰 업적을 남긴 선비의 대표적 인물이라 하겠다. 과거와 관직에 대하여 더욱 심하게 부정적 태도를 취한 선비들도 있었다. 자연 속에 묻힌 유유자적한 삶 가운데서 풍류를 즐기고자 벼슬길을 한사코 사양한 서경덕의 길을 따른 사람들도 있었고, 벼슬길은 자칫하면 부정과 부패의 수렁으로 빠지게 된다는 경계심에서 사대부(士大夫)의 영화를 외면한 박지원과 같은 길을 걸은 선비들도 있었다.

유교 사상은 본래 삶을 사랑하고 현세를 긍정하는 인생관을 바탕으로 삼고 형성되었다. 그리고 "개똥에 굴러도 이승이 좋다."는 속담을 가진 우리 민족은 현세에서의 즐거움을 소중히 생각하는 낙천적 기질을 가졌다. 그러나 우리 조상들은 가난을 벗어나기 어려웠고, 가난 속에서 즐거움을 갖는 삶의 지혜를 터득할 필요를 안고 살았다. 그리고 가난 속에서도 즐길 수 있는 삶의 지혜를 선비들은 풍류(風流)에서 찾은 것으로 보인다.

풍류의 바탕을 이루는 것은 마음의 여유다. 마음만 여유로우면 우리 주위에는 즐거움이 산재해 있음을 발견할 수 있다. 우리나라는 풍토가 아름다우므로 뒷산에도 즐거움이 있고 앞 시내에도 즐거움이 있다. 산새의 울음소리도 즐겁고 건넛마을의 살구꽃을 바라보는 것도 즐겁다. 산수와 자연은 옛 선비들을 위한 풍류의 보고(寶庫)였다. 친구와 자연 속에 마주 앉아서 시를 읊으며 대화를 주고받던 옛 선비들의 여유로움은 풍류 그 자체였다. 동산 언덕 또는 정자나무 아래 홀로 앉아서 거문고를 뜯거나 피리를 부는 것도 풍류요,

들려오는 거문고 소리 또는 피리 소리에 귀를 기울이는 것도 멋스러운 풍류의 시간이다.

　마음의 여유로움은 마음의 따뜻함에서 오고 마음의 따뜻함은 사랑에서 온다. 그러므로 풍류는 사랑의 심정과도 불가분의 관계를 가졌다. 자연에 대한 사랑, 인간에 대한 사랑은 풍류를 위한 또 하나의 조건이다. 그러나 풍류의 조건인 사랑은 욕심부리지 않고 집착하지 않는 사랑이다. 욕심과 집착이 강하면 마음의 여유로움이 사라지기 때문이다. 선비들의 풍류 이야기 가운데는 가끔 기녀와의 어울림이 등장하기도 하는데, 그 어울림이 욕심과 집착으로 인하여 마음의 여유로움을 잃고 도리어 추하다는 느낌을 줄 때, 우리는 그것을 풍류라고 말하지 않는다. 우리가 서경덕과 황진이의 어울림, 또는 이이와 유지의 일화를 풍류의 사례로 손꼽는 것은 그들의 일화가 욕심과 집착에 사로잡히지 않았기 때문일 것이다.

　이제까지의 고찰을 통하여 우리는 조선시대의 '선비'와 『논어』에 나타난 '군자'의 개념 사이에 밀접한 관계가 있음을 짐작하게 된다. 더 분명하게 말하면, 조선시대의 선비들이 거울로 삼고 지향한 것은 『논어』가 실현이 가능한 목표로서 제시한 '군자'였다는 것을 느끼게 된다. 『논어』에는 바람직한 인간상으로서의 '군자'에 관한 언급이 여러 번 보이거니와, 우리는 그 '군자'의 조건과 조선시대의 '선비'의 조건이 유사하다는 것을 발견할 수 있다.

　널리 알려진 바와 같이, 『논어』 제1편 첫머리에 나오는 구절은 다음과 같다.

　　배우고 그것을 때때로 익히면 또한 기쁘지 않겠는가. 벗이 있어서 먼 곳으로부터 찾아온다면 또한 즐겁지 않겠는가. 사람들이 알아주지 않는다 하더라도 성내지 않는다면 또한 군자다움이 아니겠는가?[23]

이 구절을 통하여, 군자는 첫째로 학문의 길을 정진해야 하고, 둘째로 대인 관계가 원만해야 하며, 셋째로 세평(世評)에 구애함이 없이 신념을 따라서 초연하게 살아야 한다는 공자의 가르침과 우리는 우선 만나게 된다. 그리고 이 가르침은 조선시대의 선비들이 항상 염두에 두어야 했던 삶의 지침이기도 하다.

『논어』「이인」 편에는 "군자는 덕을 생각하는데 소인은 땅(안주할 곳)을 생각한다(君子懷德, 小人懷土)."는 구절이 있고, 또 "군자는 의로움에 밝은데 소인은 이로움에 밝다(君子喩於義, 小人喩於利)."는 구절도 있다. 그리고 「위공령(衛公靈)」 편에는 "군자는 도를 걱정하되 가난을 걱정하지 않는다(君子憂道, 不憂貧)."라는 구절이 보인다. 이 구절들은 모두 비슷한 가르침을 담고 있으며, 그것은 공자의 제자들과 조선시대의 선비들이 다 같이 항상 명심해야 할 좌우명이었다. 요컨대, 선비는 첫째로 도의(道義)의 원칙을 존중해야 하며, 둘째로 물질에 대한 욕망을 자제해야 한다는 가르침의 근원을 우리는 공자가 제시한 '군자'의 개념에서 찾을 수 있음이 명백하다.

군자와 풍류를 직접 연결시켜서 언급한 구절을 『논어』 가운데서 찾아내지는 못하였다. 다만 「술이(述而)」 편에 보이는 "도(道)에 뜻을 두고, 덕(德)을 지키며, 인(仁)에 의지하고, 예(藝)에 노닐어야 한다."는 공자의 말씀 가운데 마지막 구절인 '예에 노닌다(游於藝)'를 풍류와 연관이 있는 것으로 이해한다 하여도 반드시 견강부회(牽强附會)의 오류에 해당하지는 않을 것이다.[24] 왜냐하면 여기서 '예'라 함은 육예(六藝), 즉 예(禮, 예법), 악(樂, 음악), 사(射, 궁술), 어(御, 말다루기), 서(書, 글씨쓰기) 그리고 수(數, 수학)를 가리키

---

23 學而時習之, 不亦說乎. 有朋自遠方來, 不亦樂乎. 人不知而不慍, 不亦君子乎.
24 『論語』,「述而」, 6. 子曰, "志於道, 據於德, 依於仁, 游於藝."

는 것이며, '예에 노닌다' 함은 '육예를 즐긴다'로 이해하여도 무리가 없다고 생각되기 때문이다. 음악과 궁술, 말다루기와 서예는 그 자체가 취미로서의 성격이 강하고, 예(禮)와 수(數)도 그것을 즐기는 마음의 여유를 가진 사람에게는 풍류를 위한 도움이 될 수도 있을 것이다.

조선시대의 선비들이 '군자'를 바람직한 인간상의 거울로 삼았다는 말을 뒷받침하는 또 하나의 사실(史實)이 있다. 조광조를 중심으로 한 사림파(士林派)의 선비들이 자신들을 '군자'라 하고 그들에게 맞선 훈구파(勳舊派)를 소인배(小人輩)로 몰아세운 이른바 '소인과 군자의 변(小人君子之辯)'이 그 것이다.[25] 중종의 두터운 신임을 얻은 소장학자 조광조가 동지들과 힘을 모아서 정치의 대혁신을 도모했을 때 걸림돌이 된 것이 남곤(南袞)과 심정(沈貞) 등을 중심으로 삼은 훈구파였거니와, 이때 사림파는 자신들을 '군자'라고 높인 반면, 훈구파에 속한 사람들을 '소인'이라고 깎아내렸던 것이다. '소인배'의 누명을 쓴 훈구파는 당연히 반격에 나섰으며, 그 결과로서 기묘사화(己卯士禍)라고 불린 선비들의 수난이 다시 한 번 일어났다는 것은 널리 알려진 역사적 불행이다.

조선시대의 선비들이 공자가 제시한 '군자'를 선비의 모범으로 삼고 지향했음에는 의심의 여지가 없다. 그러나 '선비'와 '군자'는 그 어감이 다르다. 조선왕조 5백 년의 사직을 지킨 공이 군자들에게 있다고 말하는 사람은 없으며, 현대의 지식인들 가운데 '선비 정신'의 몰락을 아쉬워하는 사람은 있으나, '군자 정신'의 부활을 말하는 사람은 거의 없다. 그렇다면 우리가 화제로 삼는 '선비'와 『논어』에 나타난 '군자'는 어떻게 다른 것일까? 이것은 짚고 넘어감이 바람직한 흥미로운 물음이다. 그러나 필자에게는 이 물음에 대답

---

25 이병도, 『한국사대관』, p.364 참조.

할 준비가 없다. 다만 문제를 일단 제기하고자 하는 의도에서 서투른 의견을 기록해 두고자 한다.

'선비'라는 말에 이어서 연상되기 쉬운 식물은 대나무와 소나무이고 '군자'라는 말에 이어서 연상되기 쉬운 것은 국화와 연꽃이다. '선비'라는 말은 강직한 사람을 연상케 하고 '군자'라는 말은 관후한 사람을 연상케 한다. 대쪽같이 강직한 군자는 있을 수 없다거나 온화하고 포근한 선비는 있을 수 없다고는 생각하지 않는다. 다만 공자가 바람직한 인간상의 모형으로 제시한 '군자'의 상(像)과 우리가 찬양하는 조선시대 선비들의 일반적 그림 사이에 다소간 유형의 차이가 있음을 말하고자 하는 것이다.

조선시대의 '선비'와 공자의 '군자' 사이의 차이점이 가장 두드러지게 나타나는 것은 정치 또는 관직에 대하여 그들이 취한 태도다. 서술의 편의를 위해서 우선 정치 또는 관직에 대하여 군자가 취해야 할 태도로서 공자가 제시한 처방부터 살펴보기로 하자. 『논어』 「태백(泰伯)」 편을 보면, "나라에 도(道)가 행해지는데 가난하고 천하다면 부끄러운 일이고, 나라에 도가 없는데 부귀를 누린다면 그것도 부끄러운 일이다."라는 구절이 있다.[26] 나라에 정도(正道)가 살아 있어서 질서가 바르게 섰음에도 불구하고 벼슬자리 하나 얻지 못하여 가난하고 미천하다면 그것은 부끄러운 일이고, 나라에 정도가 행하여지지 않아서 질서가 문란한데도 벼슬길에 올라서 부귀를 누린다면 그것 역시 부끄러운 일이라는 것이다. 여기 인용한 구절에 '군자'라는 주어는 보이지 않으나, 같은 구절 첫머리에 "독실한 신념을 가지고 학문을 좋아하며, 목숨을 걸고 정도(正道)를 지키라."는 말이 있으니, 문장 전체로 볼 때 군자

---

26 『論語』, 「泰伯」, 13. 子曰, "篤信好學, 死守善道. 危邦不入, 亂邦不居, 天下有道則見, 無道則隱. 邦有道, 貧且賤焉, 恥也. 邦無道, 富且貴焉, 恥也."

가 취할 태도를 가리킨 것임에 틀림이 없다.

『논어』「공야장(公冶長)」 편에도 비슷한 구절이 있다. "공자가 남용(南容)의 사람됨을 평하고 '나라가 정도(正道)에 의하여 다스려질 경우에는 버림을 받지 않고, 나라가 정도를 상실했을 경우에는 처형(處刑)을 면할 사람'이라 말하였다. 그리고 그를 자기의 조카사위로 삼았다."[27] 김학주(金學主)는 그의 『논어』에서 이 구절에 대하여 간략한 해설을 붙이고 있다. 공자가 남용을 치세(治世)에서나 난세(亂世)에서나 '그런대로 살 수 있을 인물로 보고' 형의 딸을 그에게 시집보냈다는 내용의 해설이다.[28] 죽은 형의 딸을 맡아서 기르던 공자가 조카사위 후보를 물색했을 때 처자를 보양하기에 문제가 없는가를 고려하여 신중한 선택을 했다는 이 해설에 필자도 공감을 느낀다. 다만 이 해설은 남용을 조카사위로 삼은 공자의 백부로서의 배려에 초점을 맞춘 것이며 "나라가 정도에 의하여 다스려질 경우에는 버림을 받지 않고, 나라가 정도를 상실했을 경우에는 처형을 면한다."는 구절의 근본정신에 초점을 맞춘 해설은 아니라고 본다. '방유도(邦有道)'와 '방무도(邦無道)'의 대구(對句)는 『논어』「헌문(憲問)」 편에도 나온다. 여기서는 "나라가 정도에 의하여 다스려지면 국록(國祿)을 받을 것이나, 나라가 정도에 의하여 다스려지지 않을 경우에 국록을 받는 것은 수치스러운 일이다."라고 한 공자의 말씀이 실려 있다.[29] 「태백」 편에 나온 말씀과 그 뜻이 다르지 않다. 공자가 같은 뜻의 말씀을 거듭 했고 또 그것이 같은 책에 거듭 실렸다는 것은, "나라에 도(道)가 살아 있을 때는 마땅히 나아가서 국정에 참여하고, 나라가 도를 잃었을 때는

---

27 『論語』, 「公冶長」, 2. 子謂南容, 邦有道 不廢, 邦無道 免於刑戮. 以其兄之子 妻之.
28 김학주, 『논어』, 서울대 출판부, 1985, p.168 참조.
29 『論語』, 「憲問」, 1. 子曰, "邦有道穀, 邦無道穀, 恥也."

마땅히 물러서서 신명(身命)을 보전해야 한다."는 것이 공자의 지론이요 근본정신임을 의미한다고 보아야 할 것이다. 그리고 이 근본정신은 '군자'가 항상 마음속에 간직해야 할 처세의 기본 원칙이었다고 생각된다.

조선시대의 선비들이 정치 또는 관직에 대하여 가졌던 태도는 『논어』의 군자들의 경우와 상당한 차이가 있다. 나라에 정도(正道)가 살아 있을 경우에 선비들이 취해야 한다고 생각했던 올바른 태도와 군자들이 취해야 한다고 알려졌던 태도에는 아무런 차이도 없다. 나라에 정도가 살아 있을 경우에는 마땅히 벼슬길에 올라서 국정에 적극적으로 참여해야 한다는 것이 공자의 가르침인 동시에 군자가 항상 명심해야 할 처세의 원칙이었고, 이 점에 대해서는 조선시대의 선비들도 공자의 가르침을 그대로 받아들였다고 생각된다. 그러나 나라가 정도를 잃었을 경우, 즉 난세에 처했을 경우에 조선시대의 선비들이 취한 태도는 『논어』의 군자에게 요구된 태도와 크게 다르다. 난세를 당했을 때는 쓸데없이 나서서 공연한 희생을 당하지 말고 차라리 뒤로 물러서서 신명을 보전하라고 공자는 가르쳤으나, 조선시대의 선비들은 비록 목숨을 잃고 삼족이 멸문(滅門)의 화를 당할 위험이 있더라도 뒤로 물러서지 않는 것이 선비다운 태도라고 믿었던 것이다. '방무도(邦無道)'의 불행한 현실에 부딪쳤을 경우에는, 그 현실과 타협하지 않고, '방무도'를 '방유도(邦有道)'로 개조하도록 힘쓰는 것이 올바른 태도라는 적극적 자세를 취했던 것이다.

정치 또는 관직에 대한 군자의 태도와 조선시대의 선비의 태도 가운데 어느 편이 더 바람직하냐 하는 문제를 놓고 성급한 단정을 내리기 전에 고려해야 할 사항이 있다.[30] '나라에 도(道)가 있다'느니 '나라에 도가 없다'느니 했을 때, 공자 시대의 중국인들이 처한 현실과 조선시대의 우리 조상들이 처한 현실 사이에 큰 차이가 있었다는 사실을 고려해야 한다는 뜻이다. 널리 알려진 바와 같이, 공자가 살았던 고대 중국은 봉건제도 아래 있었고, 제후(諸侯)

들의 여러 나라가 공존하고 있었다. 그 여러 제후국은 대개 같은 말을 사용하는 같은 민족의 나라들이었다. 그리고 국민들이 제후국의 국경을 넘나드는 일은 크게 어렵지 않았던 것으로 보인다. 공자 자신 노(魯)나라에 태어났지만, 제자들을 거느리고 위(衛), 진(陳), 섭(葉) 등 여러 나라를 돌아다녔다. 노나라만이 그의 '나라'는 아니었고 들어가서 머무는 곳이 그의 '나라(邦)'에 해당했다.

그러나 조선시대의 선비들의 경우는 사정이 달랐다. 조선어를 사용하는 조선 민족의 나라는 '조선' 하나밖에 없었다. 나라에 도(道)가 있건 없건 그들이 살 수 있는 나라는 조선 하나뿐이었다. 선택의 여지가 없었던 것이다. 그러므로 조선의 선비들의 처지에서는 조선에 도가 없으면 조선을 도가 있는 나라로 개혁하도록 적극적으로 노력해야 마땅했고, 조선 아닌 다른 나라로 옮겨가서 치국(治國)의 가르침을 실천에 옮긴다는 것은 불가능한 일이었다.

한편 공자 시대의 유학도의 경우는 '나라'를 선택할 수 있었으므로, 그들이 머물고 있는 나라가 무도(無道)의 나라라고 보았을 때, 그 무도를 유도(有道)

---

30 필자가 『논어』와 처음 만나게 된 것은 일본에서 제3고등학교에 다닐 때였다. 그때 「公冶長」 편에 있는 "邦有道 不廢, 邦無道 免於刑戮"이라는 구절에 마음이 크게 끌렸다. 일제 치하의 우리 민족은 '방무도(邦無道)' 또는 '무방(無邦)'의 상태에 있었고, 그것을 '방유도(邦有道)' 또는 '유방(有邦)'의 상태로 바꾼다는 것은 전혀 엄두가 나지 않았다. 이런 고민 속에 있던 철부지에게 "邦無道 免於刑戮"이라는 구절은 큰 위안이 되었다. "굳이 큰 모험을 하지 않더라도 일본의 국록(國祿)만 먹지 않고 엎드려 있으면서 때가 오기를 기다리는 것이 상책이다."라는 결론으로 자신을 변호할 수 있었기 때문이다. 그러던 중에 해방이 되어 나라를 되찾기는 했으나, 현실은 극심한 '방무도'의 상태였다. 이제는 "국록을 먹지 않고 엎드려 있으면서 때가 오기를 기다리는 것이 상책"이라는 결론 속으로 도피하기가 어렵게 되었다. 동시에 "邦無道 免於刑戮"이라는 공자의 가르침에 회의를 느끼게 되었고, 그의 가르침이 잘못이라는 글을 쓰기도 하였다. 그때는 아직 공자 시대의 중국의 '나라'와 우리 민족의 '나라'가 크게 다르다는 사실에 생각이 미치지 못했던 것이다.

로 고치기 위하여 목숨을 걸 필요는 없다는 것이 공자의 가르침이었다고 생각된다. 이러한 생각을 뒷받침하기 위하여 필자는 앞에서 인용한 『논어』 「태백」 편 제13장의 앞부분을 다시 언급하고자 한다. 그 앞부분에서 공자는 "독실한 신념으로 학문을 좋아하며, 목숨을 걸고 옳은 길(善道)을 지켜라. 위태로운 나라에는 들어가지 말 것이며(危邦不入), 어지러운 나라에는 살지 말 것이다(亂邦不居)."라고 분명히 말하고 있다.

'나라'의 사정이 고대의 중국과 크게 달랐으므로 조선시대의 선비들이 '군자'에 관한 공자의 가르침을 글자 그대로 지키지 못한 것은 당연한 일이었다. 조선의 많은 선비들이 나라를 바로잡으려다가 혹은 처형을 당하고 혹은 유배형을 당했다. 조선시대 선비들의 이 선비 정신은 구한말에도 계속 이어졌고, 수많은 지사들이 목숨을 걸고 항일 투쟁에 임하였다. 안창호 선생의 생애가 그것이고, 안중근 의사와 윤봉길 의사의 순국(殉國)이 그것이다. 김구 선생을 비롯한 여러 망명 지사들의 생애를 일관한 것 역시 선비정신이었다. 국민의 대다수가 참여한 기미년 3·1 운동 역시 조선시대의 선비정신과 무관하지 않을 것이다. 이런 시각에서 바라볼 때, 조선의 선비들이 『논어』에 보이는 '군자'의 길을 다소 벗어난 것을 도리어 자랑스럽게 생각하게 된다.

불의(不義)의 무리는 대개 강한 힘을 가졌다. 강력한 불의의 무리와 싸우자면 항상 긴장해야 되고 신경에 날을 세워야 한다. 황희와 이황 그리고 이이와 같은 부드럽고 관후한 인상을 주는 선비들도 있었으나. 일반적으로 '선비'라는 말이 날카롭고 강직한 인품을 연상케 하는 것은 대부분의 조선시대 선비들이 불의와 맞서는 긴장된 분위기 속에서 살았기 때문일 것이다. 그런 관점에서 볼 때, 조선의 선비들 가운데 만사에 초연한 대인(大人)의 풍도를 갖지 못한 사람들이 많았다는 사실도 크게 이상할 것이 없다.[31]

그러나 강직함이 지나쳐서 편협하고 심지어 옹졸하기까지 하여 이설(異說)을 용납하지 않은 폐단이 있었음은 옥의 티라 할 것이다. 이러한 편협은 주자학(朱子學) 이외에는 모든 학설이나 사상을 이단으로 규정한 조선시대의 국교(國敎) 이념 속에 이미 예고되고 있었다. 불교는 물론이요 노장 사상과 양명학(陽明學)까지 이단으로 배척한 획일주의는 조선의 선비들을 좁은 울타리 속에 가두는 결과를 초래했다 하여도 과언이 아닐 것이다.

유학을 학설로서 받아들이기보다는 거역할 수 없는 종교로서 받아들인 조선시대의 경직성은 조선왕조 5백여 년을 이끌어 온 양반들의 정수(精髓)에 해당하는 선비들을 좁은 울타리 속에 가두었고, 그것은 조선에 일어난 여러 가지 역사적 불행으로 이어졌다. 유림(儒林)이 훈구파(勳舊派), 절의파(節義派), 사림파(士林派), 청담파(淸談派) 등으로 분열하여 무오, 갑자, 기묘, 을사 등의 사화(士禍)가 일어났고, 그 불행을 막지 못한 책임이 선비들에게는 없다고 보기 어렵다. 선조 때의 동서 분당(分黨)을 계기로 삼고 노론과 소론, 남인과 북인의 당파로 나뉘어 340년 동안 계속한 사색당쟁(四色黨爭)을 막지 못한 책임이 선비들에게는 없다고 말하기도 어렵다. 서족을 차별하여『홍길동전』의 작가 허균(許筠)으로 하여금 혁명을 기도하다 형륙을 당하게 한 불상사에 대하여 선비들에게는 책임이 없다고 보기 어려우며,『동의보감』을 저술한 명의 허준(許浚)을 당상관(堂上官)으로 승진시켰을 때 서족 출신에게 당상관이 당치 않다고 상소한 사람들 가운데 선비는 들어 있지 않다고 말하기도 어렵다.

조선시대의 경직된 분위기 속에서 선비들의 사생활을 위하여 크게 기여한 것이 그들의 풍류였다. 만약 그들에게 풍류가 없었더라면 선비들의 생활은 자못 삭막했을 것이다. 풍류가 있었기에 그들은 때때로 긴장을 풀고 여백을

---

31 『論語』「里仁」편에 "子曰, 君子之於天下也, 無適也, 無莫也, 義之與比"라는 구절이 있고,「子罕」편에는 "子絶四, 毋意, 毋必, 毋固, 毋我"라는 구절이 있다.

즐기는 마음의 여유를 가질 수 있었을 것이다.

조선시대 선비들에게 경직성에 연유하는 한계 또는 몇 가지 결점이 인정됨에도 불구하고, 오늘날 우리가 그들을 찬미의 시선으로 바라보는 것은 첫째로 그들의 경직성이 개개인의 힘으로써는 극복하기 어려운 시대적 문제 상황의 제약에서 왔다고 보기 때문이고, 둘째로 거시적 관점에서 볼 때 그들의 단점보다는 장점이 크다고 보기 때문이며, 셋째로는 현대에 우리 한국이 처한 문제 상황에서, 오늘의 한국 지식인들이 조선의 선비들로부터 배워야 할 점이 많다고 생각하기 때문이다.

4. 조선시대의 선비와 현대 한국의 지식사회

조선시대의 선비들이 생활의 신조로 삼았고 선비다운 선비들의 대부분이 실천에 옮겼던 것으로 알려진 삶의 원칙을 우리는 대략 다음과 같이 간추릴 수 있을 것이다. ① 인간에게는 인간으로서 지켜야 할 도리가 있다. 그 도리에 어긋남이 없도록 정성을 다한다. ② 사사로운 이익보다도 국가와 민족을 먼저 생각한다. ③ 도리에 어긋남이 없이도 부귀를 누릴 수 있다면, 굳이 그것을 회피할 까닭은 없으나, 현실적으로 불의(不義)를 범하지 않고 부귀를 누리기는 지극히 어렵다. 그러므로 지나친 물욕과 권세욕을 자제하고 깨끗하게 살기를 도모한다. ④ 불의와 타협하지 않고 용감하게 맞서서 싸운다. ⑤ 자연 또는 예술을 즐기는 풍류로써 마음의 여유를 갖도록 노력한다.

조선시대의 선비들 대다수가 위에서 열거한 삶의 신조를 충실하게 실천했다고 장담하기는 어렵다. 그러나 퇴계와 율곡 같은 큰 선비들은 위에서 말한 다섯 가지 원칙을 모두 실천했다 하여도 크게 어긋나지 않을 것이며, 다섯 가지 원칙들 가운데 적어도 네 가지 정도를 실천한 선비들은 상당히 많았을 것으로 짐작이 간다. 그리고 그러한 선비들의 깨끗하고 꼿꼿한 정신이 조선왕조 5백여 년을 지탱한 버팀목 구실을 했다고 보는 것이 그들에 대한 우리들의 소박한 평가다.

위에서 열거한 다섯 가지 원칙은 조선시대뿐 아니라 대부분의 인간 사회를 지탱하기에 큰 힘이 될 것이며, 그러한 덕성(德性)을 갖춘 사람들은 어떠한 시대의 어떠한 사회에서나 행복에 가까운 삶을 누릴 가능성이 높을 것이다. 그러한 뜻에서 조선시대의 우리 선비들이 가졌던 생활철학은 현대를 사는 우리 후손들을 위해서도 소중한 교훈을 간직했다고 필자는 믿고 있다. 그러나 독자들 가운데는 필자의 이 믿음에 공감을 느끼지 않는 사람도 있을 것이다. 아마 이 믿음은 한갓 시대착오에 불과하다고 느끼는 독자들도 많을 것이다.

그러나 필자의 이 믿음은 단순한 느낌이나 직관(直觀)에 근거를 둔 맹목적 고집이 아니다. 그것은 필자의 오랜 체험과 거듭된 사색의 결과로서 얻은 신념이다. 그 체험과 사색의 과정을 중언부언 되풀이할 필요는 없을 것이다. 다만 요점만을 말한다면, 소유 또는 향락의 극대화를 추구하는 생활 태도 내지 가치관은 필연적으로 공동체의 파괴와 개인의 불행을 초래한다는 사실을 우리는 부인할 수 없으며, 그 대안의 하나로서 제시할 수 있는 것이 바로 옛날 우리 선비들의 생활 태도 내지 생활철학이라는 것이 필자의 생각이다.

뭐니 뭐니 해도 돈과 향락이 최고라는 생각이 꽉 들어찬 가치 풍토 속에서 우리는 살고 있다. 이러한 상황에서 모든 생활인에게 그 가치 풍토와 조화되기 어려운 옛날 선비들의 생활 태도를 권고한다는 것은 무모함에 가까울 것이다. 그것보다는 오히려 옛날 선비들과 가장 가까운 거리에 위치한다고 생각되는 오늘의 지식인들에게 우선 가치관의 전환을 권고하고, 그 다음 단계에서 일반 생활인에게 호소하는 편이 좋으리라는 생각이 든다.

봉건적 계급사회를 배경으로 삼고 생긴 조선시대 선비들의 후예라고 할 수 있는 사람들을 산업사회 또는 정보사회로 일컬어지는 오늘의 한국에서 찾아보기는 어렵다. 다만 현대의 한국인 가운데서 선비들과 처지가 가장 가까운 사람들을 찾는다면 '지식인 계층'이라고 대답할 수 있을 것이다. 그러나 '지식인'이라는 단어도 그 뜻이 다양하게 사용되므로, '선비'와 가장 가까운 사람들로서의 '지식인'의 범위를 어느 정도 밝혀 두는 것이 바람직할 것이다. 선비에 비길 수 있는 지식인의 필수 조건으로서 우선 높은 교육 수준을 손꼽아야 할 것이다. 비록 대학을 졸업했다 하더라도 머릿속에 든 것이 적은 사람은 교육 수준이 높다고 보기 어려울 것이며, 공교육의 혜택은 받지 못했다 하더라도 독학으로 많은 것을 알게 된 사람은 교육 수준이 높다고 보아야 할 것이다. 선비에 비길 수 있는 지식인이 갖추어야 할 둘째 조건으로서 국가와 사회에 대한 깊은 관심을 손꼽아야 할 것이다. 백과사전을 암기할 정도로 아는 것이 많다 하더라도 오로지 자기 자신 내지 가족만을 위해서 사는 사람이라면, 우리가 말하는 지식인이라고 보기 어렵다. 선비에 비길 수 있는 지식인이 갖추어야 할 셋째 조건으로서 수준 높은 교육을 통하여 얻은 지식 또는 사상을 살려서 국가와 사회를 위하여 일하는 실천을 손꼽아야 할 것이다. 비록 국가와 사회에 대하여 관심은 있다 하더라도 그 관심을 마음속에만 가두어 두고 아무런 실천도 하지 않는 사람은 우리가 말하는 지식인이라고 보기 어려울 것이다.

　조선왕조 5백여 년을 지킴에 있어서 그 시대의 선비들이 크게 공헌한 바 있다고 본 우리는 오늘의 한국을 위하여 옛날의 선비들이 한 것과 비슷한 구실을 하는 계층이 떠오르기를 갈망하고 있다. 그러한 구실을 할 수 있는 계층은 한 가지로만 국한해서 말하기는 어려울 것이나, '선비'에 가장 가까운 사람들은 '지식인'으로 불리는 계층일 것이라고 우리는 보았다. 그리고 그 '지식인'이 갖추어야 할 조건 세 가지를 생각해 보았다. 그와 같은 세 가지 조건을 갖춘 사람들이 뚜렷한 계층을 형성하고 존재한다기보다는, 우리가 갈망하는 오늘의 지식인들이 갖추기를 희망하는 조건들을 생각해 보았다고 하는 편이 더 정확할 것이다.

사람들이 국가 또는 사회를 위하여 수행해야 할 직분은 그들의 직업과 불가분의 관계를 가졌다. 앞에서 말한 세 가지 조건을 갖추고 국가와 사회를 지키는 일에서 주역을 맡아야 할 사람들을 직업을 따라서 논한다면, 학자와 교육자, 언론인과 종교인, 작가를 포함한 예술가, 법관과 변호사 그리고 의사 등을 손꼽아야 할 것이다. 정부기관이나 기업체에서 일하는 사람들 가운데서도 정책 또는 경영의 원칙을 결정하는 부서를 맡은 사람들은 여기에 포함시켜야 할 것이며, 일정한 직업을 떠나서도 많은 사람들의 존경을 받는 사상가가 있다면, 그들도 포함시켜야 마땅할 것이다. 조선시대에는 '선비'라면 은연중에 남성을 염두에 두었으나, 오늘의 '지식인'을 말할 때는 남녀의 구별이 있을 수 없음은 물론이다.

오늘의 한국 지식인들에게 조선시대의 선비들을 본받아서 유교적 덕목을 지켜 가며 도학자처럼 처신하기를 기대해서는 안 될 것이다. 그러나 오늘의 지식인들에게 오늘의 사회규범을 지키는 모범적 시민의 앞줄에 서기를 기대하는 것은 무리가 아닐 것이다. 오늘의 한국 지식인들이 옛날 조선의 선비들처럼 안빈낙도(安貧樂道)의 길을 걸어야 한다고는 생각하지 않는다. 능력이 탁월하여 부끄러운 짓을 하지 않고도 풍요롭게 살 수 있다면, 지식인이라고 해서 그 길을 굳이 기피할 필요는 없다고 믿는다. 그러나 돈에 대한 욕심이 지나친 것은 지식인으로서는 반드시 경계해야 한다고 생각한다. 예컨대, 학자가 학문의 연구를 뒤로 하고 돈벌이에 유리한 잡문 쓰기나 대중 강연 따위에 힘을 쏟는 것은 삼가야 할 것이다. 소설가가 문학성을 배반하고 대중의 인기에 영합하거나, 미술가가 돈벌이에 역점을 두고 작품을 만드는 것은 지식인답지 않은 처신이라 할 것이다. 옛날의 선비들이 그랬듯이 오늘의 지식인들도 국가와 정치에 대하여 깊은 관심을 가져야 마땅할 것이며, 상황에 따라서는 정치에 직접 참여하는 것이 바람직할 경우도 있을 것이다. 그러나 권력에 대한 매력에 이끌려서 정치권력에 접근하는 것은 지식인으로서 취할 태도가 아니라고 생각한다. 권력을 장악한 사람들이 횡포를 부리는 것은 어느 시대에나 흔히 있는 일이다. 권력층의 횡포를 보고도 일신의 안일을 위하여 침묵을 지키는 것은 그 권력에 아부하는 것이나 다를 바가 없다. 횡포를 자행하는 권력 앞에서 굴하지 않고 비판적 자세로 일관하는 용기는 오늘의 지식인들에게 요구되는 미덕 가운데서 특히 중요한 것에 속한다. 풍류를 즐기는 문제는 사생활의 범주에 속하므로 윤리의 중심 문제와는 거리가 있다. 그러나 지식인들에게 풍류를 즐기는 마음의 여유가 있느냐 없느냐, 또는 어떠한 취미를 즐기느냐 하는 문제는 그 사회의 문화 풍토에 직결되므로 결코 지엽적 문제가 아니다.

당위(當爲), 즉 '마땅히 그래야 할 모습'과 실제(實際), 즉 '현실적으로 있는 그대로의 모습' 사이에는 언제나 상당한 거리가 있다. 오늘의 한국 지식인들의 마땅히 그래야 할 이상적 모습과 실제로 있는 그대로의 모습 사이에는 얼마나 먼 거리가 있을까? 오늘의 한국 지식인들이 실제로 보여주고 있는 생활 태도의 실상(實相)을 면밀하게 밝혀 주는 자료가 없는 까닭에, 이 물음에 대한 정확한 답을 주기는 어렵다. 다만 우리들의 일상적 체험과 대중매체의 보도를 근거로 삼고 개략적으로 대답하는 것은 가능한 일이다.

우리들의 일상적 관찰에 따르면, 오늘의 한국 지식인들이 보여주는 생활 태도는 한국 사회가 그들에게 바라고 있는 생활 태도에 크게 못 미친다는 인상이 강하다. 조선시대의 선비들과 일제시대의 지식인들이 궁핍한 가운데서도 지사(志士)로서 자처하며 나라와 겨레의 문제에 많은 관심을 기울인 것과는 달리, 오늘의 한국 지식인들은 자신들 개인과 가정의 문제에 관심을 국한하는 소시민(小市民)의 기풍이 강하다는 인상을 받는다. 물론 오늘의 한국에도 나라와 겨레의 문제로 노심초사하는 지사풍의 지식인들이 상당수 존재한다. 그러나 그들의 수는 총인구에 비하면 극히 적은 일부에 불과하며, 이 시대를 좌지우지하는 대중매체는 연예인과 운동선수들의 동정을 부각시키고 정치인들의 활동을 대서특필하기에 바쁜 까닭에 소수의 지사풍 지식인들의 존재는 그늘에 가려져서 그 영향이 극히 미미하다. 간혹 지사풍의 지식인으로 자처하는 사람들이 나타나서 대중매체의 각광을 받기도 하나, 많은 경우에 그들은 화려한 말솜씨로 순박한 사람들을 현혹시키는 사이비(似而非)에 가깝다.

현대 한국의 지식인들에게 가장 부족한 것은 권력 또는 금력 앞에서 굴하지 않는 의연한 자세가 아닐까 한다. 약자 앞에서 오만하지 않고 강자 앞에서 비굴하지 않은 것이 옛날 선비들의 특히 존경스러운 점이었고, 이 점은 오늘의 지식인들도 마땅히 본받아야 할 미덕이라고 생각된다. 그러나 오늘의 한국 지식인들 가운데는 권력의 강자 또는 금력의 강자를 대할 때 당당한 자세를 허물고 지나치게 자세를 낮추는 사람들이 허다하다.

능력과 소질에 따라서는 지금까지 맡아 온 자리를 떠나서 새로운 일터로 옮기는 것이 바람직할 경우도 있다. 그러나 원칙으로 말하면, 각자가 오랫동안 맡아 온 자리를 지키는 것이 자신과 사회를 위하는 길이다. 그러나 우리 주변에서는 이름이 알려진 교수나 언론인들이 장관의 자리나 비례대표 국회의원 자리를 제의받고 기다렸다는 듯이 수락하는 사례를 흔히 본다. 그들이 새로 들어간 자리에서 별로 업적을 내지 못한 선례가 많은데도 권력의 자리를 고사하는 지식인은 비교적 적은 편이다. 그러한 변신을 공연히 못마땅하게 여기고 함부로 비난하는 것도 속좁은 소견이라 하겠으나, 그 본인 자신을 위해서도 그의 본업을 지켜 주었으면 하는 아쉬움을 느낄 경우가 흔히 있다.

조선시대의 선비들이 가졌던 장점을 우리는 크게 두 가지로 요약할 수 있을 것이다. 장점의 하나는 그들의 높은 지식수준이고, 그 또 하나는 그들의 높은 도덕성이다. 조선시대의 선비들은 그 당시로서는 학문을 가장 많이 배우고 닦은 사람들이며, 그들이 공부한 내용이 주로 수신(修身)과 제가(齊家)

그리고 치국(治國)에 관한 것이었을 뿐 아니라, 유학을 공부한 사람들 가운데서 특히 인격이 고매한 사람들을 '선비다운 선비'라고 규정했으므로, 그들은 당연히 도덕성이 높았다. 한편 현대의 지식인은 '지식인'의 정의에 따라서 응당 지식수준이 높을 수밖에 없다. 그러나 현대 교육에서 윤리 교육이 차지하는 비중은 비교적 적은 편이므로, 도덕성도 옛날의 선비들과 비등하다고 말하기는 어렵다.

현대의 '지식인'이라는 말 가운데 '도덕성이 높다'는 함축은 들어 있지 않으나, 사람들은 그들에게 대체로 높은 도덕성을 기대한다. 지식인들 가운데는 그 기대를 배반하는 경우가 많으나, 전체로 말하면 다른 사람들보다는 도덕성이 어느 정도 높다고 볼 수 있을 것이다. 학자나 예술가 또는 종교인 가운데 비행을 범했다는 비난을 받는 사람들이 간혹 보도되기도 하나, 높은 도덕성을 기대하는 까닭에 일반 사람들보다는 심한 비난을 받는 경우가 많다.

현대 지식인들 가운데 시민사회의 규범을 파렴치하게 어기는 무법자는 비교적 적은 편이라고 생각된다. 지식인들에게는 체면 의식이 강한 까닭에, 음주운전, 절도, 사기와 횡령 따위의 비행을 저지르는 사람은 적은 편이다. 그러나 적극적으로 좋은 일을 하는 데는 비교적 인색하다. 예컨대, 어려운 사람들을 돕는 일이나 공원 길 위에 떨어진 종이 쪽이나 비닐 주머니를 줍는 일 따위에 대해서는 소극적인 지식인들이 많다. 그리고 더욱 중요한 것은, 사회적 비리를 목격했을 때 또는 나라가 어려운 상황에 처했을 때, 발벗고 나서서 바로잡으려고 노력하기보다는 방관적 태도를 취하는 경우가 많다. 이상과 같은 여러 가지 점을 종합해 볼 때, 오늘의 지식인들이 지식수준은 옛날 선비들에게 뒤떨어지는 바가 없으나, 도덕성에 관해서는 옛날 선비들만 못하다는 평가를 내릴 수 있을 것으로 보인다. 지식의 축적으로 말하면 아마 오늘의 지식인들이 가지고 있는 지식 내지 정보의 총량은 옛날 선비들의 그것을 월등하게 앞지른다고 보아야 할 것이다. 그럼에도 불구하고 오늘의 지식인들이 국가와 사회의 안녕과 질서를 위해서 하는 일은 옛날 선비들에게 크게 미치지 못하는 까닭은, 오늘의 지식인들의 도덕적 역량이 옛날 선비들의 그것을 따르지 못하기 때문일 것이다.

오늘의 지식인들이 옛날의 선비들에 비하여 국가와 사회를 위하여 공헌하는 바가 뒤지는 또 하나의 이유는 우리나라 전체의 가치 풍토에 있다. 옛날 조선시대에는 안빈낙도의 기풍이 강해서, 적어도 양반 계층은, 물질이 결핍한 가운데서도 그런대로 마음 편하게 사는 길이 열려 있었다. 그러나 현대사회에서는 돈이 없으면 행세하기가 어렵고, 돈만 있으면 모든 문제가 수월하게 해결된다. 이러한 실정인 까닭에 모든 사람들이 돈에 대하여 욕심을 내게 되고 지식인들까지도 돈에 대한 욕심으로부터 자유롭지 못하다. 지식인이 돈에 대한 욕심으로 흔들리게 되면 도덕성을 해치기 쉽고, 도덕성이 떨어지면 지식인으로서의 영향력도 자연히 사라진다.

돈이 가치 체계의 정상을 차지하고 있는 오늘의 가치 풍토가 오늘의 지식인들로 하여금 옛날의 선비들이 한 바와 같은 공헌을 하기 어렵게 한 원인의 하나라고 하였다. 그러나 돈이 가치 체계의 정상을 차지한 오늘의 현실은 결코 정상적이라고 보기 어렵다. 앞에서도 언급한 바 있듯이, 돈이라는 것은 가치 비교의 척도에 비추어 볼 때, 가치 체계의 정상을 차지하도록 귀중한 것은 못 된다. 인간을 위해서 사용되기 위하여 만들어진 돈이 인간의 생명과 인격 또는 인간의 자유와 평화보다도 더욱 높은 자리를 차지하고 있는 것은 사리(事理)에 맞지 않는 비정상적 현상이다. 그러므로 인생이 무엇이고 가치가 무엇이며 돈이 무엇인지를 제대로 알아야 할 처지에 있는 지식인들이, 돈을 가치 체계의 정상으로 밀어올린 오늘의 비정상적 가치 풍토에 눌려서, 국가와 사회를 위하여 수행해야 할 제구실을 못하는 것은 수치스러운 일이다. 오늘의 지식인들은 돈이 인간을 지배하는 그릇된 가치 풍토로부터 우선 자신들을 해방시켜야 하며, 그 다음에는 일반 시민들도 그릇된 가치 풍토의 질곡을 벗어나도록 도와주어야 할 것이다.

가치 체계의 혼란은 돈에 관련해서만 있는 것은 물론 아니다. 인간을 위해서 인간이 만들어 낸 기계가 인간 위에서 인간의 생활을 좌지우지하는 것도 가치관의 혼란이요, 건전한 생활에 자연스럽게 따라오도록 마련인 쾌락을 생활의 직접적 목적으로 삼고 허둥지둥하는 것도 가치관의 혼란에 연유하는 현상이다. 앞으로는 인간이 만들어 낸 과학 기술에 의하여 인간이 지배를 당하는 모순이 생길지 모르는 위기에도 대처해야 할 상황이다.

현대사회에서 발생하는 대부분의 재앙 내지 불행의 근원은 가치 체계의 전도(顚倒) 또는 가치관의 혼란에 있다고 하여도 크게 지나치지는 않을 것이다. 오늘의 세계를 여러 측면에서 위협하고 있는 가치관의 혼란을 바로잡는 일이 인류가 힘을 모아서 달성해야 할 가장 근본적인 과제다. 이 과제의 달성을 위한 협동적 노력에 앞장을 서야 할 사람들은 철학자를 위시한 이 시대의 지식인들이라고 필자는 생각한다. 왜냐하면, 우리 인간 사회가 가치관의 혼란 속에 빠져 있다는 사실을 깨닫게 하는 것은 사리를 뚫어보는 인간의 지성이며, 그 지성에 있어서 앞선 사람들이 바로 지식인다운 지식인이기 때문이다. 그리고 그 깨달음을 다른 사람들에게 전달하기에 가장 적합한 사람들도 역시 지식인이다.[32]

다행히 가치관 혼란의 진상을 밝히고 이를 극복하는 일에 성공한다면, 우리나라뿐 아니라 현대의 인류가 고민하고 있는 여러 문제들을 해결할 수 있는 큰 주춧돌을 놓는 결과가 될 것이다. 오늘의 지식인이 해야 할 일이 옛날 선비들의 그것에 비하여 결코 적지 않다는 점을 거듭 강조하고자 한다.

---

32 '지식인다운 지식인'을 우리는 흔히 '지성인'이라고 부른다. 우리의 현실은 한국의 지식인들이 단순한 '지식인'에 머물지 않고 '지성인'으로서 살기를 요청한다. 오늘의 한국이 요청하는 '지성인'은 조선시대의 '선비'로부터 많은 것을 배워야 하지 않을까.

7장

한국 윤리 재정립의 과제

1. 시대의 변천과 전통 윤리의 붕괴
2. 인간적 갈등의 문제와 그 원인
3. 갈등의 해소를 위하여 요구되는 생활 태도

7장 한국 윤리 재정립의 과제

1. 시대의 변천과 전통 윤리의 붕괴

혈연(血緣)의 정을 바탕으로 삼는 가족 윤리 내지 친족 윤리를 더욱 넓은 범위에까지 연장함으로써 사회 전체의 질서를 잡을 수 있다고 공맹(孔孟)과 그 제자들은 생각하였다. 그들이 그러한 생각을 갖게 된 배경에는 인심이 순박했던 농경 사회와 자급자족하는 생활양식으로 인하여 사람들의 접촉 범위가 좁았던 촌락 사회가 있었다. 그러므로 유교적 전통 윤리가 현실적 타당성을 갖는 것은 주로 자급자족하며 일가친척과 이웃들이 오순도순 정답게 살았던 농경시대에 국한될 수밖에 없다.

유교를 국교(國敎)로서 숭상한 조선시대의 우리나라에는 한양(漢陽)과 평양(平壤) 같은 도시도 형성되어 있었고 상공업에 종사하는 인구도 상당수 있었다. 그러나 전체로 볼 때는 국민의 대다수가 농업에 종사하였고, 국민의 의식 수준도 농경 사회의 그것을 크게 벗어나지 않았다. 5백 년 가까운 세월이 흐르는 가운데 많은 변화가 있기는 했으나, 조정에서부터 정책적으로 옹호한 유교 윤리의 타당성을 공공연하게 의심하거나 그 권위에 도전하는 사람들은 극소수에 불과했다.

그러나 19세기 말부터 우리나라의 정신 풍토는 획기적 전환의 조짐을 보이기 시작했다. 서양 문화와의 접촉이 개화(開化)의 바람을 몰고 온 것이다. 대원군(大院君)이 아무리 쇄국주의를 고집하여도 서세동점(西勢東漸)의 큰 물결을 막을 수는 없었고, 서양의 문화를 받아들인다 함은 곧 '개화'의 길로 들어섬을 의미하였다. 구한말의 한국인 대다수가 서양 문화의 수용에 찬동한 것은 물론 아니다. 처음에는 대부분의 사람들이 오히려 옛것을 묵수하려는 보수의 태도를 보였고, 오직 소수만이 개화의 길을 선호했을 뿐이다. 개화 세력은 처음에는 오직 소수에 불과했으나, 시일이 갈수록 점점 그 수가 늘어나는 추세를 보였다. 역사의 대세가 그 방향으로 흐르고 있었던 것이다.

그러나 그 새로운 물결은 우리나라 내부로부터 자생적으로 일어난 것이 아니라 외국으로부터 흘러들어 온 것이었던 까닭에, 그 물결이 우리나라를 당장 근대화로 이끄는 결과를 초래하지는 않았다. 개화 내지 근대화에 적극적으로 찬동한 사람들은 소수에 불과했으며, 국민의 대다수는 전통문화를 묵수하고자 하는 보수적 태도를 취했던 것이다. 고종 32년(1895)에 단발령이 내려졌을 때, 고종이 솔선하여 모범을 보였음에도 불구하고, 많은 사람들이 "머리를 잘린다 하더라도 머리털은 자를 수 없다."며 거세게 반항했다는 사실은 그 당시의 분위기를 단적으로 말해 준다.

개화 내지 근대화의 선구자임을 자처하고 나선 사람들조차도 새로운 시대를 열어 가는 데 원리로서 작용할 수 있는 어떤 철학을 가졌던 것은 아니다. 그들은 개화 내지 근대화를 오로지 피상적으로 이해했을 뿐 그 핵심에 대한 이해는 부실했다. 전통적인 것에 대한 경솔한 배척과 새로운 것에 대한 외형적 모방의 심리가 앞섰다. 선구자임을 자처한 젊은이들은 '개화'의 개념을 정신 내면의 혁신으로 이해하기보다는 물질적 외형의 변화로 이해하는 경향을 보였다. 그 당시 서양 문화에 대한 우리나라 대중의 이해가 매우 피상적이었다는 것은, 20세기 초에 '개화장(開化杖)'이니 '개화경(開化鏡)'이니 하는 말이 생겼다는 사실을 통해서도 알 수 있다.[1]

새로운 역사적 조류(潮流)에 적응하지 못하고 개화와 보수의 갈등으로 갈팡질팡하는 틈을 비집고 일본의 제국주의가 집요하게 침투하였다. 운양호(雲揚號) 사건을 구실로 삼고 불평등하게 체결한 병자수호조약(1876)과 러일전쟁에서 일본이 승리한 여세를 몰아서 불법적으로 체결한 을사조약(1905) 등의 수순을 거쳐서, 1910년에는 드디어 무력으로 합방(合邦)을 강요하기에 이르렀다.

일본 우파(右派) 논객들 가운데는 그들의 식민지 통치가 조선의 근대화에 공헌했다고 강변하는 사람들도 있다. 그러나 그것은 어불성설이다. 만약 우리 조상들이 자주적 선택의 기회를 가졌더라면, 우리나라의 근대화는 훨씬 순조롭게 진행되었을 것이다. 그렇게 주장할 수 있는 근거 중 하나는 일본이 조선을 농업국으로 남도록 하는 정책을 썼다는 사실이다. 당시의 일본은 조선에서 쌀을 가져가고 그들의 공산품을 조선에 팔아야 하는 처지에 있었으므로, 조선의 산업화를 원할 까닭이 없었다. 그리고 또 하나는, 그 당시 서양의 문물이 일본을 통하여 조선으로 들어왔으므로, 서양의 것을 일본의 것으로 착각하고 배척하는 사례가 많았다는 사실(史實)도 일제(日帝)의 통치가 우리나라의 근대화를 저해했다고 보는 근거로써 제시할 수 있다. 예컨대, 일본은 일찍부터 태양력과 신정(新正)을 채택했거니와, 우리나라 사람들은 그

---

1 우리나라의 전통 예절에 따르면, 지팡이를 짚거나 안경을 쓰는 것은 노인들의 특권 비슷한 것이어서, 젊은이들에게는 그것이 허용되지 않았다. 그러나 서양인의 경우는 젊은이들도 단장을 짚거나 안경을 쓰는 경우가 많음을 알게 되었다. 이에 우리나라 사람들 가운데 단장과 안경을 '개화'의 상징으로 알고 멋을 부리기 위하여 그것들을 사용하는 유행이 생겼다. 그 즈음에 단장을 '개화장'이라 부르고 안경을 '개화경'이라고 부는 신조어(新造語)가 생겼다.

것을 '왜놈의 설'이라며 배척하였다. 그리고 일본이 서구식 학교를 조선에 처음으로 설립했을 때도 우리나라 부모들은 그것이 '왜놈들의 학교'라는 이유로 자녀를 그곳에 보내기를 기피하는 경우가 많았다.

일제의 식민지 치하에 있던 36년 동안에 우리나라가 세계사의 대세(大勢)를 따라서, 다소간 근대화의 방향으로 움직인 것은 부인하기 어렵다. 그러나 1945년에 해방되었을 때 우리나라는 인구의 80퍼센트 정도가 농경에 종사하는 농업국이었다. 나머지 국민의 대다수는 소규모의 상업 또는 수공업에 종사하였고, 민족자본으로 설립된 기업체로서 알려진 것은 경성방직(京城紡織)과 화신백화점(和信百貨店) 등 극소수에 불과했다. 그리고 이 소수의 기업체도 오늘의 기준으로 보면 중소기업 규모의 것에 머물렀다. 따라서 국민 대부분의 의식구조나 정서도 전근대적 수준에 가까웠다. 그러나 그들의 의식구조도 근대화의 방향으로 서서히 변화하는 움직임을 보이기 시작했다는 것은 부인하기 어렵다.

농경에 종사하며 생계를 유지하는 사람들에게 가장 소중한 것은 가족이었다. 전통적 방식으로 농사를 짓는 데 가장 적합한 협동의 집단은 가족이므로 가족 단위의 단결이 절실하게 요구되었다. 그러므로 국가와 민족을 우선적으로 생각하는 일부의 지사(志士)들을 제외한 보통 사람들이 삶의 첫째 목표로 삼은 것은 화목한 가정을 꾸미고 지키는 일이 되기 쉬웠다. 가정이 생활의 중심이 되고 가족 단위로 삶의 목표를 추구하는 사람들의 경우에는, 도덕 내지 윤리에 있어서도 가족에 관련된 것이 큰 비중을 차지하게 되고, 인간관계에 있어서도 혈연 또는 인척을 매개로 한 그것이 비교적 중요한 의미를 갖기 마련이다. 이러한 사정으로 말미암아 일제시대에도 우리나라의 가치관은 가족주의적 색채를 계속 유지하였고, 윤리의 중심도 가족 윤리 내지 친족 윤리의 그것을 크게 벗어나지 못했다.

그러나 조선시대의 가족 윤리와 친족 관념이 일제시대에까지 그대로 이어졌다고 보기는 어렵다. 효도의 윤리도 흔들리는 조짐을 보였고, 친족 관념도 약화되는 추세로 흘렀다. 시대가 변하고 사회의 모습이 달라짐에 따라서 3대가 함께 살던 대가족제도의 불편한 점 또는 폐단도 나타나게 되었다. 그러나 전체로 볼 때는 가족주의적 가치관이 대세를 이루었고, 유교적 가족 윤리 내지 유교적 전통 윤리의 권위를 그래도 인정하는 사람들이 사회의 질서를 유지하는 중심 세력의 구실을 하였다. 신학문을 공부한 젊은 세대 가운데는 유교적 전통 윤리에 대해서 막연한 불만을 느끼고 반항의 몸짓을 한 사례도 있었으나, 전통 윤리의 권위를 전적으로 부인하는 정신 풍토에는 이르지 않았다.

그러나 1945년의 8·15 해방을 계기로 상황은 크게 달라졌다. 일본이 '무조건 항복'의 뜻을 밝혔다는 보도에 접했을 때, 많은 사람들이 이제 우리 민족의 비극은 끝났다고 낙관하였다. 사람들은 '해방(解放)'이라는 말로 이 역사의 전환을 자축하였고, '해방'이라는 단어에는 온갖 기쁨과 희망의 뜻이 담겨 있었다.

해방이 되었으니 이제 '자유'의 시대가 도래했다고 방방곡곡에서 환호하였다. 그런데 그 '자유'라는 것을 '일본으로부터의 자유'의 뜻으로 이해하는 데 그치지 않고, '전면적 자유'의 뜻으로 확대해서 이해한 사람들이 많았다. 그뿐만 아니라, 자유에 굶주린 많은 사람들은 '자유'를 '방종(放縱)'과 혼동하기까지 하였다. 그리고 자유의 개념에 대한 이 그릇된 생각은 곧바로 도덕적 무정부 상태로 이어졌다. 유교적 전통 윤리를 은연중에 '구속'으로 느껴왔던 많은 사람들이 이제는 윤리와 도덕으로부터의 자유도 얻게 되었다고 좋아하는 경향을 보였다. 비록 소수라 하더라도 방종을 일삼는 사람들이 있으면 사회의 질서는 무너지기 마련이다. 경찰이라는 것이 있기는 했으나, 그들에게는 힘도 권위도 없었다.

일본인들이 쫓겨 가면서 남기고 간 가옥과 가재도구를 '적산(敵産)'이라고 불렀다. 이 귀속 재산을 관리할 어떤 규정이나 제도를 마련하기 전에 여러 사람들이 일본인이 남긴 가옥과 가재도구를 점령하였다. 힘세고 잽싼 사람들이 그 임자가 된 것이다. 일본인이 물러간 뒤로 많은 공직의 자리가 비게 되자 염치없는 사람들이 이력서를 위조하여 그 자리를 차지하였다. 이력서의 진위를 조회하기 어려운 외국의 대학을 졸업했다고 속이는 수법이 통했던 것이다. 일본 학자의 저서를 표절하여 자기의 저서로서 버젓이 출판한 대학 교수들도 있었다. 그 사실을 알고도 모르는 척 덮어 두는 것이 무질서한 세상을 살아가는 처세술이었다.

거짓과 속임수는 이력서나 저술에만 국한되지 않았다. 생활의 모든 국면에 거짓을 일삼는 사례가 많았다. 공금이나 남의 돈으로 물건을 살 때는 영수증으로 그 가격을 증명하도록 되어 있으나, 우리나라에서는 영수증이라는 것이 전혀 믿을 수 없는 문서로 전락했다. 물건을 판 사람은 금액을 얼마로 적을지 산 사람에게 묻기도 하고, 심할 경우에는 백지 영수증을 떼어 주었다. 대체로 이러한 세태였던 까닭에 속이는 사람이 정상인 대접을 받고 정직하게 사는 사람은 도리어 웃음거리가 되기도 하였다.

사회의 혼란 및 도덕의 타락과 불가분의 관계를 가지고 정치의 타락이 진행되었다. 정치는 경제와 유착하고, 결탁한 권력과 금력은 온갖 부정과 부패의 온상이 되었다. 국가와 사회를 쥐고 흔드는 권력층과 부유층의 부정과 부패는 사회 전반의 기강과 질서를 송두리째 파괴하였다. 권력층과 부유층의 부정과 부패는 국민들로 하여금 국가와 사회에 대한 믿음을 잃게 하였고, 정직하게 열심히 일하면 잘살 수 있다는 희망을 가질 수 없게 하였다. 믿음과 희망을 잃은 일반 국민은 도덕적 자제력을 잃고 방황하게 된 것이다.

부실공사로 인한 대형 건축물의 붕괴와 같은 불상사가 여러 번 일어났다. 어린이의 유괴, 강도와 살인 같은 끔찍한 범죄 사건이 잇따라 발생하였다. 교사와 학생 사이의 사랑과 신뢰가 없어지고, 학생들 상호간에도 폭력을 휘두르는 문제아들이 있어서, 학원이 그 본연의 모습을 상실하는 사례가 많았다. 가족 윤리도 붕괴의 조짐을 보였으며, 부모가 어린 자식을 버린 사건 또는 자식이 늙은 부모를 버린 사건이 일어나도 사람들은 크게 놀라지 않는 세상이 되었다.

해방 후 한동안은 도덕 무용론이 우리나라의 정신 풍토를 지배하는 듯한 인상을 주기도 했으나, 근래에는 도덕성의 회복을 역설하는 목소리가 높아지고 있다. 도덕성 회복의 필요성을 강조하는 사람들 가운데서는 '효 사상'을 중심으로 한 유교적 전통 윤리를 되살려야 한다고 주장하는 노년층이 가장 적극적이다. 그러나 중년층과 장년층 가운데는 유교적 전통 윤리에 대해서 부정적 시각을 가진 사람들이 적지 않다. 이에 우리는 도덕성의 회복을 위하여 우리가 의거해야 할 윤리 사상의 기본이 무엇인가를 우선 고찰해야 할 것으로 보인다.

2. 인간적 갈등의 문제와 그 원인

도덕성의 회복 또는 도덕성의 제고를 위해서 가장 중요한 것은 도덕적 언어가 아니라 도덕적 행동이다. 착하고 올바른 말을 아무리 많이 하여도 그것만으로 추락한 도덕성이 회복되거나 제고되지는 않는다. 착하고 바르게 살아야 옳다고 마음속으로 생각을 한다 해도, 실천 행동이 뒤따르지 않으면 그것만으로는 도덕성이 제고되지 않는다. 사람들이 도덕적으로 행동했을 때, 즉 도덕률을 잘 지켰을 때, 비로소 그 사회의 도덕성이 높은 수준으로 올라간다.

사람들이 도덕적으로 행동하지 않는 경우가 많은 것은 도덕이니 윤리니 하는 것이 가진 구속성 때문이다. 도덕률이라는 것은 일반적으로 거북하고 부담스러운 제약이며, 인간 심리의 바탕에는 제약으로부터 해방되기를 바라는 무의식이 깔려 있다. 꽃을 바라보고 노래를 부르는 것이 즐겁듯이 도덕적 행위 그 자체가 즐거운 경우는 드물다. 도덕적 행위가 즐거운 것은 오직 강한 윤리 의식이 형성되어 있는 사람들에게만 가능한 일이다.

'윤리'라는 이름의 구속으로부터 해방되기를 바라는 무의식의 힘보다 윤리를 따르고자 하는 또 하나의 힘이 더 강할 때, 사람들은 윤리적으로 행위한다. 옛날 전통 사회에서는 타인의 이목(耳目)과 세인의 비평이 사람들을 윤리의 울타리 안으로 몰아넣는 타율(他律)의 힘으로 작용하였고, 양심의 가책과 천벌에 대한 두려움이 행위자 내부로부터 작용하여 그들을 윤리에 따르도록 유도하는 자율(自律)의 힘이 되었다.

그러나 오늘의 우리 사회에서는 타인의 이목과 비평이 사람들을 윤리의 울타리 안으로 몰아넣는 힘이 크게 떨어졌다. 타인의 이목이나 비판이 두려운 것은 그들이 나에게 수치심을 일으킬 정도로 높은 도덕성을 간직하고 있을 경우인데, 우리나라에서는 그 타인들도 도덕성에 하자가 많은 까닭에 그들의 이목이나 비평이 별로 두려울 것이 없는 실정이다. 한편 양심의 가책과 천벌에 대한 공포도 이제는 도덕성의 고취를 위한 큰 힘이 되기 어렵다. 양심의 가책은 도덕률을 지켜야 한다는 당위 의식에서 생기는 것인데, 현대 한국인에게는 그 당위 의식이 미약한 까닭에 양심의 가책도 자연히 무력하게 되었다. 그리고 죄를 지으면 벼락을 맞는다거나 지옥으로 떨어진다는 말을 믿기에는 과학이 상식화한 시대인 까닭에, 천벌에 대한 두려움도 도덕적 행위를 고취하는 자제의 힘으로 작용하기 어렵다.

도덕성의 제고를 위해서는 사람들로 하여금 도덕적으로 행위하도록 만드는 새로운 힘의 준비가 필요하다. 개인주의가 지배적인 오늘의 상황에서 사람들로 하여금 도덕적으로 행위하도록 하기 위해서 가장 유력한 길은, 도덕적 행위가 결국은 '나' 자신의 행복을 위하는 태도라는 신념을 각자가 갖도록 하는 일이다. 사람들은 누구나 자신의 행복을 궁극의 목적으로 삼고 살거니와, 나의 도덕적 행위가 나의 행복을 위해서 필수적이라는 신념이 확고할 때 그들은 자연히 도덕적으로 행위하게 될 것이다. 여기서 우리가 부딪치게 되는 문제는 "사람들로 하여금 나의 도덕적 행위가 나의 행복을 위해서 필수적이라는 신념을 갖도록 하기 위해서 어떤 조건들이 충족되어야 하는가?" 하는 물음이다.

도덕적 행위가 그 행위자의 행복을 위하여 필수적이라는 신념을 갖도록 하기 위해서 제일 먼저 충족해야 할 조건은 우리 현실에 적합한 도덕률의 체계 (moral code)를 준비하는 일이다. 왜냐하면 도덕률의 체계가 우리 현실에 적합하지 않을 경우에는 도덕률을 지키는 행위가 사회의 질서유지를 보장할 수 없으며, 사회의 질서가 유지되지 않으면, 그 사회 안에 사는 개인들의 행복이 위협을 받기 때문이다.

'도덕성의 회복'을 역설하는 사람들 가운데는, 우리나라에 훌륭한 유교적 전통 윤리가 있는데 새삼스럽게 '현실에 적합한 도덕률의 체계'를 거론하는 까닭이 무엇이냐고 반론을 제기하는 논자도 있을 것이다. 그러나 옛날의 봉건적 농경 사회를 배경으로 삼고 형성된 전통 윤리의 도덕률 가운데는 오늘의 우리 현실에 맞지 않는 것이 분명히 있다. 예컨대, "아내는 남편에게 반드시 순종해야 한다."는 부덕(婦德)의 개념이나, "부모의 뜻은 반드시 따르라." 는 효(孝)의 개념 등은 오늘의 현실에 적합하지 않다. 전통적 윤리 규범 가운데서 현대의 상황에 맞지 않는 가장 알기 쉬운 예로서는 '남녀칠세부동석'이라는 말로 상징되는 내외(內外)의 예법을 들 수 있다.

전통 윤리를 숭상하는 논자들 가운데는, 유교 윤리의 기본 덕목인 인(仁), 의(義), 예(禮), 지(智), 성(誠), 경(敬) 등의 정신을 적절하게 원용하면, 현대사회의 새로운 문제들에 대한 행위의 처방을 충분히 얻을 수 있다고 주장하는 사람들이 있을 것이다. 그러나 인의예지신(仁義禮智信) 같은 기본 덕목들은 그 개념이 추상적이어서 그 자체로서는 일상생활을 위한 구체적 도덕률로서의 구실을 할 수가 없다. 일반인을 위한 도덕률은 일상생활의 현장에서 바로 적용할 수 있도록 구체적이어야 하며, 앞에서 말한 '현실에 맞는 도덕률의 체계'는 일상생활에서 바로 적용할 수 있는 구체적 행위의 처방을 가리킨 것이다.

현대사회에서는 옛날 전통 사회에는 없었던 새로운 문제들이 심각하게 일어나는 경우가 많다. 예컨대, 공정한 분배의 문제, 남녀평등의 문제, 낙태 수술이 허용될 경우와 허용되지 않을 경우를 결정하는 문제, 안락사의 시비 문제 등이 그것이다. 이와 같은 새로운 문제 앞에서 어떻게 행동하는 것이 옳을지에 대한 구체적 해답을 찾기 위해서는 오늘을 위한 새로운 도덕률의 체계를 모색할 필요가 있다.

오늘의 우리 사회를 위한 도덕률의 체계를 모색함에 즈음하여 그 기초를 유교 윤리의 기본 덕목에서 구할 수도 있을 것이다. 예컨대, 낙태 수술이나 안락사 등에 관한 새로운 의료 윤리의 문제를 다룸에 있어서 인(仁), 의(義), 지(智) 등의 유교적 기본 개념을 오늘의 시점에서 새롭게 해석함으로써 그 해답을 구할 수도 있을 것이다. 그러나 그와 같은 접근법을 택했을 경우에는 아전인수(我田引水) 식의 해석을 함으로써 공자 또는 맹자의 사상을 왜곡할 염려가 있다. 그리고 또 하나 염려가 되는 것은 인, 의, 지 등의 덕목을 논자들이 각자의 견해에 유리하도록 해석함으로써 같은 문제에 관해서 긍정적 대답과 부정적 대답이 맞서는 혼란이 생길 수도 있다는 점이다.

그러므로 나는 우리 사회가 당면하고 있으며 앞으로도 당면할 것으로 예상되는 중요하고 일반적인 문제로부터 출발하는 접근법을 선택함이 바람직하다고 생각한다. 바꾸어 말하면, 우리들이 함께 풀어 나가야 할 공동의 주요 문제들이 무엇인가를 먼저 생각하고, 그러한 문제들을 슬기롭게 해결하기 위해서는 우리가 어떠한 윤리, 즉 어떠한 도덕률의 체계를 가져야 할 것인가를 고찰하는 방식으로 우리의 문제에 접근하는 편이 가장 적절한 방법이라고 생각한다. 짧게 말하면, 과거의 윤리 사상을 출발점으로 삼고 그것을 오늘에 맞도록 보완하는 길보다는 오늘의 주요 문제들을 출발점으로 삼고 그것들을 해결하기 위한 처방을 강구하는 길이 효과적일 것이라고 생각하는 것이다. 이러한 접근법은 윤리의 본질을 삶의 지혜라고 보는 견해에 입각하고 있다.

모든 시대의 모든 사회는 풀어야 할 문제들을 안고 있다. 현대의 우리 사회도 풀어야 할 여러 문제 또는 과제를 안고 있다. 그 문제들 가운데는 이미 인간적 갈등을 크게 포함하는 것도 있고, 문제 해결을 꾀하는 과정에서 인간적 갈등이 증폭될 것으로 예상되는 것들도 있다. 삶의 과정은 문제와 만나고 그것을 해결하면 또 다른 문제와 만나는 일을 되풀이하는 과정이라고 볼 수 있다. 그리고 그 문제들 가운데서 가장 큰 비중을 차지하는 것이 인간적 갈등의 문제다.

삶의 과정에서 끊임없이 봉착하는 문제들을 슬기롭게 해결할 때, 집단에는 번영과 평화가 오고 개인에게는 행복이 온다. 그러므로 문제의 슬기로운 해결 여부는 삶의 성패를 좌우하는 분수령이 되며, 문제의 원만한 해결을 위한 슬기로운 처방을 제시해 주는 윤리는 소중한 삶의 지혜라는 주장이 성립하게 되는 것이다. 그리고 우리가 공동으로 대처해야 할 문제들 가운데서 가장 큰 비중을 차지하는 것이 '인간적 갈등'의 문제라고 보는 까닭에, 우리 시대가 요구하는 윤리의 첫째 조건은 인간적 갈등을 해결할 수 있는 처방으로서의 구실을 제대로 하는 일이라는 생각을 하게 된다.

인간적 갈등을 해결하기 위한 처방으로서의 구실을 능히 할 수 있는 윤리의 체계를 탐구하기 위해서는, 윤리적 규범의 문제를 직접 다루기에 앞서서, 인간적 갈등이 현대 우리 사회에서 옛날보다도 유독 심하게 나타나게 된 원인을 밝히는 일부터 먼저 하는 것이 좋을 것이다. 인간적 갈등의 원인을 제거하는 방안보다 더 효과적인 처방은 없을 것이기 때문이다.[2]

현대 우리 사회에서 인간적 갈등이 유독 심하게 된 근본 원인은 소유와 향락에 대한 사람들의 욕구가 과거 어느 때보다도 강하다는 사실이라고 필자는 믿는다. 생존의 지속을 위해서 소유가 필수 조건이 된 지는 이미 오래며, 우리 조상들도 당연히 소유를 중요시하였다. 쾌락에 대한 욕구도 거의 본능적이며, 특히 우리 민족은 옛날부터 가무와 풍류를 즐기는 낙천적 기질을 가지고 있었다. 다만 우리 조상들이 소유를 추구한 것은 생존을 위한 수단으로였으며, 소유 그 자체를 목적으로 추구한 것은 특례에 가까웠다. 그리고 우리 조상들이 즐긴 유흥 가운데는 반드시 거액의 값을 치르지 않고도 얻을 수 있는 것이 많았다.

　그러나 오늘 우리가 추구하는 소유는 생존을 위한 수단이기보다는 호화 사치를 위한 수단이거나 그 자체가 목적인 경우가 많다. 처음에는 기본 생활의 필요를 위한 수단으로 재물을 추구하던 사람도 일단 어느 정도 이상을 갖게 되면 그것으로 만족하지 않고 소유의 극대화를 추구하는 쪽으로 목표를 확대한다. 아마 자본주의 체제의 영향 때문일 것이다. 그리고 오늘날 우리가 즐기는 유흥은 거의 대부분이 값비싼 상품이며 돈 없이도 즐길 수 있는 유흥은 거의 없다. 아마 상업주의의 창궐 때문일 것이다. 그뿐만 아니라, 오늘날 즐거운 시간을 찾는 사람들은 다음날의 활동을 위한 힘의 비축의 차원에서 절제하기보다는 지치도록 놀이를 탐닉하는 경향이 있다.

　압축해서 말하면, 소유의 극대화 또는 향락의 극대화를 추구하는 사람들이 대세를 이루는 세상이 된 것이다. (유흥이 값비싼 상품으로 거래되고 있는 오늘의 상업주의 사회에서는 소유의 극대화 없이 향락을 극대화할 수 없으

2　인간적 갈등의 원인을 본격적으로 다루는 사회과학적 탐구는 그것만으로도 방대한 작업이며 필자의 역량을 넘어서는 일이다. 그러므로 이 책에서는 그 원론적 부분만을 다루는 것으로써 만족하고자 한다.

므로, 향락의 극대화도 결국은 소유의 극대화로 귀결하는 셈이다.) 일정한 시점에서 우리 사회가 보유하는 재물의 총량은 한정되어 있는데, 그것을 얻고자 하는 사람들의 욕심에는 끝이 없으니, 재물을 둘러싼 사회 경쟁은 극도로 치열할 수밖에 없다. 이 치열한 사회 경쟁은 곧바로 심한 인간적 갈등으로 이어진다.

현대인에게 개인주의의 성향이 강하다는 사실도 인간적 갈등을 심화하는 요인으로 작용한다. 개인주의자는 개인적 자아의식이 강하거니와, 개인적 자아의식이 강한 사람들이 삶의 목표를 재물이나 향락으로 삼을 경우에는 이기주의자가 되기 쉽다. 생명적 가치 또는 정신적 가치의 성취를 삶의 목표로 삼는 사람들은 서로를 방해할 필요가 적으나, 재물이나 향락을 목표로 삼는 사람들은 경쟁관계에 놓이게 되기 쉬우므로 경쟁에서 이기기 위하여 이기주의적으로 행동하기 쉽다. 그리고 이기주의적 태도는 사회적 갈등의 근본 원인이다.

우리 사회의 인간적 갈등을 조장한 셋째 요인으로는 이지(理智)보다도 감정이 우세한 한국 국민의 의식구조를 지적할 수 있을 것이다. 2장에서 살펴본 바와 같이, 한국인에게는 다혈질적 기질이 강하고 따라서 이지보다도 감정이 우세한 의식구조를 가진 사람들이 다수를 차지한다. 그뿐만 아니라 옛날의 순박했던 농경시대에는 다정다감한 기질이 주로 우애(友愛)와 선린(善隣) 등 친화(親和)의 정서로 구체화되었으나, 생존경쟁이 치열하고 인심이 각박한 현대사회에서는 그 기질이 주로 증오와 시기 등 대립의 감정으로 구체화되는 경우가 많다. 이해관계의 대립으로 갈등이 생겼을 경우에는 역지사지(易地思之)하는 지성적 태도가 요구되거니와, 대립의 감정이 앞서는 한국인의 태도는 도리어 갈등을 증폭시키는 결과를 부르기 쉽다.

3. 갈등의 해소를 위하여 요구되는 생활 태도

규범 윤리학에서 가장 근본이 되는 물음은 "어떠한 삶이 가장 바람직한 삶인가?"라고 말할 수 있다. 이 물음에 대한 윤리학자들의 해답은 크게 두 부류로 나누어진다. 첫째 부류는 법칙주의 윤리학자로 불리는 사람들의 대답으로서 "이성(理性)의 법칙을 따라서 살아라." "신이 내린 법칙(명령)을 따라서 살아라." "자연의 이법(理法)을 따라서 살아라." 등이 대표적이다. 둘째 부류는 목적론적 윤리학자로 불리는 사람들의 대답으로서 "최대 다수의 최대 행복을 실현하도록 살아라." "최대 다수의 최대 선(greatest good)을 실현하도록 살아라." "가장 큰 가치를 실현하도록 살아라." 등이 대표적이다. 이들 대답 가운데서 필자가 선호하는 것은 제일 뒤에 적은 것이며, 그것을 다소 부연하여 다음과 같이 정식화할 수 있다. "주어진 상황에서 그가 (또는 그들이) 이룩할 수 있는 가장 큰 가치를 실현하도록 최선을 다하는 삶이 가장 바람직한 삶이다."[3]

여기서 필자는 '가치(value)'라는 말을 '바람직한 것(the desirable)'과 같은 뜻으로 이해하고 있으며 페리(R. B. Perry)가 말하는 '가치(value)'와도 거의 같은 뜻으로 쓰고 있다. 그러므로 '가장 큰 가치를 실현하도록 산다' 함은 '바람직한 것을 극대화하도록 산다'와 같은 뜻이 되는 까닭에, 위에서 정식화한 명제는 동의어 반복(tautology)의 성질을 가진 것으로 그 자체로서는

---

3 여기서 간단하게 분류한 여러 가지 대답들의 장단점을 비교하거나 어느 대답이 옳은가를 따지는 일은 이 책의 목적과는 거리가 멀다. 이 문제에 대한 필자의 견해는 졸저 『윤리학』(박영사, 1998)의 2장에서 5장에 걸쳐 여기저기에 산재해 있다. 그리고 저 윤리학자들의 대답들이 배경으로 삼는 학설들의 이론적 차이는 현저하나, 그들로부터 도출되는 실천적 행동 규범에는 그다지 큰 차이가 없다는 사실도 필자가 이 자리에서 이 문제에 집착하지 않는 까닭이다.

타당성을 가진 명제로 받아들일 수 있다. 그러나 어떤 명제가 형식논리적 타당성을 갖는 것만으로는 그것이 도덕원리로서의 구실을 하지 못한다. 어떤 명제가 도덕원리로서의 기능을 갖기 위해서는 그 명제로부터 실천적 의미를 가진 가치판단 또는 명령문이 도출될 수 있어야 한다.

앞에서 소개한 동의어 반복적 명제로부터 우선 도출될 수 있는 가치판단은, "두 가지 이상의 목표 가운데서 하나밖에는 실현이 불가능한 선택의 기로에 섰을 때, 우리는 그 가운데서 가치가 가장 큰 목표를 선택해야 한다."이다. 그러나 이 가치판단이 실생활에 도움을 줄 수 있기 위해서는, 선택의 대상이 된 복수의 목표 가운데서 어느 것의 가치가 가장 큰 가치를 지니고 있는가를 헤아릴 수 있는 가치 비교의 척도가 있어야 한다. 예컨대, 일정한 액수의 용돈을 가지고 주말의 여가를 선용하고자 하는 젊은이가 좋은 책을 한 권 사서 읽을까, 또는 친구와 영화 한 편을 볼까 하고 망설일 때, 독서와 영화 감상 중 어느 편이 더 값진가를 판단할 수 있는 비교의 척도가 있어야 할 것 같다.

솔직하게 말해서, 독서와 영화 감상 가운데서 어느 편이 더 값진가를 정확하게 밝힐 수 있는 일반적 척도가 있다고 말하기는 어렵다. 필자는 '가치'를 '욕구를 충족시킬 수 있는 힘'으로 이해하고 있으며 'A가 B보다 큰 가치를 가졌다' 함은 "A가 욕구를 충족시킬 수 있는 힘은 B의 그것보다 크다."는 뜻으로 이해하고 있다. 그러므로 가령 철수가 『파우스트』를 읽었을 때 얻는 가치는 그가 그 독서에서 얻는 만족감, 『파우스트』에 담긴 삶의 지혜의 효용성 등을 모두 합한 것에 해당한다. 그리고 철수가 영화 『서편제』를 보았을 때 얻는 가치는 그가 그 영화 감상으로 느끼는 만족감, 판소리에 대한 관심 내지 이해의 증대로 인하여 열릴 수 있는 새로운 마음의 지평의 소중함 등을 모두 포함한다. 그뿐만 아니라, 철수가 『파우스트』를 읽는 가치와 영화 『서편제』를 보는 가치는 철수가 괴테의 문학과 우리나라 판소리에 대하여 얼마나 많은 사전 지식을 가졌느냐에 따라서 달라지고, 철수의 그날 심리 상태에 따라서도 달라질 것이다. 그러므로 어떤 행위의 가치를 계산한다는 것은 지극히 복잡하고 어려운 일이며, 두 행위의 가치를 비교하여 우열을 매기는 일은 더욱 어렵다. 잘라서 말하면 두 행위로써 얻게 된 가치의 정확한 명세를 뽑아서 비교하기는 사실상 불가능에 가깝다.

두 가지 행위의 결과가 지니는 가치를 정확하게 비교하여 그 우열을 가리기가 매우 어렵다 함은 가치의 비교가 원칙적으로 불가능하다는 뜻은 아니다. 우리는 실생활에서 자주 가치 비교를 하고 있으며, 그 가치 비교가 아무 근거도 없는 헛소리라고는 생각하지 않는다. 예컨대 우리는 직장을 잃은 사람이 술을 마시고 낮잠을 자는 것보다 독서나 등산을 즐기는 편이 낫다고 판단한다. 그리고 대부분의 사람들은 그 판단이 옳다고 인정한다. 요컨대 가치 비교의 척도를 소상하고 명확하게 밝히기는 어려우나 그것이 있다는 것은 인정해야 할 것으로 보인다.

가치 비교의 세밀한 척도를 밝히기는 어려우나, 그 거시적(巨視的) 척도를 제시할 수는 있다. 그리고 비록 거시적 규모의 것이라도 가치 비교의 척도가 존재한다면, 앞에서 제시한 "두 가지 이상의 목표 가운데서 하나밖에는 실현이 불가능한 선택의 기로에 섰을 때, 우리는 그 가운데서 가치가 가장 큰 목표를 선택해야 한다."는 원칙은 실생활을 위한 행위의 처방으로서 의미를 가질 수 있을 것이다. 이에 가치 비교의 척도 가운데 중요하다고 생각되는 것 세 가지만 소개해 보고자 한다.

첫째, 다른 조건이 같은 경우에는, 수명이 긴 것의 가치는 그것이 짧은 것의 가치보다 크다. 예컨대 예술, 학문, 사상 등은 권력, 재산, 관능적 쾌락 등보다 수명이 길다. 그러므로 다른 조건들은 괄호 안에 넣고 수명의 장단(長短)만을 고려한다면, 수명이 긴 예술, 학문, 사상 등의 가치는 권력, 재산, 관능적 쾌락의 가치보다 크다고 인정된다.

둘째, 다른 조건이 같은 경우에는, 여러 사람들에게 큰 혜택을 나누어 줄 수 있는 것의 가치가 오직 소수에게만 혜택을 주는 것의 가치보다 크다. 예컨대, 위대한 사상 또는 위대한 예술은 무수한 사람들에게 큰 혜택을 준다. 공자, 석가모니 그리고 예수 그리스도의 위대한 사상은 아무리 많은 사람들이 그것을 나누어 가져도 각자의 혜택은 줄지 않는다. 위대한 문학, 위대한 음악도 그것을 이해하는 모든 사람들에게 크나큰 혜택을 나누어 준다. 이와는 반대로 재물과 권력은 그것을 장악한 소수에게만 혜택을 주고 여럿이 나누면 각자에게 돌아가는 몫은 줄어든다. 주색(酒色)이 대표하는 관능적 쾌락의 경우에도 함께 즐길 수 있는 인원의 숫자에는 뚜렷한 한계가 있다. 그러므로 다른 조건들을 괄호 안에 넣고 그것이 사람들에게 나누어 줄 수 있는 혜택의 크기만을 고려한다면, 위대한 사상 또는 위대한 예술과 같이 다수에게 큰 혜택을 줄 수 있는 것들의 가치는 재물이나 관능적 쾌락과 같이 오직 소수에게만 혜택을 줄 수 있는 것들의 가치보다도 크다고 인정된다.

셋째, 다른 조건이 같은 경우에는, 그 자체가 목적으로서의 성격이 강한 사물의 가치는 다른 무엇을 위한 수단으로서의 성격이 강한 사물의 가치보다 크다. 예컨대, 생명과 건강 또는 예술과 사상 등은, 간혹 그것들이 다른 무엇을 위한 수단으로서 활용될 경우도 있으나, 본래는 그것들 자체가 목적으로서의 성격을 강하게 띠고 있다. 한편 의술과 약품은 생명과 건강을 위한 수단이며 그 자체가 목적은 아니다. 돈과 그 밖의 재물도 본래는 다른 무엇을 위한 수단이며 그 자체가 목적은 아니다. 생명과 건강을 위한 수단으로서 활용되는 의술과 약품도 소중함에는 틀림이 없으나, 그보다도 생명과 건강이 더욱 소중하다고 보는 것이 논리에 맞는다. 돈과 그 밖의 재물이 매우 중요한 가치를 가지고 있다는 것은 의심의 여지가 없으나, 돈과 재물을 수단으로 삼고 이루어지는 생존, 예술, 높은 인격, 멋있는 삶의 가치는 그보다도 더욱 소중하다고 보아야 마땅하다. 일반적으로 말하면, A가 목적이고 B는 그 수단으로 쓰인다면 A의 가치는 B의 그것보다 크다고 보는 것이 사리에 맞는다.

이상에 소개한 세 가지 가치 비교의 척도에 관한 진술을 근거로 삼고 우리는 하나의 결론을 저절로 얻게 된다. '소유의 극대화', 즉 되도록 많은 재산을 갖는 것은 삶의 최고의 목표로서 부적합하다는 결론이다. 재산 또는 재물은 그 수명이 길지도 않고, 많은 사람들이 나누어 가지면 각자의 몫이 감소하며, 그 자체가 목적이 아니라 생존 또는 인간다운 삶을 위한 수단으로 쓰이기 위한 것이기 때문이다. 이 결론이 우리에게 주는 교훈의 핵심은 소유의 극대화를 삶의 최고 목표로서 추구하는 많은 사람들의 생활 태도에 근본적인 잘못이 있음을 일깨워 줌에 있다.

소유의 극대화를 삶의 최고 목표로 삼는 사람들을 배금주의자라고 부른다면, 향락의 극대화를 삶의 최고 목표로 삼는 사람들은 향락주의자라고 부를 것이다. 결론부터 말하면, 향락주의도 올바른 생활 태도라고 보기는 어렵다. 향락주의라 함은 쾌락 가운데서도 관능적 쾌락을 탐닉하는 태도를 지칭하거니와, 관능적 쾌락은 그 수명이 재물보다도 더 짧다. 앞에서도 언급한 바와 같이 관능적 쾌락은 함께 즐길 수 있는 인원의 수도 매우 제한적이다. 다만 관능적 쾌락은 다른 무엇을 위한 수단이기보다는 그 자체가 목적으로서 추구의 대상이 되는 경우가 많다는 점이 재물과 다르다. 쾌락은 본래 그 자체가 목적으로서 추구되어 온 본능적 욕구의 대상이다.

그러나 향락주의에는 '쾌락주의의 역리(逆理)'라는 치명적 결함이 있다. 향락 그 자체를 끝없이 추구하면 결국 쾌락이 아닌 고통에 부딪치고 만다는 심리 현상은 일찍이 에피쿠로스가 경계한 삶의 함정이다. 쾌락 그 자체를 목적으로 삼고 직접 추구하면, 처음 한동안은 뜻을 이룰 수 있으나, 조만간 육체적 기능의 한계에 부딪쳐 도리어 고통을 자초한다. 많은 쾌락을 얻을 수 있는 가장 현명한 방법은 쾌락 그 자체를 추구하기보다는 건전한 생활을 추구하는 가운데 쾌락이 자연스럽게 수반하도록 유도하는 그것이다. 다음

주에 힘차게 일하기 위한 수단으로서 주말을 가볍게 즐기는 기분 전환(레크리에이션)은 건전한 생활 방식의 한 부분이다.

이상의 고찰을 통하여 우리가 밝힐 수 있게 된 점은, 소유의 극대화 또는 향락의 극대화를 삶의 최고 목표로서 추구하는 생활 태도는 "주어진 상황에서 이룩할 수 있는 가장 큰 가치를 실현하도록 최선을 다하는 삶이 가장 바람직한 삶이다."라고 한 우리들의 근본 원칙에 어긋나는 그릇된 태도라는 사실이다. 이 자리에서 '소유의 극대화 또는 향락의 극대화를 삶의 최고 목표로 삼는 생활 태도'가 바람직한 삶의 근본 원칙에 어긋난다는 사실을 애써 밝힌 까닭은, 앞의 2절에서 '소유의 극대화' 또는 '향락의 극대화'를 추구하는 현대인의 생활 태도가 사회적 갈등의 최대 원인이라고 주장한 것과 맞물려 있다.

사회적 갈등을 우선적으로 해소하기 위한 처방을 제시하는 것이 실천 윤리학의 첫째 과제라는 것이 필자의 일관된 생각이다. 그리고 현대사회의 격심한 갈등의 가장 큰 원인은 소유와 향락을 가치 체계의 정상으로 올려놓는 다수의 생활 태도에 있다고 보는 까닭에 이 생활 태도를 고쳐야 한다고 믿고 있다. 그러나 이러한 견해에 반문을 제기하는 독자도 있을 것이다. 예상되는 반문의 하나는, "소유와 향락이 참으로 값진 것이라면, 비록 그것을 추구하는 과정에서 사회적 갈등이 심화한다 하더라도, 그 참으로 값진 것을 추구함이 옳지 않은가?" 하는 것이다. 그리고 반문의 또 하나는 "소유와 향락의 극대화를 단념하고 그 대신 추구해야 할 삶의 최고 목표는 무엇인가?" 하는 것이다. 예상되는 이 두 가지 반문에 대처하기 위하여 '가치 비교'에 관한 논의를 미흡한 대로 앞에 삽입했던 것이다.

필자는 '가치 비교'의 척도를 소개하면서, 소유와 향락이 가치를 가지고 있음에는 틀림이 없으나 가장 큰 가치를 가진 것은 아니라는 사실을 밝혔다. 그리고 돈과 재물 또는 관능적 쾌락보다도 월등하게 더 큰 가치를 가진 것으로서 생명, 건강, 예술, 사상, 인격, 인간애 등 인간적 가치, 생명 가치 또는 '내면적 가치'의 세계가 있다는 사실을 언급하였다.

현대사회에 인간적 갈등이 유난히 심하게 된 둘째 이유로 현대인의 개인주의적 성향을 지적하였다. 개인주의 자체가 반드시 사회적 갈등을 조장한다고 보기는 어렵다. 그러나 그것이 소유의 극대화 또는 향락의 극대화를 지향하는 생활 태도와 결합할 때, 그것은 사회적 갈등을 조장하는 결과를 초래한다. 개인주의자가 소유나 향락을 지나치게 추구할 경우에는 이기주의로 흐르기 쉽기 때문이다.

현재 우리나라에서는 '민주주의'라는 것을 의심의 여지 없는 '진리의 길'이라고 믿는 사람들이 대세를 이루고 있다. 그리고 민주주의의 바탕을 이루는 것은 개인주의이므로, 개인주의도 당연히 최상의 인생관이라고 믿는 경향이 압도적이다. 여기서 우리는 개인주의가 과연 최상의 인생관인가를 다시 곰곰이 생각할 필요가 있으며, 개인주의가 이기주의로 흐르지 않기 위해서는 어떠한 장치가 필요한가에 대해서 깊이 있는 고찰을 해야 할 것이다.

우리나라에서 인간적 갈등이 심하게 된 셋째 이유로는 감성이 지성을 압도하는 한국인의 의식구조를 지적하였다. 어떤 집단의 의식구조를 개조한다는 것은 매우 어려운 일이다. 그러나 의식구조라는 것은 고정불변한 심성이 아니라 꾸준한 노력을 기울이면 서서히 고칠 수 있는 유연성을 가졌다. 그러므로 우리는 대립의 감정보다는 친화의 감정을 함양하고 감성과 지성이 균형을 얻은 인품의 형성을 위하여 다각도의 방법을 강구해야 할 것이다. 그 방법들을 본격적으로 탐구하는 과제는 그것만으로도 방대한 작업을 요구한다. 여기서는 몇 가지 예비적 암시만으로 만족하고자 한다.

우선 영향력이 큰 집단들이, 이해관계 또는 의견의 대립이 있을 경우에, 지성적 대화로써 해결하는 모범적 사례를 창출하고 그 방식을 널리 보급시키는 노력을 해야 할 것이다. 이제까지는 국회에서 어떤 문제의 결정에 관하여 여야의 의견이 대립했을 경우에, 고함, 몸싸움, 변칙 처리 등으로 문제를 우격다짐으로 처리하는 경우가 많았다. 노동자와 기업주 사이에 견해의 차이가 있을 때도 합리적으로 문제를 풀기보다는 힘으로 밀어붙이거나 여론의 향방을 저울질해 가며 일시적 미봉책으로 문제를 일단 수습하는 사례가 많다.

학술적 토론의 마당에서조차 냉철한 지성적 대화를 외면하는 광경을 흔히 본다. 학술적 토론의 목적은 대립하는 견해를 종합함으로써 한 단계 높은 결론을 변증법적으로 이끌어 냄에 있음에도 불구하고, 논쟁에서 이기려는 감정에 밀려서 토론이 핵심을 벗어나는 경우가 종종 있다. 우리에게 긴요한 것은 가장 지혜로운 길을 찾으려는 의지이며, 감정이 앞을 서면 대화는 방향을 잃고 그 본연의 모습에서 멀어진다.

국회의 부끄러운 모습 또는 노사간의 갈등하는 모습 등은 대중매체를 통하여 널리 알려진다. 일반 국민은 그러한 모습에 대하여 비판적이지만, 비판을 하면서도 부지불식간에 그 모습을 모방한다. 자동차의 접촉 사고가 났을 때 높은 언성으로 기선을 제압하려 드는 사람들을 자주 보게 되며, 가정에 불화가 생겼을 경우에도 감정부터 앞세우는 것이 우리들의 일반적인 모습이다.

유력한 위치에 있는 사람들을 모방하는 것은 어디서나 볼 수 있는 일반적 현상이다. 국민은 그들이 뽑은 국회의원을 모방하고, 자녀들은 가정의 어른인 부모를 모방하고, 학생들은 선생님 또는 상급생들을 모방한다. 반드시 윗사람에 대한 존경심 때문에 모방하는 것이 아니며, 좋은 점만을 모방하는 것도 아니다. 욕을 퍼붓고 비판을 하면서도 자신도 모르게 모방하는 경우가 많으며, 좋은 점보다도 나쁜 점이 모방하기가 더 쉬운 경우도 많다. 어쨌든 상류에 위치한 사람들부터 지성적 대화로써 의견 또는 이해관계의 대립을 해소하는 모범을 보인다면, 전반적으로 지성적 대화의 풍토를 조성함에 적지 않게 기여하는 결과를 가져오리라고 믿는다.

가장 근본적인 것은 사리(事理)가 통하는 세상, 즉 경위(涇渭)가 밝은 사회를 만드는 일에 우리 모두 힘을 합하는 일이다. 사리가 통하고 경위가 밝은 사회를 건설하기 위해서는 억지를 부리거나 폭력을 휘두르는 사람들을 제재할 수 있는 믿을 만한 공권력의 건재(健在)가 필수적이다. '믿을 만한 공권력'이라 함은 공권력을 장악한 사람들이 남의 폭력을 방지하거나 제재함은 물론이요, 그들 자신이 폭력을 휘두르지 않는 공권력을 의미한다. 정치가 또는 행정가에 의하여 흔들리거나 욕심으로 인하여 공정성을 잃지 않는 사법부 없이는, 사리가 통하고 경위가 밝은 사회를 실현하기는 맨손으로 물고기를 잡기보다도 어려울 것이다.

　모든 사람들이 완성에 가까운 인격을 가지고 항상 도리를 지킨다면 사회적 갈등은 생기지 않을 것이다. 그러나 대다수의 사람들은 자기중심적 태도를 초월하기 어렵다는 인간적 현실 때문에 사회적 갈등은 항상 도처에 일어난다. 도처에서 일어나는 사회적 갈등을 당사자들끼리 해결할 수 있다면 다행이지만, 실제로는 그렇지 못한 경우가 많다. 당사자들끼리 해결하지 못하는 갈등의 해결을 위해서 공권력이 필요하고 공권력의 대표적 기관으로서 사법부의 존재를 언급하였다.

　우리는 국가에서의 사법부를 운동경기에서의 심판부에 비유할 수 있을 것이다. 운동경기가 원만하게 진행되기 위해서는 경기가 규칙대로 운영되도록 감시도 하고 판정도 내리는 심판진이 필요하다. 심판진은 경기의 규칙을 따라서 경기를 운영하거니와, 경기가 원만하게 진행되기 위해서는 첫째로 경기 규칙이 공정해야 하며, 규칙을 적용하는 심판진의 판정도 절대로 공정해야 한다. 국가에도 그것을 운영하는 기준이 되는 국법이 있고, 국법대로 국가가 운영되도록 감시하는 사법부가 있다. 국법은 그 내용이 만인에게 공평하도록 공정하게 제정되어야 하며, 사법부는 국법을 전 국민에게 공정하게 적용해야 한다. 그런 뜻에서, '공정성(公正性)'은 현대사회에 있어서 가장 기본적인 덕목이다.

심판의 공정함만으로는 훌륭한 운동경기가 이루어지지 않으며, 사법부의 공정함만으로는 국가의 안녕과 질서가 보장되지 않는다. 경기에 임하는 선수와 임원이 경기 규칙을 잘 지켜야 하며, 국민 모두가 국법을 존중해야 한다. 규칙 또는 국법은 일종의 약속이며, 준법은 약속의 이행이다. 그런 뜻에서 '약속의 이행'은 현대사회에 있어서 절실하게 요구되는 또 하나의 주요 덕목이다.

운동경기에 임하는 선수들은 자신의 승리를 일차적 목적으로 삼는다. 국가 안에 사는 사람들은 각자의 행복을 일차적 목적으로 삼는 것이 일반적 현상이다. 그러나 올림픽이나 월드컵 등 큰 운동경기는 물론이요, 지방 단위의 작은 운동경기에도 승리를 초월한 다른 목적이 있다. 인류의 평화, 국제 친선, 국민 건강 등 전체가 지향하는 목적 등이 그것이다. 국가의 경우도 마찬가지다. 국민 각자의 행복 이외에 민족문화의 창달, 살기 좋은 나라의 건설 등 국가 전체가 추구하는 목적이 있다. 이 전체의 목적까지 달성할 때 참으로 훌륭한 운동경기 또는 참으로 훌륭한 국가라고 말할 수 있다.

이 전체의 목적을 달성하기 위해서는 사람들의 시야가 넓어야 한다. 바꾸어 말하면 개인들의 자아의식이 작은 '나'의 테두리를 벗어나서 큰 '우리' 속으로 융화하는 대아(大我)의 심정을 가져야 한다. 그런 뜻에서 '원대한 안목' 또는 '대아적 심성'도 현대가 요구하는 기본 덕목의 하나다. '원대한 안목'이 덕목의 이름으로서 부적합하다면, '심사숙고'라는 말로 바꾸어도 좋을 것이다.

운동경기의 모임이 원만한 성과를 거두기 위해서나, 사회 전체의 질서와 평화를 위해서나, 화합과 협동도 매우 중요하다. 여기서 우리는 '화합'과 '협동'의 두 덕목도 현대가 요구하는 주요 덕목으로 추가하게 된다.

공정성과 약속 이행에서 화합과 협동에 이르는 이상에서 나열한 덕목들은 대부분의 현대 국가 또는 현대사회가 공통으로 요구하는 일반적 덕목들이다. 여기서 우리는 우리나라의 특수 사정에 비추어서 강조하고 싶은 덕목도 있을 것이라는 생각을 하게 된다. 현대의 여러 나라에서 공통으로 요구되는 덕목들만 유감없이 실천되어도 한국의 미래는 밝게 전개될 것이다. 우리나라의 특수 사정이 요구하는 덕목까지 살아나게 된다면 한국의 미래는 더욱 확고한 지반을 얻게 될 것이다.

우리나라의 특수 사정으로서는 한반도의 분단 상황을 먼저 생각하게 된다. 우리들의 민족 정서의 문제를 떠나서 보더라도, '세계화'라는 이름의 거센 물결의 도전을 극복하기 위해서 국토의 통일은 우리 민족의 절실한 과제다. 이 절실한 과제를 달성하기 위해서는, 앞에서 언급한 일반적 덕목 이외에도 특별히 강조되어야 할 덕목들이 있다.

국토의 통일이라는 우리나라의 특수한 과제를 원만하게 달성하기 위하여 요구되는 덕목으로서 필자는 민족애와 인내, 그리고 근면과 절약이 중요하다고 믿는다. 반세기 이상의 오랜 동안 분단 상태가 계속되는 가운데 남과 북은 가치관과 사고방식, 그리고 생활 정서 등 여러 면에서 많은 차이점을 갖게 되었다. 이 차이점을 극복하고 원만한 통일을 달성하기 위해서는 뜨거운 민족애와 비상한 인내심이 필요할 것이다. 그리고 현재 남한과 북한의 경제적 격차를 고려할 때, 통일과 관련해서 남한 측이 부담해야 할 비용이 막대한 액수에 이를 것이 분명하다. 이 막대한 통일 비용을 준비하기 위해서는 뼈를 깎는 각오로 부지런히 일하고 알뜰하게 저축해야 할 것이다.

'세계화'라는 이름의 경제적 무한 경쟁 시대에서 통일에 소요되는 막대한 비용을 마련하기 위해서 소박한 근면과 저축만으로는 부족할 것이다. 국제사회에서 경제적 경쟁력을 갖기 위해서는 창의성과 기민(機敏), 그리고 성실의 덕이 추가되어야 할 것이다.

편   집 : 우송 김태길 전집 간행위원회

간행위원 : 이명현(위원장), 고봉진, 길희성, 김광수, 김도식,
           김상배, 김영진, 박영식, 손봉호, 송상용, 신영무,
           엄정식, 오병남, 이삼열, 이영호, 이태수, 이한구,
           정대현, 황경식

우송 김태길 전집

공자 사상과 현대사회
유교적 전통과 현대 한국

지은이   김태길

1판 1쇄 인쇄   2010년 5월 20일
1판 1쇄 발행   2010년 5월 25일

발행처   철학과현실사
발행인   전춘호

등록번호   제1-583호
등록일자   1987년 12월 15일

서울특별시 종로구 동숭동 1-45
전화번호 579-5908
팩시밀리 572-2830

ISBN 978-89-7775-713-4 94100
        978-89-7775-706-6 (전15권)
값 20,000원

●잘못된 책은 교환해 드립니다.